SPSS 아카데미 시리즈

SPSS 15를 이용한

임상자료의 분석

- 의료인을 위한 실제적인 지침서 -

송 경 일 · 최 종 수 공저

DATA 내려받기
www.hannarae.net
(자료실)

한나래

SPSS 15를 이용한

임상자료의 분석

지은이 / 송경일 · 최종수
펴낸이 / 한기철

2008년 2월 10일 1판 1쇄 펴냄
2013년 2월 20일 1판 3쇄 펴냄

펴낸곳 / 한나래출판사
등록 / 1991. 2. 25 제22-80호
주소 / 서울시 마포구 합정동 월드컵로3길 39(합정동 388-28) 합정빌딩 2층
전화 / 02-738-5637 · 팩스 / 02-363-5637 · e-mail / hannarae91@naver.com
www.hannarae.net

Published by Hannarae Publishing Co.
Printed in Seoul

ISBN 978-89-5566-074-6 93310
ISBN 978-89-5566-051-7 (세트)

* 이 도서의 국립중앙도서관 출판시도서목록(CIP)은 e-CIP 홈페이지(http://www.nl.go.kr/ecip)와 국가자료공동목록시스템(http://www.nl.go.kr/kolisnet)에서 이용하실 수 있습니다. (CIP제어번호: CIP2008000292)

Clinical Data Analysis

by SPSS 15

A practical Guide for Clinicians

머리말

2006년 9월부터 2007년 8월까지 미국 Minnesota에 있는 미네소타 대학교 부설 Chronic Disease Research Group에서, 미국 신장질환 환자들의 database인 USRDS(United States Renal Database System)에 대해서 공부할 기회가 있었다. 방대한 양의 자료를 체계적으로 수집, 관리하고 자료를 분석하여 매년 보고서를 작성하고 있었다. 필자는 USRDS를 공부하면서 임상의로서 통계에 대해 좀더 깊게 공부할 기회가 있었다.

그러던 중 Mitchell H. Katz가 저술한 『Multivariable Analysis; A Practical Guide for Clinicians』이라는 책을 읽고 많은 도움을 받았다. 이 책은 임상의사가 저술한 책으로 다변수분석(multivariable analysis)에 대해 개념적인 설명으로 통계를 전공으로 하지 않은 의료인에게 통계적 개념을 이해하는 데 매우 유익한 책이다. 그래서 이 책을 기초로 SPSS를 이용하여 임상자료의 분석에 사용되는 통계분석에 관한 내용을 저술하기로 결정하여 본 책을 저술하게 되었다.

이 책은 복잡하고 어려운 통계이론을 다루는 책은 아니다. 임상자료를 분석하는 데 흔히 사용되는 단변량분석 방법(t-test, paired t-test, ANOVA, correlation) 그리고 이에 해당되는 non-parametric method와 multivariate analysis 중 multiple linear regression, multiple logistic regression 그리고 Cox proportional hazards analysis에 대하여 서로의 차이점 및 결과 해석에 대해 다루고 있다. 또한 범주형 자료를 분석하는 데 필요한 log-linear model(Poisson regression)과 cluster된 자료를 다루는 최신의 통계분석 방법인 repeated measure of ANOVA뿐 아니라, mixed effect model과 generalized estimating equation에 대해서도 다루고 있다. 그 외 임상자료를 분석할 때 흔히 만나게 되는 여러 가지 통계분석법 및 통계적 개념을 다루고 있다.

이 책에는 어려운 통계 공식은 없다. 통계를 전공하지 않은 의료인이 자신의 임상자료를 통계를 이용해서 올바르게 분석하고 의학잡지에 발표할 자신의 자료를 SPSS를 이용해서 분석 후 올바르게 표현해서 정확히 해석하고, 다른 의료인이 발표한 논문을 읽고 올바르게 해석하는 데 도움을 주는 것이 본 책의 주목적이다.

또한 본서와 같이 출판되는 '생존자료의 분석'이라는 책과 같이 통계공부를 하면 임상자료를 분석하는 거의 모든 통계분석 방법에 대해 개념적으로 이해할 수 있으리라고 생각된다.

끝으로 이 책이 세상에 나올 때까지 많은 도움과 격려 그리고 가르침을 주신 부모님, 순천향대학병원 이희발 선생님, 황승덕 선생님, 한동철 선생님, Baxter의 박민선 선생님, 울산대학교 총장님, 강릉아산병원 문형남 원장님 그리고 미국에서 같이 고생한 아내 그리고 글도 말도 잘 못하면서 미국에서 학교에 다니느라 고생한 지훈, 상훈이에게 고마움을 전한다.

2007년 9월

강릉아산병원 내과 송경일

차 례

01장

다변수분석의 준비 _ 17

1.1 통계란 무엇이며 임상연구에서 통계적 분석이 왜 중요한가? _ 18
1.2 통계적 분석방법에는 어떤 것이 있는가? _ 23
1.3 변수(variable)는 무엇인가? _ 23
1.4 자료(data)는 무엇이고 어떻게 분류하는가? _ 24
1.5 연구자의 자료를 어떻게 표현하는가? _ 26
1.5.1 연속형인 양적인 자료(continuous numerical data)의 통계학적 표현 _ 26
1.5.1.1 중앙값의 측정(measure of central tendency) _ 26
1.5.1.2 Measure of spread _ 31
1.5.1.3 Interval estimate(confidence interval) _ 34
1.5.2 질적인 자료의 표현 _ 35
1.5.3 SPSS를 이용한 자료의 표현방법에 대한 예 _ 35
1.6 임상연구 자료의 분석에 흔히 사용되는 이변량분석 방법은? _ 39
1.6.1 One Sample t-test와 Sign test, Wilcoxon Signed Rank test _ 40
1.6.2 Paired t-test와 Sign test, Wilcoxon Signed Rank test _ 42
1.6.3 Two sample t-test와 Mann Whitney U test, Wilcoxon Sum Rank test _ 44
1.6.4 ANOVA와 Kruskal Wallis test _ 48
1.7 범주형의 질적인 자료(qualitative data)의 분석에 사용되는 이변량분석 방법은? _ 54
1.7.1 Chi-square 검정 _ 55
1.7.1.1 Two by two 표에서 strength of association의 측정 _ 61
1.7.2 McNemar test _ 66

1.8 상관분석(correlation analysis)이란 무엇인가? _ 71
1.9 parametric test를 사용할 것인가? Nonparametric test를 사용할 것인가? _ 77

02장

다변수분석의 시작 _ 78

2.1 의학자료의 분석에 다변수분석 방법이 필요한 이유는? _ 78
2.2 혼란변수(confounder)란 무엇이고 혼란변수가 있을 때 다변수분석의 역할은? _ 83
2.3 억제변수(suppressor variable)란 무엇이고 억제변수가 있을 때 다변수분석의 장점과 역할은? _ 88
2.4 교호작용(interactions)이란 무엇이고 교호작용이 있을 때 다변수분석의 장점과 역할은? _ 90

03장

흔히 사용되는 다변수분석 모형의 종류 _ 93

3.1 Diagnostic and prognostic tests(predictive studies) _ 93
3.2 임상연구에서 흔히 사용되는 다변수분석 모형은 어떤 것이 있을까? _ 94
3.2.1 잠재적인 혼란변수를 보정하면서 예후인자를 확인하는 것 _ 95
3.2.2 Baseline characteristic의 차이를 보정하는 것 _ 96
3.2.3 Determine diagnosis(diagnostic models) _ 98
3.2.4 Determine prognosis(Prognostic models) _ 100
3.3 어떤 종류의 다변수분석을 사용할지 어떻게 선택할 것인가? _ 101

04장

다변수분석에서 결과변수의 특성 _ 103

4.1 자료의 특성에 따른 다변수분석의 선택 _ 103
4.2 결과변수가 등간으로 측정된(interval outcome variable) 자료일 경우 사용할 수 있는 다변수분석 방법은 무엇인가? _ 103
4.3 ANOVA의 종류와 이용 _ 104
4.4 결과변수가 순위 혹은 명목변수인 경우에는 어떤 다변수분석 방법을 이용하나? _ 106
4.5 결과변수가 이분형 형태인 경우 사용할 수 있는 다변수분석 방법은? _ 107
4.6 Time to outcome variable, 즉 결과변수가 발생할 때까지 걸리는 시간을 측정한 변수가 있을 때 사용할 수 있는 다변수분석 방법은? _ 107
4.7 결과의 발생이 드물거나 결과의 발생이 횟수나 비율로 주어졌을 때 사용할 수 있는 다변수분석 방법은? _ 111
4.8 SPSS에서 Poisson regression 방법 _ 114

05장

다변수분석에서 독립변수의 특성 _ 133

5.1 다변수분석에서 사용할 수 있는 독립변수는? _ 133
5.2 다변수분석의 독립변수로 순위변수와 명목변수를 사용하려면 어떠한 변환이 필요한가? _ 133

06장

다중 선형회귀분석, 다중 로지스틱 회귀분석 그리고 비례위험 분석에서의 가정(assumption) _ 136

6.1 다중 선형회귀분석, 다중 로지스틱 회귀분석 그리고 비례위험분석에서의 가정은 무엇인가? _ 136

6.2. Multiple linear regression, multiple logistic regression 그리고 proportional hazards analysis에서 무엇으로 모형을 세우는가? _ 136

6.3 다중 선형회귀분석, 다중 로지스틱 회귀분석 그리고 비례위험분석에서의 결과변수와 multiple independent variable의 관계는 무엇인가? _ 140

6.4 다중 선형회귀분석, 다중 로지스틱 회귀분석 그리고 비례위험분석에서의 결과변수와 interval independent variable의 관계는 무엇인가 _ 140

6.5 등간으로 측정된 독립변수와 결과변수 사이에 선형의 관계가 없을 때는? _ 144

6.6 연구자의 interval independent variable이 선형의 가정에 잘 맞아도 이 변수를 interval category로 나누거나 혹은 여러 개의 이분형변수로 만들어서 분석을 해야 할 필요가 있을까? _ 150

6.7 결과변수와 분산의 분포에 대한 가정은? _ 152

6.8 다중 선형회귀분석에서 자료가 정규성과 등분산의 가정을 심하게 위반했을 경우에는? _ 155

6.9 추적기간이 다른 대상자들에 대한 censoring의 가정은 무엇인가? _ 155

6.10 연구 수행시 중도절단의 가정(censoring assumption)이 타당할 가능성은 얼마나 될까? _ 159

6.10.1 Loss to follow up _ 159

6.10.2 Alternative outcome _ 159

6.10.3 Withdrawal _ 161

6.10.4 Varying time of enrollment(등록시간이 대상자마다 다른 경우) _ 163

6.10.5 End of study _ 164

6.11 내 자료의 중도절단 가정의 정당성을 검사하는 방법은? _ 165

07장

독립변수들 사이의 관계 _ 168

7.1 독립변수들이 서로 상관관계가 있으면 문제가 되는가? _ 168
7.2 독립변수 사이에 multicollinearity가 있는지 알아보는 방법은? _ 169
7.3 다중공선성이 있는 변수들은 어떻게 처리해야 하는가? _ 171

08장

다변수분석의 준비 _ 173

8.1 다변수분석 모형에 어떤 독립변수를 포함해야 하나? _ 173
8.2 연구자의 모형에 어떤 혼란변수를 투입해야 할지 어떻게 결정을 해야 하나? _ 174
8.3 다변수분석 모형에서 어떤 독립변수를 제외해야 하나? _ 175
8.4 다변수분석에 필요한 연구대상(subjects)의 수를 결정하는 방법은? _ 177
8.5 표본의 크기에 비해 독립변수의 개수가 많은 경우는? _ 181
8.5.1 경험적으로 혼란변수로 작용하는 변수를 제외시켜라 _ 181
8.5.2 두 개 혹은 그 이상 관계있는 변수를 대표할 수 있는 변수를 선택하라 _ 182
8.5.3 여러 개의 변수를 하나의 변수, score or scale로 통합하는 방법 _ 183
8.5.3.1 'and/or' 구조를 사용하는 방법 _ 183
8.5.3.2 Scores _ 184
8.5.3.3 Multi-item scale _ 184
8.5.3.4 요인분석(Factor analysis) _ 185
8.6 독립변수에 결측자료가 있는 경우 어떻게 처리할 것인가? _ 186
8.7 결과변수에(outcome variable) 결측값이 있을 때 처리방법 _ 195
8.8 SPSS를 이용한 missing value 처리방법 _ 197

09장

분석의 실행 _ 202

9.1 자료 입력시 이분형 혹은 ordinal 변수를 coding하는 방법은? _ 202
9.2 Multiple dichotomous('dummied') variables에서 기준이 되는 집단 (reference category)을 선택하는 방법은? _ 203
9.3 Interaction term의 처리방법은? _ 205
9.4 비례위험모형이나 생존분석에서 시간(time)을 적용하는 방법은? _ 207
9.5 연구 시작시점에서 결과가 발생한 연구대상자의 처리방법은? _ 210
9.6 연구대상자의 생존기간이 일반적인 생리적인 경우보다 빠른 경우 처리방법은? _ 212
9.7 다변수분석 모형에 변수를 투입시 변수를 선택하는 방법 _ 213
9.8 Forward selection이나 backward selection을 사용할 때 변수들을 포함/제거하는데 통계적인 유의성 수준은? _ 218
9.9 다변수분석에서 변수 선택의 방법을 전부 사용해서 결과를 분석해야 하는가? _ 218
9.10 로지스틱 회귀분석이나 비례위험모형에서 tolerance에 어떠한 조건으로 어떤 수치를 지정해야 하나? _ 219
9.11 로지스틱 회귀분석이나 비례위험모형에서 방정식을 풀기 위해 얼마나 많은 반복(iteration)을 지정해야 하는가? _ 219
9.12 로지스틱 회귀분석이나 비례위험모형에서 convergence criteria에 어떤 수치를 지정해야 하는가? _ 220
9.13 연구자의 모형이 converge하지 않을 때는 어떻게 해야 하는가? _ 220

10장

분석결과의 해석 _ 222

10.1 통계처리 후에 나오는 결과에서 어떤 정보를 얻을 수 있는가? _ 222

10.2 연구자의 모형이 연구자의 결과변수를 얼마나 잘 설명하는지 어떻게 알 수 있을까? _ 222
10.2.1 연구자의 모형(모든 독립변수를 포함해서)이 우연에 의해서라기보다는 적절한 모형의 설정으로 결과변수를 더 잘 설명하고 있다는 것을 어떻게 알 수 있을까? _ 222
10.2.2 연구자의 모형이 연구자의 결과를 얼마나 잘 설명하는지 알아보는 방법 _ 224
10.2.3 연구자의 모형이 연구대상자의 결과변수를 얼마나 잘 예측하는지 판정하기 _ 228
10.3 각 변수와 결과변수와의 관계를 나타내는 회귀계수로는 무엇을 알 수 있는가? _ 230
10.4 다변수분석에서 odds ratio와 relative hazards를 구하는 방법과 odds ratio와 relative risk가 의미하는 내용은 무엇인가? _ 231
10.5 다변수분석에서 독립변수가 등간변수인 경우 odds ratio와 relative hazards가 의미하는 내용은 무엇인가? _ 235
10.6 Odds ratio와 relative hazards의 confidence interval을 계산하는 방법은? _ 235
10.7 Standardized coefficient는 무엇이고 이것을 꼭 사용해야 하는가? _ 236
10.8 회귀계수의 통계학적 유의성은 어떻게 검정하나? _ 237
10.9 Interaction terms의 결과는 어떻게 해석하는가? _ 239
10.10 Multiple comparisons시 multiple regression coefficients를 보정해야 하는가? _ 240

11장

분석의 가정에 대한 점검 _ 242

11.1 연구자의 자료가 다변수모형의 가정에 맞는지 알아보는 방법 _ 242
11.2 다중회귀분석에서 linearity, normal distribution 그리고 equal variance의 가정을 확인하는 방법은? _ 243

11.3 다중 로지스틱 회귀분석과 비례위험모형에서 선형(linearity)의 가정을 알아보는 방법은? _ 244
11.4 이상점(outliers)이란 무엇이며 다중 선형회귀분석 모형에서 이상점을 찾는 방법은? _ 245
11.5 다중 로지스틱 회귀분석 모형에서 outlier을 발견하는 방법은? _ 243
11.6 비례위험분석에서 residuals에 관한 분석은? _ 247
11.7 이상점(outlier)을 발견했을 때는 어떻게 처리하나? _ 247
11.8 Additive assumption이란 무엇이며 연구자의 많은 독립변수가 additive assumption에 맞는지 어떻게 알 수 있나? _ 248
11.9 등간변수에서 additive assumption은 무엇을 의미하는가? _ 252
11.10 비례가정(proportionality assumption)이란 무엇인가? _ 252
11.11 비례위험분석에서 비례가정을(proportionality assumption) 확인하는 방법은? _ 254
11.12 연구자의 자료가 비례가정에 맞지 않다고 생각될 때는 어떻게 할까? _ 257

12장

Propensity score _ 260

12.1 성향점수(propensity score)란? _ 260
12.2 성향점수의 이용 _ 260

13장

SPSS를 이용한 다변수분석의 적용 _ 265

13.1 Multiple linear regression(다중회귀분석) _ 265
13.1.1 Single linear Regression _ 266
13.1.1.1 Outlier의 점검 _ 269

13.1.1.2 Independence의 점검 _ 269
13.1.1.3 Residual의 normality의 점검 _ 270
13.1.1.4 등분산의 가정에 대한 점검 _ 271
13.1.2 다중회귀분석(multiple linear regression) _ 272
13.2 Multiple logistic regression과 propensity score _ 277
13.3 Kaplan-Meier방법, Cox proportional hazards model 그리고 time dependent covariate _ 283
13.3.1 Kaplan-Meier Methods _ 284
13.3.2 Cox proportional hazards model _ 290
13.3.3 Time dependent covariate _ 296

14장

Correlated observation _ 298

14.1 Correlated observation은 어떻게 분석할까? _ 298
14.1.1 Transform repeated observations into a single measure _ 304
14.1.2 Generalized estimating equations _ 305
14.1.3 Mixed-effects model _ 324
14.1.4 Repeated measure analysis of variance/repeated measures _ 333
14.1.4.1 SPSS에서 Repeated measure of ANOVA의 이용 _ 336
14.1.4.2 SPSS에서 Friedman statistics의 이용 _ 347
14.1.5 Conditional logistic regression _ 349
14.1.6 Anderson-Gill counting process for proportional hazards models _ 350
14.2 Correlated observations에서 표본의 크기를 결정하는 방법은? _ 351

15장

연구자 모형의 타당성(Validation of models) _ 352

15.1 연구자의 모형이 타당한지 알아보는 방법 _ 352

16장

Special Topics _ 358

16.1 Classification and regression tree(CART)란 무엇이고 이것을 사용해야 하는가? _ 358
16.2 ROC(Receiver Operating Characteristic) curve analysis란 무엇인가? _ 362
16.2.1 Receiver Operating Characteristic(ROC)란? _ 369
16.2.2 SPSS에서 ROC curve그리기 _ 369
16.3 학술지에 발표된 연구결과(clinical trial)를 각 개인의 환자에게 적용하려면? _ 374
16.3.1 연구결과가 타당한 것인가? Are the study results valid? _ 374
16.3.2 연구결과가 얼마나 확실한가? How convincing are the results of a study? _ 374
16.3.3 연구결과가 임상적으로 의미가 있는가? Are the results are clinically significant? _ 375
16.4 만약 전체 모집단 자료를 가지고 있어도 통계적 분석(추론)이 필요한가? _ 375
16.5 언제 통계적인 연관성은 인과관계(causality)를 확립할 수 있나? _ 375

17장

연구결과의 출판 _ 379

17.1 연구결과를 저널에 투고하거나 해당 기관에 보고할 때 연구방법 항목에는 어느 정도의 정보를 기술해야 하는가? _ 379
17.2 다변수모형을 선택한 statistical reference에 대해 인용이 필요한가? _ 381
17.3 다변수분석을 수행하고 통계 프로그램의 결과에 출력된 내용 중 어떤 내용을 결과 항목에 기술해야 하나? _ 382

18장

다변수모형을 구축하는 단계에 대한 요약 _ 385

- 참고목록 _ 387
- 찾아보기 _ 389
- INDEX _ 391

Chapter

1 다변수분석의 준비

다변수분석(multivariable analysis)의 이해에 필요한 기본적인 단변량(univariate) 및 이변량(bivariate) 분석에 대해 먼저 알아보자. 본 책에서 통계분석에 이용된 프로그램은 영문판 SPSS 15 trial version이고, 2007년 9월 현재 한글판은 version 14까지 나와 있다. 시험판 영문 SPSS 15는 www.spss.com 접속 후 회원등록 후 http//www. spss.com/spss/index.htm에서 download 받을 수 있고 14일간 무료로 사용할 수 있으며 상용판과 기능상의 차이는 거의 없다. 정식 판에는 SPSS viewer와 시계열 분석에 필요한 Amos 7이 같이 포함되어 있다. 또한 commercial version SPSS를 사용하고 있는 독자는 SPSS homepage에서 patch files을 down 받아 SPSS 15.01로 patch를 하여야 한다. SPSS 15에서 이전 version과 가장 차이가 있는 통계분석방법은 generalized linear model과 generalized estimating equation을 지원하고 있다는 점이다. 또한 본서에서 사용된 예제파일은 http : //www.hannarae.net의 자료실에서 download 받을 수 있다.

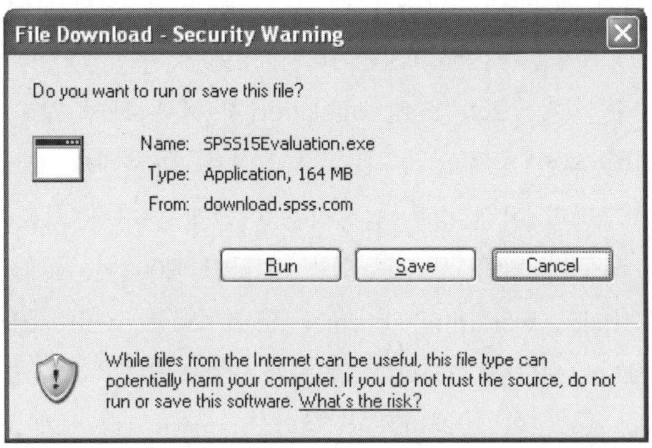

1.1 통계란 무엇이며 임상연구에서 통계적 분석이 왜 중요한가?

통계는 연구자의 자료를 과학적인 방법으로 표현해 주는 도구이다. 임상에서 환자를 진료하고 치료할 때 임상적인 경험만 가지고는 대부분의 치료나 처치(treatment)가 효과가 있는지 없는지 임상의에게 충분하게 그리고 효과적으로 알려주지 않는다. 임상적인 의사결정에 있어서 과학적인 근거에 기초하여 적절한 방법을 선택하는 것을 내용으로 하는 evidence-based medicine(EBM 근거중심의학)은 임상의료가 갖추어야 할 조건이며, 의료인이 지녀야 하는 지식이며 기술이다. 근거중심의학은 환자들을 한 사람 한 사람 진료하면서 어떤 의학적 결정을 내리고자 할 때 현시점에서 입수 가능한 최선의 근거들을 솔직하고 현명하게 이용하는 것이다. 근거중심의학을 한다는 것은 각 개인 의사의 임상 경험을, 체계적 연구로부터 얻어진 입수 가능한 최선의 외부 임상근거와 통합시키는 것을 의미하며 이런 체계적이고 과학적인 연구와 결과의 분석 및 해석에 통계적인 도구는 꼭 필요한 것이다.

예를 들어 normal heart valve(심장판막에 질병이 없으면서)이면서 심방세동(atrial fibrillation)이 생긴 환자에게 임상의는 어떤 치료를 하겠는가? 중요한 기관(major organ)에 혈전이 생기는 것을 방지하기 위해 anticoagulant(항응고제)인 warfarin으로 평생 anticoagulation을 해야 하는가? 아니면 항혈소판 제제인 aspirin만 투여하겠는가? Warfarin은 혈전에 의한 ischemic cerebro-vascular disease(CVD, 중풍)는 예방할 수 있지만 심각한 부작용으로 주요기관에 출혈(뇌출혈 같이)이 생기면 어떻게 하겠는가? 뇌출혈로 환자가 사망할 수도 있다.

경험적인 방법으로 의사가 할 수 있는 것은 심방세동이 있는 모든 환자에게 warfarin 투여를 시작하고 환자 한 명에서 부작용인 뇌출혈이 발생할 때까지 기다릴 수 있다. 또는 anticoagulation을 전부 하지 않고 있다가, 환자 한 명에서 혈전에 의한 중풍이 생기면 다시 모든 환자에게 anticoagulation을 하는 방법이다. 그러면 이런 경우 임상의는 어떻게 환자를 치료해야 할까?

이런 의문에 답을 줄 수 있는 연구가 2002년, 6개의 pooled randomized clinical trial로 warfarin은 normal heart valve with atrial fibrillation 환자에서 aspirin보다 우수한 것으로 판명(표 1.1)되었다. Warfarin은 aspirin에 비해 ischemic stroke의 발생비율이 낮았고 major bleed의 비율은 높았다. 그러나

major bleed의 비율이 높은 것은 ischemic stroke의 발생비율을 낮추는 것에 비하면 조금 높을 뿐이었다. 어떤 명의도 자신의 임상적 경험만으로 표 1.1과 같이 작지만 중요한 차이가 있다는 사실을 인식하기는 어렵다.

표 1.1 정상심장판막환자에게 심방세동이 있을 때 anticoagulation을 해야 할까?

	Events per 100 patient-years	
	Warfarin	Aspirin
Rate of ischemic stroke	2.0	4.3
Rate of major bleed	2.2	1.3

(*J. Am. Med. Assoc* 2002; 288 : 2441-8)

비록 임상의사가 임상적인 경험만으로도 이런 작은 차이를 발견할 수 있는 능력이 있다고 하더라도, 이런 발견된 차이가 우연(chance)에 의하여 예측(predict)된 차이(difference)보다 크다는 것을 증명하기 위해서는 여전히 통계학적인 분석이 필요하다. 임상의는 anticoagulation을 받는 환자와 받지 않은 대상자의 결과가 똑같지 않을 것이라는 것을 예측할 수 있다. 분명 약간의 차이는 있을 것이다. 여기서 중요한 것은 약간의 차이가 두 집단 사이의 true difference나 random(chance) variation을 반영할 수 있느냐는 것이다. 통계학적 분석은 두 집단 사이의 차이가 우연에 의해 생긴 것인지를 평가하는 데 중요한 역할을 한다.

그럼 그 차이가 우연히 생긴 것인지 아니면 다른 원인에 의해 차이가 생긴 것인지 통계적 검정방법은 어떻게 구분할 수 있을까? 다음의 예를 보자. 동전을 100번 던질 때 동전이 완전히 앞뒤가 같은 것이라면 확률상 앞뒤가 나올 확률은 대략(about) 0.5이다. 중요한 것은 정확히는 아니고 대략 50 : 50이라는 것이다. 우연에 의해 51 : 49, 52 : 48 같이 꼭 50 : 50으로 나오지 않을 수도 있다. 그러나 그 비율이 45 : 55라면 동전 던지기 결과에 대해 의심이 가기 시작한다. 정말 이것은 우연에 의해서 그런 걸까? 다음 표 1.2를 보자.

동전을 100번 던졌을 때 앞면 : 뒷면 = 45 : 55로 나올 수 있는 확률(probability)은 통계학적으로 0.32(32%의 확률로 약 1 / 3)이고, 40 : 60으로 결과가 나올 수 있는 확률은 0.05(약 5%의 확률로 1 / 20)이고 35 : 65로 나올 확률은 0.003(즉, 0.3%)밖에 안 된다. 여기서 probability를 p value라고 하고 전통적으로 $p < 0.05$인 경우를 통계학적으로 의미가 있다 혹은 차이가 있다고 한다. 즉, $p < 0.05$이면 'chance(우연)'에 의해서 이러한 결과가 나왔을 가능성은 unlikely(있음직하지 않음)하다. 즉, 어떤 연관성, 조작 …… 등에 의해서 이런 결과가 나왔을 가능성이 95%이다. 그러나 20번 중에 1번은(5%는) 이런 결과가 나올 수도 있다는 의미이다.

표 1.2 동전을 100번 던졌을 때 동전의 앞뒤가 똑같지 않다고 느끼는 확률

앞면, N (%)	뒷면, N (%)	probability
50(50)	50(50)	1.0
49(49)	51(51)	0.92
48(48)	52(52)	0.69
45(45)	55(55)	0.32
40(40)	60(60)	0.05
35(35)	65(65)	0.003

Probability는 동전 앞뒤가 나올 예측 값이 50 : 50일 때 관찰값의 확률을 말함.

표 1.2의 probability는 one sample Chi-square test로 검정할 수 있다. 예를 들면 동전을 100번 던졌을 때 앞면 : 뒷면 = 45 : 55의 비율로 나올 확률을 SPSS에서 계산해 보려면 변수이름 하나 만든 후 0(앞면)을 45번 입력하고, 1(뒷면)을 55번 입력한 후 Analyze ▶ Nonparametric Tests ▶ Chi-Square……에서 만든 변수를 Test Variable List : 에 옮기고 OK를 클릭하면 다음의 결과를 볼 수 있다.

Test Statistics

	coin
Chi-Square a	1.000
df	1
Asymp. Sig.	.317

a. 0 cells (.0%) have expected frequencies less than 5. The minimum expected cell frequency is 50.0.

즉, Sig. = p = 0.317 ≒ 0.32이다. 그런데 여기서 확률은(sig) 동전을 던지는 횟수(즉, 표본의 크기에 따라서)에 따라서 그 값이 달라진다는 사실을 알아야 한다. 동전을 던지는 횟수가 10번일 때, 즉 표본의 크기가 작으면, 비록 그 차이가 크더라도 그 '차이'는 우연에 의해 차이가 생겼을 가능성이 높다(표 1.3). 반면에 동전을 1,000회 던졌을 때, 즉 표본의 크기가 크면, 그 차이가 작아도 차이는 통계적으로 유의성이 있을 가능성은 커진다(표 1.4). 즉, 통계적인 유의성은 표본의 크기에 의해 영향이 큰 것을 알 수 있다.

표 1.3 동전을 10번 던졌을 때 동전 앞뒤가 똑같지 않다고 느끼는 확률

앞면, N (%)	뒷면, N (%)	Probability
5(50)	5(50)	1.0
4(40)	6(60)	0.75
2(20)	8(80)	0.11
1(10)	9(90)	0.02
0(0)	10(100)	0.002

Probability는 동전 앞뒤가 나올 예측 값이 50 : 50일 때 관찰값의 확률을 말함.

표 1.4 동전을 1,000번 던졌을 때 동전 앞뒤가 똑같지 않다고 느끼는 확률

앞면, N (%)	뒷면, N (%)	probability
500(50)	500(50)	1.0
490(49)	510(51)	0.52
480(48)	520(52)	0.22
450(45)	550(55)	0.002
400(40)	600(60)	< 0.001
350(35)	650(65)	< 0.001

Probability는 동전 앞뒤가 나올 예측 값이 50 : 50일 때 관찰값의 확률을 말함.

위의 동전의 예에서 앞면과 뒷면이 나올 확률은 "50 : 50으로 같다"고 가설을 세우는 것을 null hypothesis(귀무가설, 영가설)이라고 하고 "50 : 50이 아니다", 즉 "앞뒤가 나올 확률은 같지 않다"라고 하는 가설을 alternative hypothesis(연구가설 혹은 대체가설)라고 하며, 귀무가설이 거짓일 때 귀무가설을 기각할 수 있는 능력을 power(검정력)라고 한다.

그럼 우연에 의해서 결과가 나온 것이 아니라면 나온 결과는 어떻게 설명해야 할까? 동전의 예에서는 변수의 개수가 한 개이므로 던지는 사람이 조작을 하지 않았다면 동전 앞뒤의 모양이 똑같지 않아서 그렇다고 설명할 수 있을 것이다. 그럼 변수의 개수가 2개(혹은 그 이상)인 경우에는 어떻게 설명을 할 수 있을까? 다음의 표 1.5의 예를 보자. 충수돌기 파열과 개인 의료보험 소유 유무에 관한 자료로 개인 의료보험이 없는 경우에 충수돌기가 더 파열이 된 경우가 많아 보인다. 이런 결과는 우연에 의해 그런 것이 아닐까?

표 1.5 보험유무와 충수돌기 파열과의 빈도

Private health insurance	Appendiceal rupture	
	Yes	No
Yes	3,085(32%)	6,644(68%)
No	3,804(44%)	4,779(56%)

Chi-square 검정(1.7.1 참조) 결과 $p = 0.002$로 보험의 유무와 충수돌기 파열과는 상관이 없다는 귀무가설을 기각할 수 있다. 즉, 상관(association, relation) 혹은 차이가 있다고 해석할 수 있다. 그러면 차이가 있다는 것이 의미하는 것이 보험이 없는 것이 충수돌기 파열의 원인(causal)이라는 의미일까? 절대로 아니다. 통계검정을 하여 귀무가설을 기각해서 통계학적으로 차이가 있다고 해도 한 변수가 다른 변수의 원인이라고 말할 수는 없다. 여기서 원인은 단지 우연에 의해 발생한 것이 아니라는 것을 설명하는 한 가지 다른 설명에 불과하다. 또 다른 설명으로 confounder가 있다. 즉, 본 예에서는 경제적 수익이 낮아서 보험을 들 수가 없어서 그럴 수도 있기 때문에 경제적 수익은 confounder일 가능성이 높다. 다른 설명으로 reverse causality도 있다. 또 다른 설명으로 systemic error인 bias로 인해서 그럴 수도 있다. 그 외에도 다른 많은 설명이 있을 수 있다.

1.2 통계적 분석방법에는 어떤 것이 있는가?

통계적 분석방법은 분석에 포함되는 종속변수의 개수에 따라서 일변량분석(univariate analysis), 이변량분석(bivariate analysis) 그리고 다변량분석(multivariate analysis)으로 분류된다.

어떤 연구자들은 두 개의 변수 사이의 관계를 묘사하는 데 일변량이라는 용어를 사용하기도 하지만, 일변량이라는 용어는 uni라는 접두어에서 보듯이 한 개의 변수를 가지고 분석에 사용하는 경우를 의미하는 것이 타당하며, 변수의 평균, 표준편차, 분산 등의 대표값 혹은 자료가 어떤 분포를 나타내는지(막대, 선 그래프, 산포도) 등을 기술하는 것을 의미한다.

이변량분석이란 t-test, paired t-test, 상관분석(correlation), 교차분석(cross tabulation), 일원분산분석(one way ANOVA) 혹은 두 변수 사이의 단순회귀분석(simple linear regression)같이 두 변수 사이의 연관성에 대해 분석하고 설명하는 것을 말한다. 즉, 하나의 변수가 다른 변수에는 어떠한 영향을 주고 있는지 그러한 관계의 크기와 방향은 어떤지 분석하는 것이 이변량분석이다.

다변량분석은 세 개 이상의 변수들 사이의 관계에 대해 설명하기 위한 것이다. 다변량분석과 다변수분석(multivariable analysis)은 흔히 서로 같은 의미로 혼용되어 사용되고 있다. 그러나 엄밀하게 다변량분석은 여러 개의 결과변수를 예측하는 것을 의미하고, 다변수분석은 한 개의 결과변수를 예측하는 것을 의미한다.

임상자료의 분석에 흔히 사용되는 다중회귀분석(multiple linear regression), 다중 로지스틱 회귀분석(multiple logistic regression analysis), 그리고 비례위험모형(proportional hazards model)은 모두 한 개의 결과변수를 예측하는 통계기법이므로 본 책에서는 다변수분석이라는 용어를 선호해서 사용하고 있다.

1.3 변수(variable)는 무엇인가?

변수는 일반적으로 개체에서 측정된 특성으로 통계분석에서는 측정을 대표하며 스스로 변하는 값을 가질 수 있는 수이다. 통계학에서 사용되는 변수의 이름은 많이 있지만 다음과 같이 크게 두 가지가 있다.

독립변수(independent variable)는 스스로 독립적으로 변할 수 있는 수이며, 설명변수(explanatory variable, 결과변수를 설명하므로), 위험인자(risk factor) 혹은 공변량(covariate)이라는 용어가 같은 의미로 사용되고 있다.

종속변수(dependent variable)는 독립변수에 의해서 값이 결정되는 변수로 결과변수(outcome variable), 반응변수(response variable) 혹은 표적변수(target variable)라고도 한다.

어떤 사건이 발생한 결과를 표현하는 영어 단어로 result와 outcome이 있다. Result는 결과를 도출하기까지 과정이 평가되는 경우가 많은 개념이고, outcome은 결과에 주로 초점을 두고 과정에 대한 평가는 포함되지 않는 개념이다. 종속변수를 outcome이라고 하는 것은 독립변수가 종속변수에 어떠한 과정으로 영향을 미치는 것은 알지 못하고 다만 결과에 어떤 영향을 주었다는 개념이다. 주어진 자료로 통계분석을 해서 나온 결과는 통계적인 알고리즘(algorithm)에 의해서 결과가 나온 것이고 과정이 포함된 개념이다. 그러므로 outcome이라고 하지 않고 result라고 한다. 이 책에서 사용된 '결과' 혹은 '결과변수'는 특별히 따로 언급이 없는 한 'outcome'과 'outcome variable'을 의미한다.

1.4 자료(data)는 무엇이고 어떻게 분류하는가?

통계프로그램에서는 분석에 사용되는 파일을 data sets라고 하며 흔히 자료를 'data sets'라고 한다. 자료의 측정 단위가 scale(척도)이고, scale로 측정된 자료는 변수로 사용되므로 자료의 분류는 곧 변수의 척도에 대한 분류와도 같은 것이다. 자료는 다음과 같이 분류할 수 있다(그림 1.1).

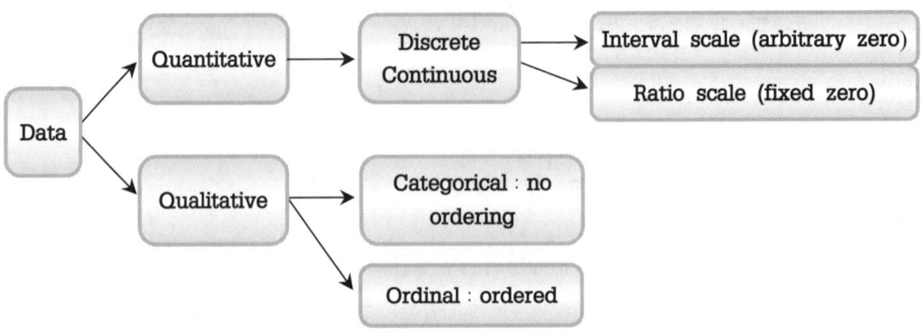

그림 1.1 자료의 분류

자료는 크게 양적인 자료(quantitative = numerical data)와 질적인 자료로(qualitative) 분류한다. 양적인 자료는 다시 이산적인 수적인 자료(discrete numerical)와 연속적인 수적인 자료[continuous numeric(al)]로 분류된다. 또한 질적인 자료는 명목(명칭, nominal) 혹은 범주형 자료(categorical 또는 classified)와 순위자료(ordinal 혹은 ranked)로 구분된다.

이산자료는 어떤 고정된 값인 '정수(integer)' 값만 가질 수 있는 자료로 단계적으로 증가하는 값을 가질 수는 있지만 중간 값을 가질 수는 없다. 예를 들면 자녀의 수, 부모의 수 등이 해당된다(부모가 1.5명일 수는 없지 않은가).

연속적인 자료는 등간자료(interval scale data)와 비율자료(ratio scale data)로 구분되며, 등간자료는 측정대상이 갖고 있는 속성의 양적인 정도의 차이에 따라 같은 간격으로 수치를 부여한 자료이다. 등간자료는 해당 속성이 전혀 없는 상태인 절대적 원점(absolute zero)이 존재하지 않으며 비율(rate)의 의미가 존재하지 않는 자료이다. 비율자료는 절대적 원점을 갖는 등간자료이다.

명목자료는 측정 대상을 고유한 특성에 따라 분류하거나 구분할 목적으로, 동일한 특성을 갖는 대상들이 동일한 수치를 갖도록 한 자료로 자료분류에 주로 사용된다. 예를 들면 어떤 집단을 성별로 분류하여 '남자'에게는 '1', '여자'에게는 '2'라는 수치를 부여했다면 이것이 명목자료이다. 특성을 나타내는 결과를 '사망 / 생존' 혹은 '완치 / 비-완치' 등과 같이 단지 두 가지로 나누어지는 결과를 가지는 자료를 이분형 자료(dichotomous or binary data)라고 한다. 이분형의 형태로 발생되는 사건의 'time to occurrence'는 사건(events)이라고 하고 '사건의 발생'은 시간의 간격(period)에 걸쳐서 발생한다.

순위자료(ordinal or ranked data)는 측정 대상을 비교하기 위해 특성의 많고 적음 또는 크고 작음의 서열(order, rank)에 따라 측정 대상에게 수치를 부여한 자료이다. 즉, 순서화할 수 있는 여러 개의 범주를 가지는 변수이다. 의학에서는 Glasgow coma scale, Apgar score, 그리고 뉴욕심장학회에서 정한 functional classification of heart의 class 등이 있다. 심장의 기능적 분류 등급에서 등급은 4단계로 각 단계가 증가할 때마다 정도가 심한 것을 의미한다. 그러나 I등급과 II등급의 차이가 III등급과 IV등급의 차이가 숫자의 양적인 차이가 같은 것은 아니다.

자료의 형태에 따라 어떤 descriptive statistics(기술통계학, 단지 자료에 대한 통계량을 기술만 하는 경우로 가설 검정을 하지 않는다)를 사용하는지 또한 어떤

inferential statistics(추론통계학은 가설, 검정을 포함한다)를 적용해서 분석을 해야 하는지가 다르기 때문에 연구자는 자신의 자료가 어떤 형태의 자료로 구성되어 있는지 알고 있어야 한다.

1.5 연구자의 자료를 어떻게 표현하는가?

통계학을 기술통계학과 추론통계학으로 분류하므로 자료를 표현하는 방법도 기술통계학과 추론통계학으로 나누어서 표현할 수 있다. 추론통계학으로 자료를 표현하는 것은 연구자의 연구목적에 따라서 혹은 자료의 성격에 따라서 어떤 통계방법을 적용할지 다르다. 여기서는 자료를 표현하는 기술통계학적인 표현 방법에 대해서만 알아보고자 한다.

통계학을 이용하면 큰 방대한 양의 자료를 몇 가지 의미 있는 그리고 전체를 대표할 수 있는 숫자로 줄여서 표현할 수 있다. 경제적으로나 시간적인 문제로 우리는 모집단(population)을 전부 조사해서 모집단의 특성인 모수(parameter)를 알아볼 수는 없다. 그러므로 모집단의 일부인 표본(sample)을 추출해서 표본의 statistics(통계량)인 $\bar{x}$ (x bar : sample mean), s (sample standard deviation) 등을 구한 후에 모집단의 모수인 μ(population mean), σ(sigma : population standard deviation)를 추정하는 것이다. 통계학을 statistics라고 하고 통계량을 statistic이라고 하며 또한 통계량의 복수형도 statistics다.

표본의 통계량을 구하는 것이 기술통계학이고 추론통계학은 기술통계학에서 구한 값으로 모집단을 추측하고, 각 변수들 사이의 유의성, 차이 등에 대해 추론을 하는 것이다.

1.5.1 연속형인 양적인 자료(continuous numerical data)의 통계학적 표현

1.5.1.1 중앙값의 측정(measure of central tendency)

모집단의 평균에 대한 간단한 point-estimate(점-추정값)는 수집한 자료를 평균한 표본의 평균(sample mean)이다. 두 번째로 사용되는 수치는 표본의 median (중앙값)을 이용하는 것이다. Median은 자료를 순서대로 재배열했을 때 중간에 위치하는 자료이다. 자료의 개수가 짝수이면 중간 값이 없으므로 가운데의 양쪽에 있는 값의 평균을 구하면 median이 된다. 그러므로 median은 점수의 분포를 같은 두 개로 나누어 주는 point가 된다. 마지막으로 최빈수(mode)가 있다. 최빈수는 가장 많이 발생하여 측정된 값이다. 최빈수를 표시할 때는 "The mode is 12 with 33%"같이 발생한 시간의 %와 같이 표현해 주는 것이 좀더 많은 정보를 표현할 수 있다. Mean, Median 그리고 Mode를 3M이라고도 하며, 임상자료를 표현할 때 mean과 median은 흔히 사용되지만 mode는 흔히 사용되지 않는다.

그럼 연구자의 양적인 자료에 대한 central tendency를 표현할 때 세 가지를 전부 사용해야 하는 것인가? 아니다. 선택은 어떤 값을 대표값으로 사용할지는 양적인 자료의 도수분포가 어떻게 되는지에 따라서 다르다. 또한 양적인 혹은 질적인 자료에 따라서 사용될 수 있는 대표값이 틀리다(표 1.6).

표 1.6 Choice of summary statistics

Scales	Summary statistics
Nominal	Central tendency : mode There are no measures of spread
Ordinal	Central tendency : mode, median Spread : range, inter-quartile range
Interval/Ratio	Central tendency : mode, median(skewed data), mean(symmetrical data), geometric mean(logarithmic data) Spread : range, inter-quartile range, standard deviation

자료의 측정척도에 따라서 사용될 수 있는 대표값은 interval / ratio variables 같은 연속형 자료가 정규분포를 하면 mean, mode, median 모두 같으므로 아무거나 이용하면 되지만 분포가 skewed되어 있어 정규분포를 하지 않으면 median을 이용한다(그림 1.2).

양적인 자료의 도수분포가 정규분포를 한다면(그림 1.2의 중앙), 양적인 자료의 mean = median = mode이므로 대표값으로 어떤 것을 이용해도 상관이 없다. 자료의 분포가 오른쪽 혹은 왼쪽으로 치우친 경우(그림 1.2의 양쪽)에는 그림 1.2에서 보듯이 median은 mode와 mean의 중앙에 해당되는 값이므로, median을 자료의 대표값으로 이용하는 것이 현명하다.

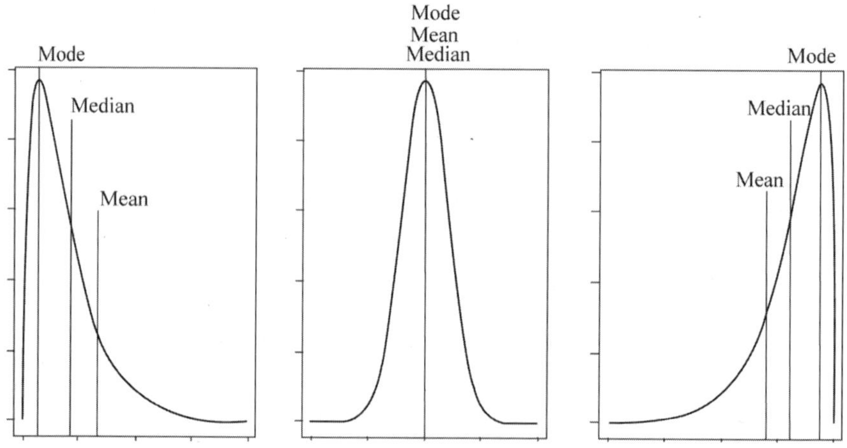

그림 1.2 양적인 자료의 분포

많은 통계학적 분석방법은 자료의 분포가 정규분포(normal distribution)를 한다는 가정하에 이루어지므로 자료가 정규분포를 하는지를 검정하는 것은 적당한 기술통계량을 표현하는 데도 중요할 뿐 아니라 올바른 통계적 검정을 적용하는 데도 중요한 사항이다. 그러면 자료가 정규분포를 하는지 알아보는 방법에는 무엇이 있는가? 일반적으로 그래프를 이용하는 방법, skewness와 kurtosis를 계산하는 방법 그리고 공식적인 통계학적인 검정을 하는 세 가지 방법이 있다.

그래프를 이용하는 방법은 histogram이나 Q-Q plot(Quantile-Quantile plot)을 그려보는 것이다. 이렇게 plot으로 정규성을 검사하는 것을 normal probability plots이라고 한다. Histogram을 그려보는 것은 가장 쉽고 좋은 방법으로 그림 1.2의 첫째, 셋째 그림과 같이 확실하게 오른쪽 혹은 왼쪽으로 치우쳐(skewed) 있으면 자료는 정규분포를 하지 않는 것이다.

Q-Q plot은 자료분포의 quantile(분위수)을 특정한 표준적인 이론적인 분포(여기서는 정규분포와)의 quantile과 비교해 보는 것이다. 그림 1.3에 histogram과 Q-Q plot과의 관계를 보여주고 있다. Q-Q plot이 대각선과 겹쳐서 plot 되면 정규분포를 하는 것이고, 대각선을 벗어나서 심한 편위(deviation)를 보이면 정규분포를 하지 않는 것이다. Normal P-P plot, 즉 Proportional - Proportional plot은 수평 축에 대상자의 관찰된 누적 proportion을, 수직 축에는 정규분포의 예측된 누적 proportion을 지정하여 plot한다. Detrended normal plot은 수직

축에 대상자의 관찰된 값과 예측된 값의 차이를 이용한다. 자료가 정규분포를 한다면 수평축인 0의 선을 따라서 random하게 퍼지게 된다.

정규분포를 하는지 알아보는 두 번째 방법은 skewness와 kurtosis를 이용한 descriptive statistics를 보는 것이다. 그림 1.2에서 skewness > 0 이면 분포는 오

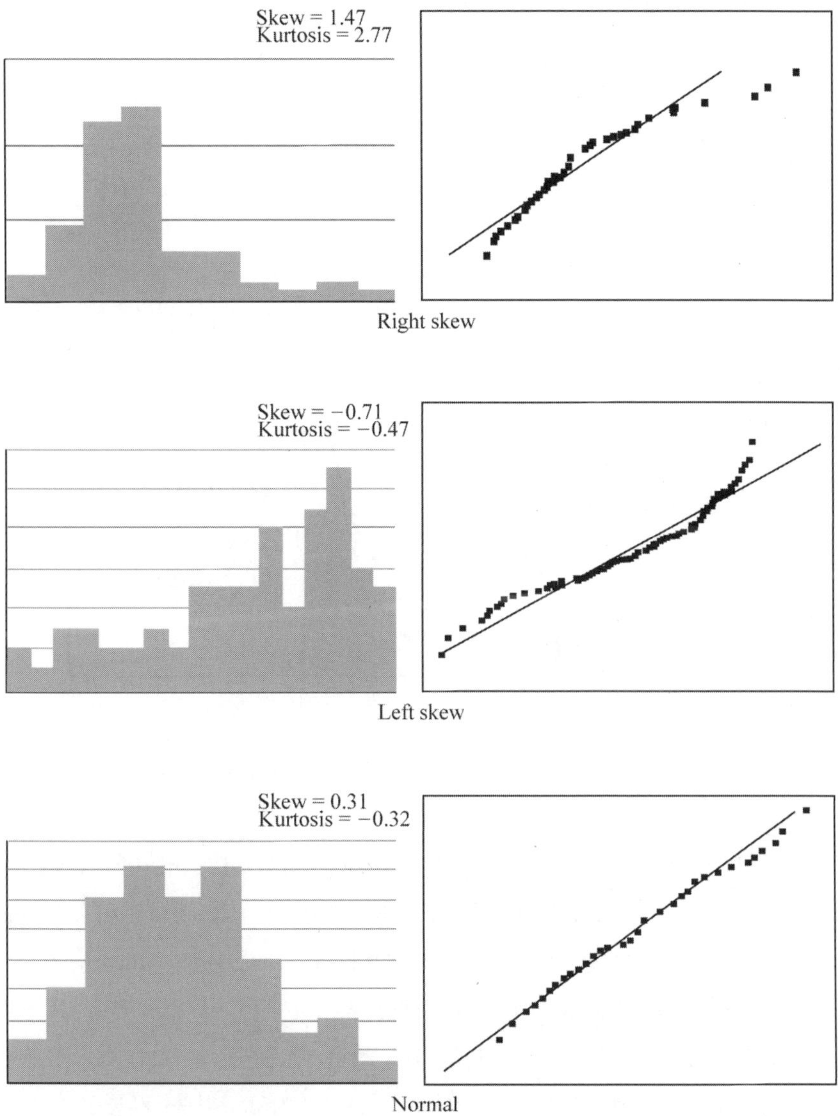

그림 1.3 QQ plot과 히스토그램의 관계

른쪽으로 치우쳤다고(왼쪽 첫 번째) 하며(앞에서 보면 왼쪽), skewness < 0 이면 왼쪽으로 치우쳤다고 하고(왼쪽 두 번째), skewness가 0에 가까우면 중앙을 중심으로 양쪽으로 분포되어 있는 것이다. Skewness의 값은 보통 −3 < skewness < 3의 범위 값을 가지며, 일반적으로 skewness값이 −1 < skewness < 1의 값을 가지면 그 자료는 정규분포를 한다고 할 수 있다. 그러나 skewness값만 가지고 자료의 정규성을 평가해서는 안 된다.

Kurtosis는 종모양의 분포곡선이 얼마나'뾰족'한가, 즉 peakness를 측정한 것이다. 일반적으로 kurtosis의 값이 −1 < kurtosis < 1의 범위에 있으면 보통 자료가 정규성을 만족한다고 할 수 있다. 그림 1.4에 각 skewness와 kurtosis의 관계를 보여주고 있다. Kurtosis의 값이 클수록 종 모양의 분포는 뾰족한 모양이 된다. 역시 kurtosis의 값만 가지고는 자료의 정규성을 평가해서는 안 된다.

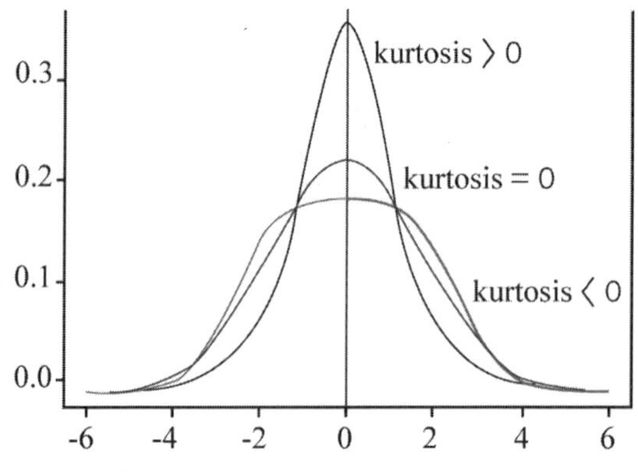

그림 1.4 Skewness와 kurtosis

세 번째로 자료의 정규성을 알아보는 formal statistical test는 Kolmogorov Smirnov one sample test와 Shapiro Wilk test가 있다. 이 검정법에서의 귀무가설은 "자료는 정규분포를 한다"이다. Kolmogorov Smirnov one sample test와 Shapiro Wilk test에서 주의해야 할 사항은 이 검정법은 표본의 수에 매우 민감하다는 것이다. 표본의 크기가 작은 경우(즉, n < 20)에는 표본의 크기가 큰 경우(n > 100)에 비해서 significance(p) < 0.05로 나올 가능성이 낮다는 것이다. 즉, 정규분포를 하지 않는다고 결과가 나올 가능성이 높다.

정리하면 세 가지 방법 중 확실하게 정규성을 검정할 수 있는 방법은 없고 세 가지를 상호 보완적으로 사용해야 한다. 다음은 자료의 정규성을 점검하는 flowchart이다.

1. 표본의 크기가 작은 경우(n < 30) : 표본의 크기가 30 이하면 항상 정규분포를 하지 않는다고 가정한다.

2. 표본의 크기가 중간인 경우(30 < n < 100) : Kolmogorov Smirnov one sample test와 Shapiro Wilk test에서 p < 0.05로 나오면 histogram이나 Q-Q plot 그리고 skewness와 kurtosis를 이용해서 정규성을 다시 점검한다.

3. 표본의 크기가 큰 경우(n > 100) : Kolmogorov Smirnov one sample test와 Shapiro Wilk test에서 p > 0.05로 나오면 정규분포를 한다고 가정해도 된다. 아니면 그래프나 skewness와 kurtosis로 다시 점검한다.

1.5.1.2 Measure of spread

양적인 자료를 표현할 때 중앙값 이외에도 중요한 기술통계량으로 data score의 퍼짐의 정도(spread)를 나타내는 변이(variability)가 있다. 대표값 3M은 자료의 값이 서로 얼마나 다른지에 대해 전혀 알 수가 없다. 자료의 값이 서로 얼마나 다른지 양적으로 알아보려면 variability를 측정해야 한다.

Variation을 나타내는 가장 간단한 방법은 자료의 가장 큰 값과 가장 작은 값의 차이인 range를 이용하는 것이다. 그러나 range로는 두 측정 수치의 score 사이에서는 어떤 일이 일어났는지 알 수가 없으며 nominal data에서는 적용할 수가 없다. Range보다 유용한 값이 inter-quartile range로 이것은 25th 와 75th percentile값 사이의 거리이다. Range와 달리 extreme value에 영향을 덜 받는다는 장점이 있다.

Variability 측정에 가장 흔히 사용되는 것은 variance(분산)이다. 분산은 각 측정값에서 평균값을 빼 준 후 제곱한 값을 전부 더한 후(표본의 수 −1)로 나누어 준 값이다(표본의 수가 아니고 표본의 수 −1이다). 분산이 0이면 모든 측정값은 똑같다는 의미이다. 분산이 크면 측정된 값은 평균에서 더 퍼져 있다(더 멀리 떨어져)는 의미이다. 분산의 문제점은 원래 자료의 측정척도(단위)에 따라 차이가 많다는 점이다. 예를 들면 나이(year)에 대한 분산의 값은 300.34 square year이고 s-cholesterol(mg / dl)의 분산은 7540.38 square mg / dl로 측정 단위에 따라 차이가 크다. 그래서 원래 측정값과 같은 단위를 가지게 하기 위해 분산에 √ (root)를 취한 것이 standard deviation(SD, 표준편차)이다.

가장 많이 쓰이고 유용한 spread를 측정할 수 있는 것이 표준편차이다. SD는 평균을 중심으로 모든 score들이 data set 안에서 얼마나 집중되어 있는지(cluster)를 말해준다. 그림 1.5에서 보듯이 SD가 크면 자료의 측정값이 평균에서 많이 떨어져 있다는 의미이다. SD의 크기도 또한 측정값의 단위에 달려 있다. 그래서 측정단위의 영향을 보정하기 위해 coefficient of variation(CV)을 이용하며 CV = (SD / mean) * 100으로 계산하며 이는 mean value 중 SD의 백분율이다. CV는 측정단위의 영향이 없이 일정하게 나온다. SD = Mean이면 CV = 100%이다.

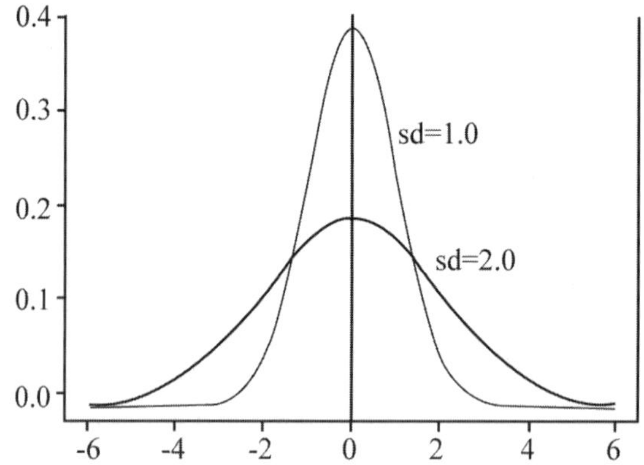

그림 1.5 Measures of spread : SD

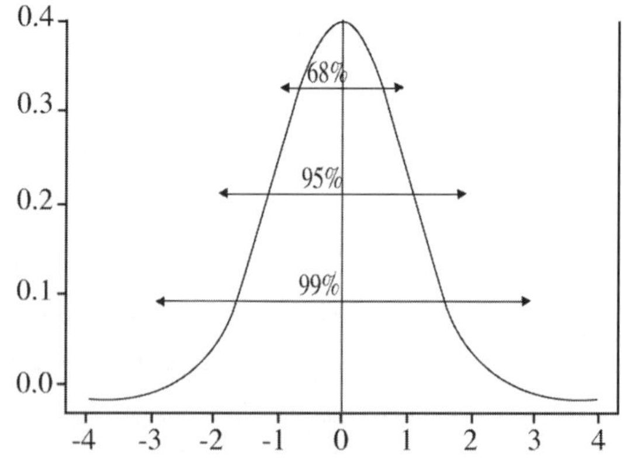

그림 1.6 정규곡선에 대한 자료의 분포

자료가 정규분포를 하면 표본의 평균과 SD를 같이 표시해 주어야 한다. 그림 1.6을 보면 자료가 정규분포를 한다면 1 * SD 안에 68%, 2 * SD 안에 95% 그리고 3 * SD 안에 99%, 그리고 4 * SD 안에 100%의 자료가 포함된다. 즉, 체중의 평균 = 70이고 SD = 21면 대상자의 68%는 (mean − SD) and (mean + SD), 즉 (70 − 21) and (70 + 21) = 49 and 91 사이에 체중의 값이 포함될 것으로 예측된다.

그러면 연구자의 자료에 대한 SD가 작으면 이 자료는 좋은 자료라는 의미일까? 대부분의 경우는 "그렇다"라고 대답할 것이다. 부분적으로는 맞는 말이지만 꼭 그렇지는 않고 상황에 따라 틀리다. 예를 들면 임상연구 자료 중 '나이'에 대해서 자료를 모을 때 대부분의 연구자는 '나이'에 대한 SD가 아주 작게 나오기를 바라지는 않을 것이다. 왜냐하면 SD가 너무 작아서 나이의 분포가 평균과 거의 같은 곳에 분포되어 있으면 이 자료를 가지고 분석한 결과는 일반화할 수가 없게 될 가능성이 높다. 나이 변수에 대한 평균이 50이고 SD = 1이라면 이 자료는 50세인 대상자에게만 적용할 수 있다는 의미이다. 달리 말하면 연구자는 처치를 한 두 집단(active vs control)의 outcome response에서의 차이에 대한 SD는 작게 나오기를 바랄 것이다. 그래야 control 집단보다 active집단의 우월성이 일관성이 있는 것이기 때문이다.

SD는 표본에서 관찰값의 variability를 의미하고, standard error(= SD ÷ $\sqrt{n}$)는 통계량인 $\bar{x}$, s의 variability를 말할 때 사용한다. Standard error(SE)는 표본의 평균이 얼마나 변하는지를 예측할 때 사용한다. 똑같은 조사를 다시 하거나, 다른 대상자로 또 같은 측정을 하면 항상 다른 결과가 나온다. SE of mean (SEM)은 같은 모집단에서 같은 크기의 다른 표본을 추출했을 때 평균(sample mean)값이 얼마나 변할 수 있는지를 예측할 때 사용한다. 만약 더 많은 표본을 추출하거나 모집단의 variability가 작은 곳에서 표본을 추출하면 sample mean의 값이 변하는 정도는 작을 것이다. 그러므로 SEM를 이용해 population value of mean에 대한 신뢰구간(confidence interval)을 계산한다. 또한 정규분포를 하는 연구자의 자료를 표현할 때 mean ± SD로 표현하지 mean ± SEM으로 표현하는 것은 옳지 않다.

또한 정규분포를 하지 않는 interval data나 ordinal data의 자료를 표현하는 데는 inter-quartile range를 이용하는 것이 좋으며, 이것은 box plot을 이용하면 된다.

1.5.1.3 Interval estimate(confidence interval)

지금까지 자료를 표현하는 데 사용되는 mean, mode, skewness, kurtosis, standard deviation 같은 point estimation(숫자 한 개로, 예를 들면 mean = 12.3과 같이 자료를 표현하는 것을 point estimation이라고 하고, 신뢰구간과 같이 구간으로 표현하는 것을 interval estimation이라고 한다)의 정확성은, 얼마나 연구의 sampling plan이 잘되어 있는지에 달려 있다. 즉, 대표성이 있는 표본을 추출했다고 가정하면 그 표본의 정확성은 어느 정도 정확하다고 할 수 있다.

그러나, 확실히 고정된 sample size로 반복적으로 연구를 해보면, 연구를 할 때마다 얻어진 표본의 평균값과 SD는 그때그때마다 다르게 나온다. 예를 들면 100명을 대상으로 같은 연구를 계속 반복해도 측정된 변수의 평균값과 SD는 항상 다르게 나온다. 그러나 500번을 re-sampling을 한 후 구한 평균값은 좀더 정확하다고 할 수 있다. 즉, Sampling Distribution of Mean의 이론에서도 계속적으로 표본을 추출해서 구한 표본의 평균이 모집단의 평균에 대해 좀더 정확한 point estimate라고 한다. 이 과정을 bootstrap이라고 하고 자료의 validation에 이용을 한다.

의학연구에서는 사람을 대상으로 반복적으로 연구를 계속할 수 있는 상황도 아니다. 그러나 중심극한의 정리(central limit theorem)에 의하면 표본의 크기가 충분하면 'interval estimate'는 range of score가 보통 95% 신뢰구간(confidence interval, CI) 안에 있는 확신을 우리에게 제공할 수 있다. 즉, 모집단의 평균이 있을 것이라고 추정되는 구간이 신뢰구간이 된다. 신뢰구간은 다음과 같은 식에 의해 계산이 된다.

Confidence interval (CI) = sample mean ± e * standard error of mean

90% CI를 구할 때의 e = 1.645, 95% CI를 구할 때의 e = 1.96, 그리고 99%의 CI를 구할 때는 2.58이다. Standard error of mean = SD / $\sqrt{n}$이므로 CI는 표본의 크기 N에 의해 영향을 많이 받는다. 예를 들면 어떤 치료 약물이 위약에 비해 혈압을 떨어뜨리는 차이가 7.5 mmHg(95% CI 1.5−13.5)라고 했을 때 CI의 폭의 수치가 크게 계산된 것으로 보아 이 연구는 표본의 크기가 작았거나 차이의 variation이 컸을 것으로 생각된다. 그러므로 CI의 값으로 우리는 연구결과의 quality를 알 수 있는 것이다.

언제 CI를 같이 표시해 주어야 하는가? 처치의 효과의 차이를 나타낼 때 꼭 CI를 표시해야 한다. 나이 같은 인구학적 특성을 나타내는 변수를 표현할 때는 CI를 표시할 필요가 없지만 질병 발생의 위험이 있는 나이를 표시할 때는 CI를 같이 표시해 주어야 한다. Error bar plot은 CI를 쉽게 표현할 수 있는 방법이다.

1.5.2 질적인 자료의 표현

범주형 자료는 bar graph, pie chart 혹은 frequency table(도수분포표)로 표현하는 것이 좋고, 순위자료는 정확하게 순위에 따라 자료를 coding해야 한다. 예를 들면 0 = no pain, 1 = mild pain, etc.같이 서열이 증가할수록 coding해야 한다. 그리고 잡지에 출판할 때 대표적인 범주형 자료인 예인 demographic data를 표현할 때는 다음의 형식을 따르는 것을 권장한다.

	Group A	Group A	p-value
Quantitative(e.g.age)			
Mean (sd)			
Range			
Median			
Qualitative variable(e.g.sex)			
Male	n_1 (%)	n_2 (%)	
Female	n_3 (%)	n_4 (%)	

1.5.3 SPSS를 이용한 자료의 표현방법에 대한 예

SPSS를 이용해 자료의 표현방법에 대해 가상적인 자료를 이용해서 알아보자. 자료는 http : //www.hannarae.net의 자료실에서 download 받을 수 있다. 먼저 example1.sav을 연다(그림 1.7).

자료는 대상자(ID) 20명에 대한 나이(age), 체중(1 = under weight, 2 = normal, 3 = over weight), 성별(sex), 치료하기 전의 혈압(preTxBP)과 cholesterol 수치(preTxch) 그리고 약물치료 A[(new drug), B(placebo), C(old drug)]를 하였거나 운동요법(Exercise)을 한 후의 혈압(postTxBp) 및 cholesterol(postTxch) 수치이다. 먼저 Age 변수에 대해 descriptive statistics를 알아보자. SPSS의 주화면에

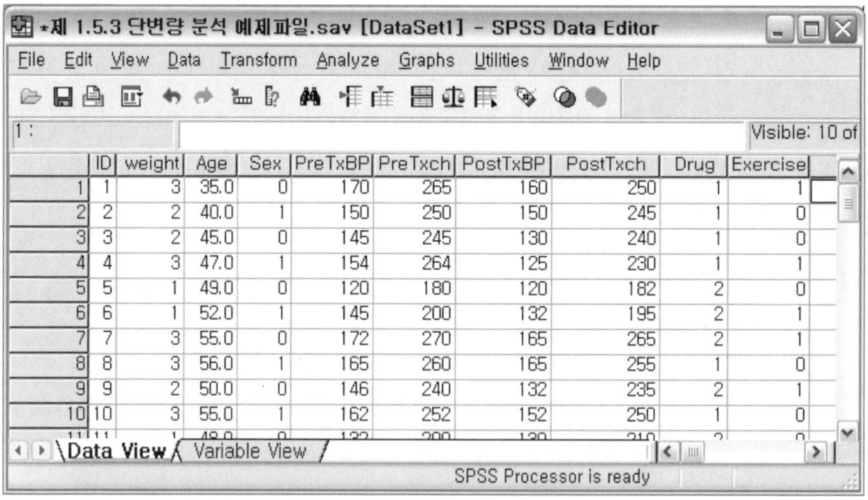

그림 1.7

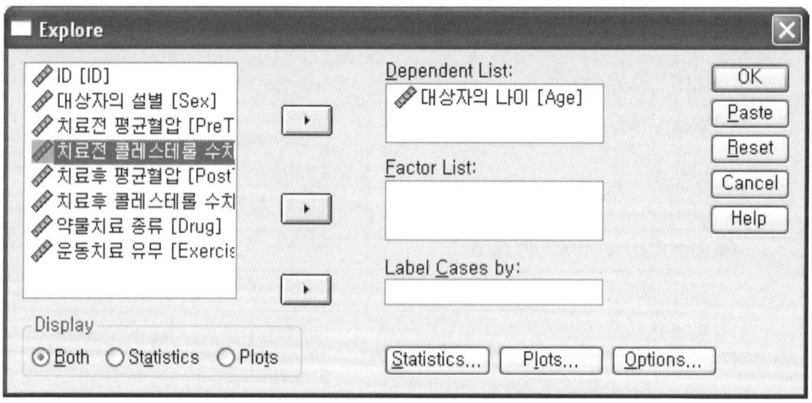

그림 1.8

서 Analyze ▶ Descriptive Statistics ▶ Explore…… 화면에서 Age 변수를 지정한다(그림 1.8).

Dependent List : 에 descriptive statistics를 보고자 하는 변수를 지정하고, Factor List : 는 factor로 나누어서(예를 들면 남자, 여자로 나누어서 Age 변수의 descriptive statistics를) 보고자 할 때 지정한다. 그림 1.8에서 Statistics……와 Options……은 default로 두고 Plots……에서 Descriptive 항목에 Stem-and-leaf와 Histogram을 선택하고 Normality with plots tests를 선택한다. OK를 click하면 결과가 print된다.

Descriptives

			Statistic	Std. Error
대상자의 나이	Mean		51.50	1.758
	95% Confidence Interval for Mean	Lower Bound	47.82	
		Upper Bound	55.18	
	5% Trimmed Mean		51.67	
	Median		53.00	
	Variance		61.842	
	Std. Deviation		7.864	
	Minimum		35	
	Maximum		65	
	Range		30	
	Interquartile Range		10	
	Skewness		-.598	.512
	Kurtosis		-.010	.992

Age 변수에 대한 평균, 평균치의 95% CI, median, 분산, 표준편차, 최대값, 최소값, range, inter-quartile range, skewness, 그리고 kurtosis값을 알 수 있다. 다음은 정규성에 대한 검정이다.

Tests of Normality

	Kolmogorov-Smirnov[a]			Shapiro-Wilk		
	Statistic	df	Sig.	Statistic	df	Sig.
대상자의 나이	.125	20	.200*	.958	20	.502

*. This is a lower bound of the true significance.

a. Lilliefors Significance Correction

Kolmogorov-Smirov 검정과 Shapiro-Wilk 검정 모두에서 Sig, 즉 $p > 0.05$이므로 분포가 정규분포를 한다는 귀무가설을 기각할 수 없다. 즉, Age 변수는 정규분포를 한다고 할 수 있다.

다음은 histogram과 Q-Q plot을 보여주고 있다(그림 1.9). Histogram에서는 분포가 약간 왼쪽으로 기울어져 보이며 Q-Q plot에서는 비교적 diagonal 직선과 일치하고 있어 정규분포를 한다고 볼 수 있다.

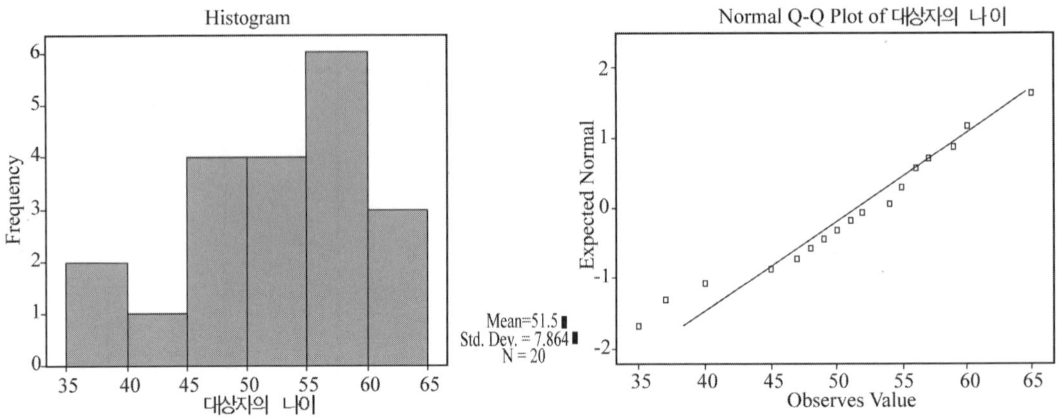

그림 1.9 Histogram과 Q-Q plot

Normal probability plot인 normal Q-Q plot, normal P-P plot 그리고 Detrended normal plot을 전부 한 번에 그리려면 Analyze ▶ Regression ▶ Linear……에서 Plot……을 선택한 후 Normal probability plot를 선택하면 그릴 수 있다. 그러나 이 방법은 회귀분석으로 각 변수에 대한 예측값을 새로운 변수로 각각 저장한 후 해야 된다

Age 변수는 정규분포를 하는 연속형 자료이므로 이 자료를 표현할 때는 mean ± SD, 즉 53 ± 7.86으로 표현한다. 만약 Age 변수가 정규분포를 하지 않는다면 자료를 표현할 때 Box plot을 이용한다.

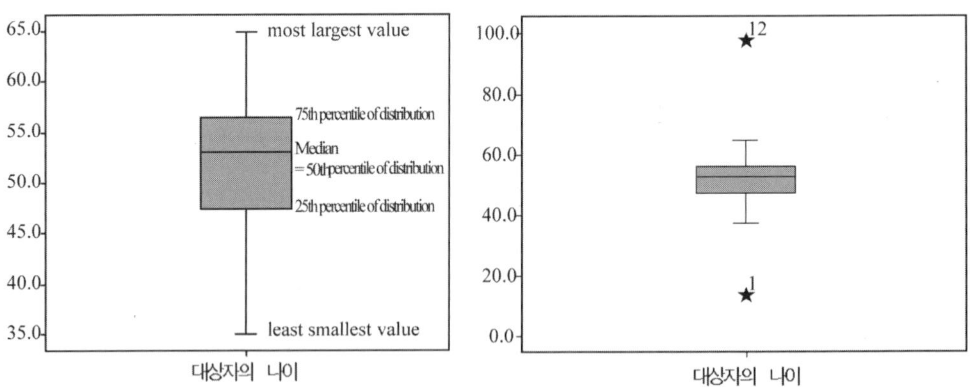

Box plot은 만약 해당 변수에 outlier가 있는 경우에 * 표시로 같이 표시가 된다(위의 그림 오른쪽). 실제 본 예제의 age변수에는 outlier가 없다. 위의 그림의 결과는 ID 1과 14번을 각각 13세와 100세로 바꾸어서 Box plot을 그린 것

이다. Analyze ▶ Descriptive Statistics ▶ Explore……에서 출력할 수 있다.

이분형의 자료이거나 nominal, ordinal의 자료를 표현하는 pie chart, bar chart 등 chart를 SPSS에서 그리려면 Graphs ▶ Chart Builder 이용한다.

1.6 임상연구 자료의 분석에 흔히 사용되는 이변량분석 방법은?

이변량분석은 크게 결과변수가 연속형 변수인 경우와 범주형 변수인 경우로 나눌 수 있으며 연속형인 경우는 다시 모수적(parametric)인 방법과 비모수적(non-parametric)인 방법으로 나눌 수 있다(표 1.7).

표 1.7 이변량분석의 모수적 방법과 비모수적 방법의 비교

Type of variables(V)	If interval variable is :	
	Parametric	Nonparametric
Dichotomous and interval V	2 sample T-test	Mann-Whitney U test Wilcoxon Sum Rank test
One interval V	1 sample T-test	Sign Test Wilcoxon Signed Rank test
Paired observations	Paired T-test	Sign Test Wilcoxon Signed Rank test
Nominal V and interval V	ANOVA	Kruskal Wallis Test
Correction for multiple pairwise comparison of interval V	Bonferroni'	Dunn's Test
Two interval V	Pearson's coefficient	Spearman's rank coefficient
	Linear regression	

V : Variable.

비모수적 방법이란 결과변수의 분포가 정규분포를 하지 않거나(예를 들면, 변수가 범주형 척도이거나, 연속형 자료라도 표본의 크기가 적어 정규분포를 하지 않는 경우로 모수의 분포에 대해 특별한 분포의 가정을 하지 않고 분석을 하는 경우)

분산이 같다는 가정을 만족하지 않을 때 사용하는 방법을 말한다. 모수적 방법은 그렇지 않을 때를 말한다. 결과변수가 연속형이 아니고 범주형의 경우는 1.7장에서 다룰 예정이다.

다음은 1.5.3에서 사용된 예를 가지고 단변량분석 방법의 모수적 방법과 비모수적인 검정법에 대하여 알아보자.

1.6.1 One Sample t-test와 Sign test, Wilcoxon Signed Rank test

한 개 표본에 대한 t-test는 하나의 변수의 관찰값이 특정의 상수와 다른지를 검정하는 방법이다. 예를 들면 본 예제의 치료 전 혈압(preTxBP)에 대한 자료에서 정상적인 혈압을 120이라고 가정했을 때 측정된 자료가 정상치인 120이라는 수치와 통계적으로 차이가 있는지(혹은 어떤 다른 수치) 알아볼 때 이용된다.

One Sample t-est의 가정은 "검정하고자 하는 자료는 정규분포를 해야 한다"는 것이다. 그러므로 먼저 분석하고자 하는 자료의 정규성에 대한 검사를 먼저 설명한 방법대로 검정한 후 정규분포에 만족해야 이 검정법을 이용할 수 있다. 검정결과 치료 전 혈압에 대한 변수는 정규분포를 한다.

SPSS에서 One Sample t-test를 하려면 주화면에서 Analyze ▶ Compare Means ▶ One Sample T test……에서 다음과 같이 지정한다. Test Value : 에 120을 입력한다. 만약 140과 다른지를 보려면 140을 입력하면 된다.

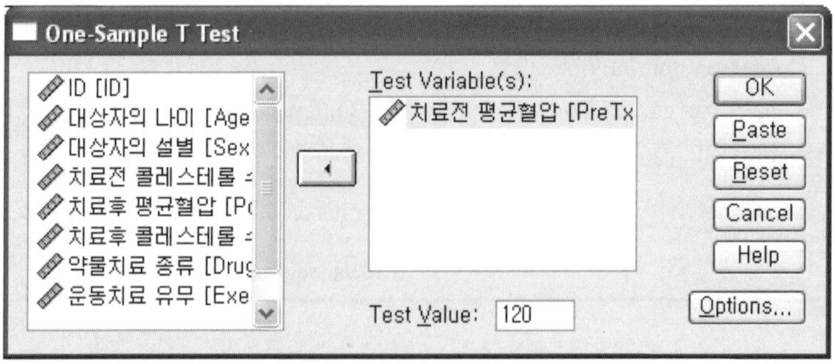

결과는 Test Value = 120에 비해 대상자의 혈압의 평균은 152.45로 통계적으로 유의한 차이가 있다고 할 수 있다($p < 0.0001$, difference = 32.45, 95% CI 24.73 to 40.17).

One-Sample Statistics

	N	Mean	Std. Deviation	Std. Error Mean
치료전 평균혈압	20	152.45	16.504	3.690

One-Sample Test

	Test Value = 120					
					95% Confidence Interval of the Difference	
	t	df	Sig. (2-tailed)	Mean Difference	Lower	Upper
치료전 평균혈압	8.793	19	.000	32.450	24.73	40.17

만약 preTxBP 변수가 정규분포를 하지 않는다면 비모수적 방법인 Sign test 혹은 Wilcoxon rank sum test(= Mann-Whitney rank sum test = Mann-Whitney test = Mann-Whitney U test)를 이용한다. 위의 preTxBP 변수가 정규분포를 하지 않는다고 가정하고 SPSS를 이용하여 Sign test 혹은 Wilcoxon rank sum test를 해보자. 그러기 위해서는 먼저 비교하고자 하는 변수를 만들어 주어야 한다. 예를 들면 현재 혈압이 120과 통계적인 차이가 있는지를 알아보려면 normbp 라고 임의로 변수를 만들고 전부 120을 입력해서 20명에 대해 만들고 Sign test 혹은 Wilcoxon rank sum test를 하여야 한다. Transform ▶ Compute Variables…… 화면에서 쉽게 할 수 있다(normbp 변수를 만들었고).

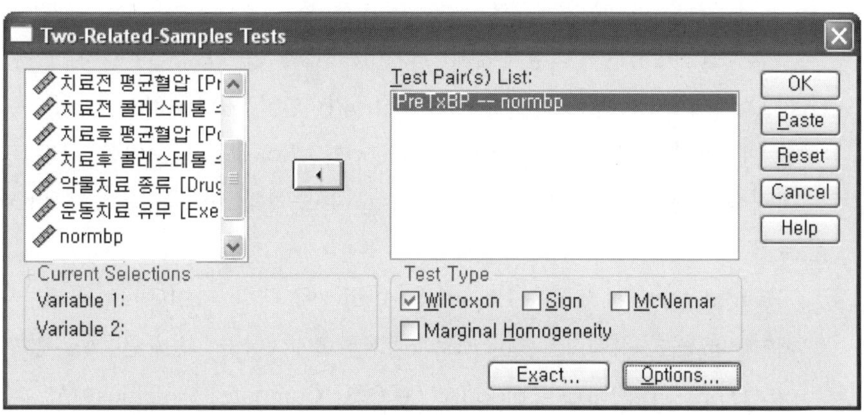

주화면에서 Analyze ▶ Non Parametric Tests ▶ 2 Related Samples……에서 위의 그림과 같이 Test Pair(s) List : 에 비교하고자 하는 preTxbp변수와 120의 값을 가지는 새로운 변수를 다음과 같이 지정하고 Wilcoxon을 선택한다. 일반적으로 Sign test보다는 Wilcoxon rank sum test를 많이 이용한다. OK를 누른다. 다음은 결과이다.

Test Statistics[b]

	normbp - 치료전 평균혈압
Z	-3.823[a]
Asymp. Sig. (2-tailed)	.000

a. Based on positive ranks.

b. Wilcoxon Signed Ranks Test

결과를 보면 p < 0001로 통계학적으로 의미 있는 차이를 보이고 있다. Sign test에서는 preTxbp 변수와 새로 만든 변수의 차이를 구한 후 (+)와 (−)의 개수를 이용해서 검정을 하고 Wilcoxon Signed Rank test에서는 (+)와 (−)의 정도를 rank로 이용하여 검정을 한다. 그러므로 Sign test에서는 차이가 적게 있어도(예를 들면 119와 120인 경우와 110과 120인 경우도 똑같이 − 부호를 가지게 된다) 차이가 있다고 나올 가능성이 많다.

1.6.2 Paired t-test와 Sign test, Wilcoxon Signed Rank test

임상연구에서 한 대상자에게 처치(treatment)를 하기 전과 하고 난 후에 처치의 효과가 차이가 있는지를 보는 경우가 흔히 있다(within group comparison). 본 예에서도 운동이라는 처치(treatment)가 cholesterol 수치를 낮출 수 있는지에 대해서 운동 전과 운동 후의 cholesterol 수치의 변화를 paired t-test로 검정해 보자.

Paired t-test의 가정은 before and after에 대한 차이(difference)는 정규분포를 해야 한다는 것이다. 그러므로 검정하고자 하는 변수인 두 변수의 차이인 postTxbp − preTxbp = bloodpr 변수를 Compute Variables에서 다음과 같이 새로 만들어야 한다.

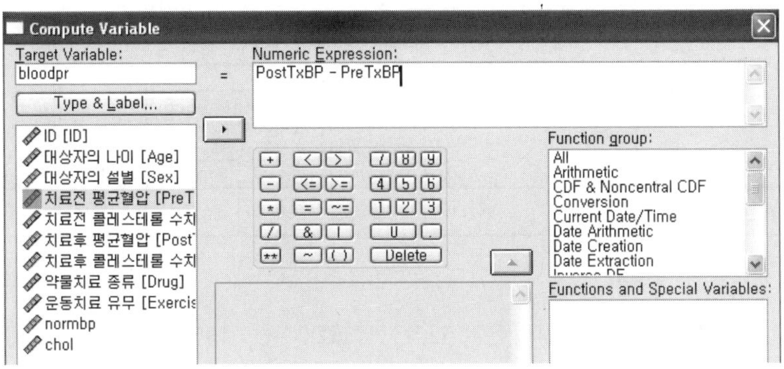

새로 만든 bloodpr 변수에 대해 정규성 검사를 먼저 한 후 정규성을 만족하면 paired T-test를, 정규성을 만족하지 않으면 Sign Test 혹은 Wilcoxon Signed Rank test를 한다.

실제로 예제 자료의 두 변수의 차이인 postTxbp－preTxbp＝bloodpr 변수의 정규성을 검정해 보면, 정규분포를 하지 않지만 설명의 편의상 정규분포를 한다고 가정하고 paired T-test를 해보기로 한다. SPSS 주화면에서 Analyze ▶ Compare Means ▶ Paired-Sample T-Test……의 화면에서 다음과 같이 지정한다.

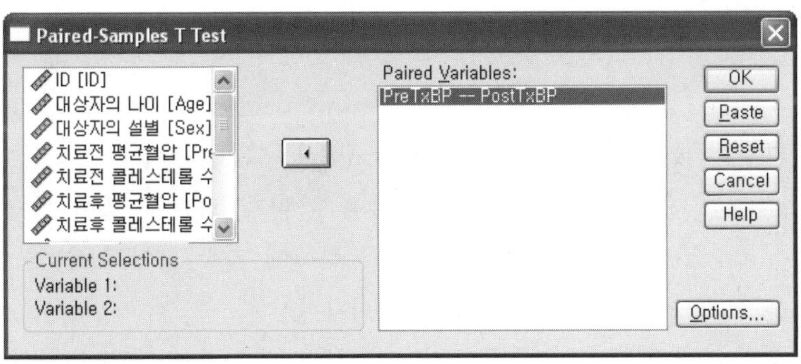

결과는 다음과 같다.

Paired Samples Statistics

		Mean	N	Std. Deviation	Std. Error Mean
Pair 1	치료전 평균혈압	152.45	20	16.504	3.690
	치료후 평균혈압	145.30	20	16.874	3.773

Paired Samples Test

		Paired Differences					t	df	Sig. (2-tailed)
					95% Confidence Interval of the Difference				
		Mean	Std. Deviation	Std. Error Mean	Lower	Upper			
Pair 1	치료전 평균혈압 치료후 평균혈압	7.150	7.118	1.592	3.819	10.481	4.492	19	.000

치료 전의 평균혈압은 152.45, 치료 후는 145이고 평균의 차이는 7.15이다. 치료 전과 후의 혈압차이에 대한 sig인 p < 0.0001로 통계적으로 유의한 차이가 있다. Paired t-test는 처치 전과 후의 차이를 구한 postTxbp − preTxbp = bloodpr를 one sample t-test에서 test value = 0으로 해도 같은 결과가 나온다.

실제로 본 자료에서 치료 전과 후의 혈압 차이(postTxbp − preTxbp = bloodpr)의 값은 정규분포를 하지 않는다. 이런 경우는 Sign Test, Wilcoxon rank sum test를 한다. 방법은 1.5.1의 Sign Test, Wilcoxon rank sum test의 방법과 같고 결과는 paired t-test와 같은 결과를 보인다.

1.6.3 Two sample t-test와 Mann Whitney U test, Wilcoxon Sum Rank test

Paired t-test의 관심이 within group comparison이라면 2 표본 t-test에서의 관심은 between group comparison이다. 즉, 본 예에서 남녀 사이에(between group) 치료 전 cholesterol 수치의 차이가 있는지 알아보는 것이 between group comparison이다. 임상자료의 분석에 가장 많이 이용하는 검정법이 2 표본 t-test(student t-test와 같다)일 것이다.

Two sample t-test에서의 가정은 첫째, 관찰치의 값은 각각의 모집단 안에서 정규분포를 해야 한다는 것이고, 둘째, 모집단의 분산은 같아야 한다(homogeneity of variance)는 것이고, 셋째, 비교하려는 두 집단은 독립적인 random 표본이어야 한다는 것이다. 그래서 2 sample t-test를 independent t-test라고도 한다.

세 번째 가정은 연구계획 단계에서 쉽게 점검할 수 있다. 즉, 각 대상자는 오직 한 집단에만 소속되어야 하며, overlap이 있으면 안 되고(한 대상자가 양쪽에 모두 속해 있으면 안 된다는 의미), intervention도 overlap이 있어서는 안 된다. 한 집단에만 처치를 해야지 양쪽 집단에 처치나 intervention을 하면 이는 독립적인 것이 아니다. 첫 번째 가정은 factor로 나누어서 비교하려는 변수들의 정규성을 1.5.1의 방법으로 검정한다. 본 예제에서는 남녀의 차이를 보는 것이므로 다음과 같이 Factor List : 에 sex변수를 지정한다.

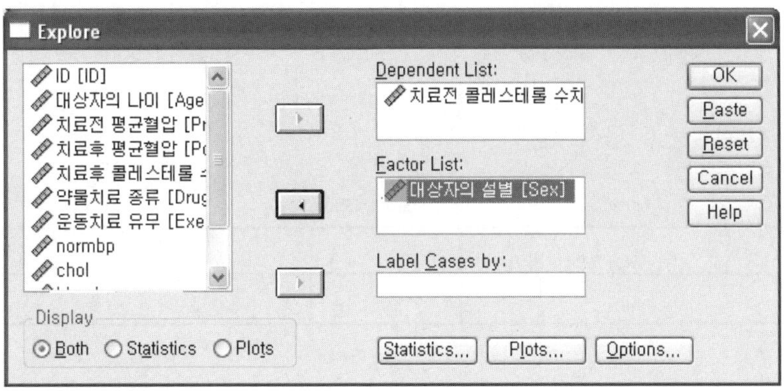

전체 대상자의 수가 남녀로 나누어지기 때문에 실제 대상자의 수가 약 반으로 되기 때문에 중심극한의 정리대로 표본의 크기인 N이 45－50이 넘는다고 이 과정을 생략해서는 안 된다.

두 번째 가정인 모집단의 분산이 같아야 된다는 사항에 대한 점검은 2 표본 t-test를 시행하면 점검할 수 있다. 결론적으로 가정 1과 3은 꼭 만족하여야만 2 표본 t-test를 할 수 있으며, 가정 2는 t-test 결과로 확인하여 모집단의 분산이 같은 경우와 다른 경우에 따라서 결과를 선택하면 된다.

본 자료가 가정 1, 3을 만족한다는 가정하에 2 표본 t-test를 해보자. 먼저 SPSS의 주화면에서 Analyze ▶ Compare Means ▶ Independent Samples T-test…… 화면에서 다음과 같이 Test Variable(s)에 보고자 하는 치료 전 cholesterol 수치를, Grouping Variable : 에 남녀 사이의 차이를 보려고 하는 것이므로 Sex변수를 지정한다. 한 번에 여러 개의 Test Variables(s)을 동시에 factor에 따라 비교할 수 있다. 다음 Define Groups……에서 factor인 sex변수를 coding한 값 0과 1을 지정한다.

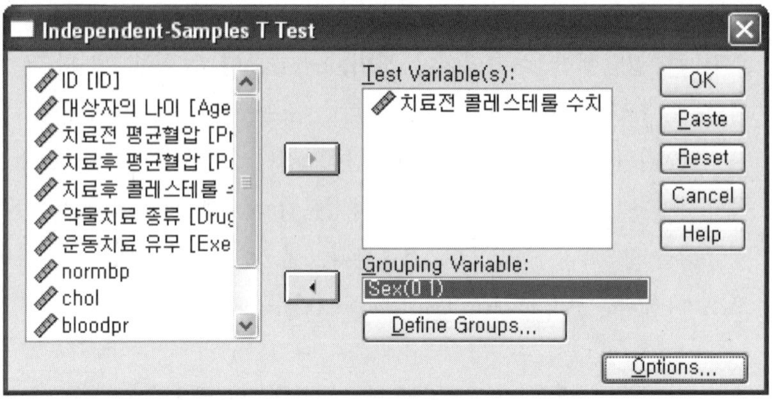

결과는 다음과 같다.

Group Statistics

	대상자의 설별	N	Mean	Std. Deviation	Std. Error Mean
콜레스테롤 수치	남자	10	241.10	31.232	9.876
	여자	10	246.80	27.668	8.749

Independent Samples Test

		Levene's Test for Equality of Variances		t-test for Equality of Means						
									95% Confidence Interval of the Difference	
		F	Sig.	t	df	Sig. (2-tailed)	Mean Difference	Std. Error Difference	Lower	Upper
콜레스테롤 수치	Equal variances assumed	.085	.774	-.432	18	.671	-5.700	13.194	-33.421	22.021
	Equal variances not assumed			-.432	17.742	.671	-5.700	13.194	-33.450	22.050

위의 Independent Samples Test결과의 두 번째 column의 Levene's Test for quality of Variance가 2 sample t-test의 두 번째 가정을 점검하는 검정법이다. Levene's Test for quality of Variance의 귀무가설은 "분산은 같다"이다. 그런데 Levene's Test for quality of Variance의 sig = 0.774로 $p > 0.05$이므로 귀무가설을 기각할 수 없다. 즉, 본 예제의 cholesterol 수치에 대한 모집단에서의 분산은 같다고 할 수 있다. 그러므로 위의 첫 번째 column의 Equal variance assumed와 Equal variance not assumed 중에서 Equal variance assumed의

sig인 0.671을 읽어야 한다(여기서는 모두 같다). 즉, 남녀에 따라 cholesterol 수치의 통계학적인 차이는 없다.

만약 가정 1, 3을 만족하지 못하면 비모수적인 검정법인 Mann Whitney U test, Wilcoxon Sum Rank test를 이용한다. 주화면에서 Analyze ▶ Compare Means ▶ 2 Independent Samples T-test……에서 다음과 같이 지정한다. Define Groups……에서 0과 1을 지정한다.

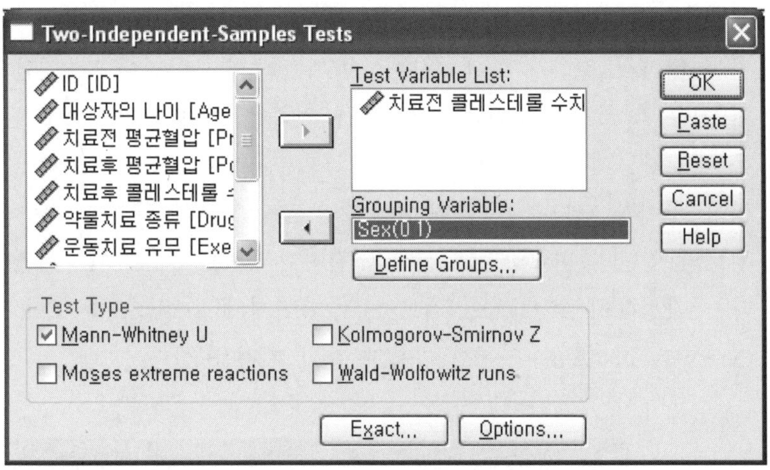

OK를 클릭하면 결과는 p = 0.596으로 남녀 사이에 cholesterol 수치의 차이는 통계적으로 유의하지 않았다.

Test Statistics [b]

	치료전 콜레스테롤 수치
Mann-Whitney U	43.000
Wilcoxon W	98.000
Z	-.530
Asymp. Sig. (2-tailed)	.596
Exact Sig. [2*(1-tailed Sig.)]	.631[a]

a. Not corrected for ties.

b. Grouping Variable: 대상자의 성별

1.6.4 ANOVA와 Kruskal Wallis test

ANOVA(Analysis of Variance)는 2 sample t-test를 3개 이상의 집단으로 확장한 것이다. 그러므로 2 sample t-test 대신 ANOVA를 해도 된다. 본 예제에서는 체중(under weight, normal, over weight)에 따라서 cholesterol 수치의 차이가 있는지를 알아보자. 세 집단 이상을 비교하므로 ANOVA를 이용한다.

ANOVA에서의 가정은 2 sample t-test와 같다. 그러나 ANOVA 통계검정 방법은 표본의 크기가 상당히 큰 경우에는 정규성에 대한 가정에 대해서는 민감하지 않아서 결과가 크게 영향을 받지 않는다. 반면에 각 집단의 대상자의 수가 아주 다르면 등분산의 가정은 꼭 만족을 해야 된다. 예를 들면 5개의 집단을 비교하는데 한 집단만 12명이고 다른 집단은 50명 정도라고 하면 대상자가 많이 차이가 난다. 이 경우에도 12명 집단의 비교하려는 변수의 분산과 50명 정도의 집단의 비교하려는 분산은 같아야 한다. 본 예제는 가정 1, 3을 만족한다는 가정하에 ANOVA를 해보자. 주화면에서 Analyze ▶ Compare Means ▶ One-Way ANOVA……에서 다음과 같이 지정을 한다.

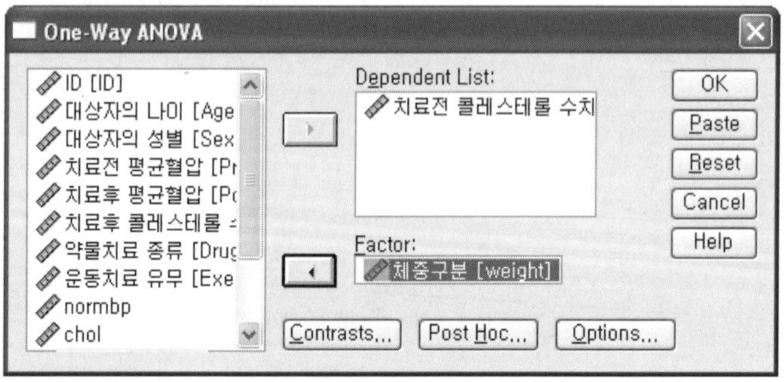

앞의 그림에서 Options……를 선택하고 homogeneity of variance를 check하고 다른 option은 그대로 놔두고 OK를 click하면 다음과 같은 결과를 얻을 수 있다.

Test of Homogeneity of Variances

치료전 콜레스테롤 수치

Levene Statistic	df1	df2	Sig.
8.293	2	17	.003

먼저 Test of homogeneity of variance에서 p = 0.003이므로 등분산의 가정에 위배된다. 그러므로 ANOVA의 가정에 위배된다. 그러나 ANOVA는 비교하려는 집단의 sample size의 크기가 같거나 near equal size인 경우에는 등분산의 가정을 위배하는 것에 대해 robust(큰 영향을 받지 않는다)하다. 그러나 등분산의 가정에 위배되는 경우에는 자료를 변환하거나, robust ANOVA, 혹은 비모수적인 방법인 Kruskal Wallis 검정을 하는 것이 더 좋은 방법이다. 본 예에서는 등분산의 가정에는 위배되지만 세 집단의 크기가 서로 거의 비슷하므로 ANOVA를 해도 큰 이상은 없다.

ANOVA

치료전 콜레스테롤 수치

	Sum of Squares	df	Mean Square	F	Sig.
Between Groups	8855.807	2	4427.904	10.792	.001
Within Groups	6975.143	17	410.303		
Total	15830.950	19			

ANOVA 결과를 보면 between group 사이의 p = 0.001로 세 집단 사이의 cholesterol 수치는 통계적으로 유의한 차이가 있다고 볼 수 있다. ANOVA에서는 F ratio로 between subject의 유의성을 검정한다. F-test로 세 집단 사이에는 통계적으로 유의하게 cholesterol 수치의 차이가 있다. 그럼 구체적으로 어떤 집단과 어떤 집단 사이에 차이가 있는 것일까? 이렇게 각 집단을 일일이 구분해서 차이가 있는지를 알아보는 것이 다중비교(multiple comparison)이고 사후검정(post hoc test)이라고 한다. Between subject 사이에 차이가 없으면 다중비교를 할 필요는 없다. 다중비교를 하려면 ANOVA 주화면에서 Post Hoc……에서 다음과 같이 다중비교방법을 지정하면 된다.

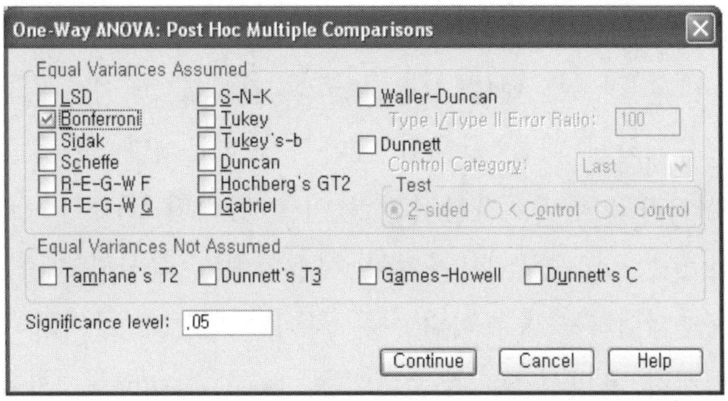

다중비교방법도 등분산의 가정에 맞는 경우와 맞지 않은 경우로 구분하는데 본 예제는 등분산의 가정에 맞는다는 가정하에 하므로 Equal variance Assumed의 항목에서 선택해야 한다.

그럼 이 많은 방법 중 어떤 것을 선택해야 하는가? 가장 많이 사용되는 방법은 Bonferroni 방법이다. 그러나 Bonferroni는 비교하려는 집단이 많아지면 존재하는 통계적 유의성을 찾아내는 power가 낮아지게 된다. 그러므로 비교하려는 집단이 4개 이상이면 Turkey나 Scheffe가 적당한 방법이 된다. 본 예에서는 세 개의 집단이므로 Bonferroni만 선택하였다. 다음의 결과로 Under weight와 normal(p = 0.046), Under weight와 over weight(0.001) 집단 사이에 통계적으로 유의한 cholesterol 수치의 차이가 있었다.

Multiple Comparisons

Dependent Variable: 치료전 콜레스테롤 수치
Bonferroni

(I) 체중구분	(J) 체중구분	Mean Difference (I-J)	Std. Error	Sig.	95% Confidence Interval	
					Lower Bound	Upper Bound
under weight	Normal	-30.429*	11.269	.046	-60.35	-.51
	over weight	-52.286*	11.269	.001	-82.21	-22.37
Normal	under weight	30.429*	11.269	.046	.51	60.35
	over weight	-21.857	10.827	.179	-50.60	6.89
over weight	under weight	52.286*	11.269	.001	22.37	82.21
	Normal	21.857	10.827	.179	-6.89	50.60

*. The mean difference is significant at the .05 level.

그럼 이런 의문이 있을 수 있다. ANOVA와 다중비교 대신에 2 표본 t-test로 일일이 under vs normal, under vs over, normal vs over로 각각 세 번의 2 sample t-test를 하면 안 되는 것인가? 그렇다. N개의 집단이 있을 때 각각 비교를 하려면 N(N−1)/2번의 비교를 해야 한다. 안 되는 이유는 같은 평균을 가지고 많은 비교를 하면 모든 평균이 같아도 한 개, 두 개 비교를 할수록 통계적으로 유의하게 나올 확률이 높아지기 때문이다. 이것을 multiple comparison problem이라고 한다. 가설검정 용어를 빌리면 type 1 error가 증가하기 때문이다. Type 1 error는 귀무가설이 사실임에도 불구하고 귀무가설을 기각하고 대립가설을 채택하는 오류이다. 즉, 차이가 없는데 차이가 있다고 하는 오류이다. 흔히 통계적 유의성 5% 수준에서는, false positive의 확률은 0.05(5%)이고 true negative 확률은 0.95(95%)라는 의미이다. A, B 집단을 유의성 5%에서 비교하면 true negative일 가능성은 95%이다. 그런데 세 집단이 있을 때 A vs B 그리고 A vs C를 비교하면 진짜 차이가 없을 때 통계적 유의성이 없을 확률은 0.95 * 0.95 = 0.90으로 감소하게 된다. 그러므로 type 1 error는 1 − 0.9 = 0.1(10%)로 증가하게 된다는 것이다. 세 번 비교를 하면 0.95 * 0.95 * 0.95 = 0.86이고 type 1 error는 1 − 0.86 = 0.14(14%)로 증가한다.

ANOVA에서 등분산의 가정은 비교하려는 집단의 크기가 같거나 near equal size인 경우에는 등분산의 가정을 위배하는 것에 대해 robust(큰 영향을 받지 않는다)하고 했다. 그러나 등분산의 가정에도 위배되고 집단의 표본의 수가 같지 않고 차이가 많이 나면 자료를 변환하거나, robust ANOVA 혹은 비모수적인 방법인 Kruskal Wallis 검정을 해야 한다. Robust ANOVA는 F test를 이용하는 것이 아니고 Welch and Brown-Fosythe test를 이용한다. SPSS에서 robust ANOVA를 하려면 ANOVA의 주화면에서 Options……에서 다음과 같이 선택한다.

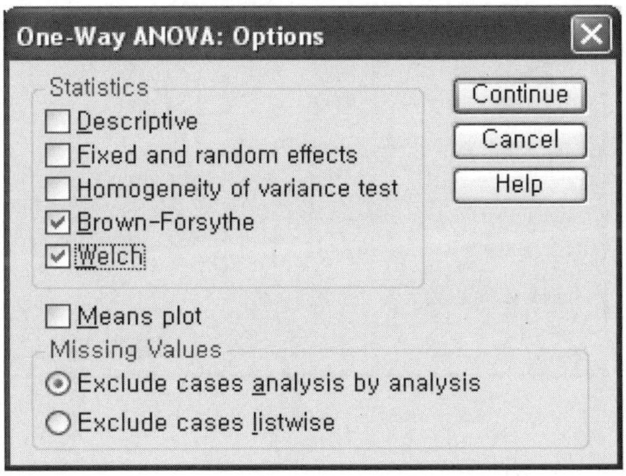

본 예제로 robust ANOAV를 해보면 결과는 다음과 같다. 즉, between subject 사이에는 통계적으로 유의한 차이가 있다. 두 검정법의 sig가 다르면 Welch 검정법이 더 강력하다고 알려져 있으므로 Welch의 sig를 선택하는 것이 좋다.

Robust Tests of Equality of Means

치료전 콜레스테롤 수치

	Statistic[a]	df1	df2	Sig.
Welch	11.989	2	9.630	.002
Brown-Forsythe	9.416	2	6.558	.012

a. Asymptotically F distributed.

위의 결과 between subject 사이에 통계적으로 차이가 있다는 것을 알았다. 그러나 구체적으로 어떤 집단과 어떤 집단이 차이가 있는지를 알 수는 없다. 그럼 어떤 집단과 어떤 집단이 구체적으로 차이가 있는지를 알아보는 방법이 multiple comparison이다. 등분산의 가정이 맞지 않을 때 다중비교 방법은 다음 그림과 같이 Equal Variance Not Assumed에서 선택한다. 흔히 사용되는 방법은 Tamhane's T2이다.

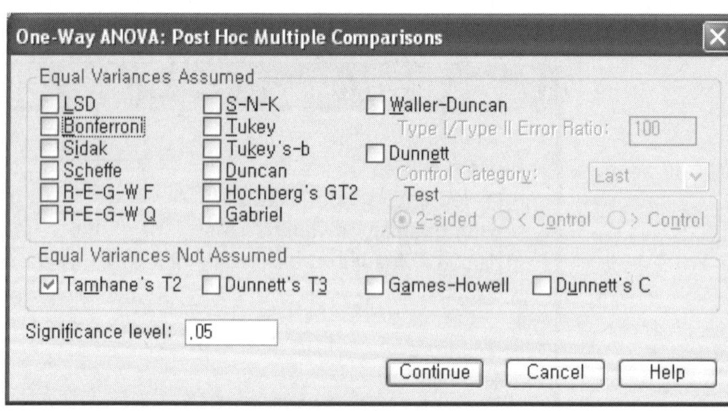

다음은 결과이다. Under weight와 over weight(p = 0.03), normal과 over weight(p = 0.004) 집단 사이에 유의한 cholesterol 수치의 차이가 있다.

연구자의 자료가 ANOVA의 가정인 등분산성에 맞지 않으면(정규성의 가정에는 맞아도) ANOVA는 이용할 수 없으며, 이때는 비모수적 방법인 Kruskal Wallis 검정을 한다. Kruskal Wallis 검정은 Wilcoxon test를 세 집단으로 확장한 것이고 rank를 기초로 검정을 한다. 그러므로 원래 자료의 분산이 달라도 문제가 되지 않는다.

Multiple Comparisons

Dependent Variable: 치료전 콜레스테롤 수치
Tamhane

(I) 체중구분	(J) 체중구분	Mean Difference (I-J)	Std. Error	Sig.	95% Confidence Interval	
					Lower Bound	Upper Bound
under weight	Normal	-30.429	14.373	.226	-78.64	17.78
	over weight	-52.286*	14.480	.036	-100.35	-4.22
Normal	under weight	30.429	14.373	.226	-17.78	78.64
	over weight	-21.857*	5.203	.004	-36.30	-7.41
over weight	under weight	52.286*	14.480	.036	4.22	100.35
	Normal	21.857*	5.203	.004	7.41	36.30

*. The mean difference is significant at the .05 level.

본 예제에서 치료 전 cholesterol 수치는 Levene test의 Test of homogeneity of variance에서 $p = 0.003$이므로 등분산의 가정에 위배된다. 또한 표본의 크기인 N도 20밖에 안 되므로 아무리 ANOVA가 등분산의 가정에 robust하다고 하더라도 비모수적인 방법인 Kruskal Wallis 검정을 하는 것이 좋을 것 같다.

Kruskal Wallis test를 하려면 Analyze ▶ Non Parametric Tests ▶ K Independent Samples…… 체중에 따른 cholesterol 수치의 차이를 알아보기 위해 다음의 그림과 같이 Test Variable List : , Grouping Variables : , Define Ranges…… (1,3)을 지정해준다.

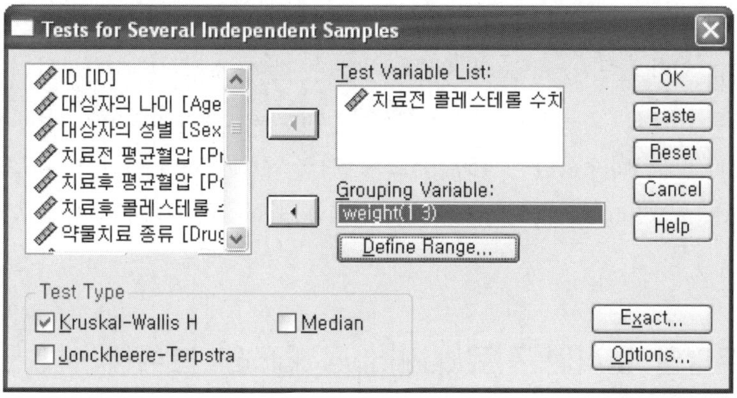

다음은 결과이다.

Ranks

	체중구분	N	Mean Rank
치료전 콜레스테롤 수치	under weight	6	5.92
	Normal	7	8.93
	over weight	7	16.00
	Total	20	

Test Statistics a,b

	치료전 콜레스테롤 수치
Chi-Square	10.183
df	2
Asymp. Sig.	.006

a. Kruskal Wallis Test

b. Grouping Variable: 체중구분

세 집단 사이의 cholesterol 차이의 통계적 유의성은 p = 0.006으로 차이가 있다. 그러나 구체적으로 어떤 집단 사이에 차이가 있는지는 ANOVA의 F test 같이 Kruskal Wallis로는 알 수가 없다. 즉, 다중비교를 할 수 없다. 이런 경우 The Mann-Whitney test를 pairwise comparisons에 이용하여 수기로 p-value 값을 보정해 준다. ANOVA의 다중비교 방법 중 Bonferroni 방법과 같이 Mann-Whitney test로 나온 p-value값에 집단의 개수를 곱해서 수정된 p-value를 얻을 수 있다. 즉, p-value의 sig를 다음과 같이 조정한다. 비교하려는 집단이 3개면 총 N(N-1) / 2 = 3(3-1) / 2 = 3번의 pairwise comparison이 필요하므로 원래 cut-off인 p-value값인 0.05를 3으로 나눈 값(0.05 / 3 =)인 0.017로 낮추어서 The Mann-Whitney test에서 $p < 0.017$로 나와야 통계적 유의성이 있는 것이다.

1.7 범주형의 질적인 자료(qualitative data)의 분석에 사용되는 이변량분석 방법은?

임상자료에는 범주형의 형태로 명명척도나 순위척도로 측정된 자료가 흔히 있다. 이런 질적인 자료의 대표값으로 평균값, 중앙값을 사용할 수 없고 또한 자료의 분포가 정규분포를 이루지 않기 때문에 지금까지 다룬 t-test나 ANOVA

그리고 이에 해당되는 비모수적 분석방법으로 가설 검정을 할 수도 없다. 이런 범주형 자료의 분석에 가장 많이 이용되는 검정법은 Chi-square test이다. Chi-square test는 범주형 자료를 분석하는 가장 기본적인 분석방법이다.

1.7.1 Chi-square 검정

다음의 표 1.8의 예는 성별에 따라 코 고는 정도를 4단계로 나누어 측정하여 코고는 정도가 No면 코걸이 환자가 아니라고 정의하였고, 코고는 정도가 No 이외인 경우는 코걸이 환자로 규정하여 작성된 표이다.

표 1.8 코걸이 예제

성별 (gender)	코 고는 정도 (intensity)	대상자 수 (count)	코걸이 유무 (status)
여자	No	58	No
여자	At times	31	Yes
여자	Frequent	6	Yes
여자	Always	9	Yes
남자	No	41	No
남자	At times	26	Yes
남자	Frequent	6	Yes
남자	Always	23	Yes

이런 형태의 자료의 경우 우리는 두 가지 사항에 흥미가 있다. 첫째 성별과 코고는 정도의 관계를 결정할 수 있을까? 두 번째는 성별과 코걸이 유무와의 관계를 결정할 수 있는가?

성별과 코걸이 유무라는 두 개의 범주형 변수가 서로 독립적인지를 검정하는 방법은 Chi-square test이다. 위의 자료를 SPSS의 형식에 맞추어 다음과 같이 입력한다.

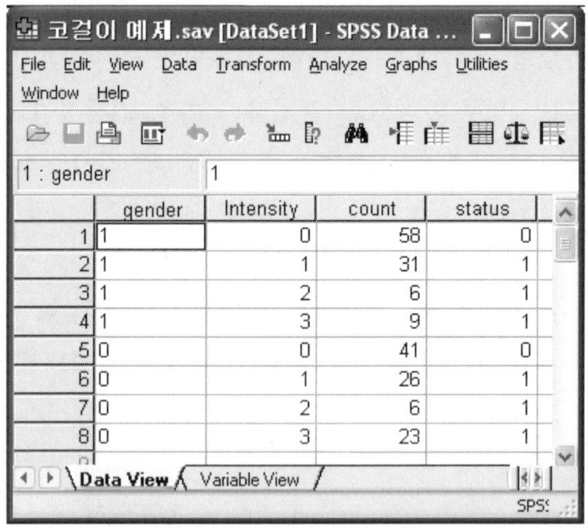

SPSS에서는 count된, 즉 raw data가 아닌 경우에 그 변수에 미리 가중치(weight value)를 주어야 한다. 가중치를 주는 방법은 SPSS의 주화면에서 Data ▶ Weight Cases……에서 Weight cases by : 에 count 변수를 지정하고 OK를 click한다.

다음 Chi-square를 하기 위해서는 Analyze ▶ Descriptive Statistic ▶ Crosstabs……. 에서 Row(s) : gender를, Column(s) : 에 intensity를 지정한다. 서로 바뀌어도 관계없으나 해석상의 편의를 위해 column에 outcome interest의 범주형 변수를 지정한다. 다음 Statistics……에서 Chi-square를 선택하고, Cell……을 클릭하여 Percentages에서 Row를 선택한다. OK를 클릭한다.

성별 * Snoring intensity Crosstabulation

			Snoring intensity				Total
			no	frequent	At times	Always	
성별	남자	Count	41	6	26	23	96
		% within 성별	42.7%	6.3%	27.1%	24.0%	100.0%
	여자	Count	58	6	31	9	104
		% within 성별	55.8%	5.8%	29.8%	8.7%	100.0%
Total		Count	99	12	57	32	200
		% within 성별	49.5%	6.0%	28.5%	16.0%	100.0%

Chi-Square Tests

	Value	df	Asymp. Sig. (2-sided)
Pearson Chi-Square	9.177[a]	3	.027
Likelihood Ratio	9.390	3	.025
N of Valid Cases	200		

a. 0 cells (.0%) have expected count less than 5. The minimum expected count is 5.76.

여기서의 귀무가설은 "gender와 intensity 사이는 서로 독립적이고 관계가 없다"이다. Pearson Chi-square값의 Sig = 0.027로 서로 관계가 없다는 귀무가설을 기각할 수 있다. 중요한 것은 Chi-square 값은 단지 두 categorical 변수 사이가 독립적인지, 어떤 관계가 있는지만 알 수 있는 것이고, 구체적으로 어떤 관계가 있는지에 대해서는 어떤 정보도 주지 않는다는 사실이다. 단지 위의 표를 보면 남성은 intensity가 'always'인 경우가 여성에 비해 상당히 높은 것을 알 수 있다(24% vs 8.7%). 그러나 snoring intensity가 no, frequent, at times인 경우는 남녀 간에 차이가 많이 나지 않는다.

두 번째 관점인 성별과 코걸이 유무와의 관계는 어떻게 될까? 위와 같은 방법으로 Chi-square test를 해보면 다음과 같은 결과를 얻을 수 있다.

성별 * snoring status Crosstabulation

			snoring status		Total
			snoring(-)	snoring(+)	
성별	남자	Count	41	55	96
		% within 성별	42.7%	57.3%	100.0%
	여자	Count	58	46	104
		% within 성별	55.8%	44.2%	100.0%
Total		Count	99	101	200
		% within 성별	49.5%	50.5%	100.0%

Chi-Square Tests

	Value	df	Asymp. Sig. (2-sided)	Exact Sig. (2-sided)	Exact Sig. (1-sided)
Pearson Chi-Square	3.407[b]	1	.065		
Continuity Correction [a]	2.904	1	.088		
Likelihood Ratio	3.417	1	.065		
Fisher's Exact Test				.068	.044
N of Valid Cases	200				

a. Computed only for a 2x2 table

b. 0 cells (.0%) have expected count less than 5. The minimum expected count is 47.52.

Pearson Chi-square값이 3.407이고 p = 0.65(p > 0.05)로 성별과 코걸이 유무와는 관계가 없다고 할 수 있다. 처음 성별과 코고는 정도와의 p = 0.027과 차이가 있다. 왜 이런 결과가 나왔을까? 처음 성별과 코고는 정도와의 관계에 대한 표는 2 by 4 표이고, 성별과 코걸이 유무와의 관계는 2 by 2 표이다. SPSS는 2 by 2 표에서만 자동으로 Fisher's Exact test를 계산해 주고 그 외는 모두 조건을 지정해 주어야 한다. Pearson's Chi-square test는 cell 안의 expected frequency(observed frequency가 아니고)가 5개 이상일 경우에만 사용할 수 있고 cell 안의 observed frequency가 5개 미만인 경우가 1개라도 있으면 Fisher's Exact test를 이용해야 한다. 과거 Fisher's Exact test를 하려면 엄청난 계산 시간이 필요하였으나 최근 PC의 성능이 좋아져서 계산을 빨리 해준다. 그러므로 단지 cell의 expected frequency가 〈 5 혹은 observed frequency가 〈 1일 때만 Fisher's Exact test를 하는 것은 아니고 언제나 Pearson's Chi-square test 대신에 Fisher's Exact test를 해도 된다. 위의 Chi-square test의 foot note에 보면 b.에 Count가 5개 미만인 경우의 cell은 0개로 없다고 되어 있다. 그러므로 이 경우도 Pearson Chi-square의 sig = 0.65를 그냥 이용해도 된다.

그런데 만약 결과가 다음과 같이 나왔다고 가정해 보자. 즉, 성별과 코걸이 유무와의 관계에 대한 Pearson's Chi-square의 sig 0.046으로 나왔을 때 foot note의 b를 보면 cell의 1개에서 expected frequency가 5개 미만인 경우가 있었기 때문에 이때는 Fisher's exact test의 p = 0.067을 읽어야 하며 귀무가설을 기각할 수 없게 된다.

Chi-Square Tests

	Value	df	Asymp. Sig. (2-sided)	Exact Sig. (2-sided)	Exact Sig. (1-sided)
Pearson Chi-Square	3.977[b]	1	.046		
Continuity Correction[a]	2.639	1	.104		
Likelihood Ratio	4.594	1	.032		
Fisher's Exact Test				.067	.047
N of Valid Cases	56				

a. Computed only for a 2x2 table

b. 1 cells (25.0%) have expected count less than 5. The minimum expected co is 3.70.

그럼 SPSS에서 2 by 2 표가 아닌 n by r 표의 경우 Fisher's exact test을 구하려면? Analyze ▶ Descriptive Statistic ▶ Crosstabs……에서 Exact……에서 다음과 같이 지정해 주어야 한다.

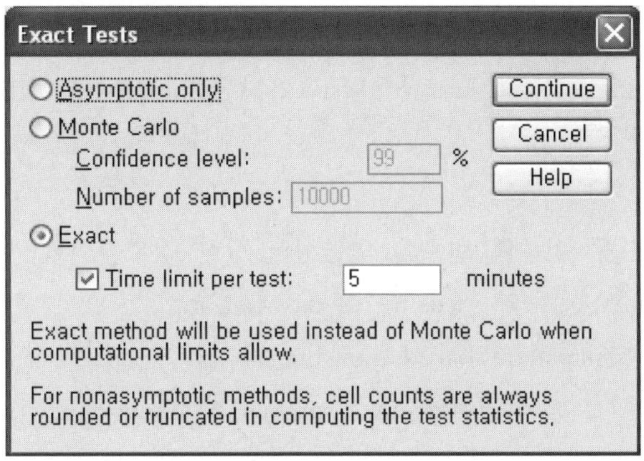

다시 성별과 코고는 정도에 따라서 Chi-square를 Fisher's Exact test로 하면?

Chi-Square Tests

	Value	df	Asymp. Sig. (2-sided)	Exact Sig. (2-sided)
Pearson Chi-Square	9.177[a]	3	.027	.026
Likelihood Ratio	9.390	3	.025	.028
Fisher's Exact Test	9.220			.026
N of Valid Cases	200			

a. 0 cells (.0%) have expected count less than 5. The minimum expected count is 5.76.

Pearson Chi-square의 p값이 아주 크거나 작을 경우는 문제가 되지 않으나 p값이 0.04나 0.06과 같이 cut-off value 주위의 값이 나오면 항상 Fisher's Exact test를 해야 하며, 범주가 3개 이상인 경우 SPSS에서는 꼭 Exact Test를 지정해 주어야 한다.

그럼 범주가 3개 이상인 경우 Chi-square에서 sig < 0.05인 경우에 각 intensity에 따라 어떤 관계가 있는지를 알아보는 방법은 무엇일까? 이럴 경우는 log linear analysis를 이용한다(제4.8장 참조).

두 개의 categorical 변수는 얼마나 강하게 연관이 있을까?(How strongly are two variables related?)

Chi-square test에서 두 categorical 변수 사이의 관계가 독립적이란 귀무가설을 기각했다면 두 변수 사이의 관계에 대한 본질과 강도를 알고 싶을 것이다. 이렇게 cross tabulation에서 두 변수 사이의 관계를 보는 많은 통계학적 index가 있다. 그러나 어떤 한 개의 index도 적당히 모든 가능한 형태의 관계에 대해 요약할 수는 없다. 그러므로 두 categorical 변수 사이의 관계를 보고할 때는 많은 index를 다 보고하지 말고 가장 impressive한 것만 보고하는 것이 중요하다.

정리하면 두 범주형 변수의 연관성의 강한 정도를 보는 지표는 다음과 같다.

1) Nominal 변수의 measure of association

   1. Chi-square based measures

      Phi coefficient, Cramer's V, contingency coefficient

   2. Based on the proportional reduction in error (PRE)

      Coefficient lambda, Goodman and Kruskal's tau

2) Ordinal 변수의 measure of association

   1. Based on the proportional reduction in error (PRE)

   2. Based on examining pairs

      Gamma, Kendall's tau-b and Kendall's tau-c, Somers'd, eta coefficient

   3. Based on correlation coefficients

      Spearman correlation

   4. Measuring agreement

      Cohen's kappa

3) Measuring risk in 2 by 2 tables

   Relative risk, odds ratio

위의 1)과 2)는 다음에서 SPSS의 Crosstabs의 Statistics에서 check하면 모두 구할 수 있다. 각각의 index에 대해 구하는 공식 및 의미는 참고서 "SPSS 15.0 Statistical Procedures Companion, Marija J. Norusis, pp.168-181"을 참조하기 바란다.

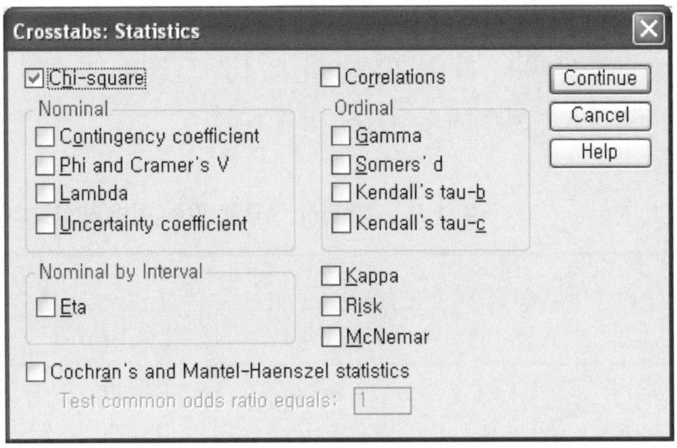

다음은 위의 index 중 임상에서 가장 많이 이용되는 odds ratio에 대해 좀더 자세히 알아보자.

1.7.1.1 Two by two 표에서 strength of association의 측정

Two by two 표에서 Chi-square로 구한 Pearson's p-value나 Fisher's p-value는 두 범주형 변수 사이의 관계에 대해 strength를 나타내는 값은 아니라는 사실이다. 단지 Pearson's p값이나 Fisher's p값이 $p < 0.05$라는 의미는 두 변수 사이가 서로 독립적이라는 귀무가설을 기각만 할 수 있는 것이다. 즉, 독립적이지 않고 두 변수 사이에는 밀접한 관계가 있다는 사실만 알려준다. 또한 p-value는 표본의 크기에 따라서 크게 영향을 받는다. 그러므로 p-value만으로 두 변수 사이의 강한 정도인 strength를 알 수는 없다.

그럼 두 범주형 변수 사이의 관계의 강한 정도를 나타낼 수 있는 척도로는 무엇이 있을까? Two by two 표에서 두 범주형 변수 사이의 strength를 보기 위해서 흔히 사용되는 것으로 odds ratio와 relative risk(=risk ratios=rate ratio)가 있다. 두 수치 모두 위험인자가 있을 때, 위험인자가 없을 때에 비해서 결과가 얼마나 더 발생하는지를 알려준다. 그러나 결과의 발생이 어느 정도 발생하는지(how likely an outcome is to occur)에 대해서는 알려주지 않는다. 단지 다른 집단에 비해서 이 집단에서 결과의 발생이 얼마나 많이 발생하는지(how much more likely the outcome is to occur in one group than the other)만 알려 준다.

먼저 risk ratios는 한 집단(예를 들면 치료집단)에서 결과가 발생할 확률을 다른 집단(예를 들면 placebo집단)에서 결과가 발생할 확률로 나누어 준 값 혹은 비(ratio)를 말한다. 다음 표 1.9의 2 by 2 표를 가지고 실제로 risk ratio와 odds ratio가 어떻게 계산되는지 살펴보자.

표 1.9 위험인자 유무에 따른 질병 발생자수

		질 병		
		발생(+)	비-발생(–)	합 계
위험인자	예 (+)	A = 30	B = 70	A + B = 100
노출 유무	아니오 (–)	C = 10	D = 90	C + D = 100
합 계		A + C = 40	B + D = 160	A+B+C+D = 200

위험인자에 노출된 경우(A + B) 질병이 발생(A)할 확률

= A / (A+B) = 30 / 30+70

위험인자에 노출 안 된 경우(C + D) 질병이 발생(C)할 확률

= C / (C+D) = 10 / 10+90

그러므로 위험인자에 노출된 집단은 노출되지 않은 집단에 비해 질병발생의 risk ratio = A / (A+B) ÷ C / (C+D) = 30 / (30+70) ÷ 10 / (10+90) = 30/100 ÷ 10 / 100 = 3으로 3배가 높다는 의미이다. 반대로 위험인자에 노출되지 않은 집단은 노출된 집단에 비해 질병발생의 risk ratio = C / (C+D) ÷ A / (A+B) = 10 / (10+90) ÷ 30 / (30+70) = 1/3이다. Risk ratio < 1이면 위험인자가 있을 때 결과가 발생할 확률이 작다는 의미이고 1이면 똑같다는 의미이다.

Risk ratio는 relative risk(RR)라고도 한다. Relative risk가 있으니 absolute risk(AR)도 있다. 위에서 언급했지만 RR은 결과의 발생이 어느 정도 발생하는지에 대해서는 알려주지 않고 단지 다른 집단에 비해서 이 집단에서 결과의 발생이 얼마나 많이 발생하는지만을 알려 준다. 그러므로 임상에서는 RR보다는 absolute risk가 더 유용하다.

예를 들면 Barret esophagus인 경우 Barret esophagus가 아닌 집단에 비해 식도암이 발생할 relative risk가 40－125배로 알려져 있다. 잘못 이해하면 Barret esophagus로 진단받은 환자는 거의 전부에서 식도암이 발생할 것이라는

의미로 들린다. 그러나 Barret esophagus가 있는 경우 식도암이 발생할 absolute risk는 0.5% per year라고 한다. 즉, 식도암 같이 드물게 발생하는 질환은 relative risk는 높아도 absolute risk는 낮다. Absolute risk를 측정하는 방법은 absolute risk difference(=attributable risk), attributable fraction, population attributable fraction 그리고 number needed to treat 등이 있다. 이에 대한 자세한 사항은 Study Design and Statistical Analysis, Mitchell H. Katz 2006을 참조하기 바란다.

Risk ratio를 보고할 때는 꼭 신뢰구간과 같이 보고해야 한다. 그리고 risk ratio는 결과의 발생 확률을 기초로 계산되므로 cross-sectional study에서 연관성을 계산하는 데 사용될 수 있다. Prospective study와 cross sectional study에서 risk ratio를 구하는 공식은 같아도 cross-sectional study에서는 prevalence ratio로 보고해야 한다. 예를 들면 cross sectional study에서 임신중인 여성에서 흡연의 prevalence가 11.8%, 비-임신중의 여성에서 흡연의 prevalence가 23.6%이면 prevalence ratio = 11.8 / 23.6 = 0.5가 된다.

그러나 risk ratio는 case-control study에서는 이용할 수 없다. 왜냐하면 case control study에서 결과발생의 확률은 의미가 없기 때문이다. 연구자가 case와 control의 수를 마음대로 결정할 수 있기 때문이다. 그러므로 case-control study에서는 risk ratio 대신 odds ratio를 사용한다. Odds ratio란 위험인자가 없는 집단에서 결과가 발생할 odds에 대한 위험인자가 있는 집단에서 결과가 발생할 odds의 ratio이다. 표 1.10에서

위험인자가 있을 때 질병이 발생할 odds for exposure Yes

= A / B = 30/70 = 3 / 7

위험인자가 없을 때 질병이 발생할 odds for exposure No

= C / D = 10 / 90 = 1 / 9

질환이 발생했을 때 위험인자에 노출되었을 odds for disease Yes

= A / C = 3 / 1

질환이 발생하지 않았을 때 위험인자에 노출되었을 odds for disease No

= B / D = 70 / 90 = 0.778이다.

그러므로 위험인자에 노출이 되지 않은 집단에서 결과가 발생할 odds에 대

한 위험인자에 노출이 된 집단에서 결과가 발생할 odds의 ratio인 odds ratio = A / B ÷ C / D = AD / BC = 30 * 90 / 70 * 10 = 27 / 7 = 3.8이다. Relative risk와 같이 odds ratio도 신뢰구간을 같이 보고해 주어야 한다. 결과의 발생이 흔치 않다면(즉, 전체 대상자 중에서 결과의 발생이 10-15% 이하로 발생하였다면) odds ratio는 relative risk와 거의 같게 나온다. 표 1.10에서 risk ratio = 0.33이고 odds ratio = 3.8로 결과의 발생이 40 / 200 = 20%에서 발생해서 차이가 크게 나오는 것이다.

그럼 어느 때 risk ratio를, 어느 때 odds ratio를 보고해야 되는가? Risk ratio는 prospective cohort study와 cross sectional study에서 사용할 수 있고, odd ratio는 cross-sectional, prospective cohort study, 그리고 case control study 모두에서 사용할 수 있다. 그러나 대부분 결과의 발생이 10~15% 이상에서 생긴 경우는 임상연구에서 흔히 사용되는 logistic regression의 결과가 risk ratio를 구해주는 것이 아니고 odds ratio를 구해주기 때문에 odds ratio를 흔히 이용한다.

다음은 confounder를 보정하기 위해 흔히 사용되는 matched design인 경우 odds ratio를 구하는 방법이다. 수술 후 피임약 사용과 혈전증의 발생과의 관계를 알아보기 위해 혈전증이 있었던 100명(case)과 혈전증이 없는 100명(control), 즉 100쌍에 대한 환자 대조군 연구결과가 다음의 표이다. 두 집단은 match되었기 때문에 나이도 비슷하고 출산경력도 비슷하다.

	Control using pill	Controls not using pill
Case using pill	30	50
Case not using pill	5	15

Matched case control study에서의 odds ratio는 pairs만 가지고 계산한다. Paired된 환자군과 대조군 사이에서 위험 인자에 노출된 정도가 다르기 때문이다. 혈전증이 발생한 대상자의 pairs와 발생하지 않았던 대조군의 pairs는 피임약 사용에 있어서 다른 것이다. 이런 경우를 discordant pairs라고 한다. 이 discordant pairs를 이용하여 odds ratio를 계산하면

$$\frac{\text{No of pairs with cases using oral pill and controls not using oral pill}}{\text{No of pairs with controls using oral pill and case not using oral pill}} =$$

50 / 5 = 10이 된다.

다음은 표 1.9의 자료로 SPSS를 이용해서 odds ratio와 risk ratio를 구해보자. 다음과 같이 risk를 구할 때는 질병이 발생한 경우와 위험인자에 노출된 경우를 낮은 숫자로(1), 질병이 발생하지 않은 경우와 위험인자에 노출되지 않은 경우를 큰 숫자로(2) coding을 한다.

Exposure	Disease	Count
1	1	30
1	2	10
2	1	70
2	2	90

다음 count 변수에 대해 weight를 주고 Analyze ▶ Descriptive Statistic ▶ Cross tabs……에서 Statistics……에서 Column에 disease, row에 exposure를 지정한 후 risk를 선택하고 OK를 클릭하면 다음의 결과를 얻는다.

Risk Estimate

	Value	95% Confidence Interval	
		Lower	Upper
Odds Ratio for exposure (exposure(+) / exposure(-))	3.857	1.767	8.422
For cohort disease = disease(+)	3.000	1.551	5.803
For cohort disease = disease(-)	.778	.673	.898
N of Valid Cases	200		

즉, odds ratio = 3.857 (95% CI 1.767 to 8.422)로 수기로 계산한 값과 같다.

코호트 연구인 경우 질환이 발생했을 때 위험인자에 노출되었을 odds for disease Yes = A / C = 3/1 = 3

코호트 연구인 경우 질환이 발생하지 않았을 때 위험인자에 노출되었을 odds for disease No = B / D = 70 / 90 = 0.778이다.

1.7.2 McNemar test

McNemar 검정법은 matched case-control 연구의 분석에 사용되는 방법이다. 다음과 같이 당뇨병의 유무와 심근경색 발생과의 관계를 알아보기 위해 대상자의 나이를 match(즉, 당뇨병이 없는 50세가량의 대상자와 당뇨병이 있는 50세가량의 대상자를 짝을 지어서)해서 일정기간 추적검사 후 급성 심근경색(AMI)의 발생자수에 대한 결과가 다음과 같다.

DM	NonDM	Count
Had AMI	Had AMI	9
Had Ami	No AMI	37
No AMI	Had AMI	16
No AMI	No AMI	82

위의 자료를 SPSS를 이용하여 McNemar 검정을 이용하기 위해서는 먼저 SPSS의 data editor에 다음과 같이 coding을 한다. DM 변수는 had AMI = 1, No AMI = 0 그리고 NonDM 변수는 had AMI = 1, No AMI = 0이다. 다음 Count 변수에 weight value를 주고 Analyze ▶ Descriptive Statistic ▶ Crosstabs……에서 Row(s) : DM, Column(s) : NonDM 그리고 Statistics……에서 McNemar를 선택하고 OK를 클릭한다.

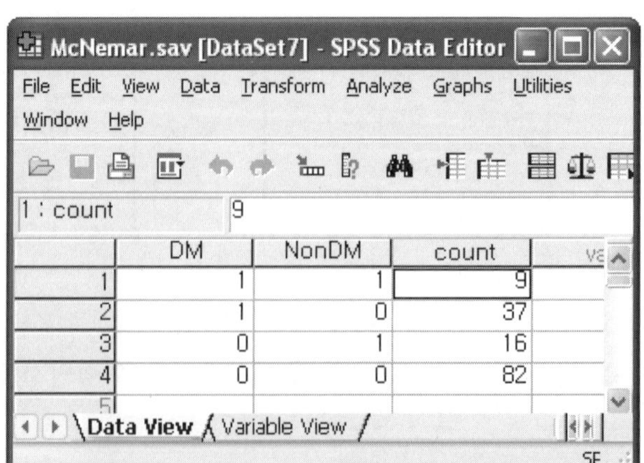

다음은 결과이다.

DM(+) * DM(−) Crosstabulation

Count

		DM(−) AMI(−)	DM(−) AMI(+)	Total
DM(+)	AMI(−)	82	16	98
	AMI(+)	37	9	46
Total		119	25	144

Chi-Square Tests

	Value	Exact Sig. (2-sided)
McNemar Test		.005[a]
N of Valid Cases	144	

a. Binomial distribution used.

AMI의 발생과 당뇨병의 유무와는 의미 있는 관계가 있다(p = 0.005). McNemar test는 discordant pair의 관찰값인 diabetic having AMI and non-DM not having AMI(37 / 144 = 25.7%)와 diabetic not having AMI and non-DM having AMI(16 / 144 = 11.1%)를 비교하는 것이다.

다음은 odds ratio에 대한 가설 검정법이다. 즉, 교차표에서 각 집단의 odds ratio가 다르다면 통계학적인 sig는 얼마인지 검정하는 방법이다. 예를 들면 분만시 산모의 분만에 대한 risk가 high, medium 그리고 low인 경우에 monitoring 유무에 따라 영아의 생존결과의 숫자에 대한 자료이다.

				영아의 생존 결과: 사 망	영아의 생존 결과: 생 존
Risk	High	Monitor	No	29	112
			Yes	10	84
	Medium	Monitor	No	7	331
			Yes	4	267
	Low	Monitor	No	12	8,173
			Yes	9	6,808

여기서 첫 번째의 관심은 monitoring 유무에 따라서 영아 사망의 odds ratio는 차이가 있을까? 즉, 모든 strata의 odds ratios = 1일까? 이를 알아보기 위해서는 다음과 같이 SPSS 형식으로 coding 후 먼저 Data ▶ Weight Cases…… 에서 number 변수에 가중치를 부여한다.

	risk	monitor	Infantresult	number
1	3	0	0	29
2	3	0	1	112
3	3	1	0	10
4	3	1	1	84
5	2	0	0	7
6	2	0	1	331
7	2	1	0	4
8	2	1	1	267
9	1	0	0	12
10	1	0	1	8173
11	1	1	0	9
12	1	1	1	6808

다음 Analyze ▶ Descriptive Statistic ▶ Crosstabs…….에서 Rows와 Column에 monitor 변수와 infantresult 변수를 지정한 후(row와 column에 monitor, infantresult 서로 바꾸어도 무관) Statistics……에서 다음과 Cochran's and Mantel-Haenszel statistics를 check하고 odds ratio = 1로(즉, odds ratio = 1 인지를 검정) 지정한다.

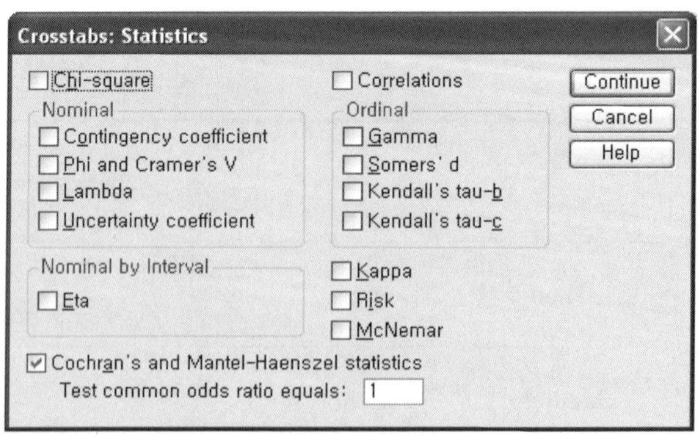

결과는 다음과 같다. Continue를 click하고 OK를 click하면 결과가 나온다.

Tests of Homogeneity of the Odds Ratio

	Chi-Squared	df	Asymp. Sig. (2-sided)
Breslow-Day	.000	0	.
Tarone's	.000	0	.

Tests of Conditional Independence

	Chi-Squared	df	Asymp. Sig. (2-sided)
Cochran's	4.811	1	.028
Mantel-Haenszel	4.301	1	.038

Under the conditional independence assumption, Cochran's statistic is asymptotically distributed as a 1 df chi-squared distribution, only if the number of strata is fixed, while the Mantel-Haenszel statistic is always asymptotically distributed as a 1 df chi-squared distribution. Note that the continuity correction is removed from the Mantel-Haenszel statistic when the sum of the differences between the observed and the expected is 0.

Monitoring 유무라는 두 개의 strata 사이의 odds ratio가 같은지를 검정하는 Tests of homogeneity of the odds ratio에는 Breslow-Day test와 Tarone's test가 있는데 전자가 좀더 일반적인 방법이다. 결과는 $p < 0.0001$로 보아 strata 사이의 odds ratio가 같다는 귀무가설을 기각할 수 있다. 즉, 같지는 않다.

그러고 위의 결과에서 odds ratio = 1로 지정한 odds ratio = 1이라는 것을 검정하는 **tests of conditional independence**의 2가지 검정법 Cochran's test와 Mantel-Haenszel에서도 $p < 0.05$로 odds ratio = 1이라는 귀무가설을 기각할 수 있다. 변수가 위와 같이 2개일 때는 Cochran's test of conditional independence는 Pearson's Chi-square와 같고 Mantel-Haenszel test는 continuity-corrected Chi-square와 같다. 그러나 다음에는 산모의 상태로 층화해서 변수를 3개로 해서 똑같이 분석을 해보면 다음과 같은 결과를 얻을 수 있다. Row, Column에는 그대로 두고 layer 1 of 1에 risk 변수를 지정(이것이 층화분석이다)한다.

Tests of Homogeneity of the Odds Ratio

	Chi-Squared	df	Asymp. Sig. (2-sided)
Breslow-Day	1.340	2	.512
Tarone's	1.340	2	.512

Tests of Conditional Independence

	Chi-Squared	df	Asymp. Sig. (2-sided)
Cochran's	3.160	1	.075
Mantel-Haenszel	2.720	1	.099

Under the conditional independence assumption, Cochran's statistic is asymptotically distributed as a 1 df chi-squared distribution, only if the number of strata is fixed, while the Mantel-Haenszel statistic is always asymptotically distributed as a 1 df chi-squared distribution. Note that the continuity correction is removed from the Mantel-Haenszel statistic when the sum of the differences between the observed and the expected is 0.

세 개의 변수로 Tests of homogeneity of the odds ratio의 p = 0.512로 층화하지 않고 했을 때와 결과가 다르다. 즉, odds ratio가 strata에서 같다는 귀무가설을 기각할 수 없다. 즉, 같다. 또한 tests of conditional independence의 p > 0.075로 위험인자와 결과의 발생이 모든 strata에서 같다는 귀무가설을 기각할 수 없다. 즉, 산모의 risk에 따라 층화했을 때는 monitoring 유무와 영아 사망과는 독립적이라는 결과를 얻을 수 있다.

Odds ratios가 같다는 귀무가설을 기각할 수 없으면 odds ratios를 결합해서 common odds ratio를 추정할 수 있다. 다음이 그 결과이다.

Mantel-Haenszel Common Odds Ratio Estimate

Estimate			1.594
ln(Estimate)			.466
Std. Error of ln(Estimate)			.264
Asymp. Sig. (2-sided)			.077
Asymp. 95% Confidence Interval	Common Odds Ratio	Lower Bound	.950
		Upper Bound	2.675
	ln(Common Odds Ratio)	Lower Bound	-.051
		Upper Bound	.984

The Mantel-Haenszel common odds ratio estimate is asymptotically normally distributed under the common odds ratio of 1.000 assumption. So is the natural log of the estimate.

Mantel-Haenszel의 odds ratios의 추정치인 pooled estimate of the odds ratio는 1.594, ln1.594 = 0.466, 그리고 95% CI 0.95 - 2.67이다. 만약 Tests of homogeneity of the odds ratio에서 귀무가설을 기각했다면 common odds ratio의 추정치는 의미가 없는 것이다. 95% CI에 1이 포함되어 있으므로 odds ratio가 1이라는 귀무가설을 기각할 수 없다. Common odds ratio가 1이라는 귀무가설에 대한 p = 0.077이다.

1.8 상관분석(correlation analysis)이란 무엇인가?

상관분석은 양적으로 측정된 두 변수 사이의 관계를 양적인 수치로 알아볼 때 이용한다. 예를 들어 1.5장의 예제에서 혈압과 cholesterol 수치와는 어떤 관계가 있을까? 혈압과 cholesterol 수치 모두 양적으로 측정된 연속형 변수이다. 상관분석을 하기 전에 먼저 scatter plot으로 두 변수의 관계를 알아보자.

SPSS의 주화면에서 Graphs ▶ Interactive ▶ Scatterplot……에서 수평 축과 수직 축에 각각 혈압과 cholesterol 변수를 마우스로 끌어다가 놓고 OK를 하면 다음의 그림을 얻을 수 있다.

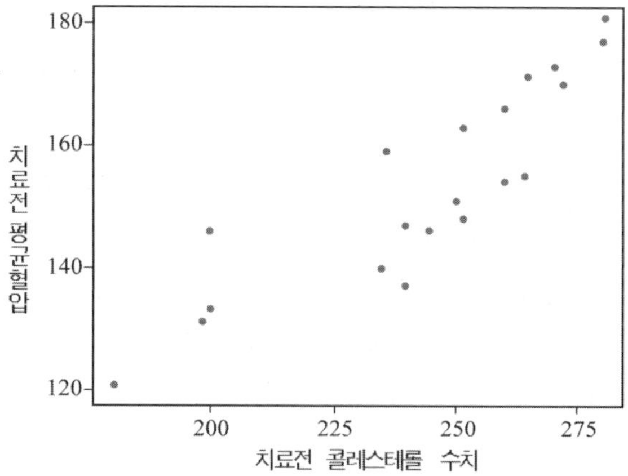

Scatter plot을 보면 cholesterol 수치가 증가할수록 혈압이 증가하는 것을 볼 수 있다. Scatter plot은 두 변수 사이가 서로 양의 관계로 같은 방향으로 증가하는 경향만 알 수 있지 구체적인 수치로 얼마만큼 변하는지는 알 수 없다. Correlation coefficient는 두 변수 사이의 직선의 상관 정도를 양적으로 설명해준다.

SPSS의 주화면에서 Analyze ▶ Correlate ▶ Bivariate에서 다음과 같이 지정하고 OK를 click하면 결과를 볼 수 있다.

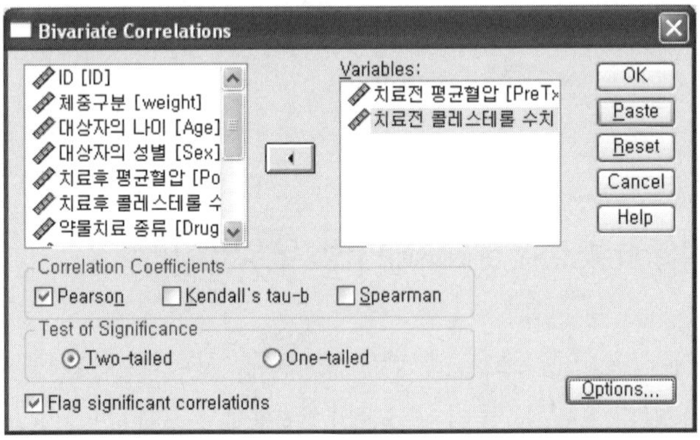

Correlations

		치료전 평균혈압	치료전 콜레스테롤 수치
치료전 평균혈압	Pearson Correlation	1	.877**
	Sig. (2-tailed)		.000
	N	20	20
치료전 콜레스테롤 수치	Pearson Correlation	.877**	1
	Sig. (2-tailed)	.000	
	N	20	20

**. Correlation is significant at the 0.01 level (2-tailed).

만약 비교하려는 두 변수의 도수분포가 정규분포를 하는 변수라면 Pearson's 상관계수를 사용하고, 정규분포를 하지 않는다면 Spearman's 상관계수를 이용한다. Spearman's 상관계수는 또한 categorical ordinal 변수의 상관관계를 나타내는 데도 사용된다. 상관계수 r은 항상 $-1 < r < +1$의 범위에 있고, +면 같은 방향으로 두 변수가 상관관계가 있는 것이고, −면 서로 반대 방향으로 상관관계가 있는 것이다. 상관계수의 값이 0이면(linear) 상관관계는 없는 것이고, ±1에 가까울수록 매우 강한 상관관계가 있는 것이다.

연구자의 자료가 정규분포의 가정에 만족한다면 상관계수 r에 대해 통계적 검정을 할 수 있다. 여기서 영가설은 "모집단의 상관계수의 값은 0이다"이다. 위의 결과에서 $p < 0.0001$이므로 모집단의 상관계수가 0이라는 영가설을 기각

할 수 있다. 항상 상관계수의 값과 p-value를 같이 봐야 한다. 표본의 크기가 크면 상관계수의 값이 작아도 관찰된 p-value가 작게 나올 수 있기 때문이다. 통계적으로 significant하다는 것이 important(중요하다) 혹은 useful(유용하다)을 의미하는 것은 아니다.

다음 표 1.10은 상관계수의 값에 따라 두 변수가 얼마나 관계가 있는지를 나타내고 있는 가이드라인이다.

표 1.10 Strength of linear relationship

Correlation Coefficient value	Strength of linear relationship
At least 0.8	Very strong
0.6 up to 0.8	Moderate strong
0.3 up to 0.5	Fair
Less than 0.3	Poor

본 예제에서는 두 변수가 정규분포를 한다는 가정하에 Pearson's의 상관 계수를 구했고, r = 0.877로 매우 강한 직선의 상관관계를 보이고(as expected) 유의수준 0.01(** footnote)에서 p = 0.0001(affected by sample size)로 두 변수의 관계는 우연(chance)에 의해 일어난 것은 아닐 가능성이 높다. 여기서 상관관계가 poor해도 표본의 크기가 크면 p-value가 의미 있게 나올 수 있다는 사실을 이해하는 것이 중요하다.

상관계수 r을 제곱한 값을 coefficient of determination이라고 하고 두 변수가 공유하는 분산의 비율을 말한다. 여기서는 $r^2 = 0.769$가 된다. 즉, 혈압수치는 cholesterol 수치의 77%를 설명하고 있고, 23%는 다른 인자에 의해 설명된다고 할 수 있다. 물론 cholesterol 수치는 혈압수치의 77%를 설명하고 있다고 해도 된다.

상관계수를 구할 때는 다음 두 가지 사항에 대해 주위를 해야 한다. 첫째 만약 하위집단에 의해서 overall coefficient가 영향을 받고 있다고 의심이 되면 주의를 해야 한다. 예를 들어 위에서 계산된 r = 0.877은 남녀에 따라서 차이가 날 수도 있다고 생각을 할 수 있다. 이때는 남녀에 따라 층화해서 상관계수를 구해서 남녀 간에 상관계수의 값이 전체적으로 구한 값과 차이가 심하면 처음의 상관계수의 값은 그대로 적용할 수 없다.

두 번째 주의해야 할 사항은 이상치(outlier)가 존재할 때이다. Outlier가 존재하면 상관계수의 값은 영향을 많이 받게 된다. 이런 두 가지 문제점 때문에 양적으로 측정된 두 변수 사이의 상관계수를 구할 때는 먼저 scatter plot을 그려보는 것이 꼭 필요하다.

각 변수에 대해 일일이 scatter plot을 그리기가 번거롭기 때문에 모든 변수에 대해 scatter plot을 한 번에 그리려면, 즉 scatter plot matrices를 그리려면 SPPS의 주화면에서 Graphs ▶ Legacy Dialogs ▶ Scatter / Dot……에서 Matrix Scatter를 선택한 후 matrix variable lists에 보고자 하는 변수들을 지정해주면 한 번에 scatter plot이 출력된다. 세 변수 이상이 서로 상관관계가 매우 강하여 다른 변수들을 통제하고 두 변수만의 상관관계를 보고 싶을 때는 partial correlation을 이용한다.

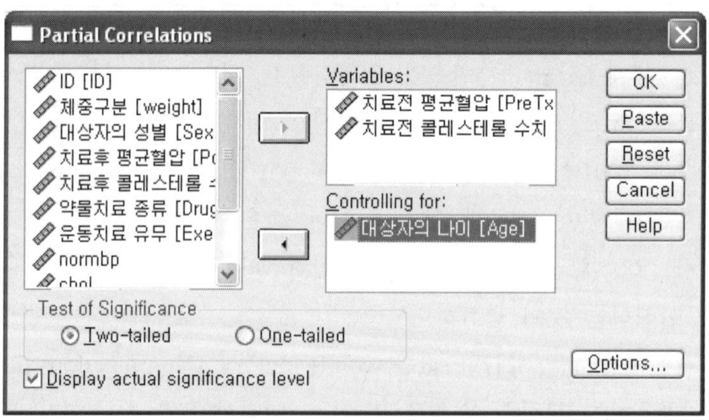

예를 들면 대상자의 나이를 통제하고 cholesterol과 체중과의 상관관계를 보고자 할 때 partial correlation을 이용한다. SPSS의 주화면에서 Analyze ▶ Correlate ▶ Partial……에서 위의 그림과 같이 지정한다.

결과는 다음과 같다.

Correlations

Control Variables			치료전 평균혈압	치료전 콜레스테롤 수치
대상자의 나이	치료전 평균혈압	Correlation	1.000	.881
		Significance (2-tailed)	.	.000
		df	0	17
	치료전 콜레스테롤 수치	Correlation	.881	1.000
		Significance (2-tailed)	.000	.
		df	17	0

나이변수의 영향을 제거하고 혈압과 cholesterol 수치의 상관계수 값은 0.881로 처음의 0.877보다 약간 증가하였다. 만약 나이변수가 혈압과 cholesterol 수치에 영향이 없다면 partial r의 값은 거의 변하지 않을 것이고, 영향이 많다면 partial r의 값은 크게 변할 것이다. 증가하면 증가하는 방향으로 영향이 있는 것이고 감소하면 감소하는 방향으로 영향이 있는 것이다.

Correlation does not mean caution. 두 변수의 상관관계가 강하다고(r > 0.8) 해서 두 변수 사이에 원인-결과의 관계가 있다고 말할 수는 없다는 것을 알아야 한다. 예를 들면 흡연과 폐암은 높은 상관관계가 있다. 그렇다면 흡연이 폐암의 원인이라고 할 수 있는가? 어떤 사람은 폐암과 흡연은 stress와 상관이 있으니 stress가 폐암의 원인이고 흡연은 폐암의 원인이 아니라고 말하기도 할 것이다. 즉, 원인-결과 관계를 알아보려면 꼭 controlled experiment를 해야만 알 수 있는 것이다.

두 개의 양적인 결과변수 사이의 일치도(agreement)를 상관계수를 이용해서 언급할 때는 주의가 필요하다. 즉, highly correlation은 요구되지만 highly correlation이 agreement를 의미하지는 않는다. 다음 그림 왼쪽에서 high correlation(r = 0.94)이지만 diagonal line은 0을 통과하지 않는다. 이것은 상관계수 값이 크다고 두 변수 사이의 값이 꼭 일치하지는 않는다는 것이다. 반면 오른쪽 그림은 high correlation(r = 0.94)이고 diagonal line도 0을 통과한다. 즉, diagonal line이 45도가 되어야 line of agreement가 x = y라고 할 수 있는 것이다.

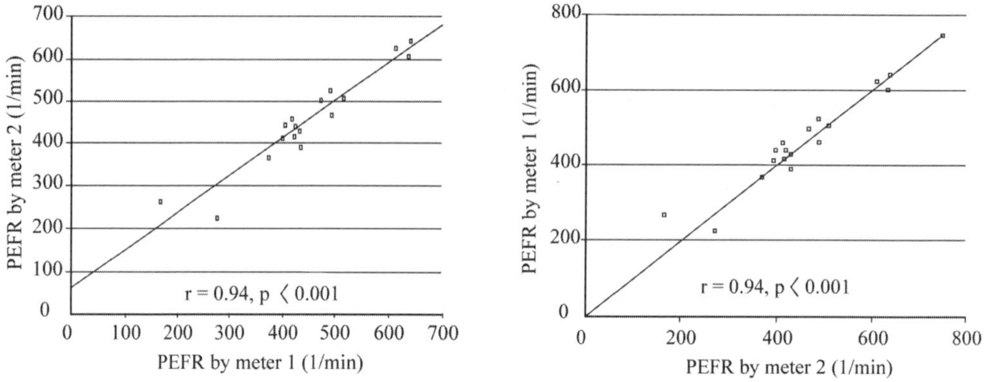

그러면 두 개의 quantitative 측정 사이의 일치도(agreement)를 표현하는 방법이 있을까? Bland & Altman이 소개한 Bland-Altman plot(Lancet, February 306-310, 1986)이 있다. 관심 있는 독자는 참고문헌을 읽어보기 바란다.

다음은 quantitative outcome 사이가 아니고 qualitative outcomes에서 측정하는 사람(rater) 사이의 agreement를 측정하는 방법이다. 다음의 예로 알아보자. 100명의 대상자에 대해 질병상태의 반응을 두 rater에 따른 반응이다.

Inter-rater's data

Rater_a	Rater_b	Count
Disease	Disease	40
Disease	No disease	5
No disease	Disease	5
No disease	No disease	50

위와 같은 경우 두 rater 사이의 agreement를 측정하는 데는 Kappa 추정량을 사용한다. Kappa는 0과 1사이의 값을 가지고 상관계수 값과 비슷한 강도로 해석된다.

위의 자료로 SPSS에서 kappa값을 구하려면 count변수에 weight를 준 후에 Analyze ▶ Descriptive Statistics ▶ Crosstab……에서 Row : Column : 에 rater_a, rtaer_b를 지정 후 Statistics……에서 kappa를 클릭해 준다. 결과는 다음과 같이 kappa = 0.798(p < 0.001)로 두 rater 사이에 강한 agreement를 보이고 있다.

Symmetric Measures

		Value	Asymp. Std. Error[a]	Approx. T[b]	Approx. Sig.
Measure of Agreement	Kappa	.798	.061	7.980	.000
N of Valid Cases		100			

a. Not assuming the null hypothesis.

b. Using the asymptotic standard error assuming the null hypothesis.

1.9 parametric test를 사용할 것인가? Nonparametric test를 사용할 것인가?

연속형으로 측정된 자료를 범주형 자료로 변경할 수 있다. 예를 들어 A라는 치료를 한 후 측정된 cholesterol(mg/dl) 수치는 239, 238, 238, 242, 241, 243, 245, 244, 241, 243이었고 B라는 치료를 한 후 측정된 cholesterol(mg/dl) 수치는 238, 237, 239, 237, 231, 239, 239, 244, 242, 245라고 가정하자. cholesterol(mg/dl) 수치의 정상치를 240mg/dl라고 했을 때 두 치료집단 사이의 cholesterol 차이는 거의 없어 보인다. 표본의 수가 충분히 많아도 이런 경우 parametric t-test로 분석을 하면 통계적 차이가 있을 가능성은 적다. 그리고 nonparametric test인 Mann-Whitney U test를 해도 통계적 차이가 있을 가능성은 적다. 그러나 이 자료를 정상치 240mg/dl을 기준으로 A치료집단에서는 치료에 반응한 사람이 3명, 반응하지 않은 사람이 7명이 되고 B치료집단에서는 치료에 반응한 사람이 7명, 반응하지 않은 사람이 3명이 된다. 이렇게 coding을 달리하여 범주형 자료로 분석을 하면 통계적 차이가 있을 가능성은 많아진다.

그러므로, 즉 자료는 continuous numeric data가 가장 신뢰성이 높다고 할 수 있다. Continuous numeric data를 범주형 자료로 변환하면 중요한 정보를 잃을 수 있다는 것을 알아야 하며, 이에 따라서 nonparametric test도 parametric test에 비해서는 less powerful하다는 사실을 알아야 된다. 연구자는 위와 같은 경우에 raw data의 평균값과 범주형으로 자료를 변환했을 때의 기준, 방법 등을 같이 보고해 주어야 한다.

지금까지 자료를 표현하는 방법과 이변량분석에 대해 알아보았다. 제2장에서부터 다변수분석에 대해 알아보자.

Chapter

2 다변수분석의 시작

2.1 의학자료의 분석에 다변수분석 방법이 필요한 이유는?

지금까지는 단변량분석 방법에 대해서 알아보았다(표 2.1). 그러나 단변량분석은 예측변수가 여러 개 있는 경우 예측변수들이 동시에 결과변수에 미치는 영향을 분석할 수는 없다. 즉, partial correlation을 제외하고는 다른 변수의 영향을 통제 혹은 보정하고 독립변수가 결과변수에 미치는 영향을 평가할 수 없었다.

우리는 다변수적인 세계에 살고 있다. 정치, 경제, 사회적, 그리고 개인 사이의 모든 관계도 다변수적인 관계이다. 또한 이런 다변수적인 원인도 서로 연관이 되어 있어, 서로 작용을 증강시킬 수도 있고 서로 상쇄될 수도 있다. 다변수분석이란 어떤 하나의 사건에 작용하는 서로 다른 원인의 상대적인 기여도를 결정하는 도구이다. Multivariable analysis is a tool for determining the relative contribution of different causes to a single event.

질병은 다양한 원인에 의해 발생되며, 여러 가지 다양한 인자들이 병의 예후와 관계가 있기 때문에, 임상연구자에게도 이들의 관계를 파악하고 예후인자를 찾아내는 것은 중요한 임무이고 그러기 위해서는 다변수분석이 필요하다.

다변수분석은 위험인자의 다양한 본질과 위험인자가 결과변수에 영향을 주는 상대적인 기여도를 찾아내는 데 중요하다. 예를 들면 역학적인 관찰연구에서 미숙아의 사망과 관계있는 위험인자로는 흡연, 주로 앉아서 일하는 사람, 비만, hypercholesterolemia 그리고 고혈압이 관계있다고 알려져 있다. 여기서 중요한 것은 이런 "위험인자가 미숙아의 직접적인 원인이다"라는 것은 아니다는 것이다. 통계학만 가지고는 "위험인자가 결과의 발생에 관계있는 원인이다"라는 것을

표 2.1 단변량분석법

Quantitative Data	
Parametric Tests	**Non-parametric Tests**
One sample t-test Paired sample t-test	Sign test Wilcoxon Signed rank test
Two sample t-test	Mann Whitney U & Wilcoxon Rank Sum test
One way ANOVA	Kruskal Wallis test
Qualitative Data	
For independent samples : Chi-Square / Fisher's exact test	
For matched case-control samples : McNemar test	
Bivariate Correlation(Quantitative data)	
Normality assumption satisfied	Pearson's Correlation
Normality assumption not satisfied or ordinal qualitative data	Spearman's Correlation
Agreement Analysis	
Qualitative data	Bland Altman plots
Quantitative data	Kappa estimates

증명할 수는 없다. Causality(인과관계)는 생물학적으로 그럴듯한 사건과 potential bias를 제거할 수 있는 무작위통제실험(randomized controlled study)과 같은 엄밀한 연구계획에 의해서만 증명될 수 있는 것이다.

그러나 무작위통제실험이 아닌 관찰연구(observational study)로 미숙아 출산의 위험인자를 찾아내는 것도 매우 중요하다. 사람을 대상으로 미숙아 사망과 관계있는 위험인자를 찾아내기 위해 위험인자를 구분하여 '흡연하는 집단' '고혈압이 있는 집단'으로 무작위로 나누어서 연구를 할 수는 없기 때문이다. 더구나 위험인자가 두 가지 이상 동시에 같이 있는 경우도 생각해야 한다.

그러면 다변수분석은 이런 위험인자들의 각각 독립된 기여도(independent contribution)를 어떻게 구분할 수 있을까? 다음의 예를 보자. 많은 연구결과, 운동을 많이 하는 사람은 앉아서 생활하는 사람에 비해 오래 산다고 알려져 있다. 그러면 흡연을 안 하고, 지방이 적은 음식을 좀더 먹고 그래서 cholesterol

수치가 낮아져서 오래 사는 것이라고 한다 해도 일반적으로 운동만 시작한다고 개인의 여명을 연장시킬 수는 없을 것이다.

다음의 Aerobics Center Longitudinal Study는(JAMA 1996; 276 : 205-10) 이러한 중요한 의문에 대해서 다루고 있다. 이 연구는 운동과 사망률과의 관계를 알아보기 위해서 25,341명의 남자와 7,080의 여자를 대상으로, 1970년에서 1989년까지 기초 자료를 조사한 뒤 남자는 평균 8.4년, 여자는 평균 7.5년을 추적조사하였다.

표 2.2는 추적기간 중 생존한 사람과 사망한 대상자의 baseline characteristics를 단변량분석 결과로 보여주고 있다. 생존자와 사망자 사이에는 그리고 남자와 여자 사이에는 의미 있는 baseline characteristics의 차이가 있다. 즉, 생존자는 평균나이가 적었고, 혈압도 낮았고, 혈중 cholesterol 수치도 낮았고, 흡연의 비율도 낮은 반면에 physical fitness(운동의 순응도)는 높았다.

표 2.2의 결과로 "운동의 fitness가 높으면 더 오래 산다고 할 수 있을까?"라는 기본적인 의문에 해답을 줄 수 없다. 왜냐하면 운동의 fitness가 높은 생존자 집단은 나이도 더 젊었고, 혈압도 낮았고, 그리고 cholesterol 수치도 낮았기 때문에, 운동의 fitness가 좋다는 이유 하나만으로 오래 산다고 하는 것은 문제가 있다.

표 2.2 Baseline characteristics of survivors and decedents, Aerobics Center Longitudinal Study

Characteristics	Men		Women	
	Survivors (n=24,740)	*Decedents* (n=601)	*Survivors* (n=6,991)	*Decedents* (n=89)
Age, y (SD)	42.7(9.7)	52.1(11.4)	42.6(10.9)	53.3(11.2)
Systolic blood pressure mmHg(SD)	121.1(13.5)	130.4(19.1)	112.6(14.8)	122.6(17.3)
T-cholesterol mg/dl (SD)	213.1(40.6)	228.9(45.4)	202.7(40.5)	228.2(40.8)
Current or recent smoke, %	26.3	36.9	18.5	30.3
Family history of CHD, %	25.4	33.8	25.2	27.0
Abnormal EKG	6.9	26.3	4.8	18.0
Chronic illness, %	18.4	40.3	13.4	20.2

SD : Standard Deviation, BMI : Body Mass Index, CHD : Coronary Heart Disease, JAMA 1996; 276 : 205-210.

그러면 운동이 독립적으로 다른 위험인자와는 관계없이 사망과 관계가 있는지 알아보기 위해서는 어떤 분석을 해야 알 수 있을까? 연구자는 다변수분석 방법인 비례위험모형을 이용하여 다시 분석을 하였고 그 결과가 표 2.3이다. 남자에서 운동의 fitness가 low인 집단은 moderate / high 집단에 비해 death / 10,000 person-year가 각각 38.1과 25.5로 운동의 fitness가 낮은 집단에서 사망률이 높았다. 즉, 운동의 fitness가 low인 집단은 moderate / high인 집단에 비해 사망의 상대 위험도(relative risk)가 38.1 / 25.0 = 1.52배 높았다.

표 2.3 Multivariable analyses of risk factors for all-cause mortality, Aerobics Center Longitudinal Study

	Men		Women	
Independent variables	Deaths per 10,000 person-years	Adjusted relative risk (95% CI)	Deaths per 10,000 person-years	Adjusted relative risk (95% CI)
Fitness				
Low	38.1	1.52(1.28-1.82)	27.8	2.10(1.36-3.26)
Moderate/High	25.0	1.0(ref.)	13.2	1.0(ref.)
Systolic blood pressure				
> = 140mmHg	35.6	1.30(1.08-1.58)	13.0	0.76(0.41-1.40)
< 140 mmHg	27.3	1.0(ref.)	17.1	1.0(ref.)
Cholesterol				
> = 240mg/dl	35.1	1.34(1.13-1.59)	18.0	1.09(0.68-1.74)
< 240mg/dl	26.1	1.0(ref.)	16.6	1.0(ref.)
Smoking Status				
Current or recent smokers	39.4	1.65(1.39-1.97)	27.8	1.99(1.25-3.17)
Past or never smoked	23.9	1.0(ref.)	14.0	1.0(ref.)
Family history of CHD				
Yes	29.9	1.07(0.90-1.29)	12.8	0.70(0.43-1.16)
No	27.8	1.0(ref.)	18.2	1.0(ref.)
Abnormal EKG				
Yes	44.4	1.64(1.34-2.01)	25.3	1.55(0.87-2.77)
No	27.1	1.0(ref.)	16.3	1.0(ref.)

CHD : Coronary Heart Disease, EKG; Electrocardiogram, JAMA 1996; 276 : 205-210.

CI : Confidence Interval.

표 2.3의 결과는 다른 독립변수들의 결과변수에 대한 영향을 보정(adjust)하고 나온 결과이므로, 이 결과로 우리는 흡연, 고혈압, cholesterol 수치, 그리고 관상동맥 질환의 가족력 같은 사망과 관계있는 위험인자와는 독립적으로(별도로) 'fitness가 낮은 집단은 높은 사망률과 관계가 있다'고 말할 수 있다.

그럼 다변수분석이 아닌 단변량분석으로 독립적인 기여도를 알 수 있는 방법은 없을까? 과거부터 많이 사용되던 층화분석법(stratified analysis)이라는 방법이 있다. 층화분석법이란 다른 변수는 상수로 유지하고 결과변수에 대한 위험인자의 영향을 보는 방법이다. 위의 예에서 흡연상태라는 변수를 보정하고 fitness가 높은 집단과 낮은 집단의 생존율을 비교하려면 '흡연상태'를 층화변수로 하여 이변량분석을 한다. 이렇게 하면 운동의 적응도가 흡연과는 독립적으로(즉, 흡연 유무를 보정하고) 사망에 미치는 영향에 대해 relative risk를 계산할 수 있다. 표 2.4에 층화분석결과를 보여 주고 있다.

표 2.4 Stratified analyses of smoking and fitness on all-cause mortality among men, Aerobic Center Longitudinal Study

	Death /10,000 person-years	Stratum-specific relative risk (95% CI)
Smokers		
Low fitness	48.0	1.63(1.26~2.13)
Moderate/high fitness	29.4	1.0(ref)
Nonsmokers		
Low fitness	44.0	2.19(1.77~2.70)
Moderate/high fitness	20.1	1.0(ref)

결과는 smoker(48.0 vs. 29.4), nonsmoker(44.0 vs. 20.1) 모두에서 fitness가 낮은 집단은 보통/높은 집단에 비해 사망률이 높았다. 층화분석의 결과로도 운동의 fitness가 낮은 집단은 흡연의 유무와는 관계없이 독립적으로 사망의 위험인자라는 것을 확인할 수 있다.

그러나 운동의 fitness와 생명기간 사이의 관계에 영향을 미치는 흡연 유무 이외의 다른 변수에 관한 것은 층화분석 방법으로 어떻게 알 수 있을까? 이것을 알아보기 위해서는 각각의 위험인자마다, 즉 cholesterol 수치, 고혈압 유무 기타 등등 같이 일일이 층화해서 분석을 해야 한다. 그러나 이렇게 층화해서 분석을 하여도 층화를 시행한 변수에 대한 효과만 알 수 있고, 층화를 하지 않은 다른 변수의 대한 영향을 동시에 파악할 수 없다.

두 개의 변수를 층화하려면 $2^2 = 4$개, 3개의 변수를 층화하려면 $2^3 = 8$, 그리고 표 2.2에 있는 7개의 변수를 층화하려면 $2^7 = 128$개의 층화된 집단이 필요하다. 더구나 층화분석은 결과변수에 대해서 층화를 시행한 한 개의 위험인자의 기여도만 알 수 있다. 또한 여러 개의 위험인자가 동시에 결과에 기여하는 정도는 알 수가 없다. 즉, 층화분석은 여러 개의 위험인자를 동시에 모형에 투입하여 다른 변수의 영향을 보정할 수 없는 방법이고 다변수분석 방법이 아니다.

층화분석에서 각 층화변수를 첨가할 때마다 하위집단(subgroup)의 숫자는 증가하므로 최종 결과 산더미 같은 결과가 출력된다. 또한 하위집단의 수가 증가함에 따라 하위집단에 속하는 대상자의 수가 적어지므로 검정력이 떨어진다. Aerobics Center Longitudinal Study에서 남자가 25,341명이었는데, 그 중 601명이 사망하였다. 층화분석으로 96개의 집단으로 나누어서 분석을 한다고 하면, 한 개의 cell에 사망자가 똑같이 분포한다고 해도 $601 \div 96 = 6.2$로 평균 6명 정도밖에 한 개의 cell에 할당이 되지 않는다. 연구대상자가 적은 소규모 연구에선 위험인자가 많아지면 실제적으로 층화분석으로는 결과변수에 대한 통계적인 유의성이 계산되지 않는 경우가 많기 때문에 층화분석을 이용하기는 한계가 있다.

다변수분석은 지금까지 언급한 층화분석의 한계를 극복할 수 있는 방법이다. 여러 개의 위험인자들이 결과변수에 미치는 영향을 동시에 평가하게 해줄 수 있는 통계적 분석방법이다. 그러나 다변수분석을 이용하려면 항상 고통이 따른다. 즉, 다변수분석은 자료의 본질에 대해 어떤 가정(assumption)을 요구하는데 이 가정을 증명하는 것이 쉬운 것이 아니다.

2.2 혼란변수(confounder)란 무엇이고 혼란변수가 있을 때 다변수분석의 역할은?

다변수분석은 여러 가지 위험인자가 독립적으로 결과변수에 미치는 영향을 '동시(simultaneous)'에 평가하는 데 유용하며, 특히 'confounding'이 있을 때 더욱더 유용한 분석방법이다. Confounding은 위험인자와 결과변수가 제3의 변수에 의해 위험인자와 결과변수 양쪽에 확실히 영향을 끼쳤을 때 confounding이 있다고 하고, 여기서 제3의 변수를 혼란변수(confounder variable)라고 한다. Confounding occurs when the apparent association between a risk factor and an outcome is affected by the relationship of a third variable to the risk factor and to the outcome.

어떤 변수가 혼란변수가 되기 위해서는 위험인자와 서로 상관관계가 있어야 하고 동시에 결과변수에도 원인이 되어야 한다(그림 2.1). For a variable to be a confounder, the variable must be associated with the risk factor and causally related to the outcome

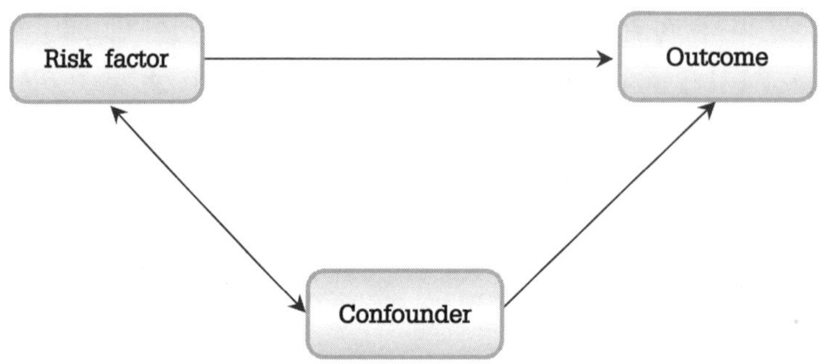

그림 2.1 Relationships among risk factor, confounder and outcome

혼란변수의 예로 성냥을 가지고 다니는 사람과 폐암과의 관계에 대한 내용이다. 즉, 성냥을 가지고 다니는 사람은 폐암에 걸릴 가능성이 높다는 것이다(그림 2.2). 여기서는 흡연이 혼란변수이고 성냥을 가지고 다니는 것은 위험인자이

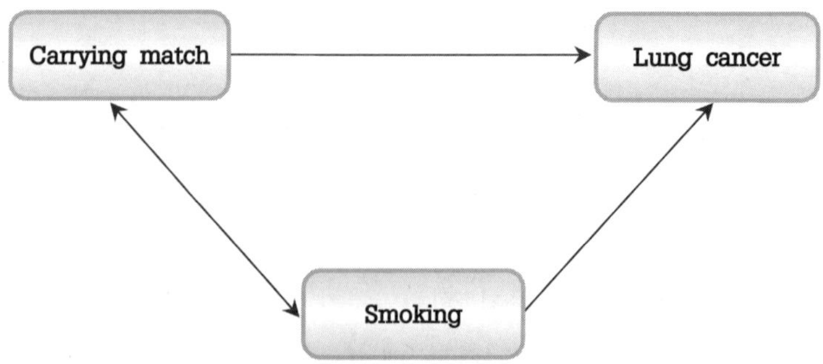

그림 2.2 Relationships among carrying match, smoking and lung cancer

고 폐암이 결과변수이다. 요즘에 누가 성냥을 가지고 다니겠는가. 요즘 같으면 라이터를 가지고 다니는데 라이터(lighter)를 가지고 다니면 폐암의 발생위험이 높다고 할 것인가? 여기서 성냥을 가지고 다니는 것과 폐암과의 관계가 독립적인 관계이고 원인관계라면, 성냥을 가지고 다니지 못하게 어떤 intervention을 실시하면 폐암의 발생은 감소하게 될 것이다. 그러나 담배를 피우기 때문에 성냥을 가지고 다니는 것이지 단지 성냥을 가지고 다닌다는 사실이 폐암의 위험인자는 아니다.

비록 이론적으로 독립적인 관계와 confounding을 구분할 수는 있어도 변수들은 결과변수에 독립적인 효과를 가질 수 있을 뿐 아니라 결과변수와 관계있는 다른 변수의 혼란변수도 될 수 있다. 예를 들면 가난은 흡연과 심장병과의 관계에 혼란변수가 될 수 있다. 왜냐하면 가난한 사람은 담배를 더 많이 피우는 경향이 있으므로 심장병의 발생위험이 높을 수 있다. 그러나 가난한 것이 또한 심장병 발생에 독립적인 효과일 수도 있다.

층화분석으로 혼란변수를 평가할 수도 있고 제거할 수도 있다. 즉, 흡연유무를 층화변수로 흡연-집단과 비-흡연집단으로 나누어 carrying match와 폐암발생률을 비교해 보면, 흡연-집단과 비-흡연집단 각각에서 폐암과 성냥을 가지고 다니는 것과는 의미 있는 상관관계가 없다는 것을 알게 될 것이다. 그러면 흡연유무라는 변수는 혼란변수로 작용을 한 것이다. 만약 흡연-집단과 비-흡연집단 각각에서 폐암과 성냥을 가지고 다니는 것과 의미 있는 상관관계가 있다고 나왔다면 성냥을 가지고 다니는 것은 흡연의 유무와는 독립적으로 폐암의 발생과 관계 있다고 할 수 있다.

대부분의 임상자료에서 보이는 confounding은 성냥과 폐암과의 예와 달리 훨씬 미묘하고 진단하기 어려운 것이 대부분이다. 모든 사람이 흡연이 폐암의 중요 위험인자라는 것을 알고 있다. 그런데 다음의 Hasdai 등의 연구결과를 어떻게 설명하겠는가(N. Engl. J. Med.1997; 336 : 755−761).

표 2.5 Bivariate associations between smoking status and risk of death. (*N. Engl. J. Med.* 1997; 336 : 755−761)

Bivariate	Nonsmoker	Former smokers	Recent quitter	Persistent smoker
R.R of death	1.0(ref)	1.08(.92∼1.26)	0.56(.40∼.77)	.74 (.59∼.94)

R.R : Relative risk

그들은 관상동맥 질환이 있는 5,437명을 대상으로 심장 관상동맥 촬영 (coronary angioplasty)을 한 후 4개의 집단으로 나누어서 사망과의 관계를 조사하였다. Nonsmoker는 전혀 흡연의 과거력이 없는 집단, former smoker는 관상동맥 촬영을 하기 전, 적어도 6개월 전에 금연한 집단, recent quitters는 관상동맥 촬영을 하자마자 담배를 끊은 집단을, persistent smoke는 현재도 담배를 피우고 있는 경우를 의미한다(표 2.5).

결과를 보면 persistent smoker나 recent quitter는 nonsmoker보다 사망의 relative risk가 낮다. 어떻게 그럴 수 있단 말인가? 보정을 하지 않은 이변량분석 결과인 표 2.5를 나이, 협심증의 병력 기간으로 보정한 다변수분석 결과가 표 2.6이다.

표 2.6 Comparison of bivariate and multivariable association between smoking status and risk of death

Bivariate	Nonsmoker	Former smokers	Recent quitter	Persistent Smokers
R.R of D# Bivariate	1.0 (ref)	1.08 (.92 - 1.26)	0.56 (.40 -.77)	.74 (.59 - .94)
R.R of D# Multivariable	1.0 (ref)	1.34 (1.14 - 1.57)	1.21(.87 -1.70)	1.76 (1.37 - 2 .26)

(*N. Engl. J. Med.* 1997; 336 : 755-761), # means Relative Risk of Death.

다변수분석으로 보정한 결과 former smoker 집단과 persistent smoker 집단은 non-smoker 집단보다 의미 있게 사망의 위험도가 높은 것을 알 수 있다. Recent quitter도 nonsmoker보다 사망의 relative risk가 높았지만 신뢰구간을 보면 통계적으로 유의하지는 않았다. 신뢰구간을 나타내는 숫자에 recent quitter같이 0.87－1.70을 보면 1을 중심으로 상한값과 하한값이 계산되어 1이 들어가면, 즉 1이 cross하면, 통계적 유의성이 없는 것이다. 이변량분석과 다변수분석의 차이는 confounding의 유무이다. 또한 층화분석보다 다변수분석이 좋은 점은 모든 독립변수에 대해 일일이 층화를 해주지 않아도 된다는 점이다. Multivariable analysis is preferable to stratified analysis when you have multiple confounders.

다변수분석을 이용하는 모형은 여러 혼란변수를 보정하여 역학 전문가에게는 중요한 혜택이지만, 잠재적인 혼란변수를 보정하기 위해 너무 열광적이어서 오히려 연구자가 증명하고자 하는 바로 그 효과를 놓쳐버리는 경우도 있다. 다음의 연구에서(Ann. Intern. Med 1997; 126 : 372-375) 연구자들은 적당한 알코올 섭취와 심장병과의 관계를 규명하고자 하였는데, 연구자들은 너무 눈에 뜨일 정도로 나이, 흡연유무, 운동, 당뇨병 그리고 심장병의 가족력 등에 대한 위험인자를 보정하였지만, 고혈압, BMI, hypercholesterolemia는 보정을 하지 않았다. 왜 안 했을까? 결국 보정하지 않은 인자 때문에(결국 보정하지 않은 인자는 전부 혼란변수로 작용), 알코올의 섭취(위험인자)는 심근경색(결과변수)의 원인이라는 결과를 도출하였다. 문제는 알코올을 섭취하면 혈압, BMI, cholesterol의 수치를 증가시킬 수 있다는 사실이다. 그림 2.3에서 보듯이 알코올 섭취는 심근경색을 유발하는 원인이 되는 길 위에 있어 혼란변수라기보다는 중재변수(intervening variable)이다. An intervening variable is on the causal pathway to your outcome. 이런 중재변수를 혼란변수같이 보정을 하면 오히려 찾고자 하는 효과에서 adjust away하게 된다.

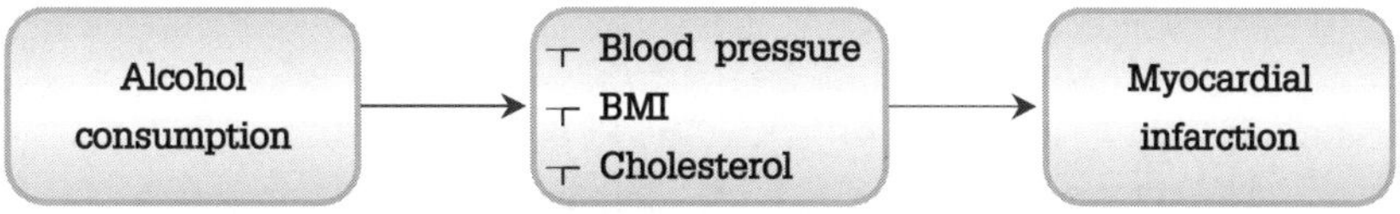

그림 2.3 Hypothesized pathway by which alcohol consumption may cause myocardial infarction

통계학만 가지고는 어떤 것이 혼란변수이고 어떤 것이 중재변수인지 구분할 수 없다. 통계학적으로 혼란변수와 중재변수는 똑같이 작용한다. 혼란변수라고 생각이 되어서 분석에 포함시킬 것인지, 아니면 중재변수라서 분석에서 제외시킬 것인지는 과거의 연구결과와 생물학적으로 가능한 사실에 기초한 연구자의 결정에 달려 있다.

2.3 억제변수(suppressor variable)란 무엇이고 억제변수가 있을 때 다변수분석의 장점과 역할은?

억제변수(suppressor variable)는 혼란변수의 일종이다. 그러므로 혼란변수와 같이 억제변수는 위험인자와 결과변수와 모두 관계가 있다(그림 2.4). 혼란변수와의 차이는 억제변수는 이변량분석에서는 위험인자와 결과변수와의 관계에 아무런 영향이 없다는 것이다. 그러나 억제변수를 보정하면 위험인자와 결과변수와의 관계는 의미 있게 된다. 즉, 전형적인 혼란변수와는 다르게 억제변수가 존재할 때는 이변량분석에서는 억제변수를 보정할 때까지는 위험인자와 결과변수와의 관계를 정확히 알 수 있다.

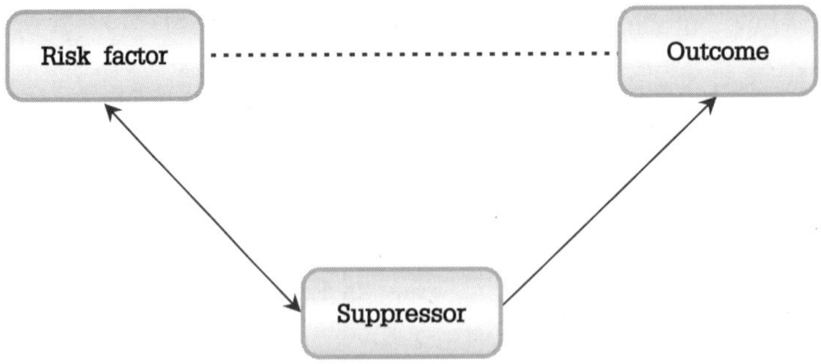

그림 2.4 Relationship among risk factor, suppressor and outcome

억제변수를 찾아내고 보정하면 중요한 발견을 할 수도 있다. 예를 들면 HIV에 감염된 환자에게 사용된 바늘에 건강한 사람이 찔렸을 때, 항바이러스 약물치료가 혈청전환(sero-conversion)을 막을 수 있는지에 대한 해답은 잘 몰랐다. 여러 해 동안 이런 경우 항바이러스 약물로 항바이러스제제(zidovudine) 치료를 받았는데, 치료받은 사람들은 이 약물이 효과가 있다고 발표된 자료가 없다고, 더 이상은 항바이러스 약물치료를 받지 않겠다고 거부했다. 그래서 randomized study를 하려고 했으나, health care군에 대해 randomized를 할 수가 없어 연구를 할 수 없었다.

대신에 가능한 환자-대조군 연구를 하였다. 환자군은 건강한 노동자로 HIV에 감염된 바늘에 찔려서 혈청전환이 된 집단이고, 대조군은 건강한 노동자로 HIV

에 감염된 바늘에 찔린 후 혈청전환이 안 되고 아직 HIV 항체가 음성인 집단이다. 항바이러스제제의 치료는 대조군보다 환자군에서 혈청전환이 되는 비율을 낮출 수 있을까? 결과는 항바이러스제제를 사용한 환자군에선 27%, 대조군에선 36%에서 혈청전환을 낮출 수 있었으나 그 차이는 통계학적으로 유의하지 않았다(p = 0.35).

그러나 사실 좀더 심하게 HIV에 감염된 바늘에 노출된 health care group은 미미하게 노출된 집단보다는 실제로 많은 수에서 항바이러스제제를 복용하고 있었다. 또 사실 심하게 HIV에 감염된 바늘에 노출된 health care group은 미미하게 노출된 집단보다 혈청전환이 더 많이 생겼다.

연구자들은 다중 로지스틱 회귀분석을 이용해서 상처의 심한 정도에 대해 보정을 한 후, 항바이러스제제의 사용은 유의하게 혈청전환을 줄일 수 있음을 발견할 수 있었다(OR = 0.5, 95% 신뢰구간 = 0.1−0.6; p < 0.01).

그림 2.5는 suppressor effect를 보여주고 있다. 손상의 심한 정도는 항바이러스제제의 사용과 관계가 있고 혈청전환과도 인과관계가 있다. 이변량분석에선 항바이러스제제의 사용은 혈청전환과 관계는 없었는데 다변수분석에서 손상의 심한 정도를 보정해준 후에 의미 있는 인자가 되었다.

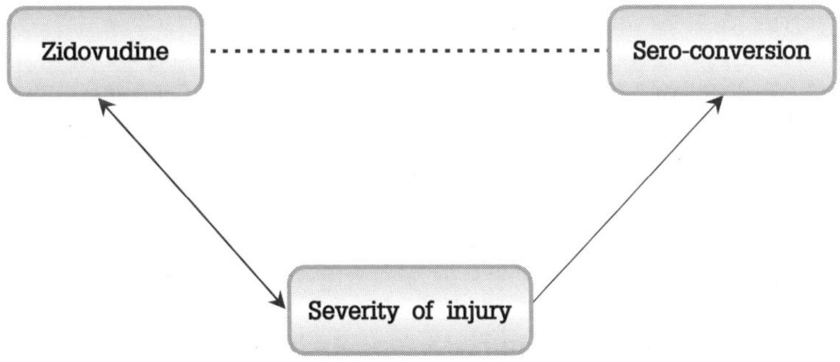

그림 2.5 Relationship among zidovudine, severity of injury and sero-conversion

비록 다변수분석이 억제변수를 포함하여 항바이러스제제의 혈청전환을 줄여줄 수 있다는 사실을 증명했지만 다변수분석이 분석에서 다른 가능한 잠재적인 bias는 보정할 수 없다는 것을 알아야 한다. 예를 들면 위의 HIV연구에서도 환자군과 대조군을 같은 모집단에서 추출한 것이 아니기 때문에 결과에 영향을 미치는 selection bias가 증가할 수 있다.

2.4 교호작용(interactions)이란 무엇이고 교호작용이 있을 때 다변수분석의 장점과 역할은?

제3의 변수의 값에 의해 결과변수에 대한 위험인자의 영향이 변할 때 교호작용이 있다고 한다. An interaction occurs when the impact of a risk factor on outcome is changed by the value of a third variable. 이런 제3의 변수의 값에 따라 outcome에 대한 위험인자의 영향이 변하기 때문에 교호작용을 다른 말로 효과 수정항(effect modification)이라고도 한다.

그림 2.6은 교호작용에 대한 그림으로 결과변수에 대한 위험인자의 영향이 교호작용 변수의 값에 따라(1 or 0) 변하는 것을 알 수 있다. 가운데 점선은 교호작용의 효과가 없다는 것을 의미한다.

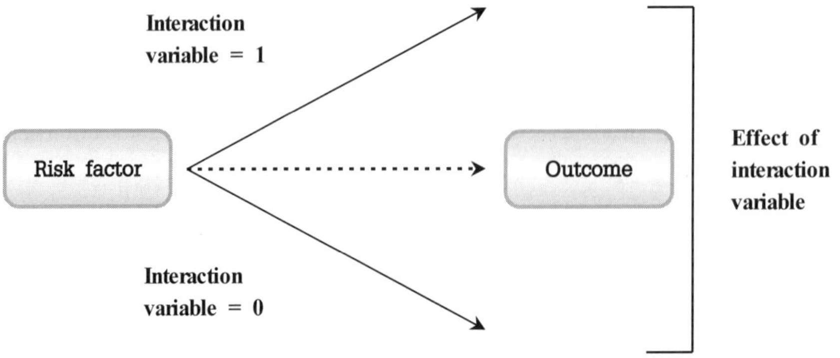

그림 2.6 Illustration of an interaction effect

Confounding에서와 같이 층화분석으로 교호작용을 알아 볼 수 있다. 교호작용 변수에 따라서 층화를 하고 교호작용의 여러 다른 수치에서 위험인자가 결과변수에 미치는 영향을 분석할 수 있다. 또한 Chi-square test for homogeneity를 이용해 교호작용의 각기 다른 수준에서 위험인자의 결과변수에 대한 효과도 검정할 수 있다.

그러나 confounding을 제거하기 위해 층화를 하고 교호작용을 알아보기 위해 또 다시 층화를 하기에는 너무 복잡하다. 변수가 많을 때 층화를 하고 또 교호작용을 보기 위해 층화를 하는 것은 더 어렵다. 층화분석은 여러 교호작용 변수의 여러 다른 수준에서 위험인자와 결과변수와의 효과를 정확하게 수량화할 수 있지만, 동시에 다른 여러 변수들을 보정할 수는 없다. 다변수분석은 여러 개의 교호작용을 포함하면서 다른 변수들을 보정할 수 있는 유용한 도구이다.

예를 들면 Zucker 등은 심근경색으로 응급실로 내원한 환자 중 흉통 및 심근허혈의 양상이 남녀 간에 차이가 있는지를 조사하였다(J. Gen. Intern. Med. 12 : 79−87. 1997).

표 2.7는 급성 심근경색으로 확진된 대상자의 독립변수와 심근경색 발생과의 관계를 보여주고 있다. Odds ratio와 회귀계수는 multiple logistic regression분석으로 분석한 결과이다. 연구자는 gender를 포함하는 male gender and ST elevation(on EKG), male gender and congestive heart failure 그리고 male gender and white race의 세 개의 의미 있는 교호작용을 발견하였다.

표 2.7 Association of independent variables with confirmed diagnosis of acute myocardial infarction based on multiple logistic regression models

Independent variables	Coefficients	Odds ratio
Male gender	**0.4852**	**1.6**
Age < 50	0.1432	1.2
Chest pain	0.8792	2.4
Congestive heart failure	0.6759	2.0
ST elevation	**2.0948**	**8.1**
Q waves	0.5311	1.7
Interactions		
Male gender and congestive heart failure	−0.6899	0.5
Male gender and ST elevation	**−0.5157**	**0.6**
Male gender and white race	0.5206	1.7

J. Gen. Intern. Med. 1997; 12 : 79-87.

이것의 의미는 무엇일까? 일단 male gender의 odds ratio는 1.6이고 ST elevation의 odds ratio는 8.1이다. 그럼 male이고 ST elevation이 동시에 있으

면 심근경색이 발생할 odds ratio는 1.6 * 8.1 = 13이고, female이고 ST elevation이 있을 경우는 1.0 * 8.1 = 8.1이니까 male이고 ST elevation이 있으면 female이고 ST elevation이 있는 집단에 비해 심근경색이 생길 odds ratio가 13 ÷ 8.1 = 1.6으로 약 2배 정도 높다는 의미일까?

그러나 실제 ST elevation이 있을 때 남녀 모두 심근경색이 발생할 odds ratio는 비슷하다. 이것은 교호작용을 보면 금방 알 수 있는데 Male gender and ST elevation의 교호작용 수치를 보면 odds ratio는 0.6이다. 그래서 교호작용 수치를 각각 male gender with ST elevation(1.6 * 8.1 * 0.6 = 7.8)과 female gender with ST elevation(1.0 * 8.1 * 1.0 = 8.1)에 대해 적용해 보면 7.8과 8.1로 큰 차이가 없다.

ST elevation은 심근경색의 특징적인 징후이지만 진단적인 징후는 아니다. 그러므로 ST elevation이 있는 남녀 간에 심근경색이 생길 수 있는 위험도가 같다는 것은 당연한 결과이다. 만약에 Male gender and ST elevation의 교호작용 수치의 odds ratio가 1보다 큰 수치였으면, 즉 회귀계수가 양수였으면 ST elevation이 있는 심근경색에서 남녀 간의 위험도는 13.0과 8.1의 차이보다도 더 크게 남녀 간에 차이가 있었을 것이다. 교호작용의 효과는 평가하기도 어렵고 해석하기도 어려운 것이다. 교호작용에 대한 것은 9.3, 9.9, 그리고 10.8에서 다시 다룰 예정이다.

교호작용과 confounding은 다른 개념이다. 교호작용에서 위험인자와 결과변수 사이의 관계는 제3의 변수에 의한 것이 아니고 위험인자와 결과변수 사이의 관계가 제3의 변수의 값(value)에 따라 다양하게 변하는 것이 맞는 표현이다.

Chapter 3

흔히 사용되는 다변수분석 모형의 종류

3.1 Predictive Studies ; diagnostic and prognostic study

Predictive studies와 explanatory(= etiologic) studies는 다음과 같은 차이가 있다(표 3.1).

표 3.1 Difference between predictive (diagnostic/prognostic) studies and explanatory studies

	Predictive studies	Explanatory studies
Goal	Predict outcome for individual patient	Reveal causes of disease in a population
Importance of model predicting outcome with high degree of certainty	High	Low
Nature of Relationship between individual variables and outcome	Unimportant	Causal
Number of independent variables in the model	As few as possible to accurately predicted outcome	As many as necessary to accurately access the association of a risk factor with an outcome
Statistics used	Sensitivity, specificity, positive predictive value, likelihood ratio	Odds ratio, risk ratio
Theoretical basis	Bayes's theorem	Inferential statistics

Predictive studies의 목적은 질병을 좀더 정확히 진단하고 특정 환자의 예후를 정확히 예측하는 데 있는 반면, explanatory studies는 모집단의 질병(혹은 어떤 상태)의 원인을 이해하는 데 있다. 즉, 특정한 환자집단인지 아니면 전체 모집단에 관심이 있는지에 대해 가장 큰 차이가 있다.

그러므로 prediction models은 응급실에서 가슴통증으로 내원한 환자에서 cardiac ischemia의 진단같이 individual patient의 의사결정에 사용되고, explanatory studies는 전체 유방암 환자의 위험인자를 찾는 연구에 사용된다. Ischemia를 진단하는 모형은 그러므로 정확성이 높아야 되며, 유방암의 위험인자를 보는 연구에서는 정확성이 낮다. 많은 유방암의 위험인자가 있지만 각각의 변수가 유방암의 발생을 설명하는 정도는 낮다.

연구목적이 결과변수를 예측하는 데 있다면 예측변수와 결과변수 사이에 꼭 원인-결과의 관계가 있지는 않다. 단지 예측변수가 존재/비-존재시에 결과의 발생과 밀접하게 연관이 있다는 정도로 예측을 해도 충분하다. 예를 들면 ear lobe crease가 coronary artery disease의 좋은 예측인자라는 연구에서 ear lobe crease가 coronary artery disease의 원인이라는 의미는 아니다. 반면 explanatory studies에서는 confounding 같은 non-causal factor를 제거하려고 해야 질병의 본질을 더 이해할 수 있다.

Predictive studies에서 사용되는 예측변수의 수는 가능한 적어야 하며, explanatory studies에서는 표본의 수가 충분한 경우 가능한 많은 예측변수가 있어야 질병의 원인-결과의 관계를 좀더 잘 설명할 수 있게 된다.

3.2 임상연구에서 흔히 사용되는 다변수분석 모형은 어떤 것이 있을까?

다변수분석 모형은 임상연구에서 randomized study와 nonrandomized study 모두에서 다양하게 사용되고 있으며 일반적으로 다음 네 가지 모형이 가장 많이 이용된다.

1. 잠재적인 혼란변수를 보정하면서 위험인자를 확인하는 것
2. 기저 특성(baseline characteristic)의 차이를 보정하는 것
3. 질병의 진단을 결정하는 것(Diagnostic model, 진단모형)

4. 질병의 예후를 결정하는 것(Prognostic model, 예후모형)

이 중 1과 2는 결과변수를 이해하고 설명하는 데 사용되므로 설명(explanatory) 혹은 원인모형이라고 한다. 그리고 3과 4는 특징적인 특성을 가지고 있는 대상자의 outcome을 예측하는 데 사용되므로 예측(predictive) 모형이라고 한다.

위의 네 가지 모형은 서로 연관성이 있고 많은 연구에서 그 목적에 따라 다양한 용도로 다변수모형을 이용하였으며 앞으로도 계속 이용하게 될 것이다. 그러면 각각의 모형의 유효성을 이해하기 위해 나누어서 유형을 살펴보자.

3.2.1 잠재적인 혼란변수를 보정하면서 예후인자를 확인하는 것

흔히 연구자는 원인이 다양한 질환을 연구할 때, 더욱더 많고 또한 더욱 영향이 큰 위험인자를 확인하려고 노력한다. 이런 경우에 여러 변수들은 서로 연관성이 있기 때문에 연구자는 혼란변수를 제거하기 위해서 주로 층화분석을 사용했었다.

만약 연구자의 potential confounders가 confounders가 아닌 것으로 증명했다면 어떻게 할 것인가? 또 연구자가 모든 잠재적인 혼란변수를 조사했는데, 어떤 것도 위험인자와 결과변수와 아무런 관계가 없다는 것을 발견하였다면 어떻게 할 것인가? 이러한 인자들을 보정하기 위하여 여전히 다변수분석이 필요한 것인가? 아니면 단지 결과변수와 위험인자와의 관계를 이변량분석 결과로 보고할 것인가? 개념적으로 위험인자와 결과변수 사이에 아무런 관련이 없으면 다변수분석을 사용할 필요는 없다. 단지 이변량분석으로 분석된 결과만 보고하면 된다. 그러나 실제적으로 대부분의 임상연구자들은, 비록 이러한 요인이 실제로 혼란변수가 아니라고 하더라도, 다른 요인들이 결과변수와 관련성이 있으면 다변수분석을 사용하고 있다. 그 이유는 다변수분석이 confounding이 없다는 것을 증명하기 위한 표준적인 방법이기 때문이다. 그러므로 이변량분석에서 confounding이 있다는 증거가 없다고 해도, confounding이 없다는 것을 증명하기 위해서는 다변수분석을 시행해야 하는 경우가 흔히 발생한다.

많은 연구자들이 confounding이 없어도 다변수분석을 인용하는 것을 선호하는 다른 이유는, 로지스틱 혹은 비례위험모형을 이용하고 risk factors / exposure를 가지고 있는 각 집단의 비율이 다양할 경우 이것을 보정해 주지 않으면, 두 집단의 baseline characteristics는 같다고 하더라도, 결과가 왜곡될 수 있기 때문이다.

비록 다변수분석이 잠재적인 혼란변수를 보정할 수 있는 훌륭한 도구라 하더라도, 연구자가 자신의 모형에 잠재적인 혼란변수를 포함했다는 이유만으로 이 혼란변수로 인한 모든 bias를 제거했다고 할 수는 없다. 다변수분석에서 혼란변수를 적절히 보정하기 위해서는 다른 집단과 혹은 결과의 발생에 대해서 혼란변수의 충분한 중복(overlap)이 있어야 한다. 예를 들면 모든 흡연자는 A집단에 속하게 하고 모든 비흡연자는 B집단에 속하게 한다면 흡연이라는 변수를 보정해도 흡연에 의해 발생되는 confounding은 제거할 수 없게 된다. 이러한 이유 때문에 다변수분석을 하기 전에 연구자는 이변량분석을 이용해서 자신의 자료에 잠재적인 혼란변수의 충분한 중복이 있는지를 확인해야 한다.

충분한 중복이 있어도 완전한 보정이란 없다. 독립변수 그리고 종속변수에 측정 오류가 있는 것처럼 혼란변수에도 측정의 오류가 있다. 일단 자신의 혼란변수에 대한 측정이 완전하지 않다고 인정을 했으면, 모형에 변수를 포함시키는 것이 완전히 confounding을 제거할 수 없다는 것을 알게 될 것이다. 또한 모형 자체가 error를 포함하고 있는 것이다. 모형에 중요한 변수가 생략되거나, 변수들 사이의 교호작용이 포함되지 않았거나, 정확하지 않은 변수들이 포함되는 등의 오류를 포함하고 있을 수도 있다.

3.2.2 Baseline characteristic의 차이를 보정하는 것

기본적인 특성에 대한 차이를 보정하는 것은 특히 non-randomized(=observational) trial에서는 더 중요한 일이다. Non-randomized trial에서는 대상자에 대한 할당이 무작위로 결정된 것이 아니므로, 집단 사이를 서로 비교하려는 연구는 기본적인 특성이 같을 수가 없다.

무작위 할당은 비교하려는 집단들이 연구 초기단계부터 서로 같은 조건이라는 것을 확인하기 위한 가장 좋은 방법이지만, 이런 무작위 할당이 임상연구, 특히 사람을 대상으로 하는 연구에서는 항상 가능한 것은 아니다. 이런 경우 비용문제, 논리적 문제, 윤리적 문제로 환자들을 무작위 할당을 할 수 없을 때, 다변수분석이라는 도구를 이용하여 통계적으로 비교적 서로 동등하게 비교를 할 수 있다. 물론 다변수분석도 한계가 있기 때문에 알려지지 않았거나, 측정할 수 없는 혼란변수까지 보정할 수 있는 것은 아니다. 단지 무작위 할당은 측정된 혼란변수와 측정되지 않은 혼란변수 둘 다에 관해서, 서로 동등한 집단을 만들 수 있고 비교할 수 있다는 점이다. When randomization is impossible, use multivariable analysis to statistically approximate equal comparison groups.

Randomized controlled trial에서 baseline characteristics의 차이를 보정하기 위해 다변수분석을 사용해야 할까? 이상적으로 nonbiased 방법으로 randomization이 되었다면, 비교 집단이 이미 알려진 요인과 알려지지 않은 요인에 대해 동등하게 된다. 그러므로 intervention과 관계있는 변수가 있을 수 없기 때문에 혼란변수도 없다(그림 3.1). 이런 경우 중재변수가 있으면 두 군의 결과변수를 비교하기 위해 단순히 이변량분석을 이용해도 된다.

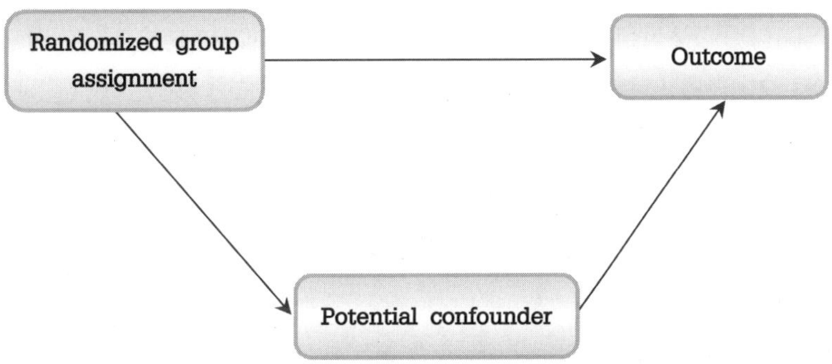

그림 3.1 Relationships among randomized group assignment, potential confounder, and outcome

Randomization을 했음에도 불구하고 우연에 의해 두 집단이 유의하게 차이가 발생할 수 있다. 예를 들면 Mittelman는 Alzheimer 환자들이 집에서 간호를 받게 하는 과정인 간병인의 배치를 지연되게 intervention을 했다. 또한 환자의 가족들을 치료군과 대조군으로 무작위로 할당했다. 우연히 그리고 운 나쁘게도 1차 간병인이 여성인 경우가 치료군보다 대조군의 가족에서 더 많았다. 뿐만 아니라 여성 간병인이 돌보는 환자가 의미 있게 가정 간호원을 배치 받는 경우가 더 많았다. 그러므로 간병인의 성별에 대한 보정을 하지 않으면 연구결과의 해석이 어렵게 된다. 연구자는 간병인의 성별을 보정하고 난 후, Alzheimer 질환을 치료하면 가정 간병인을 배치하는 것을 감소시킬 수 있다는 것을 증명하였다(JAMA 1996; 276 : 1725-1731).

비록 다변수분석으로 Mittelman의 연구결과를 해석하기 좋게 되었어도, 어떤 연구자들은 randomized clinical trial(RCT)에서의 결과를 통계적으로 보정하는 것에 반대하기도 한다. RCT의 장점은 무작위 할당을 함으로써 알려진 요인과 알려지지 않은 요인들이 모두 양쪽 집단에 동등하게 배분된다는 것이다. 우리가 모르거나, 측정할 수 없는 것에 대해서는 보정을 할 수 없기 때문에 이러한 사실은 매우 큰 장점이다. RCT는 통계적으로 보정을 할 때, 알고 있는 사항에 대해서만 보정을 할 수 있고, 모르는 요인에 대해서는 보정할 수 없다. The advantage of randomization is that you can never adjust for what you do not know or can't measure. 부분적인 보정은 집단을 비교하기는 좋을 수도 있고 논쟁의 문제를 안 만들 수도 있다. 그러나 확실한 것은 통계적인 보정으로 모형의 오차(model error)가 생길 수 있다는 것이다. 그러므로 RCT에서 만약 다변수분석에서는 의미 있게 영향이 있다고 나왔는데 이변량분석으로 영향이 거의 없거나 borderline으로 영향이 있다고 나오면, 어떤 독자는 이런 사실에 대해 model error 때문이라고 의심할 수 있다는 것이다. 달리 말하면, 다변량분석과 이변량분석의 결과가 일치한다면 이것은 이변량분석 혹은 다변량분석 하나로 보여주는 것보다는 서로의 관계에 대한 증거가 확실하다는 의미이다.

3.2.3 Determine diagnosis (diagnostic models)

다변수 모형은 특정한 질환이 있는 사람에서 진단적인 정보의 가장 좋은 조합을 결정하는 데도 사용된다. Use multivariable models to determine the best combination of diagnostic information.

진단적 알고리즘이 가장 광범위하게 연구된 것은 가슴통증으로 응급실로 내원한 환자에서 심근경색의 가능성을 결정하는 모형이다. 이 모형에 관심을 많이 가지게 된 것은 심근경색이 위험성이 높은 질환이기 때문이다. 매일 응급실에서는 임상의사들이 가슴통증으로 내원한 환자를 집으로 돌려보낼지, 외래로 다시 추적조사해야 할지, 아니면 관상동맥 집중치료실에 입원을 해서 주의 깊게 치료를 해야 할지에 대해 결정을 해야 한다. 가슴통증으로 응급실로 내원하는 환자 중에 문제가 심각하지 않아 귀가시킬 사람과 입원을 시켜야 하는 환자들을 구별할 수 있는 결정적인 한 가지의 검사방법은 없다. 이것은 임상의사가 자기의 학문적인 기술과 환자를 본 경험으로 주로 결정을 한다.

Pozen은 응급실에서 가슴통증으로 내원한 환자가 급성 허혈이 있을 수 있는 가능성을 결정할 수 있는 진단적 모형을 개발하였다(N. Engl. J. Med.1984; 310 : 273-1278). 임상적으로 측정할 수 있는 59개의 특징적인 독립변수를 이용하여 다중로지스틱 회귀분석을 하여 0에서 1.0까지의 허혈을 예측하는 예측치를 산출했고, 59개의 임상적인 특징을 나타내는 변수 중에 허혈을 예측할 수 있는 7개의 변수를 확인하였다. 이 모형의 유효성을 알아보기 위해서 연구자들은 모형을 실험하는 기간(case period) 사이에 치료를 담당하고 있는 의사들에게 가슴통증으로 내원한 환자를 입원시킬 것인지, 귀가시킬 것인지 임상의사가 결정하기 전에, 미리 이 모형으로 결정된 결과를 임상의사들에게 알려 주었다. 반면 control period 동안에는 미리 알려 주지 않았다. 연구자들은 임상의사들에게 미리 결과를 주었을 때 그들의 의사결정 능력이 향상하는 것을 발견하였다.

그러면 응급실에 가슴통증이 있는 환자들이 왔을 때 응급실 의사들은 그들이 가지고 있는 휴대용 계산기를 꺼내서 사용하였고, 관상동맥집중치료실에 입원할 것인지 귀가시킬 것인지를 결정하기 위해 허혈의 가능성을 계산하였을까? 결과는 유감스럽게도 "아니다"이다. Corey와 Merenstein은 편리한 자동판매기와 같은 계산법에 의한 worksheet version을 응급실에서 의사들에게 제공해서 이 모형의 유용성을 조사하였다(J. Fam.Pract.1987; 25 : 127-133). 그러나 의사들에게 이 모형을 사용하는 것을 강요하지는 않은 상태로 이 모형의 유용성을 조사하였다. 그 결과 의사들은 단지 2.8%에서만 이 진단적 도구를 이용했다. 임상적으로 얻어진 숙련(practice)으로 의사들은 주로 급성 허혈을 진단하였다.

이런 진단적 도구를 사용하지 않는 이유는 복잡하다. 임상의사들은 특히 응급실에서 시간이 모자라서 쫓기는 경우가 많다. Pozen's 알고리즘은 20초 안에 확률을 계산하여 진단을 내릴 수 있다. 그러나 그것은 사전에 프로그래밍된 손에 가지고 다닐 수 있는 전자계산기를 요구하고 대부분의 의사들이 그것들을 휴대하지 않았다. Worksheet version을 사용하여 허혈의 확률을 계산하는 데는 30－60초밖에 걸리지 않는다. 비록 이 30－60초가 긴 시간이 아닐 것 같아 보일지라도 응급실에서는 많은 환자들이 대기하고 있고, 여러 가지 응급한 상황이 또 발생할 수 있기 때문에 이 30－60초라는 시간은 긴 시간일 수도 있는 것이다.

심리학적 요인들은 또한 의사들이 진단모형을 사용하는 것을 방해하거나 지연시킬 수 있다. 의학적인 훈련은 전통적으로 도제살이(apprenticeship)와 비슷하다. 혼자서 일을 할 수 있는 충분한 경험이 생길 때까지는, 풍부한 경험을 가지고 있는 의사와 같이 일을 해야 한다는 것이다. 어떤 면에서 보면, 의사들은 같은 조건에서 실험적인 연구에서 진단 모형이 의사들보다 의사결정을 하는 데 더 정확한 결정을 해줄 수 있다고 하더라도, 그들 자신의 판단이 더 정확하다고 느낀다는 것이다. 의사들은, Corey와 Merenstein study에서 매우 다른 임상적 특성을 가진 두 환자에 대해서, 허혈의 예측 확률값이 같게 계산되었다는 사실을 발견했을 때, 이 모형에 대해서 의사들의 신임을 잃었다고 불만을 하였다. 중요한 것은 의사들이 아직까지 그들의 투철한 직업의식 때문에 컴퓨터에 의해 만들어진 모형의 사용을 탐탁하지 않게 생각한다는 것이다. 그러나 좋은 진단적 모형은 응급실의 전공과정에 있는 의사에게 곧바로 진료과의 과장과 같은 좋은 진단을 내릴 수 있도록 만들 수도 있다.

진단적 모형이 임상에서 실제적으로 사용되기 전에 진단모형은 결과를 예측하는 데 아주 정확하다는 것을 보여 주어야 한다. 이런 이유로 진단적 모형을 개발하는 것은 도전적인 과정이라고 할 수 있다. 그러나 어떤 면에서는 설명모형보다 진단모형이 구축하기가 쉬울 수도 있다. 진단적인 면으로 인과관계(causality)는 중요하지 않다.

3.2.4 Determine prognosis(Prognostic models)

의사 선생님, 암은 얼마나 나쁜 것입니까? 제가 암에서 회복될 수 있나요? 제가 유방암에 걸렸는데 앞으로 얼마나 오랫동안 살 수 있습니까? 이것들은 환자들이 임상의사들에게 하는 가장 어려운 질문들이다. 대부분의 윤리학자들과 임상의사들은 환자들이 그러한 질문들에 대해 정직한 대답을 의사들에게 들을 권리가 있다고 생각하고 있다. 다변수분석으로 환자들 집단의 예후 인자들에 대한 정보를 알기 전에는, 이미 알려진 예후 인자만으로는 환자의 미래에 대한 결과를 예측할 수는 없다.

예를 들어 Schuchter는 로지스틱 회귀분석을 이용하여 10년간 488명의 primary melanoma(흑색종) 환자들을 추적하여 예후 모형을 개발하였다(Ann. Intern. Med. 1996; 125; 369-375). 전체적으로 10년 생존율은 78%이었고, 다중 로지스틱 회귀분석으로 나이, 성별, 흑색종이 발생한 위치, 그리고 흑색종의 두께운 정도 이렇게 4가지 요인들이 10년 생존율과 관련이 있는 것을 확인했다.

이 예후모형은 같은 질병에서 환자의 특성이 다른 경우 얼마나 생존율이 다른가를 설명하고 있다. Schuchter의 모형으로 정확하게 대상자의 74%에서 결과를 예측할 수 있었다. 즉, 나이, 성별, 부위, lesion의 두께를 알면 표본의 74%에서 흑색종 발생 후 10년이 되는 시점에서 생존율과 사망률을 예측할 수 있다.

예측모형은 연구대상 모집단에서 비슷한 특징이 있는 환자들한테만 위험도를 타당하게 평가한다. 예를 들어 예측모형이 50대 이상 남자의 표본을 근거로 구축된 경우에, 이 모형으로는 45세 이상의 여자들의 생존율은 예측할 수 없다.

예측모형은 단지 알고 있는 위험요인들이 있을 때 그리고 임상의사들이 쉽게 이용할 수 있는 변수들을 포함하고 있을 때만 대부분 유용하게 쓰인다. 만약 이 예후모형을 이용하기 위해 암의 유전자 markers를 알아야 한다면, 이 모형은 일반적으로 더 이상 이용될 수 없고 임상의사에게 많은 도움도 주지 못할 것이다. 누가 비싸고, 시간도 오래 걸리며, 검사하기도 어려운 유전자 markers 검사를 암에 걸린 환자 모두에게 실시하겠는가?

Melanoma 연구에서와 같이 비록 모든 조건들이 충족되었다고 해도, 모형은 일반적으로 결과변수를 전향적으로 예측할 수도 없고(즉, 새로 발생할 흑색종을 예측할 수는 없고) 후향적으로만 적용할 수 있다. 왜냐하면 그 모형은 그 data set에서 독립변수와 종속변수를 기초로 한 result로 결과변수를 정확하게 예측하여 최적화하기 때문이다. Data set은 모집단 자체보다는 모집단에서 표본을 추출하기 때문에 나중에 새로 표본을 추출할 때는 약간 다른 표본이 생길 수 있다. 만약 많이 다른 표본이 추출되었다면 연구자의 표본에 심한 bias가 있다는 것을 암시한다. 표본을 다시 추출하는 것은 예후모형을 validation하기 위한 매우 중요한 방법이다. 이것은 15.1에서 논의될 것이다.

3.3 어떤 종류의 다변수분석을 사용할지 어떻게 선택할 것인가?

다변수분석에는 많은 종류와 많은 방법이 있지만 임상연구자들은 일반적으로 다중 선형회귀분석(multiple linear regression), 다중로지스틱 회귀분석(multiple logistic regression) 그리고 비례위험분석(proportional hazards analysis)의 세 가지 방법을 가장 많이 임상적 연구에 사용한다.

어떤 종류의 다변수분석을 사용할 것이냐는 결과변수와 독립변수의 특징 그리고 독립변수와 결과변수 사이의 관계에 의해 결정된다. 앞으로 다루어질 내용은 3가지 다변수분석에 대해 차이점 및 유용성 그리고 실제로 자신의 자료로 다변수분석을 할 때 발생하는 여러 문제들에 대해 실제적인 해결책이 될 수 있는 방법에 대해 다룰 것이다.

Chapter 4 다변수분석에서 결과변수의 특성

4.1 자료의 특성에 따른 다변수분석의 선택

연구자의 자료를 어떤 다변수분석을 이용하여 분석할지는 결과변수의 특성에 따라 결정된다(표 4.1).

표 4.1 다변수분석 선택을 결정하는 결과변수의 형태

결과변수의 형태	결과변수의 예	다변수분석 방법
Interval	Blood pressure, weight, temperature	Multiple linear regression ANOVA and related procedures
Dichotomous	Death, cancer, intensive care admission	Multiple logistic regression
Time to occurrence of dichotomous event	Time to death, time to cancer	Proportional hazards analysis
Rate of outcome and counts	Time to leukemia, number of infection	Poisson regression

4.2 결과변수가 등간으로 측정된(interval outcome variable) 자료일 경우 사용할 수 있는 다변수분석 방법은 무엇인가?

Interval variable은 측정의 어떤 점에서도 한 단위의 unit이 변하면 같은 양의 수치가 변하는 변수이다. Interval variable인 체중의 경우 50에서 55kg으로 변했으면 같은 unit의 체중이 변하므로 60에서 65kg으로 변하는 것과 같다.

등간으로 측정된 결과변수는 다중 선형회귀분석이나 analysis of variance (ANOVA)를 이용하여 분석한다. 일반적으로 임상자료 같은 관찰자료의 분석에는 선형회귀분석이 이용되고, 실험적인 자료의 분석은 ANOVA가 이용된다.

다중 선형회귀분석은 ANOVA보다 설명하기도 쉽고, 정확하게 모형을 설정하기도 쉽고 또한 해석하기도 쉬워서 이 책은 ANOVA보다 선형회귀분석에 초점을 맞추고 있다. 그러나 ANOVA도 실험계획 연구에서는 많이 사용되므로 다음 항목에서 간단히 다룰 예정이다.

4.3 ANOVA의 종류와 이용

표 4.2에 ANOVA의 여러 형태에 대해 설명하고 있다. 보통 ANOVA는 2개 이상의 집단을 비교하는 데 이용된다. ANOVA에서 결과변수는 등간자료여야 하고, 정규분포를 하여야 하고, 또 분산이 같아야 한다는 가정이 있다.

만약 ANOVA를 할 때 연속형 자료인 covariate가 있다면 ANOVA를 확장한 ANCOVA(Analysis of Covariance)를 이용한다. ANCOVA를 이용하면 interval independent variable과 categorical independent variable 모두를 분석에 변수로 포함할 수 있다. 즉, ANCOVA는 ANOVA와 회귀분석이 결합된 분석방법이다. ANCOVA는 자료분석에 있어 baseline의 차이를 통제할 수 있다. ANCOVA에서는 독립변수의 수준에 따라 평균값이 변하는 변수를 covariate로 사용해야 한다. 만약 covariate의 평균이 독립변수의 수준에서 동일하다면 ANCOVA는 의미가 없다. ANCOVA의 원리는 within subject에서 사전검사와 사후검사의 회귀선이 동일한 기울기를 가지는 경우, ANCOVA는 그 집단 내 회귀방정식들의 절편계수들 사이의 차이에 대한 검증이다. ANCOVA에서는 covariate와 종속변수의 회귀선이 모든 집단 내에서 동일한 기울기를 가진다고 가정한다. 이를 "회귀선 기울기의 동일성(homogeneity of regression slope)"이라 한다.

MANOVA(Multivariate Analysis of Variance)와 MANCOVA(Multivariate Analysis of Covariate)는 ANOVA와 ANCOVA의 확장된 개념이고 종속변수가 두 개 이상일 때 사용하는 방법이다. 종속변수, 즉 결과변수는 서로 연관이 되어 있는 경

표 4.2 Analysis of variance technique

Types	Indication
Analysis of variance (ANOVA)	Compare two or more groups on an interval outcome. Can in corporate categorical independent variable and interaction of categorical variables with the main effect.
Analysis of covariance (ANCOVA)	Similar to ANOVA but can incorporate continuous as well as categorical independent variables in the model.
Multivariate analysis of variance (MANOAV)	Similar to ANOVA but used when there is more than one dependent variable. Use of MANOVA decreases the chance of making type 1 error.
Multivariate analysis of covariance (MANCOVA)	Similar to ANOVA but used when there is more than one dependent variables. Use of MANOVA decreases the chance of making type 1 error.
Repeated measures of variance / covariance	Similar to analysis of variance/covariance but can incorporate repeated observations of the same subjects.
Repeated measures multivariate analysis of variance / covariates	Similar to multivariate analysis of variance/covariate but can incorporate repeated observations of the same subjects.

우가 많기 때문에 MANOVA나 MANCOVA는 주로 type 1 error를 줄이려고 사용된다.

MANOVA를 수행하면 multivariate F(Wilk's lambda)가 계산된다. 만약 multivariate F 검정이 의미가 있다면, 그 다음 bivariate F 검정값을 살펴본다. 역으로 말하면, multivariate F 검정에서 의미가 없다고 나왔으면, bivariate F 검정값은 무시할 수 있다. 분산이 같고, 정규성을 가져야 된다는 가정 외에도 MANOVA에서는 design된 cell의 전체에 걸쳐 결과변수의 inter-correlation이 같아야 된다는 가정을 요구한다.

ANOVA, ANCOVA, MANOVA 그리고 MANCOVA를 응용하여 확장하면 같은 대상자에서 반복적으로 관찰된 값을 분석할 수 있는 repeated measure of observation에도 적용할 수 있다.

4.4 결과변수가 순위 혹은 명목변수인 경우에는 어떤 다변수분석 방법을 이용하나?

명목척도와 순위척도로 측정된 결과변수는 일반적으로 다변수분석에 이용할 수 없다. 그러나 조금 조건을 달리하면 결과변수로 사용될 수 있다. 예를 들면 뉴욕심장학회의 기능적인 분류를 I과 II를 합해서 'shortness of breath' 하나로 해서 1로 coding하고, III과 IV를 합해 'severe short breath'로 해서 2로 coding을 하여 이분형변수를 만드는 것이다. 그러나 분명히 이렇게 하는 방법은 자료에 대한 정보의 손실을 가져온다.

다른 방법으로 로지스틱 회귀분석을 확장한 방법으로 자료를 분석할 수 있다. 즉, proportional odds logistic regression으로 ordinal outcome을, polytomous logistic regression으로 nominal outcome을 분석할 수 있으나 이 방법은 의학연구에서는 잘 사용되지 않는다. 또 nominal outcome을 사용할 수 있는 통계방법으로 판별 분석(discriminant analysis)이 있다.

가끔 등간변수와 순위변수를 구분하기 어려운 중간영역이 있는데 임상연구자들 특히 행동과학자들은 등간변수의 정의에 정확히 맞지 않은 결과변수를 분석하기 위해 흔히 다중 선형회귀분석을 이용한다. 예를 들어 환자의 만족도, 환자 자신의 건강에 대한 자각 정도, 통증이나 스트레스의 정도와 같은 것이다. 이러한 변수들은 전형적으로 1에서 4 혹은 1에서 5 혹은 1에서 100과 같이 정한, 임의의 numeric scale로 만족도, 자각 정도 그리고 통증이나 스트레스 같은 것을 응답하도록 만든 것이다. 이러한 척도는 1 = excellent, 2 = very good, 3 = fair, 4 = poor 또는 1 = strong agree, 2 = agree, 3 = no opinion, 4 = disagree, 5 = strongly disagree와 같은 것을 포함한다. 이러한 척도는 실제로는 등간변수가 아니다. 즉, very good과 good의 차이는 fair와 poor의 차이와 똑같은 등간(interval)의 차이는 아니다. 그럼에도 불구하고 이러한 변수들을 다중 선형회귀분석의 종속변수로 사용하고자 한다면 독립변수의 관계가 다중 선형회귀분석의 가정을 만족하면 사용할 수 있다.

4.5 결과변수가 이분형 형태인 경우 사용할 수 있는 다변수분석 방법은?

범주형 변수의 가장 간단한 형태인 이분형변수는 보통 로지스틱 회귀분석으로 분석을 한다. 의학자료에서 흔히 관찰되는 사망 / 생존, 재발 / 비-재발 등의 의학자료는 여기에 속하는 경우가 많기 때문에 로지스틱 회귀분석은 의학자료의 분석에 광범위하게 사용되고 있다. 또한 의학연구에서 많이 이용되는 두 변수와의 agreement를 측정하는 odds ratio는 로지스틱 회귀분석의 회귀계수로 구할 수 있기 때문에 더욱 이용빈도가 늘고 있다.

4.6 Time to outcome variable, 즉 결과변수가 발생할 때까지 걸리는 시간을 측정한 변수가 있을 때 사용할 수 있는 다변수분석 방법은?

이분형으로 측정된 결과변수의 'time to occurrence'를 사건(event)이라고 한다. 즉, 사망 / 생존 혹은 암의 발생 / 비-발생 같은 사건은 시간간격에 걸쳐서 발생한다고 할 수 있다. 이렇게 결과변수가 'time to event'인 경우 사용되는 분석방법은 Cox proportional hazards 모형이다.

어떤 경우에는 이렇게 이분형의 결과로 나타나는 결과변수에 대한 결과를 특정 시간의 한 시점에서 누적된 결과로 단순화하여 나타내기도 한다. 즉, "5년 기간에 걸쳐 심근경색이 발생할 때까지 걸리는 시간"이라고 사용하는 대신에 "5년 안에 심근경색이 발생했는지 발생하지 않았는지(예 / 아니오)" 같은 방법으로 이용할 수 있다.

Cross sectional study에서 결과변수가 이분형의 형태인 경우에 분석하는 통계방법은 보통 multiple logistic regression을 이용한다. 여기서 time to dichotomous outcome을 평가하기 위해 비례위험분석을 사용할 가능성은 없다. 왜냐하면 cross sectional study에서는 연구자가 임의로 정한 특정 시점에서 독립변수와 결과변수를 동시에 측정되기 때문에 중도절단(censoring)과 같은 관찰이 없는 경우가 대부분이기 때문이다. 그러나 longitudinal study에서는 결과의 발생은 독립변수를 측정한 이후에 발생하기 때문에 중도절단된 관찰이 흔히 발생하게 된다.

이분형으로 발생한 결과변수를 분석할 때 다음 두 가지 방법을 이용한다. 첫째는 특정 시점에서 단순히 누적결과(simple cumulative outcome)를 계산하여 이용하는 것이다. 예를 들면 "대상자들 중 3년 이내에 심장발작 사건을 경험한 사람의 비율"을 측정하는 것이 여기에 해당된다. 두 번째 방법은 단순 축적결과 대신 심장발작 같은 사건이 발생할 때까지의 걸리는 시간(time to heart attack)을 측정해서 분석하는 것이다.

그러면 특정 시점에서의 cumulative outcome을 제시하는 것이 더 간단한 방법임에도 불구하고 굳이 왜 많은 임상연구들은 시간도 오래 걸리고 더 복잡한 결과가 발생할 때까지 걸리는 시간(time to outcome)을 제시하는 것일까?

첫 번째 중요한 이유는 임상의학은 완치(cure)의 개념보다는 치료(treat)의 개념이 더 많기 때문이다. 결과가 발생할 때까지 걸리는 시간을 제시하면 "질병이 얼마나 일찍 발생했느냐"와 "생존율이 얼마나 증가했느냐"가 문제가 되기 때문이다.

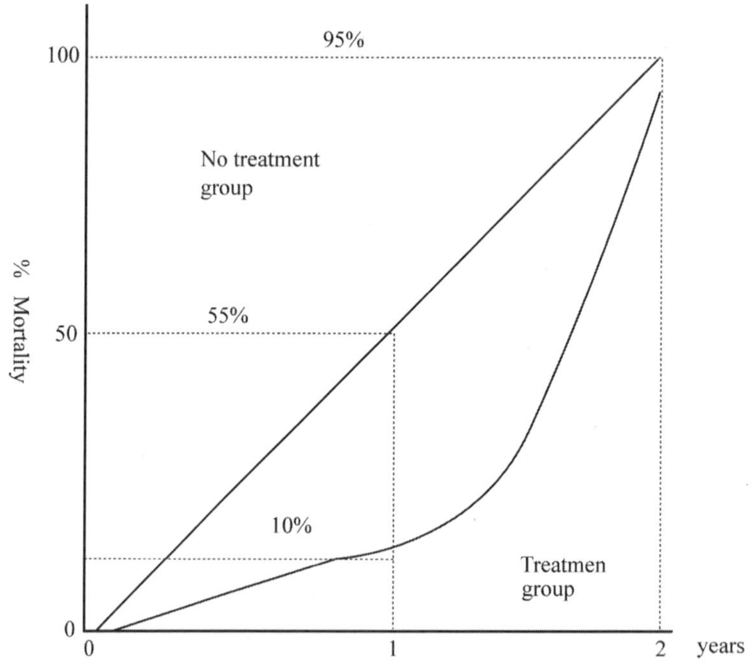

그림 4.1 Graph of % mortality versus time

그림 4.1은 이런 원리에 대해 설명하고 있다. 치료를 받은 집단과 받지 않은 집단 사이의 두 개의 생존곡선을 보여주고 있다. 두 집단 모두에서 관찰 2년 동안에 95%의 환자가 사망하였다. 그러나 사망할 때까지 걸린 시간은 두 집단에서 현저히 다르다. 치료를 받은 집단에서 사망률은 서서히 증가한다. 관찰 1년째에 치료를 받지 않은 집단의 사망률은 55%인 반면, 치료를 한 집단에서는 10%밖에 사망하지 않았다. 이 자료를 관찰 2년째 단순히 누적된 결과로 분석을 해서 두 집단의 2년 사망률이 모두 사망률이 100%라고 제시한다면, 치료를 받고 1년 안에 사망하지 않고 생존한 대상자의 자료는 우리가 고려하지 않은 것이 된다. 또한 2년 생존율은 같기 때문에 비교할 필요도 없다. 그러나 사건이 발생할 때까지 걸리는 시간인 time to event를 이용해서 분석하면 치료를 받은 집단에서는 1년이 지나도 치료를 받지 않은 집단보다 생존의 가능성이 높기 때문에 환자에게 치료를 하라고 말할 수 있는 것이다.

두 번째 이유는 time to event occurrence 모형은 분석대상의 추적기간이 서로 다를 때, 유효하게 time to event 모형에 추적조사 기간이 다른 대상자를 포함시킬 수 있기 때문이다. 장기적인 연구에서 추적관찰 기간의 차이가 발생하는 이유는 여러 가지가 있는데, 연구 중 탈락되거나, 연구가 중단되거나, 연구대상자가 증가하기 때문이다. 만약 3년간의 심장발작 환자들의 단순 축적결과를 사용한다면, 2년 반 동안에 탈락된 대상자까지 포함하게 되고, 이 대상은 분석에서 제외해야 할 것이다. 그러나 time to event 모형을 사용할 경우 이 대상자들은 사건이 없는 2년 반 동안에도 기여를 할 수 있다. 장기적인 임상연구에서 대상자가 연구에 끝까지 참여하지 못하는 경우는 흔하게 발생하는 일이다. 연구대상자가 더 이상 연구에 참여할 뜻이 없는 경우, 이사를 가버린 경우, 부작용이 생겨서 연구를 중단하는 경우 그리고 연구자가 전혀 알 수 없는 이유로 추적 관찰하는 숫자가 줄어든 경우 등이 그 예(표 4.3)가 될 수 있다.

연구에 끝까지 참여하지 못하는 대상자에 대한 해결방법은 임상적 연구가 다른 종류의 연구와 다르다는 것을 인식시켜 주는 중요한 방법이기도 하다. 실험실에서 실험동물이나 세포배양과 같은 연구에서는 어느 정도 조절이 가능하기 때문에 대상자를 잃지 않는 경우가 많다. 그러나 대부분의 사회과학 연구나 어떤 임상연구들은 cross sectional design으로 연구를 진행하기도 한다. 그러므로 항상 연구에 끝까지 참여하지 않은 대상자가 있기 때문에 항상 연구기간 중 대상자를 잃어버려 대상자의 숫자는 줄어들게 되어 있다.

임상연구는 다른 연구와는 다르게 연구 중단에 탈락한 대상자를 처리할 일이 자주 생긴다. 탈락한 대상자를 처리하는 방법 중 하나는 그들을 연구대상에서 제외하는 것이다. 그러나 이 경우에 처음 표본의 상당한 부분이 손실될 수 있다. 만약 연구기간이 5년인 연구가 3−4년 진행되었다면, 탈락시킨 대상자가 지금까지 연구에 기여한 중요한 정보가 소실되므로 이들을 탈락시킬 경우 이는 연구의 bias로 작용할 수 있다.

표 4.3 Reasons for censoring observations

Reasons for censoring	Examples
1. Lost to follow up	Subject move, does not wish to participates, stops attending a particular clinics
2. Subjects has an outcome that precludes the outcome you are studying : (also known as alternative outcomes or competing risk	Death from coronary artery disease in a study of cancer occurrence
3. Subject is withdrawn from study	Development of side effects, not ethical to continue treatment or placebo
4. Varying dates of enrollment	Study enrolls subjects with different starting dates over a 2-year period
5. End of study	All subjects who have not experienced outcome are considered censored at the end of study

이런 문제점을 만들지 않기 위해서는 연구가 종료될 때까지 연구대상자를 추적할 수 있어야 하는데 이런 추적기술을 일명 중도절단(censoring)이라고 한다. 즉, 대상자들의 추적관찰 기간이 다양할 때 '중도절단'이란 방법으로 대상자를 분석에 포함시킬 수 있다. 중도절단을 이용하면 연구에 완전히 참여하지 못한 대상을 제외하는 것보다 통계적으로 더 큰 설득력을 제공해 준다. 중도절단의 기술로 연구대상자가 연구에서 떠날 때까지 기여한 정보에 대해 분석에 포함시킬 수 있는 것이다. 중도절단은 특히 생존분석에서 중요한 개념이다. 중도절단

의 방법으로 탈락한 대상자를 다시 추적 관찰하기도 하고, 대상자마다 추적기간을 달리하여 분석을 하기도 한다. 실제로 비례위험분석에서 연구목적에 맞지 않는 결과를 보이는 관찰 대상자에 대해서도 연구종료 시점에서 중도절단을 실시한다. 생존분석에서는 일정시간에서 생존의 여부에만 관심이 있다. 또한 연구관찰의 시작시점 및 종료시점은 다분히 인위적이기 때문에 생존여부의 확인이 불가능한 예가 반드시 발생한다. 중도절단 되지 않은 대상자(uncensored case)는 사망이나 재발을 확인함으로써(즉, 연구자가 보고자 한 사건이 발생한 것) 추적관찰의 목적을 이룬 완전한 관찰(complete observation)을 말하며 중도절단된 대상자(censored case)는 최종적인 결과를 얻지 못하게 되는 불완전한 관찰(incomplete observation)을 뜻한다.

요약하면 'time to outcome'을 이용하는 방법은 특정시점에서의 축적된 결과를 이용하는 방법보다 더 민감한 방법이며, 대상자들의 서로 다른 추적관찰 기간을 가지고 있을 때도 사용할 수 있다. 만약 상대적으로 결과가 발생한 대상자가 적었다면, 추적관찰 기간도 상대적으로 짧고, 추적조사에서 탈락된 대상자도 적을 것이다. 이런 경우 cumulative outcome이나 로지스틱 회귀분석을 이용하면 time to occurrence나 비례위험분석과 비슷한 결과를 나타낸다.

4.7 결과의 발생이 드물거나 결과의 발생이 횟수나 비율로 주어졌을 때 사용할 수 있는 다변수분석 방법은?

결과발생이 적은 경우에는(즉, 전체 대상자의 5% 미만에서 결과가 발생) 비례위험모형으로 분석하는 것은 타당하지 않다. 이럴 경우에는 Poisson regression으로 분석을 한다. Poisson regression은 한 번 이상 발생하는 사건의 횟수(counts)를 분석하는 통계기술이다. 비율(rates)과 횟수가 본질적으로 다른 개념이지만 비율은 단순히 횟수를 시간의 간격으로 나누어 준 것이다.

이름에서 알 수 있듯이 Poisson regression의 가정은 "outcome은 Poisson 분포를 한다"는 것이다. Poisson 분포의 특징은 다음과 같다.

1. 결과변수는 음수를 가질 수는 없다.

2. 분포가 오른쪽으로 치우쳐 있다(right skewed).
3. 결과변수의 분산은 평균과 같다(equidispersion).
4. 극히 작은 단위시간에서 둘 또는 그 이상의 사건이 발생할 확률은 0으로 간주한다. 전화교환대에 10분 동안 평균 열 통의 전화가 온다고 할 때 1초 동안 걸려오는 전화 통화수는 0으로 본다.
5. 관심의 대상이 되는 단위시간은 더 작은 단위시간으로 나눌 수 있으며 작은 단위시간에서 사건이 발생할 확률은 작다. 즉, 확률은 구간의 길이에 비례한다.

입원의 횟수, 감염의 횟수 같은 많은 임상적인 사건이 Poisson분포를 따르며, 이런 경우 다른 다변수분석보다 Poisson regression으로 분석을 하는 경우가 더 적절한 방법이다. Poisson regression에서 outcome은 0보다는 크다. 반면 다중회귀에서는 어떤 대상자의 하위집단에 대해서는 음수(−)를 가질 수가 있다. 확실히 임상적인 사건은 음수를 가질 수 없다. 사건 발생의 횟수는 음수를 가질 수 없으므로 사건 발생횟수에 대한 분포는 오른쪽으로 치우치지만 다중 선형회귀분석에서는 결과변수의 분포는 정규분포를 하기 때문에 양수와 음수를 모두 가져야 한다. 또한 Poisson 분포에서 사건 발생횟수는 음수가 될 수 없으므로 매우 작은 평균을 갖는 하위집단이 있다면 거의 모든 값들은 0이 될 것으로 추측할 수 있다. 그 결과 분산도 매우 작아지게 된다.

Poisson regression은 사건 발생횟수에 자연로그를 취한 값을 종속변수로 하여 범주형 변수인 독립변수와 선형의 함수로 모형을 세운다. 그래서 Poisson regression은 log-linear model이라고도 한다. Poisson regression을 하면 회귀계수, rate ratios 그리고 95% 신뢰구간을 계산해 준다.

Poisson regression의 다른 가정은 "한 단위 시간 내에서의 사건의 발생횟수는 다른 단위시간에서의 사건의 발생횟수와 서로 독립적이다"라는 것이다. 달리 말하면, 질병의 발생이 연구기간이 지남에 따라 증가하면 안 된다는 것이다. 그러므로 chicken pox같이 전염성이 매우 강한 질병의 발생에 관한 연구에서는 사용할 수 없다. 또한 결과의 발생은 다른 결과의 발생과는 독립적이어야 한다. 불행하게도 대부분의 임상적인 상황에서 이 가정은 맞지 않는다. 한번 사건을 경험한 환자는 보통 경험하지 않은 사람에 비해서, 또 사건(예를 들면 감염, 병원 입원)을 경험할 가능성이 높기 때문이다. 이런 이유로 보통 대부분의 임상적 사건의 분석에는 관찰값 사이의 correlation을 보전하기 위하여 generalized estimating equation이나 mixed effect models을 이용한다.

항우울제의 사용이 사립요양원에 거주하는 사람들 사이의 낙상위험에 관한 연구에서 Poisson regression의 강점과 약점을 같이 보여주고 있다(N. Engl. J. Med. 339 : 875-852, 1998). 사립요양원 거주자의 낙상의 횟수는 음수로 측정될 수 없다. 그러므로 이런 경우 선형회귀분석을 사용하여 분석하는 것은 적절하지 않다. 어떤 거주자는 한번 낙상하면 또 낙상을 할 위험이 크므로 다중 로지스틱 회귀분석도 적당하지 않다. 비례위험모형에서도 사건의 발생은 시간 경과에 따라 한 번만 발생해야 하므로 비례위험모형도 적당하지 않다.

Poisson regression으로 연구자들은 항우울제를 사용하지 않은 집단에 비해 최근에 항우울제 사용을 시작한 집단에서 낙상의 위험이 높은 것을 증명하였다. 그러나 결과의 발생이 서로 독립이어야 한다는 Poisson 회귀분석의 가정에 자료가 맞지 않았다. 한번 낙상한 노인들은 또 낙상할 가능성이 높기 때문(clustering by subjects)이고, 사립요양원에 따라서도 낙상이 자주 발생하는 사립요양원이 있기 때문이다(clustering by facility). 그래서 저자들은 Poisson mixed effect model을 이용하여 cluster인 subject와 facility를 보정하고도 항우울제의 사용은 낙상의 위험성을 증가시킨다는 사실을 증명하였다.

아주 드물게 발생하는 사건을 연구할 때 사건의 반복적인 관찰은 큰 문제가 되지 않는다. 예를 들면 Kittner 등은 임신으로 인한 중풍의 위험성을 조사하는 연구에 Poisson 회귀분석을 이용하였다(N. Engl. J. Med 1996; 335 : 764-768). 이 연구의 관할구역에는 임신가능 연령의 여성이 1,051,113명 있었는데 8,011,852 weeks of exposure time(노출시간은 분만시와 분만후 6주를 말한다) 동안 31회의 중풍의 발생이 있었고, 임신이 아닌 101,303,016 weeks의 non-exposure time에는 223회의 중풍이 발생하였다. 그래서 전체 109,314,868 weeks에서 254회의 중풍이 있었고, 중풍의 발생률은 0.01 stroke / hundred woman per year이었다. 이렇게 중풍의 발생이 드물게 발생했지만 Poisson regression을 이용하여 연구자들은 임신과 관련된 중풍의 위험도는 나이와 종족에 관한 변수를 보정하고도 의미 있게 높다는 것을 증명하였다(임신에 대한 relative risk는 1.4%였고 CI = 1.6-3.6).

가끔 Poisson regression을 할 때 사건의 발생횟수의(종속변수로 count를 말함) 분산이 발생횟수의 평균보다 상당히 큰 경우를 발견할 수 있다. 이런 것을 overdispersion이라고 한다. Overdispersion이 발생하면 Poisson regression은 회귀계수에 대한 표준오차를 과소평가하게 된다. 이런 것을 극복하기 위해 평균보다 분산이 어느 정도 큰지 평가하는 추정치에 대한 모수를 포함하여 over-dispersed Poisson model을 이용할 수 있다. 이 모수는 표준오차를 교정하는데 사용된다. 다른 방법으로 negative binomial regression을 사용할 수도 있다. 이것은 Poisson regression의 한 형태이다.

4.8 SPSS에서 Poisson regression 방법

Poisson regression은 log-linear 모형이다. Log-linear 모형은 범주형 변수의 값을 기초로 cell frequency를 예측하는 모형이다. 가장 간단한 cell frequency의 예는 다음과 같은 2 by 2 표의 형태이다(교차표에서 한 칸 한 칸을 cell이라고 한다). 두 변수 모두 서열의 개념이 전혀 없는 단지 binary dichotomous의 두 개의 범주인 nominal 변수이다.

표 4.4 Smoking and lung cancer

	Smoking (+)	Smoking (−)
Lung Ca (+)	90	15
Lung Ca (−)	9	100

이렇게 두 변수가 모두 categorical data이면서 범주가 두 개인 경우에는 cross tabulation으로 Chi-square test로 두 변수의 관련성을 검정하고(Chi-square test는 categories의 order에는 영향을 받지 않는다) odds ratio나 relative risk로 두 변수 사이의 strength association을 알 수 있다(1.7 참조). 그럼 다음과 같은 2 by 3표에서 혈당조절과 인종 사이에는 어떤 관계가 있는지 어떻게 알 수 있을까?

표 4.5 Association between ethnicity and glycemic control

	HbA1c > 10% (+)	HbA1c > 10% (−)
African-American	2,379 (28%)	6,111 (72%)
Asian	1,679 (22%)	5,953 (78%)
Caucasians	7,205 (18%)	32,820 (82%)

한 변수는 binary dichotomous outcome 변수이고 다른 변수는 서열의 개념이 전혀 없는 3개의 범주로 된 nominal 변수이다. HbA1c의 수치가 높으면(여기서는 > 10%) 혈당조절이 안 된 것이다. 먼저 인종과 혈당조절과는 독립적인가? Chi-square를 하면 다음과 같이 $p < 0.0001$로 인종과 혈당조절과는 독립적이라는 귀무가설을 기각할 수 있다.

Chi-square Tests

	Value	df	Asymp. Sig. (2-sided)
Pearson Chi-square	457.86[a]	2	.000
Likelihood Ratio	433.033	2	.000
Linear-by-Linear Association	454.098	1	.000
N of Valid Cases	56153		

a : 0 cells (.0%) have expected count less than 5. The minimum expected count is 1530.80.

즉, 인종 사이와 혈당조절 유무와는 독립적이 아니고 관계가 있다. 그러나 Chi-square test는 어떤 인종과 인종 사이에 혈당조절이 안 됐는지 통계학적으로 의미가 있는지 알 수 없다. 원래의 자료를 보면 African-American이 28%로 가장 혈당조절이 안 된 것을 알 수 있다. 그러나 이 표만 가지고 African-American이 Asian이나 Caucasians에 비해 의미 있게 혈당조절이 안 됐다고 말할 수는 없다. 그러나 이 2 by 3 table을 African-American과 other ethnicity로 다음과 같이 다시 2 by 2 table로 만든다.

	HbA1c > 10% (+)	HbA1c > 10% (−)
African-American	2,379 (28%)	6,111 (72%)
Other ethnicity	8,884 (19%)	38,773 (81%)

그리고 다시 Chi-square를 하면 p < 0.0001로 African-American은 other ethnicity에 비해 의미 있게 혈당조절이 되어 있지 않다고 말할 수 있다.

Chi-square Tests

	Value	df	Asymp. Sig. (2-sided)	Exact Sig. (2-sided)	Exact Sig. (1-sided)
Pearson Chi-square	10485.437 [b]	1	.000		
Continuity Correction[a]	10482.712	1	.000		
Likelihood Ratio	9262.108	1	.000		
Fisher's Exact test				.000	.000
Linear-by-Linear Association	10485.251	1	.000		
N of Valid Cases	56153				

a : Computed only for a 2×2 table.

b : 1 cells (25.0%) have expected count less than 5. The minimum expected count is 2269.66.

그럼 표 4.6에서 African-American은 Asian보다 혈당조절이 더 안 되어 있다고 할 수 있을까? 다음 표와 같이 Caucasian은 빼고 Asian과 African-American으로 Chi-square를 하면 p < 0.001로 차이가 있다고 나온다.

	HbA1c > 10% (+)	HbA1c > 10% (−)
African-American	2,379 (28%)	6,111 (72%)
Asian	1,679 (22%)	5,953 (78%)

그러나 여기서 조심할 것은 세 집단 간에 Chi-square p-value가 아주 작은 경우에는 이렇게 단순히 두 집단씩 pairwise로 Chi-square test를 할 수 있지만 세 집단 간에 Chi-square p-value 값이 p > 0.05 인 경우에는 단순히 두 집단씩 pairwise로 Chi-square를 해서 얻은 p-value는 해석에 아주 주의해야 한다.

그럼 이렇게 binary outcome과 3개 이상의 category로 된 변수 사이의 관계를 알아보는 다른 통계적 분석방법은 없을까? Binary outcome을 분석하는 multiple logistic regression을 이용해서 분석해도 같은 결과를 얻을 수 있다. 즉, 2 by 3 table에서 구하는 odds ratio와 똑같은 값을 logistic regression으로 odd ratio와 신뢰구간을 얻을 수 있다(13.2 참조).

다음의 경우는 어떻게 될까? 즉, 두 범주형 변수가 모두 ordinal 변수로 서열이 있는 경우나 한 변수는 ordinal이고 다른 변수는 binary인 변수인 경우에는 어떻게 분석할까(linear trend for proportion)? 이것은 Chi-square test for trend를 이용한다. 다음의 예는 노인환자들에서 치료집단과 비-치료집단 사이에서 전신상태의 호전 정도에 대한 자료이다.

표 4.6 치료유무에 따른 전신상태의 호전

전신상태	치료집단	비-치료집단
Much worse	26 (9%)	25 (8%)
Worse	22 (7%)	39 (13%)
Unchanged	151 (50%)	163 (54%)
Better	39 (13%)	33 (11%)
Much better	65 (21%)	40 (13%)

전신상태는 ordinal 변수로 서열의 개념이 있다. 그러므로 또한 치료와 비-치료집단은 binary이지만 비-치료집단은 0, 치료집단은 1로 coding하면 nominal 변수이다. Chi-square test를 그대로 하면 다음과 같은 결과를 얻을 수 있다.

Chi-square Tests

	Value	df	Asymp. Sig. (2-sided)
Pearson Chi-square	11.654[a]	4	.020
Likelihood Ratio	11.775	4	.019
Linear-by-Linear Association	6.747	1	.009
N of Valid Cases	603		

a : 0 cells (.0%) have expected count less than 5. The minimum expected count is 25.37.

여기서 Linear-by-Linear Association이 Chi-square for trend로(or Mantel Haenszel trend test) $p = 0.009$로 치료집단은 비-치료집단보다 전신상태가 덜 less worse하거나 더 much better하는 경향이 있다고 말할 수 있다. 만약 ordinal로 취급하지 않고 모두 nominal로 취급해서 Pearson Chi-square p-value를 얻으면 $p = 0.02$로 나오는 데 여기서는 $p < 0.05$로 같은 결과를 보였지만 다른 결과를

보일 수도 있고, 비록 $p < 0.05$로 나왔어도 정보를 잃을 수 있다는 것을 알아야 한다. 만약 ordinal 변수의 범주가 너무 많아 cell에 속하는 observed 빈도가 너무 적을 때는 Chi-square for trend보다는 Mann-Whitney U test를 이용하는 것이 좋다.

다음은 좀더 복잡한 표를 보자. 다음의 예는 항목 4.7의 임신과 중풍의 빈도와 비슷한 예로 나이와 거주지역에 따라 피부에 발생하는 흑색종(melanoma)의 발생에 대한 자료이다(표 4.7).

표 4.7 연령과 지역에 따른 흑색종의 발생자수

나이 구분	흑색종 발생자수		그 지역의 인구수	
	북쪽지방	남쪽지방	북쪽지방	남쪽지방
<35	61	64	2,880,262	1,074,246
35-44	76	75	564,535	220,407
45-54	98	68	592,983	198,119
55-64	104	63	450,740	134,084
65-74	63	45	270,908	70,708
>75	80	27	168,850	34,233

여기서의 관심사항은 "흑색종의 발생률이 지역에 따라 그리고 나이에 따라 차이가 있을까?"이다. 먼저 나이 구분은 6개의 범주인 ordinal 변수이고 지역은 남, 북을 나타내는 binary 변수이다. 먼저 발생률이 지역에 따라 차이가 있는지를 알아보기 위해서는 한 변수가 ordinal로 되어 있으므로 Chi-square for trend로 분석할 수 있을 것이다. Chi-square for trend는 경향만 알 수 있고 각 연령집단에서 흑색종의 발생의 위험도를 알 수 없고 또한 전체 인구수를 보정할 수가 없기 때문에 bias가 발생한다. 또한 전체 인구수가 없으면 binary logistic regression으로 분석을 할 수 있으나 전체 인구수의 보정이 필요하기 때문에 이 경우는 binary logistic regression도 한계가 있다. 더구나 지역의 범주가 2개가 아닌 3개 이상의 범주인 경우에는 어떻게 할까? 이런 경우 분석을 할 수 있는 방법이 log-linear model을 이용하는 것이다.

Log-linear model은 범주 수가 3개 혹은 그 이상인 categorical 변수가 multi-way contingency table의 형태로 주어졌을 때 categorical 변수 사이에 의미 있

는 관계가 있는지 그리고/혹은 contingency table의 각 cell 사이의 count에 대한 분포가 단순히 underlying structure에 의해 설명되는지(= restricted model) 모든 변수의 가능한 조합의 interaction(= saturated model)에 의하여 설명되는지를 알아보는 데 이용하는 모형이다. 주로 발생의 횟수로 된 자료나 혹은 비율로 된 자료분석에 이용한다. 위의 예에서 전체 인구수로 발생자의 수를 나누어진 비율의 형태인 경우에도 같은 방법으로 분석한다. 또한 log-linear model은 각 변수의 집단 사이의 교호작용을 포함하여 동시에 다른 변수들의 관계를 검정할 수 있는 방법이며 필요한 경우 공변량을 동시에 모형에 투입하여 분석할 수도 있다.

SPSS에서는 general log-linear analysis라는 항목으로 log-linear model을 제공하고 있고, general log-linear analysis는 generalized linear model(GLM)을 log-linear 그리고 logit 모형에 적합시킨 것이다.

Log-linear model에서 종속변수는 cell 안의 log of number이고 독립변수는 categorical variable과 categorical variable의 interactions이다. Observed cell count 안에서 variability는 main effect와 독립변수의 interaction에 의해 설명이 된다.

먼저 다음 표의 가장 간단한 2 by 2 table을 이용해서 log-linear model을 이용해 보자. 두 변수 사이에 어떤 것이 결과이고 어떤 변수가 원인인지 알 수가 없다. 많이 먹어서 과체중일 수도 있고 반대일 수도 있다. 이런 경우 log-linear model은 유용하다.

표 4.8 overweight와 overeat의 관계

	Overweight (+)	Overweight (−)
Overeat (+)	58	41
Overeat (−)	46	55

먼저 위의 표에서 odds ratio = 58 * 55 / 41 * 46 = 3190/1886 = 1.69로 overeat인 경우 overweight가 발생할 상대위험도가 1.7배이다. 위의 자료를 SPSS형식으로 coding을 다시 한다. Yes = 1, No = 0로 하였다.

Overweight	Overeat	Count
1	1	58
1	0	41
0	1	46
0	0	55

먼저 count 변수에 대해서는 가중치를 준다. 다음 Analyze ▶ Loglinear ▶ General……에서 다음과 같이 Factor(s) : 지정한다. Count 변수는 미리 가중치를 부여했기 때문에 지정을 하지 않아도 모형에 자동으로 포함된다.

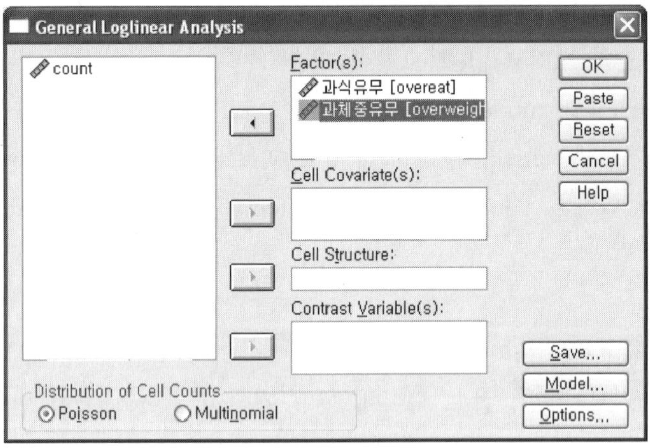

그림 4.2

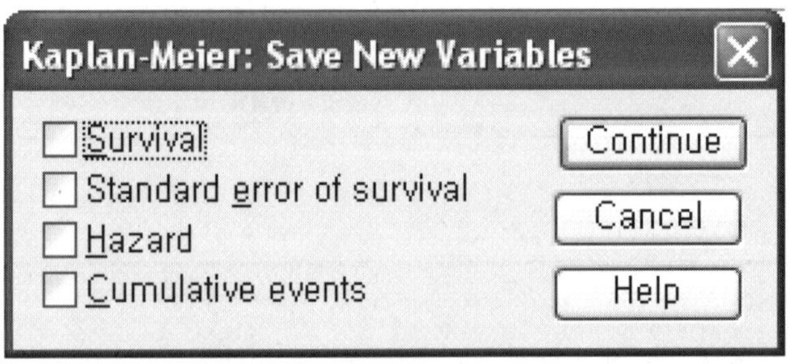

그림 4.3

그림 4.2에서 Distribution of cell Counts는 Poisson을 선택한다. Model…… 에서는 두 변수의 모든 가능한 interaction을 포함하는 Saturated를 선택한다. Custom 모형에서는 연구자가 보고 싶은 것만 선택할 수 있다. Option……에서는 그림 4.3과 같이 선택한다. 여기서 Criteria의 delta의 default값이 0.5로 되어 있으나 0으로 변경해 준다. 변경해 주지 않으면 모든 cell의 expected and observed count에 0.5를 더해 주게 된다. Unsaturated model에서는 observed and expected frequencies의 half가 나올 수 없으나 saturated model에서는 나올 수 있으므로 0으로 해 주어야 한다.

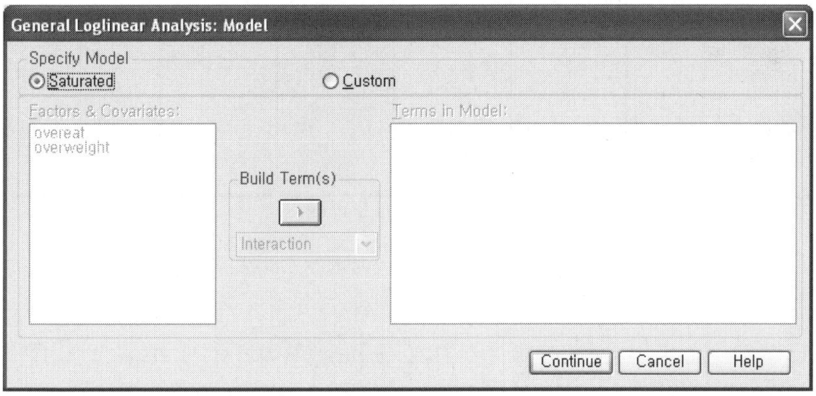

그림 4.4

다음은 결과이다. 처음 모형의 goodness-of-fit test에 대한 결과이다. Saturated model은 변수들 간의 관계를 아주 잘 설명하고 있다고 할 수 있다($p < 0.05$).

Goodness-of-Fit Tests a,b

	Value	df	Sig.
Likelihood Ratio	.000	0	.
Pearson Chi-Square	.000	0	.

a. Model: Poisson

b. Design: Constant + overeat + overweight + overeat * overweight

그럼 Log-linear model에서 구한 parameter값이 의미는 무엇일까? $Exp^{parameter}$는 log odds ratio 값을 나타낸다. 본 예에서는 overweight와 overeat 변수는

단지 2개의 범주이므로 우리는 두 변수의 interaction에 관심이 있고 $exp^{0.520}$ = 1.68이고 p = 0.67이다. 여기서 1.68은 2 by 2 table에서 구한 odds ratio = 58 * 55 / 41 * 46 = 3190 / 1886 = 1.69와 똑같고 p = 0.67은 2 by 2를 Chi-square test를 해서 얻은 값과 같다.

Parameter Estimates [b,c]

Parameter	Estimate	Std. Error	Z	Sig.	95% Confidence Interval	
					Lower Bound	Upper Bound
Constant	4.069	.131	31.123	.000	3.813	4.325
[overeat = 0]	-.230	.196	-1.169	.243	-.615	.155
[overeat = 1]	0[a]	.	.	.	.	.
[overweight = 0]	-.343	.203	-1.692	.091	-.741	.054
[overweight = 1]	0[a]	.	.	.	.	.
[overeat = 0] * [overweight = 0]	.520	.284	1.831	.067	-.037	1.077
[overeat = 0] * [overweight = 1]	0[a]	.	.	.	.	.
[overeat = 1] * [overweight = 0]	0[a]	.	.	.	.	.
[overeat = 1] * [overweight = 1]	0[a]	.	.	.	.	.

a. This parameter is set to zero because it is redundant.
b. Model: Poisson
c. Design: Constant + overeat + overweight + overeat * overweight

Log linear model에서는 크게 coding한(여기서는 Yes = 1) 집단이 기준이 된다. 그래서 1로 coding한 집단의 estimate는 전부 0이고 이것을 redundant or aliased하다고 한다. Overeat의 estimate계수의 부호가 음수(−)이므로 overweight집단 사이에서 기준집단인 overeat = 0인 집단보다 overeat = 1인 집단이 더 작다는 의미이다. 만약 overeat의 estimate계수의 부호가 양수(+)이면 overweight집단 사이에서 기준집단인 overeat = 0인 집단보다 overeat = 1인 집단이 더 많다는 의미이다.

작게 coding한 overweight = 0과 overeat = 0은 main effect로 모든 대상자가 모든 cell에 균등히 분포되었다는 귀무가설을 검정한다. 여기서는 overweight = 0과 overeat = 0의 $p > 0.05$로 귀무가설을 기각할 수 없다. 즉, 균등히 모든 cell에 overeat와 overweight가 분포되었다.

Standardized form Z값은 어떤 변수와 interaction term이 자료를 설명하는 데 중요한지를 결정한다. Z값이 가장 큰 overeat * overweight의 interaction이 각각의 변수보다 자료를 설명하는 데 더 중요하다는 것을 알 수 있다.

지금까지의 결과를 보면 overeat변수와 overweight 변수 사이는 interaction

의 $p > 0.05$이므로 서로 독립적이라고 할 수 있다. 그러면 interaction을 제외하고 main effect만을 분석하여 보자. 모든 것은 그대로 지정하고 그림 4.4에서 모형만 custom으로 지정을 하고 overweight, overeat변수를 Terms in Model : 로 옮긴다. 다음은 결과이다.

Goodness-of-Fit Tests [a,b]

	Value	df	Sig.
Likelihood Ratio	3.417	1	.065
Pearson Chi-Square	3.407	1	.065

a. Model: Poisson

b. Design: Constant + overeat + overweight

Custom(restricted) 모형의 goodness of fit test의 $p > 0.05$로 restricted 모형은 자료를 잘 적합시키고 있다는 귀무가설을 기각할 수 없다. 즉, 적합하다. Saturated model에서는 goodness of fit test의 $p < 0.05$로 나와야 goodness of fit한 것이다.

Parameter Estimates [b,c]

Parameter	Estimate	Std. Error	Z	Sig.	95% Confidence Interval	
					Lower Bound	Upper Bound
Constant	3.941	.121	32.502	.000	3.704	4.179
[overeat = 0]	.020	.141	.141	.887	-.257	.297
[overeat = 1]	0[a]	.	.	.	.	.
[overweight = 0]	-.080	.141	-.566	.572	-.357	.197
[overweight = 1]	0[a]	.	.	.	.	.

a. This parameter is set to zero because it is redundant.

b. Model: Poisson

c. Design: Constant + overeat + overweight

지금까지의 예는 2 by 2 table의 간단한 예로 굳이 loglinear 모형을 이용할 필요 없이 Chi-square를 해도 구할 수 있는 예제였다. 그러나 다음과 같이 좀 더 복잡한 범주형 자료 사의의 관계를 보여주는 흑색종 발생의 자료인 경우에는 loglinear model로밖에 분석을 할 수 없다.

표 4.9 연령과 지역에 따른 흑색종의 발생자수

나이 구분	흑색종 발생자수		그 지역의 인구수	
	북쪽지방	남쪽지방	북쪽지방	남쪽지방
<35	61	64	2,880,262	1,074,246
35-44	76	75	564,535	220,407
45-54	98	68	592,983	198,119
55-64	104	63	450,740	134,084
65-74	63	45	270,908	70,708
>75	80	27	168,850	34,233

원래의 자료를 SPSS의 형식에 맞게 다음과 같이 나이를 표시하는 age, 지역 구분을 표시하는 area, 흑색종 발생자수인 count 그리고 전체 인구수인 total 변수를 만들어서 coding을 한다.

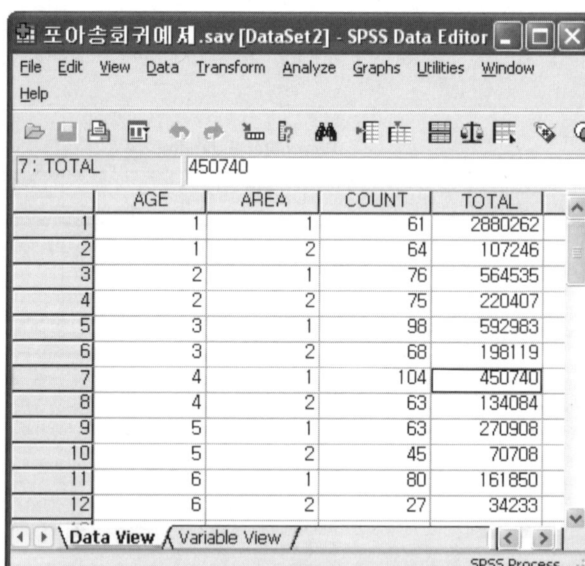

	AGE	AREA	COUNT	TOTAL
1	1	1	61	2880262
2	1	2	64	107246
3	2	1	76	564535
4	2	2	75	220407
5	3	1	98	592983
6	3	2	68	198119
7	4	1	104	450740
8	4	2	63	134084
9	5	1	63	270908
10	5	2	45	70708
11	6	1	80	161850
12	6	2	27	34233

여기서 단순히 흑색종의 발생과 나이의 관계를 알아볼 수 있다. 그러나 인구수가 많은 지역에서는 질병발생자가 많을 것이고, 적은 지역에서는 적을 것이므로 전체 인구수를 고려하지 않고 단지 발생자 수만을 비교한다면 연구의 bias가 발생하기 때문에 전체 인구수를 보정해 주어야 한다.

SPSS의 Poisson 회귀에서는 이런 보정이 필요한 변수를 Cell Structure라는 곳에 지정을 한다. 이 예제에서는 그 지역의 전체 인구수인 total변수가 cell structure가 된다. 또한 범주형 자료를 구분해 주는 것을 factor이라고 하고, 이 예제에서 factor는 나이변수와 지역변수 두 가지 변수가 factor로 지정된다.

먼저 count변수에 대해서는 가중치를 준다. 다음 그림 4.2의 주화면에서 Factor(s) : Age, Area를 Cell Structure : Total을 지정한다. Distribution of cell Counts는 Poisson을 선택한다. 만약 Multinomial을 선택하면 이것은 logit 모형이 된다. Models……에서 Custom을 선택하고 Terms in model 항목으로 age와 area 변수를 지정한다. Options……에서 default 외에 추가로 Estimates를 선택한다. 다음은 결과이다.

Goodness-of-Fit Tests [a,b]

	Value	df	Sig.
Likelihood Ratio	.000	0	.
Pearson Chi-Square	.000	0	.

a. Model: Poisson

b. Design: Constant + AREA + AGE + AREA * AGE

Goodness of fit test의 p < 0.05이므로 saturated model은 변수들 간의 관계를 아주 잘 설명하고 있다고 할 수 있다. 다음은 범주형 변수들의 parameter의 추정값에 대한 결과이다.

Parameter Estimates [b,c]

Parameter	Estimate	Std. Error	Z	Sig.	95% Confidence Interval Lower Bound	95% Confidence Interval Upper Bound
Constant	-7.145	.192	-37.127	.000	-7.522	-6.768
[AREA = 1]	-.467	.223	-2.100	.036	-.904	-.031
[AREA = 2]	0[a]	.	.	.	.	.
[AGE = 1]	-.279	.229	-1.215	.224	-.729	.171
[AGE = 2]	-.841	.224	-3.746	.000	-1.281	-.401
[AGE = 3]	-.832	.227	-3.658	.000	-1.278	-.386
[AGE = 4]	-.518	.230	-2.252	.024	-.969	-.067
[AGE = 5]	-.215	.243	-.881	.378	-.692	.263
[AGE = 6]	0[a]	.	.	.	.	.
[AREA = 1] * [AGE = 1]	-2.871	.286	-10.054	.000	-3.431	-2.312
[AREA = 1] * [AGE = 2]	-.460	.276	-1.668	.095	-1.000	.080
[AREA = 1] * [AGE = 3]	-.264	.273	-.966	.334	-.798	.271
[AREA = 1] * [AGE = 4]	-.244	.274	-.890	.373	-.781	.293
[AREA = 1] * [AGE = 5]	-.539	.296	-1.822	.068	-1.120	.041
[AREA = 1] * [AGE = 6]	0[a]	.	.	.	.	.
[AREA = 2] * [AGE = 1]	0[a]	.	.	.	.	.
[AREA = 2] * [AGE = 2]	0[a]	.	.	.	.	.
[AREA = 2] * [AGE = 3]	0[a]	.	.	.	.	.
[AREA = 2] * [AGE = 4]	0[a]	.	.	.	.	.
[AREA = 2] * [AGE = 5]	0[a]	.	.	.	.	.
[AREA = 2] * [AGE = 6]	0[a]	.	.	.	.	.

a. This parameter is set to zero because it is redundant.

b. Model: Poisson

c. Design: Constant + AREA + AGE + AREA * AGE

다음의 결과를 보면 AGE를 6으로 coding한(즉, 75세 이상) 집단을 기준으로 나이가 젊을수록 흑색종 발생의 횟수가 적고 이는 통계적으로 의미가 있다($p < 0.0001$). 왜냐하면 estimate가 음수이므로 기준집단에 비해 count가(흑색종의 발생) 적게 생긴 것이다. 양수이면 기준집단에 비해 많이 발생한 것이다.

Estimate는 odds ratio에 log를 취한 log-odds ratio이다. 그러므로 odds ratio $= \exp^{\text{estimate}}$다. AGE = 5인 집단의 odds ratio는 $e^{-0.592} = 2.718^{-0.592} = 0.21$이고 age < 35세인 AGE = 1의 odds ratio는 $2.718^{-2.342} = 0.096$이다. 지역에 따라서도 남쪽지방(AREA = 2)에 비해 북쪽에(AREA = 1) 사는 사람은 흑색종이 발생할 위험이 적고 이는 통계적으로 유의($p < 0.0001$)하고 흑색종이 발생할 odds ratio SPSS는 loglinear 모형으로 Poisson regression을 할 때 overdispersion과 under dispersion의 가정을 확인하는 방법을 제공하고 있지 않다. 그러면 본 예제는 overdispersion이나 underdispersion이 없고 equidispersion의 Poisson 가정을 만족하고 있을까? SPSS 15 version부터 generalized linear model과 generalized estimating equation model을 제공하고 있고 generalized linear 모형을 이용하면 Poisson 모형의 overdispersion or underdispersion에 대해 검정할 수 있다.

Generalized linear 모형에서 이용할 수 있는 Poisson rate 모형은 다음과 같이 표현할 수 있다.

$$\frac{\text{events}}{\text{Number at risk}} = \exp^{X'\beta}$$

이 식의 양변에 자연 log를 취하면 다음과 같다.

$$\ln(\text{events}) - \ln(\text{number at risk}) = X'\beta \qquad (\text{식 } 4\text{-}1)$$

식 4.1은 $-\ln$(number at risk)가 있는 것을 제외하고는 generalized linear 모형의 식과 같다. 식 4.1에서 $-\ln$(number at risk)을 offset term이라고 하고, generalized linear 모형에서 offset term은 추정된 회귀계수를 가지고 있지 않고 각 대상자의 대한 offset term 회귀계수 = 1이고, offset term을 포함한 general linear 모형은 다음과 같이 표현한다.

$$g(\mu) = X'\beta + O$$

식 4.1에서 보는 바와 같이 melanoma 예에서는 offset term은 전체 발생위험 가능한 사람의 수인 count변수의 값에 자연 log를 취한 값인 ln(total)이 된다. 그러므로 SPSS의 Compute Variable……을 이용하여 미리 ln(total)을 계산하여야 한다.

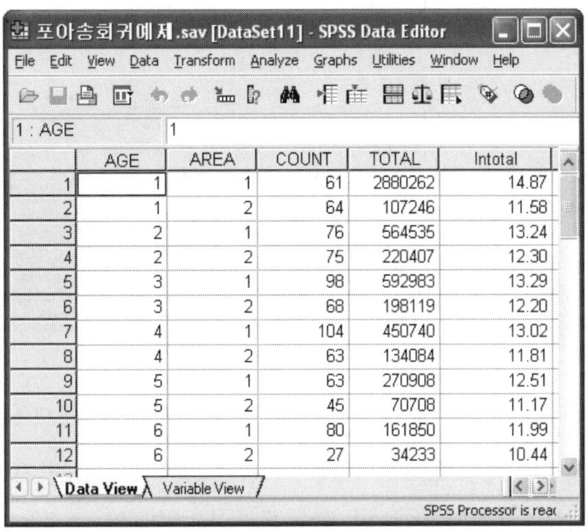

다음 Generalized linear model ▶ Generalized linear model……에서 다음과 같이 지정을 해준다. 즉, Dependent Variables : count, Distribution : Poisson, Link Function : Log를 지정하고, Predictors를 click하여 Factors : Age, Area를 지정하고 여기에서 Offset variable을 선택해서 lntotal 변수를 지정한다. Model을 선택해서 main effect로 Model : Age, Area를 지정하고, Statistics……에서 parameter estimation과 include exponential parameter estimation을 선택한다.

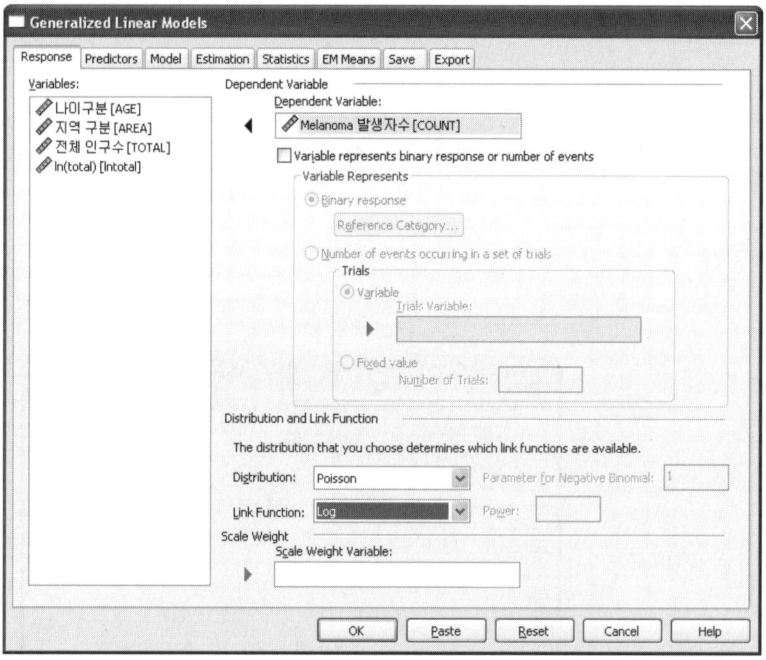

SPSS의 loglinear모형에서 Poisson regression을 할 때는 count된 자료에 가중치를 주었지만, generalized linear모형을 이용한 Poisson regression에서는 count자료도 가중치를 주지 않는다. 만약 가중치를 주고 한 반 분석을 했던 자료를 가지고 generalized linear모형의 Poisson regression을 하면 결과표시창의 결과에 가중치를 주었다고 경고가 나오고 진행이 안 되니 reset시키고 한다. 다음은 결과이다.

Model Information

Dependent Variable	Melanoma 발생자수
Probability Distribution	Poisson
Link Function	Log
Offset Variable	ln(total)

지금까지 지정해 준 모형에 대한 결과이다. 종속변수는 melanoma 발생자수인 count변수이고, 확률분포는 Poisson분포를 이용하였고, link function은 log를 그리고 offset variable은 total변수의 자연 log값인 ln(total)을 이용하였다.

다음의 Poisson regression 모형이 주어진 자료에 얼마나 잘 적합하는지를 보는 goodness of fit test이다. Goodness of fit test를 보는 index가 많이 보이지만 deviance와 Pearson Chi-square는 꼭 확인하여야 한다. 즉, deviance / degree of freedom(155.5 / 5 = 31)과 Pearson Chi-square / degree of freedom (258.2 / 5 = 61.6)의 값이 1보다 크면 overdispersed를 걱정해야 하고 그 값이 1보다 작으면 underdispersed을 걱정해야 한다. 그리고 1에 가까울수록 모형이 잘 적합하다는 의미이다.

Goodness of Fit [b]

	Value	df	Value/df
Deviance	155.500	5	31.100
Scaled Deviance	155.500	5	
Pearson Chi-Square	258.215	5	51.643
Scaled Pearson Chi-Square	258.215	5	
Log Likelihood [a]	-113.863		
Akaike's Information Criterion (AIC)	241.725		
Finite Sample Corrected AIC (AICC)	269.725		
Bayesian Information Criterion (BIC)	245.119		
Consistent AIC (CAIC)	252.119		

Dependent Variable: Melanoma 발생자수
Model: (Intercept), AGE, AREA, offset = lntotal

a. The full log likelihood function is displayed and used in computing information criteria.

b. Information criteria are in small-is-better form.

본 예는 그 값이 상당히 크므로 over dispersion이 있는지 따져봐야 한다. Overdispersed는 count의 분산이 Poisson 분포에 의한 평균으로 예상한 값보다 큰 것을 의미하는데 overdispersion이 발생하는 경우는 1), incorrect link function 2), influential points의 존재 3), 변수를 잘못 지정한 경우 모두 overdispersion이 될 수 있다. 위와 같은 사항을 모두 점검하고 교정을 했는데도 진짜로 overdispersion이 존재한다고 생각되면 Poisson distribution 대신 binomial distribution을 이용한다.

Omnibus Test[a]

Likelihood Ratio Chi-Square	df	Sig.
776.430	6	.000

Dependent Variable: Melanoma 발생자수
Model: (Intercept), AGE, AREA, offset = lntotal

a. Compares the fitted model against the intercept-only model.

모든 예측변수의 회귀계수가 0이라는 귀무가설은 Omnibus test의 $p < 0.05$이므로 기각할 수 있다.

Parameter Estimates

Parameter	B	Std. Error	95% Wald Confidence Interval		Hypothesis Test			Exp(B)	95% Wald Confidence Interval for Exp(B)	
			Lower	Upper	Wald Chi-Square	df	Sig.		Lower	Upper
(Intercept)	-6.724	.1068	-6.933	-6.514	3962.915	1	.000	.001	.001	.001
[AGE=1]	-2.342	.1334	-2.604	-2.081	308.441	1	.000	.096	.074	.125
[AGE=2]	-1.187	.1269	-1.435	-.938	87.481	1	.000	.305	.238	.391
[AGE=3]	-1.061	.1243	-1.304	-.817	72.856	1	.000	.346	.271	.442
[AGE=4]	-.724	.1240	-.967	-.481	34.127	1	.000	.485	.380	.618
[AGE=5]	-.592	.1365	-.859	-.325	18.821	1	.000	.553	.423	.723
[AGE=6]	0[a]	.	.	.	.	.	.	1	.	.
[AREA=1]	-1.083	.0738	-1.228	-.939	215.502	1	.000	.339	.293	.391
[AREA=2]	0[a]	.	.	.	.	.	.	1	.	.
(Scale)	1[b]									

Dependent Variable: Melanoma 발생자수
Model: (Intercept), AGE, AREA, offset = lntotal

a. Set to zero because this parameter is redundant.

b. Fixed at the displayed value.

모수의 추정값은 loglinear 모형으로 추정한 값과 똑같이 나온다. 회귀계수를 해석하는 방법도 같다. 추가로 log odds ratio의 값인 Exp(B)도 같이 나온다.

위의 goodness of fit 결과로 overdispersion이 의심되므로 negative binomial distribution을 이용하는 것을 고려해야 한다. Negative binomial distribution은 Poisson 분포와 밀접한 관계가 있다. Poisson 분포와 차이는 dispersion parameter인 κ가 더 있다는 것이다. Poisson 분포에서 분산과 평균($\mu =$ mean)은 같지만 negative binomial에서는 분산은 $\mu + \kappa\mu^2$이다. 그러므로 κ

= 0이면 negative binomial 분포는 Poisson분포와 같다. 만약 κ를 알고 있다면 generalized linear 모형을 이용해서 negative binomial 모형을 적합시킬 수 있다. Negative binomial distribution에 대한 κ의 값이 0인지를 test하기 위해서는 다음과 같이 지정을 한다. 즉, Distribution : 에서 Poisson distribution 대신 negative binomial distribution을 선택하고, Parameter for Binomial : 0으로 선택한다. 왜냐하면 κ의 값이 0인지를 test하기 위해서이다. Poisson 분포에서는 κ의 값이 1로 고정되어 있다. 다음 Statistics에서 Lagrange multiplier test for scale parameter or ancillary parameter for negative binomial을 선택한다.

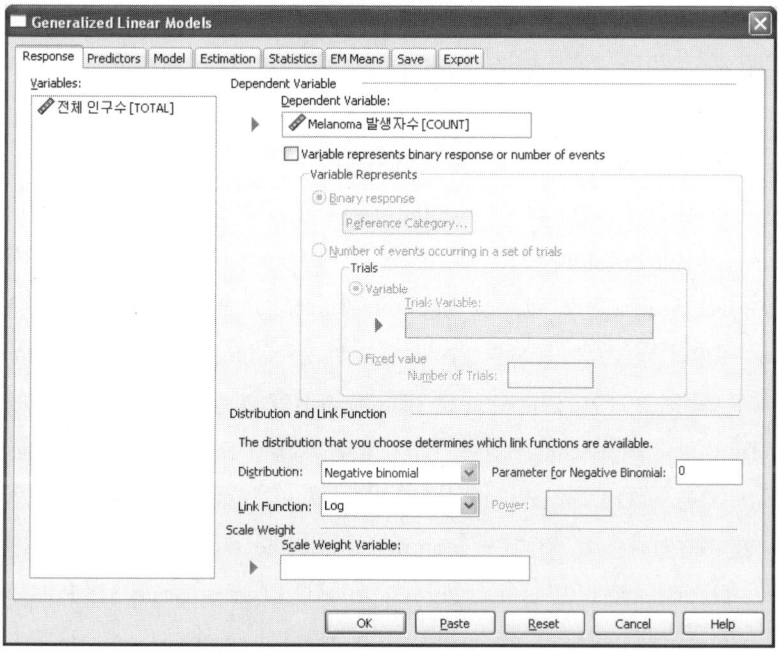

SPSS 15는 Lagrange multiplier test for scale parameter or ancillary parameter for negative binomial test의 p-value의 계산결과에 bug가 있다고 한다. SPSS homepage에서 SPSS 15.0.1로 patch를 하면 이 오류를 교정할 수 있으므로 정식판 SPSS를 사용하는 독자는 patch를 해야 한다. 정식판은 patch가 되지만 evaluation 판은 patch가 되지 않는다. Patch 한 15.0.1로 계산한 Lagrange multiplier test의 결과는 다음과 같다.

Lagrange Multiplier Test

	z	Sig.
Ancillary Parameter[a]	.366	.357

a. Tests the null hypothesis that the negative binomial distribution ancillary parameter equals 0

Lagrange multiplier test의 $p > 0.05$이므로 $\kappa = 0$이라는 귀무가설을 기각할 수 없다. 즉, overdispersion은 아니다. 그러므로 본 예제는 Poisson 분포를 이용해도 모형이 적합하다고 할 수 있다.

Overdispersion을 보는 다른 방법은 표준 Poisson 분포를 이용해서 계산한 log-likelihood 값과 negative binomial model(모든 조건은 표준 Poisson분포와 같게 하고 분포만 negative binomial로 선택해서)로 계산한 log-likelihood 값을 비교하는 것이다.

본 예제에서 표준 Poisson 분포를 이용해서 계산한 log-likelihood (LL)값은 −113.8이고 negative binomial model로 계산한 log-likelihood 값은 −63.4이다. 만약 Poisson regression에서 overdispersion이 없다면, 통계량 −2×(LL for Poisson model − LL for negative binomial model) = −2 * [−113−(−63)] = −100의 분포는, 표본의 수가 충분히 큰 경우, 0에서 probability mass의 1 / 2과 자유도 1인 Chi-square distribution의 1 / 2를 가지게 된다. 즉, negative binomial model로 계산한 LL의 값은 standard Poisson 분포의 LL값보다 향상(−63은 −113보다 크다)되었으면 negative binomial 분포가 모형에 적합하다고 할 수 있다. 이 결과는 Lagrange multiplier test와는 다른 결과를 보인다. 즉, "overdispersed" Poisson regression에서는 "overdispersed" Poisson regression과 "standard" Poisson regression을 검정하는 formal way가 없다(http : //www.uky.edu/ComputingCenter/SSTARS/P_NB_3.htm).

Generalized linear 모형을 이용하면 Poisson count 모형, Poisson rate 모형뿐 아니라 logistic regression 모형, Probit 모형, loglinear 모형, 생존자료의 분석에 이용되는 gamma distribution 등도 분석할 수 있다. 이에 대한 좀더 자세한 내용은 『생존자료의 분석』(송경일 저, 한나래출판사)을 참조하기 바란다.

Chapter 5

다변수분석에서 독립변수의 특성

5.1 다변수분석에서 사용할 수 있는 독립변수는?

등간변수와 이분형변수는 이 책에서 주로 다루는 세 가지 다변수분석 모형 모두에서 사용할 수 있다(표 5.1). 순위변수와 명목변수는 다른 형식의 변수로 변환하지 않고는 다변수분석에서는 사용할 수 없고 적당한 방법으로 변환이 필요하다.

표.5.1 다변수분석에서 사용되는 독립변수의 종류

Type of independent variable	Examples of Independent variable	Multiple linear regression	Multiple logistic regression	Proportional hazards analysis
Interval	Age, blood pressure	Yes	Yes	Yes
Dichotomous	Gender	Yes	Yes	Yes
Ordinal	Cancer stage	No	No	No
Nominal	Ethnicity	No	No	No

5.2 다변수분석의 독립변수로 순위변수와 명목변수를 사용하려면 어떠한 변환이 필요한가?

순위변수와 명목변수는 다변수분석 모형에 적합하도록 여러 개의 이분형변수로(multiple dichotomous variable) 전환하여 다변수분석에 이용할 수 있다. 이 과정을 보통 '가변수화', 'dummying' 또는 '가변수', 'dummy variable'이라고 하며 역학자들과 생물통계학자들이 많이 이용하는 방법이다. 이 방법을 이용하여 다양한 범주의 변수들을 만들 수 있다.

명목변수인 인종들 사이에는 수적인 순서도 없고 고정된 간격도 없다. 그러므로 인종은 이분형변수가 될 수 있다(white / non-white). 명목변수를 다변수분석에 사용하기 위해서 여러 개의 이분형변수로 만들 때 필요한 변수의 수는 필요한 변수의 수에서 하나가 작은 수만큼의 변수이다. 그 이유는 컴퓨터의 관점으로 생각해 보면 쉽게 이해할 수 있다. 만약 5개의 이분형변수를 만들었다면 그것들은 모두 '1'(예) 혹은 '0'(아니오)에 해당하게 되고 컴퓨터는 표 5.2에서와 같은 6가지 형태로 구분을 한다.

표 5.2 Creation of multiple dichotomous variables to represent a nominal independent variable

	African-American	Latino/ Hispanic	Asian/Pacific Islander	Native American	Other nonwhite
African-American	1	0	0	0	0
Latino/ Hispanic	0	1	0	0	0
Asian/Pacific Islander	0	0	1	0	0
Native American	0	0	0	1	0
Other nonwhite	0	0	0	0	1
White/Caucasian	0	0	0	0	0

이 경우 White / Caucasian이라는 변수는 만들 필요가 없다. 이유는 다른 5가지 변수들에 의해 결정되기 때문(5개 변수 모두가 0일 경우)이다. 다변수분석에서 이런 것을 참조, 기준(reference) 혹은 참조, 기준변수(referent variable)라고 한다.

기준변수를 어떻게 정해 coding하느냐 하는 것은 연구 방법에 따라서 결정된다. 예를 들어 미국의 북동쪽에서 작은 규모로 시행된 임상연구에서는 미국 원주민이나 Asian / Pacific Islander(하와이, 괌, 그리고 푸에르토 모두 미국 영토이지만 본토와 너무 떨어져 있기 때문이다)에 해당하는 사람들이 거의 없을 것이다.

만약 그 집단이 표본의 전체 5% 이하일 경우 해당 변수를 만드는 것은 통계적으로 중요한 정보를 제공하지 않는다. 이런 경우 조금 더 큰 집단으로 묶어 'other'라는 변수로 만들 수 있다. 즉, African-American(yes / no), Latino / Hispanic(yes / no), other nonwhite ethnicity(yes / no), 그리고 White는 reference or referent group이다.

비록 위와 같이 집단의 수를 줄이면 정보가 거의 없는 이분형변수가 생기는 것을 어느 정도 막아준다고 하더라도, 다른 여러 인종들을 모두 합해서 한 개의 집단으로 묶어버리는 것도 자료를 정확히 표현하는 것은 아니라는 사실을 알아야 한다. 심지어 'Asian / Pacific Islander'이라는 분류집단을 남겨둔다 하더라도 기억해야 할 것은 이 분류집단 안에도 고유한 언어, 관습, 유전인자를 가진 십여 가지 문화들이 있고, 그러한 요소들은 질병 발생에 모두 영향을 미치게 된다는 점을 알아야 한다. 인종을 어떻게 coding할 것이냐는 의문은 통계적인 질문이 아니다. 인종과 같은 명목변수를 집단화하는 가장 최선의 방법은 해당 연구의 질문이 무엇인지, 명목변수의 분포(얼마나 많은 사람이 각각의 그룹에 포함되는가), 명목변수와 결과변수의 범주들 간의 관계와 같은 것들에 달려 있다.

여러 개의 이분형변수를 만드는 과정은 등간변수에도 사용된다. 즉, 등간변수인 untransformed interval-independent variable이 결과변수와의 관계가 모형의 가정에 적합하지 않을 때 이용된다.

어떤 변수들은 기술적으로는 순위변수이지만 등간변수로도 잘 작동되기도 한다. 어떤 순위변수를 다중 선형회귀분석에서 종속변수로 사용하듯이, 이러한 것도 모형의 가정에 적합하다면, 세 가지 종류의 다변수분석에서 모두 독립변수로 사용할 수 있다.

SPSS에서 multiple logistic regression과 Cox proportional hazards 모형에서는 범주형 변수인 경우에는 dummy 변수를 따로 만들 필요가 없다. 분석시 조건에 범주형 변수를 지정해 주고 reference category(기준범주)를 지정해 주면 자동으로 dummy 변수를 만들어서 분석이 된다. 그러나 연속형 변수는 연구자가 dummy 변수를 만들어야 한다. 또한 multiple linear regression에서는 범주형 변수도 자동으로 dummy 변수를 만들어 주지 않기 때문에 compute variable 항목에서 일일이 만들어 주어야 한다.

Chapter 6

다중 선형회귀분석, 다중 로지스틱 회귀분석 그리고 비례위험분석에서의 가정(assumption)

6.1 다중 선형회귀분석, 다중 로지스틱 회귀분석 그리고 비례위험분석에서의 가정은 무엇인가?

표 6.1에서 보는 것과 같이 구축하는 다변수분석 모형에 따라 여러 개의 독립변수와 결과변수와의 관계, 결과변수의 분포, 그리고 결과변수의 분산에 따라서 가정이 조금씩 다르다. 비례위험분석은 다른 두 개와는 달리 추가로 censored observation과 시간의 경과에 따른 relative hazard(즉, 비례가정)이 있다.

6.2. Multiple linear regression, multiple logistic regression 그리고 proportional hazards analysis에서 무엇으로 모형을 세우는가?

다중 선형회귀분석에서는 독립변수의 증감에 따라 종속변수의 평균이나 기대치가 서로 선형(linear)으로 증감한다. 대부분의 임상적인 관찰은 이 선형의 가정에 잘 맞는다.

예를 들면 그림 6.1은 노인들에서 폐렴구균(pneumococcal) 예방접종 후에 생긴 폐렴구균 항체의 역가(titer)와 비타민 B_{12}의 수치와는 훌륭한 직선의 상관관계가 있음을 보여주고 있다.

표 6.1 Multivariable model assumptions

Assumptions	Multiple linear Regression	Multiple logistic regression	Proportional hazards analysis
What being modeled?	The mean value of the outcome	The logarithm of the odds of the outcome (= logit)	The logarithm of the relative hazard
Relationship of multiple independent variable to outcome	The mean value of outcome changes *linearly* with multiple independent variable	The logit of the outcome changes *linearly* with multiple independent variable	The logarithm of the relative hazards changes *linearly* with multiple independent variable
Relationship of an interval-independent variable to outcome	The mean value of outcome changes *linearly* with each unit change in interval-independent variable	The logit of the outcome changes *linearly* with each unit in interval-independent variable	The logarithm of the relative hazards changes *linearly* with each unit changes in interval-independent variable
Distribution of outcome	Normal	Binomial	정의되지 않음
Variance of outcome variable	Equal ground the mean	Depends only on the mean	정의되지 않음
Censored observation	해당 사항 없음	해당 사항 없음	Censored case have the same time to outcome as non-censored cases
Relative hazard over time	해당 사항 없음	해당 사항 없음	Constant

선형회귀 직선은 가장 단순하면서도 훌륭하게 자료를 표현한다. 그러나 그림 6.1을 자세히 보면 오직 두 개의 점만 회귀직선 위에 있다. 심지어 어떤 점은 회귀직선과 멀리 떨어져 있다. 통계학적인 모형이 아무리 잘 맞는다고 하더라도 모형은 자료의 근사치로 모형을 세우는 것이다. 선형의 가정(linear assumption)이란 모든 자료가 선형모형에서 직선 위에 놓여야 된다는 것을 의미하지는 않는다. 단지 회귀 직선이 비타민 B_{12}의 수치가 증가하면(독립변수의 수치가 증가하면) 항체의 역가가 증가한다는(결과변수의 수치가 증가) 사실만을 잘 나타내고 있다는 것을 의미한다.

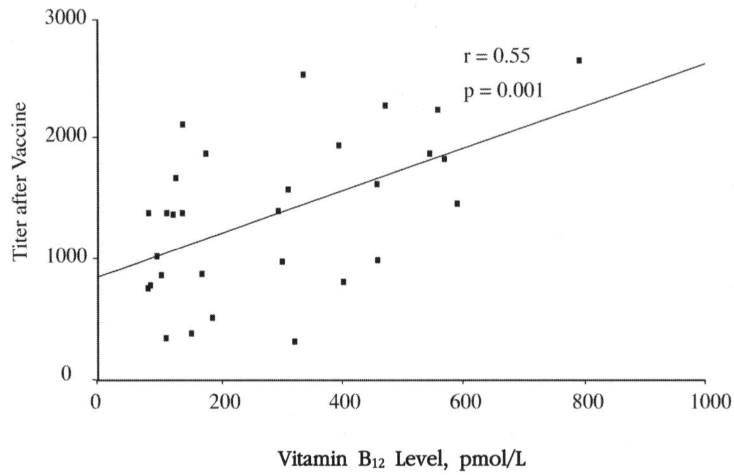

그림 6.1 Linear associations between vitamin B_{12} levels and pneumococcal antibody titers after pneumococcal vaccination.
Ann Intern. Med. 1996; 124 : 299-304.

임상적인 연구에서 결과변수는 흔히 등간변수로 측정할 수 없는 경우가 대부분이다. 즉, 악성종양의 발생 유무, 중풍의 발생 유무, 심장병의 발생 유무, 사망 혹은 생존같이 상태의 존재 혹은 비-존재로 나타내는 경우가 대부분이다. 이렇게 결과변수가 이분형인 경우에는 선형회귀분석 대신 로지스틱 회귀분석을 이용한다. 결과변수가 이분형인 경우에도 선형회귀분석을 사용할 수도 있지만 이런 경우 대부분 원하는 결과를 얻을 수 없다.

결과변수가 이분형인 경우 회귀분석과 같은 선형확률모형에서는 회귀방정식을 이용하여 구해진 예측값이 주어진 한계범위 0과 1을 벗어나는 경우가 발생하는 경우가 있다. 즉, 관측치는 이분형의 값(0과 1)을 가지지만, 회귀모형에서 구해진 예측치의 값은 연속변수의 값으로 나타나므로 0과 1이라는 범위를 벗어날 수 있다. 또한 이분형변수에 대한 확률분포는 베르누이(Bernoulli)의 분포를 따르지만 회귀모형에서 가정하는 확률모형은 정규분포를 따르기 때문에 서로 일치하지 않는다. 따라서 결과변수의 정규성을 가정하는 회귀모형은 이분형변수를 분석하는 데는 한계가 있으며, 이런 경우 로지스틱 회귀분석이 유용한 방법이다.

로지스틱 회귀분석은 logarithm of the odds of the outcome(= logit)에 대한

모형이다. 그래서 logit 모형이라고도 한다. Logit은 outcome의 odds에 natural log를 취한 것이다. 또한 outcome의 odd는 outcome이 생길 확률을 생기지 않을 확률로 나누어 준 것이다. P를 어떤 사건이 발생한 확률이라고 했을 때 사건이 발생하지 않을 확률은 1−P가 된다. 그러므로 odd는 $\frac{P}{1-P}$가 된다. Logit의 값은 −∝에서 +∝의 값을 가질 수 있지만 확률은 logit의 역수이므로 0에서 1의 값만 가진다. 그러므로 로지스틱 함수는 다음과 같이 S 혹은 Z 모양을 가지게 된다. 로지스틱 함수는 S 혹은 Z자의 형태이기 때문에 선형회귀 모형같이 매우 유익한 것은 사실이지만, 이것도 여전히 하나의 모형이라는 사실을 잊어서는 안 된다.

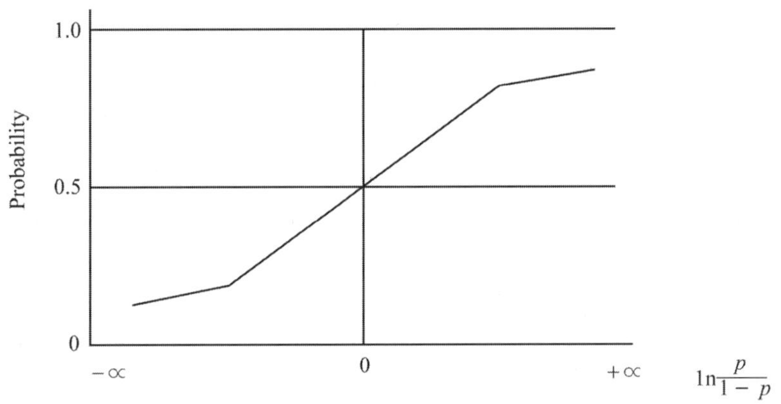

그림 6.2 Logistic function

Proportional hazards모형에서는 time to event로 모형을 설정하는 것이 논리적일 것 같은 생각이 든다. 그러나 time to event로 모형을 세우는 것은 논리적이기는 하지만 틀린 것이다. 비례위험분석은 time to event로 모형을 세우는 것이 아니고 결과변수의 relative hazards에 자연로그를 취한 값(natural log of relative hazard)으로 모형을 세운다. Relative hazards는 위험인자에 폭로된 대상자가 time to outcome이 생길 확률에 대한 위험 요인에 폭로되지 않은 대상자가 time to outcome이 생길 확률의 ratio이다. 즉, 흡연을 하는 사람은 하지 않은 사람에 비해 심장병의 발생이 생길 relative risk가 6배 높다고 표현한다. 여기서 심장병이라는 underlying time to event가 모형이 될 수 없다는 사실이 비례위험분석을 아주 유연성 있게 해준다.

6.3 다중 선형회귀분석, 다중 로지스틱 회귀분석 그리고 비례위험분석에서의 결과변수와 multiple independent variable의 관계는 무엇인가?

연구자는 가지고 있는 모든 독립변수를 다변수분석에 포함해서 분석하기를 원할 것이다. 그러면 결과변수와 multiple independent variable의 관계는 무엇일까? 표 6.1에서 보듯이 세 가지 다변수분석 모형에서의 가정은 multiple independent variable과 결과변수는 서로 선형(linear)의 관계에 있어야 한다. 여기서 선형의 관계란 독립변수와 결과변수의 관계는 다른 척도에서 선형의 관계에 있다는 의미이다.

다중 선형회귀분석에서 결과변수의 예상치는 독립변수의 가중치 합계와(weighted sum) 선형적으로 변한다. 다중 로지스틱 회귀분석에서는 결과변수의 logit이 독립변수의 가중치 합계와 선형적으로 변한다. 비례위험분석에서는 결과변수의 relative risk의 logarithm이 독립변수의 가중치 합계와 선형적으로 변한다. 세 가지 모형 모두에서 가중치는 결과변수를 설명하는 독립변수의 강한 정도(strength)에 의해 결정된다.

6.4 다중 선형회귀분석, 다중 로지스틱 회귀분석 그리고 비례위험분석에서의 결과변수와 interval independent variable의 관계는 무엇인가

등간변수는 어느 구간에서도 한 단위 증가하면 똑같은 변화가 있는 것이고 이 변화는 수량화할 수 있다. 세 가지 다변수모형의 가정은 등간척도로 측정된 독립변수의 scale이 어느 곳에서든 한 단위 변하면, 결과변수에 선형의 관계로 영향이 있다는 것이다. 그러나 측정단위가 다른 독립변수가 여러 개 있을 때는 다른 단위의 scale에서 관계가 선형적이다. 즉, 독립변수의 측정단위마다 관계가 선형적이다.

다중 선형회귀분석에서는 결과변수의 평균치의 변화로 등간척도로 측정된 종속변수의 단위변화의 합계로(sum of the unit change) 모형을 구축했고, 다중 로지스틱 회귀분석에서는 결과변수의 logit으로 등간척도로 측정된 독립변수의 단위변화의 합계로 모형을 구축했고, 비례위험분석에서는 결과변수의 relative risk의 logarithm으로 등간척도로 측정된 독립변수의 단위변화의 합계로 모형을 구축했다.

선형회귀분석에서 선형의 가정을 만족하고 있는지 알아보는 가장 좋은 방법은 각각의 독립변수와 결과변수와의 관계를 산포도(scatter plot)로 그려보는 것이다. 가장 전형적인 선형의 관계에선 물론 두 변수 간에 직선의 모양을 보인다. 그러나 직선의 관계를 보이지 않은 경우도 있다(그림 6.3).

즉, logarithmic, antilogarithmic, curvilinear(U-shape, U-shape을 뒤집은 모양, J-shape 그리고 threshold) 등이다. 이렇게 비-선형의 관계를 보일 때는 변수의 적절한 변환을 하지 않고는 선형회귀분석을 할 수 없다. 선형의 관계를 알아보기 위해서 두 변수 사이의 산포도를 보아도 되지만 혼란변수가 존재하는 경우에는 다중 선형회귀분석에서는 이 방법을 사용하는 데는 한계가 있게 된다.

로지스틱 회귀분석과 비례위험모형에서 단순히 두 변수 사이의 산포도를 그려서 선형의 관계를 알 수는 없다. 왜냐하면 선형의 관계가 단순한 arithmetic scale 위에 있지 않기 때문이다. 대신에 등간변수가 로지스틱 회귀분석과 비례위험분석의 선형의 가정에 맞는지를 알아보기 위해서는, 등간변수를 여러 개의 이분형변수로 분류, 즉 dummy 변수를 만들거나 혹은 변수의 척도를 똑같이 만든 후 분류하는 것이다. 예를 들면 '나이'라는 연속적인 등간변수를 20−29세는 reference group으로 만들고, 다음에 30−39(yes / no), 40−49(yes / no), 50−59(yes / no), 60−69(yes / no), 70−79(yes / no)로 같은 척도를 가지는 여러 개의 이분형변수를 만든다. 만약 이렇게 10세 간격으로 구분했는데 '예' 항목에 해당하는 대상이 적으면 이번에는 20세를 기준으로 다시 분류를 한다.

이렇게 만든 이분형변수로 로지스틱 회귀분석과 비례위험분석을 수행하면 각 변수는 추정된 회귀계수를 갖게 될 것이다. 정의에 의해 기준집단의 회귀계수는 0이 된다. 다음에 각각의 이분형변수의 중간점과 회귀계수로 그래프를 그린다(즉, 30−39세 집단에선 35세가 중간점이다). 이 그래프는 독립변수와 결과변수 사이의 관계를 보여주게 된다(그림 6.4). 그래서 만약 선형의 관계가 있으면 회귀계수는 하나의 나이 집단에서 다른 나이 집단으로 갈 때마다 점차적으로 증가 혹은 감소하게 될 것이고 직선의 모양을 보일 것이다. 직선의 관계가 아니고 그림 6.3에서 보이는 양상의 plot을 보이면 선형의 관계가 아니다.

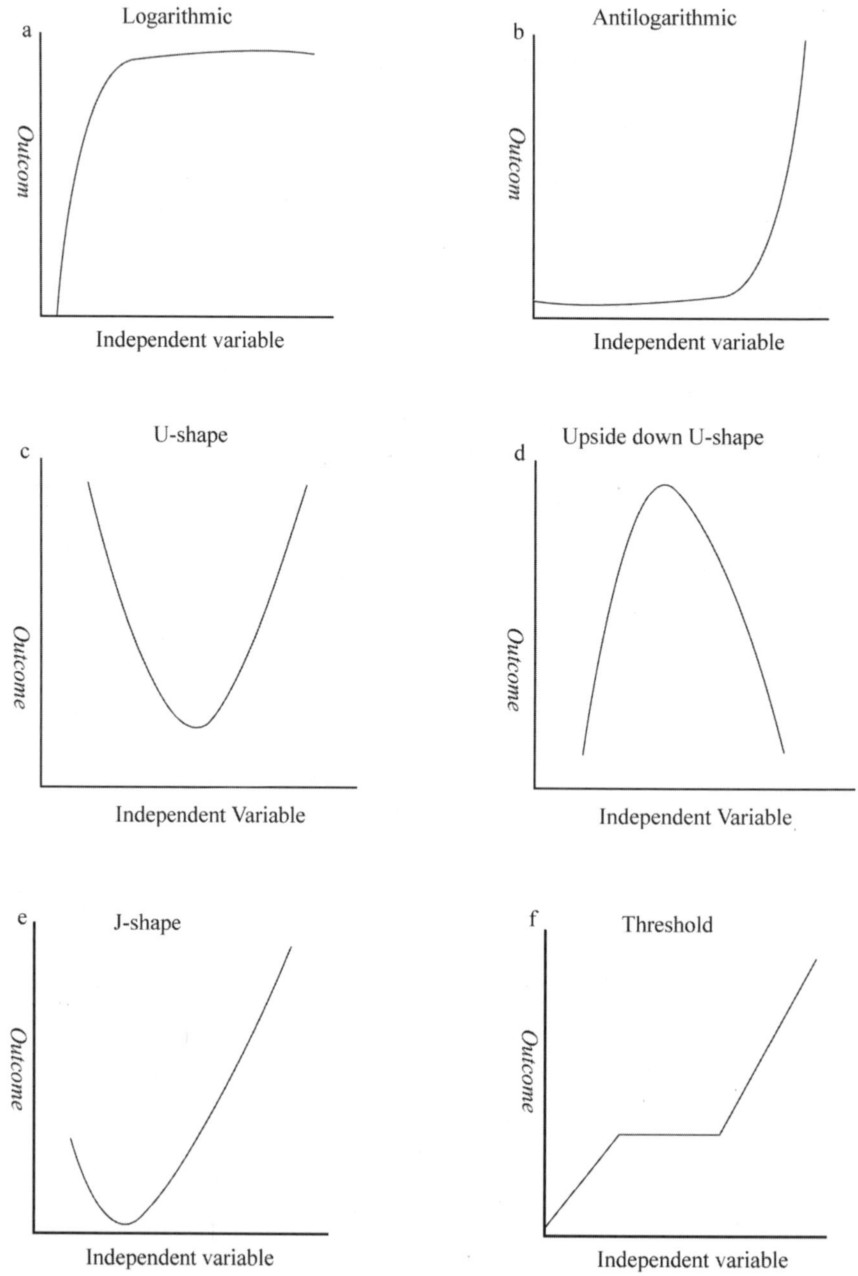

그림 6.3 Variety of nonlinear relationship between an independent variable and outcome

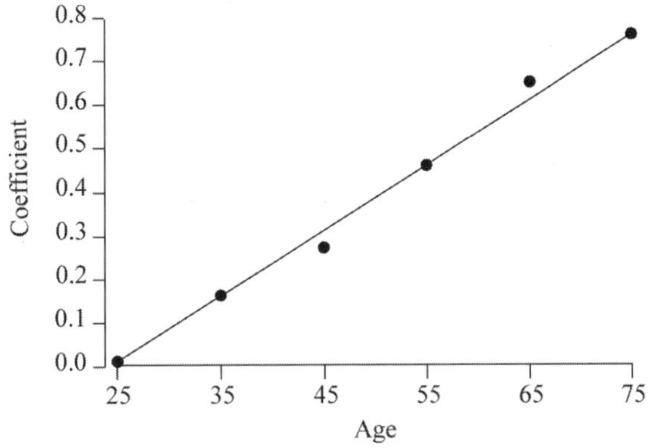

그림 6.4 Coefficients graphed against mid point of age from a straight line

그래프를 그리지 않아도 선형의 효과가 있으면, 각 연속적인 집단의 회귀계수 사이의 수적인 차이(numeric difference)가 같을 것이다(즉, 20－29세 집단과 30－39세 집단의 회귀계수의 차이는 30－39세 집단과 40－49세 집단의 회귀계수 차이와 거의 같다는 의미). 연속적인 집단은 20－29세 같은 것을 의미한다. 그러나 point가 연속적인 직선에 전부 떨어지는 것은 아니기 때문에 완전히 회귀계수의 차이가 똑같지 않다. 중요한 것은 "자료가 얼마나 선형의 관계를 합리적으로 이치에 맞게 표현하고 있느냐"이다.

이러한 방법은 잠재적인 혼란변수를 보정하고 결과변수와 독립변수가 선형의 관계가 있는지 알아보는 데도 사용될 수 있다. 또한 독립변수와 결과변수 사이에 선형적으로 dose response curve를 확인하는 데도 유용하다. Dose response-curve란 약물학에서 많이 나오는 용어로 약물이 그 효과를 나타내기 위해서는 어느 일정수준 이상의 용량(dose)이 필요하며, 아무리 많은 양을 투여해도 그 이상의 효과(response)는 나타나지 않는 threshold가 있다는 것을 나타내는 곡선이다.

로지스틱 회귀분석을 수행하기 전에 등간으로 측정된 독립변수가 결과변수와 선형의 관계가 있는지 알아보는 이변량분석방법이 있다. 즉, 등간으로 측정된 독립변수의 자료를 범주로 나누어서 집단화한 후 원래 가지고 있던 등간의 성격을 어느 정도 유지하는 방법이다. 즉, 나이가 20－29세면 1로, 30－39세면 2로, 30－39세면 3으로 다시 coding하면 1에서 하나씩 증가할수록 나이가 증가함을 의미하는 서열의 개념을 가지게 된다. 다음 독립변수와 결과변수로 단순히 교차표를 만들어보면 등간으로 측정된 독립변수의 수준의 증감에 따라 결과변수의 proportion이 점차적으로 증감하는 것을 알 수 있다. 이런 경우 증감의 경향을 보는 검정방법으로는 Chi-square for trend test(4.8장 참조)가 의미 있다.

정리하면 로지스틱 회귀분석 또는 비례위험모형에서 등간으로 측정된 독립변수가 선형의 가정을 만족하는지 알아보는 방법은?

1) 독립변수를 같은 단위를 갖도록 여러 개의 이분형변수로 범주화하라.

2) 범주화한 이분형변수로 로지스틱 회귀분석 또는 비례위험모형분석을 수행하라.

3) 각 변수의 회귀 계수를 변수의 중앙값(midpoint)에 대해서 그래프를 그려본다.

6.5 등간으로 측정된 독립변수와 결과변수 사이에 선형의 관계가 없을 때는?

이런 경우 적당한 방법으로 변수를 변환하지 않고 선형의 관계가 있는 것으로 취급하고 다변수분석을 한다면 독립변수와 결과변수는 아무런 관련이 없다고 나올 것이다. 혹은 관련성이 부분적으로 선형의 관계가 있는 척도를 따라 많은 point가 있었다면, 약한 선형의 관계가 있다고 나올 것이다. 이런 경우 선형의 관계에 있는 것같이 모형을 세우면 안 된다. 그러나 선형의 가정에 자신의 자료가 맞지 않는다고 실망할 필요는 없다. 자료를 잘 살펴보면 유용한 정보를 얻을 수 있고 또한 변수를 적당히 변형시키면 자료는 아직도 연구자의 모형에 남아 있을 수 있다.

만약 연구자의 독립변수의 high end의 값의 변화가 lower end의 값의 변화보다 결과변수에 영향이 적으면(그림 6.3에서 a와 같은 형태의 자료의 분포를 보이는 경우), 독립변수에 logarithm을 취해서 선형의 경향으로 바뀔 수 있다. 이런 경우 상용로그보다는 자연로그를 흔히 더 많이 사용하나 모두 비슷한 결과를 얻는다. 로그변형시 변수의 값은 항상 양의 수이어야 하며, 0이나 음의 값을 갖는 수는 로그변형을 할 수 없다. 만약 연구자의 자료가 진짜 0의 값을 가지고 있다면 모든 자료에 1을 더해서 0의 값을 1로 바꾼 후 로그변형을 하면 된다.

만약 연구자의 독립변수의 높은 곳의 끝에 있는(high end) 값의 변화가 낮은 곳의 끝에 있는(lower end) 값의 변화보다 결과변수에 대한 영향이 상당히 크면(그림 6.3에서 b와 같은 형태의 자료의 분포를 보이는 경우), 이때는 독립변수에 antilogarithm transformation(즉, e^x or 10^x)을 하여 선형적인 경향으로 자료를 바꾸어 준다. 종속변수 또는 독립변수 모두 로그변형과 antilogarithm transformation을 할 수 있다.

그림 6.5의 U shape의 예는 1,102명의 여성을 대상으로 조사한 cholesterol 수치와 전체 사망률에 대한 연구에서 찾아볼 수 있다(Br Med J 1989; 298 : 920-924). 이 연구에서 사망률은 cholesterol 수치가 낮은 집단과 높은 집단 모두에서 높은 U shape 형태의 분포를 보였다. 여기서 cholesterol 수치를 등간변수로 처리했을 때는 cholesterol 수치와 사망률은 높은 수준과 낮은 수준에서 서로 상쇄되어 유의한 차이가 없었다. 즉, cholesterol 수치를 등간변수로 처리하면 curvilinear relationship(곡선의 관계)에 포함되어 있는 중요한 정보를 놓치게 된다. 높은 cholesterol 수치는 심장병과 관련이 있어 사망률이 높았고, 낮은 cholesterol 수치는 악성종양이나 다른 질환에 의한 영양실조로 사망률이 높은 것이다.

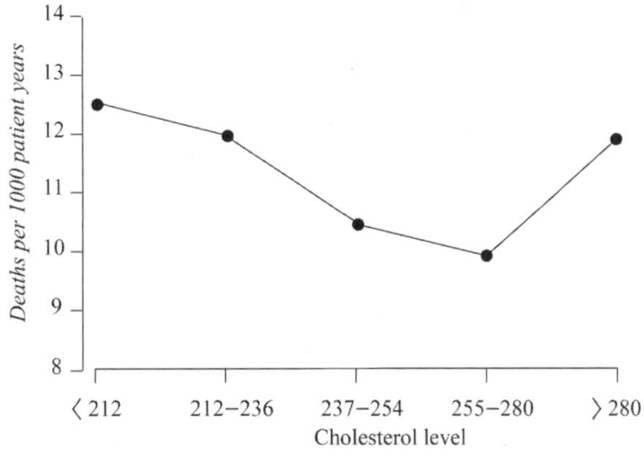

그림 6.5 **Relationship between cholesterol level and all cause mortality among 1,102 women.** (Br. Med. J 1989; 298 : 920-924)

J shape 분포는 U shape 분포에서 결측자료가 좀더 있는 변형의 형태로 볼 수 있다. 이변량분석에서 U shape나 J shape를 보이는 경우는 몇 가지 방법을 이용해서 자료를 변환할 수 있다.

첫째는 변수를 제곱의 형태로 변환하고, 변형을 하지 않은 자료와 같이 포함시키는 방법이다. 제곱의 형태로 만들기 위해 원래의 자료에서 표본의 평균을 빼준 후 제곱을 해준다. 즉, (value of X − mean of X for sample)^{2}의 형태이다. 이렇게 만든 수치와, 변형하지 않은 원래 자료의 평균 수치와 얼마나 큰 차이를 보이는지 비교하기 위해서, 변형하지 않은 원래의 자료는 꼭 동시에 방정식에 포함시켜야 한다. 원래 자료의 평균의 수치와 차이가 클수록 통계적으로 유의하다고 할 수 있다.

이런 경우 J shape나 U shape도 연구자의 모형에서 통계적으로 유의한 것이다. 이 방법의 제한점은 독립변수의 얼마만한 단위가 변할 때 결과변수에 얼마만한 영향을 미치는지 독자들에게 알려 줄 수 없다는 점이다. 왜냐하면 단위변화시 두 개의 변수를 통해 결과변수에 영향을 주기 때문이다.

독립변수와 종속변수의 관계가 U 혹은 J shape를 보이는 경우는 보통의 모집단에서의 결과와 다를 수 있다. 위의 cholesterol 연구에서 변수를 변환하지 않고 분석하면 서로의 효과가 상쇄되어 두 변수 간에 관계가 없이 나오지만, 만약 결과변수가 사망률이고 독립변수가 혈압수치라고 했을 때 두 변수의 관계

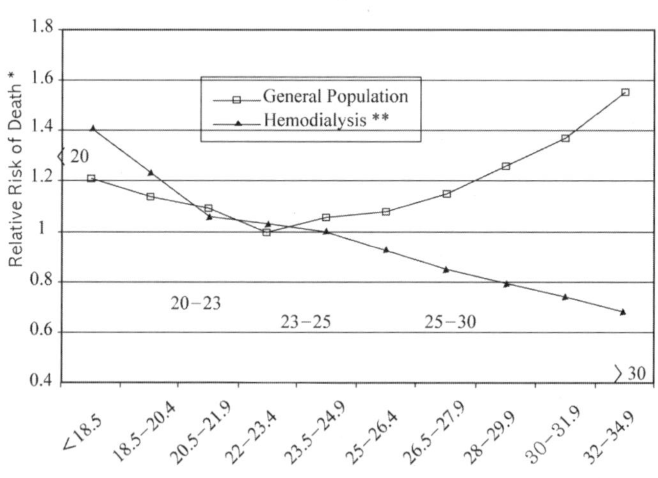

그림 6.6 BMI Associated Death Risk: General Population versus Hemodialysis Patients

가 J나 U shape를 보였다면 일반적으로 혈압이 증가하면 심혈관계 질환의 발생이 증가하여 사망률이 높아야 되는데 이 경우는 반대로 서로 음의 관계에 있는 곳에서는 혈압이 높을수록 사망률이 감소한다는 결과가 도출된다. 이렇게 정상인의 결과와 반대로 결과가 도출되는 경향을 보이는 것을 연구하는 학문을 reverse epidemiology라고 한다. 예를 들면 말기신부전으로 투석을 받고 있는 환자에서 BMI(body mass index)가 증가할수록 사망의 위험도가 감소한다(그림 6.6). 하지만 정상 모집단에서는 일반적으로 BMI가 증가할수록 사망률은 증가한다. 즉, 정상 대조군과는 서로 반대되는 결과를 보인다.

J shape, U shape, threshold effects 그리고 interval independent variable과 결과변수 사이에 복잡한 관계를 보이는 경우 spline을 이용해서 분석할 수 있다. Spline은 제도하는 사람이 곡선을 그릴 때 사용하는 금속으로 된 flexible strip에서 유래되었다. 통계학적 의미에서 spline은 서로를 연결해 주는 polynomial로 두 개 이상을 합한 대수함수를 의미한다. 여기서 연결된 point를 knots라고 한다. 곡선의 각 piece는 다른 polynomial에 의해 대표되므로, spline은 복잡한 관계에 있는 다양한 모형에 사용될 수 있다.

Spline의 가장 단순한 형태는 linear spline function이다. 비록 각 function의 piece가 linear하다고 하더라도, 여러 개의 pieces를 가지고 있기 때문에, 등간으로 측정된 독립변수와 결과변수 사이에 비선형 관계의 모형을 세울 수 있게 된다. 예를 들면 그림 6.5에서 4개의 linear segment로 구성된 linear spline function으로 모형을 구축할 수 있다(만약 그림 6.5가 spline function이었다면, cholesterol 수치 212−236, 237−254 그리고 255−280에서 3개의 knots가 있었을 것이다. Knot의 개수는 항상 segment의 수보다 1이 작다).

위험인자와 outcome 사이의 모형을 구축할 때 항상 모든 pieces가 linear하지는 않는다. 대신 rounded curve를 가질 수 있다. 이런 경우는 cubic spline function을 사용해야 한다. Cubic spline function은 higher-order polynomials로 더 잘 curve에 맞는다.

Cubic spline function의 단점은 꼬리부분에서는 잘 맞지 않는다는 것이다. 즉, 처음 knot의 전과 마지막 knot의 다음이 잘 맞지 않는다는 것이다. 이런 문제점을 극복하기 위해 restricted cubic spine function(=natural cubic spline)을 사용한다. 이 방법은 knot의 근처를 지나면 억지로 function이 linear하게 만드는 것이다.

비록 통계적으로 spline이 매우 만족한 해결책이지만, 의학분야에서는 서서히 퍼지고 있는 방법일 뿐이다. 중요한 이유는 spline은 위험인자와 결과변수와의 관계를 설명하는 데 odds ratio나 relative risk같이 single measure를 산출해 주지 않기 때문이다.

흔히 통계적으로는 덜 만족스럽지만, 연구자가 결과변수와 등간의 척도를 가지고 있는 위험인자와의 비선형의 관계를 구체화하기 위해 등간변수로부터 여러 개의 이분형변수를 만드는 것을 우리는 흔히 볼 수 있다. 여러 개의 이분형변수를 만들면 각 category가 바로 독립변수가 되게 해주고 결과변수에 각각 영향을 준다.

여러 개의 이분형변수를 만드는 방법의 한계는 cut-off의 선택이 임의적이라는 것이다. 연구자가 독립변수와 결과변수 사이의 연관성을 최대로 하기 위해 기준 절단값을 설정하게 되면, 연구자는 모집단에서 이 변수들의 연관성을 과대평가할 수 있다. 그러므로 기준 절단값의 선택은 자연적인 cut-off(나이 같으면 10살 간격)를 사용하거나 sample을 independent variable(tertile 삼분위수, quartiles 사분위수, quintiles 오분위수, quintiles of values of the independent variables)에 의해 똑같은 크기로 만들어 주는 것이 좋다.

이렇게 자연적인 cut-off value를 이용하는 방법의 단점은 표본의 크기가 동등하게 나누어지지 않는다는 점이다. 즉, 대상자의 나이를 10세 간격의 기준으로 절단하면 80−89세 집단에서는 설문에 '예'로 대답한 경우가 1−2%밖에 안 될 가능성이 높다. 이렇게 '예'로 대답한 대상자가 너무 적으면 이 변수는 분석에서 의미가 없을 가능성이 높다. 이와 비교해서 표본의 크기가 모두 같게 절단을 한다면 여러 개로 만든 이분형변수의 분산은 모두 같게 될 것이다. 예를 들어 나이를 삼분위수(청년, 중년, 장년)로 나눈 후 가장 젊은 층을 기준집단으로 사용하는 방법이다. 하나의 이분형변수가 1 / 3(중년층)에서 '예'라는 값을 갖고, 나머지 2 / 3(청년층과 장년층)에서 '아니오'라는 값을 가질 수 있다. 다른 이분형변수는 또한 1 / 3에서 '예' 그리고 2 / 3에서 '아니오'라는 값을 가질 수 있다.

그러나 이렇게 표본의 크기를 똑같게 절단하는 것의 문제점은 독립변수의 단위당 변화를 알 수 없다는 것이다. 즉, 고령의 대상자는 젊은 대상자에 비해 사망확률이 3배 높다고 말할 때와, 나이가 70−89세인 집단은 나이가 30−49세인 집단에 비해 사망 확률이 3배가 높다고 말하는 것은 차이가 있다. 후자의 경우가 독립변수의 단위 변화에 따른 결과변수의 변화를 더 독자에게 주목하게 만들어 주고 있다.

독립변수와 결과변수와의 관계가 threshold effect 관계에 있는 경우는 계단 모양으로 분포가 이루어지므로 선형모형은 적용할 수가 없다. 이런 경우도 여러 개의 이분형변수를 만들어서 사용하면 된다. 즉, 그림 6.3의 f 곡선은 3부분으로 이루어져 있는데 2개의 가파른 곡선과 1개의 평행한 곡선으로 이루어져 있다. 이런 경우 두 개의 이분형변수와 한 개의 기준집단으로 해서 모형을 구축하면 된다.

이렇게 여러 개의 이분형변수를 만들면 어떤 비선형의 관계에 있는 효과(nonlinear effect)도 분석에 사용될 수 있게 만들어 줄 수 있는데 이는 이렇게 만듦으로 outcome과 각 category가 연관이 있게 되기 때문이다.

여러 개의 이분형변수로 만드는 방법의 단점은 연구에 포함되는 독립변수의 수가 증가한다는 것이다. 특히 연구자의 연구대상 수가 적은 경우는 문제가 많이 된다.

이렇게 변수를 변환하는 기술이 있어도 다음과 같은 경우에는 어찌 할 것인가? 다음은 심장관상동맥 우회수술 후에 발생하는 심한 뇌기능장애의 발생률에 대한 연구이다(그림 6.7). 나이가 증가함에 따라 발생률은 증가하나 서로 직선의 관계는 아니다. 즉, 발생률이 나이 40에서 40−49구간에서는 약간 급격히 증가하다가 40−49에서 60−69 구간에서는 서서히 증가하다가 다시 60−69 이후부터 급격히 증가한다. 곡선이 평평한 곳이 있기 때문에 여러 개의 이분형 변

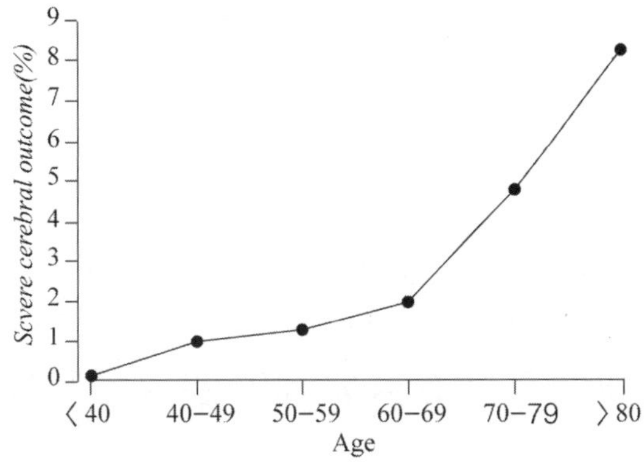

그림 6.7 Relationship between age and incidence of severe cerebral outcome. (N. Engl. J. Med. 1996; 335 : 1857-1863)

수를 만드는 방법만이 모형을 구축할 수 있다. 즉, 40세 이하인 집단을 기준집단으로 하고 70−79세(예/아니오)와 80세 이상(예/아니오)을 나타내는 변수를 만든다. 이 두 집단은 다른 집단과는 다르게 회귀계수의 값이 클 것이다. 반면 40−49(예/아니오), 50−59(예/아니오), 60−69(예/아니오)의 집단의 회귀계수의 값은 작거나 서로 비슷할 것이다.

나이와 심한 뇌기능장애 발생률 사이에는 그림 6.7과 같이 비-선형의 관계를 보였지만, 연구자는 변수의 변환 없이 비례위험모형을 이용하여 나이 변수를 등간변수로 10세 단위로 cut-off하여 분석을 하였다. 그 결과 연령이 10세 증가할 때마다 relative hazards는 1.75배 증가한다고 보고하였다. 그러나 그림에서 보듯이 60−69세부터 80세 이상 구간에서 1.75는 과소평가하고 있고, 반대로 40−49에서 60−69세 구간은 과대평가하고 있다는 것을 알 수 있을 것이다.

우리는 위의 예에서 중요한 사실을 발견할 수 있다. 즉, 변수가 선형의 기울기에 맞지 않아도 다변수분석을 수행할 수 있고 또한 결과도 그럴 듯하게 보일 수 있다는 점이다. 그러나 여기서 믿을 만하게 보인다는 의미는 나이가 심한 뇌기능장애 발생에 미치는 영향을 하나의 특정 나이의 값에서 추정하는 데는 1.75라는 relative hazards가 가장 좋은 추정값일 수도 있다는 의미이지, 일생동안에 걸쳐서 나이가 결과변수의 발생에 미치는 참된 효과를 표현하는 데에는 매우 좋은 방법이 아니라는 의미이다.

이변량분석에서는 다변수분석보다 두 변수가 선형의 관계에 있다는 것을 알아보기가 훨씬 쉽다. 그러므로 다변수분석을 하기 전에 이변량분석으로 선형의 관계가 있는지 미리 조사해야 한다. 여기서 선형의 관계를 보이는 독립변수만을 다변수분석에 포함시켜야 되나 실제로 다변수분석을 하면 이런 선형의 관계가 충족되는지 알아보는 추가적인 검사가 있다.

6.6 연구자의 interval independent variable이 선형의 가정에 잘 맞아도 이 변수를 interval category로 나누거나 혹은 여러 개의 이분형변수로 만들어서 분석을 해야 할 필요가 있을까?

그렇다. 나이, 혈압, 혈액검사 수치 같은 등간척도로 측정된 독립변수가 선형의 가정에 잘 맞아도 흔히 다변수분석에서는 원래 등간척도로 남아있게 되는 경우는 드물다. 그 이유는 다음과 같다.

연구자의 표본의 크기가 작을 때는(N < 100명) 대상자의 나이 같은 등간척도로 측정된 독립변수는 여러 개의 범주로 나누어주지 않는 한 선형의 가정을 만족하기가 어려운 경우가 많다. 즉, 범주로 나누지 않고 처음 자료를 그대로 분석에 이용할 경우 55세에서 57세 사이에서 결과가 발생할 likelihood 차이나, 61세에서 63세 사이에서 결과가 발생할 likelihood 차이나 똑같게 된다. 대부분 임상적인 결과의 발생은 나이가 증가할수록 더 많이 발생하게 되어 있다. 특히 고령에서는 더욱더 많이 결과가 발생하게 되어 있다. 아직도 나이 같은 연속적인 등간자료를 범주로 나누지 않았다면, 80세 이상은 한두 명이거나 혹은 대상자가 한 명도 없을 수 있다는 사실을 알아야 한다.

또한 범주로 나누어주지 않으면 측정한 척도의 어느 곳을 따라서 불연속적으로 증가 혹은 감소하면 결과변수에 똑같이 영향을 주게 된다. 그러므로 수축기 혈압이 150에서 160mmHg로 증가할 때마다 중풍 발생이 50% 증가한다고 가정하면 혈압이 100에서 110mmHg로 증가하여도 중풍 발생이 50% 증가된다고 할 수 있을 것이다. 정상 범위 안에서 혈압이 10mmHg 증가했다고 중풍 발생이 50% 증가했다는 것은 사실이 아니다. 실제적으로 임상적인 측면에서 보면 혈압을 포함하여 많은 변수들은 특정한 threshold를 지나야만 의미가 있는 경우가 대부분이다. 그러므로 이런 오류를 피하기 위해서 등간변수는 여러 개의 이분형변수로 나누어 모형에 투입하는 경우가 많다.

또한 등간척도로 측정된 독립변수를 범주로 나누어 준다고 하더라도 척도의 등간의 성질은 아직도 그대로 남아 있다. 즉, 나이를 10세 단위로 집단을 나누어도 각 연령 군에서의 차이는 항상 10이기 때문이다.

어떤 경우에는 연구자는 변수가 선형의 가정을 거의 만족하는 데도 여러 개의 이분형변수를 만드는 경우도 있다. 이유는 이렇게 여러 개의 이분형변수를 만드는 것이 좀더 신중한 전략이기 때문이다. 연구자는 자신의 모형이 '선형'의 가정을 만족하지 않는다고 해버리면 독자나 또는 저널의 검열자에게 선형의 가정을 만족하는지 증명할 필요가 없다. 특히 여러 개의 이분형변수를 만들 수 있을 정도로 표본의 크기가 충분한 경우 이런 전략은 아주 잘 맞아 떨어질 수 있다. 그러나 이 전략은 모형에 포함되는 독립변수의 개수가 증가하게 된다. 분석에 포함되는 독립변수의 수가 증가하면 특히 표본의 크기가 작은 경우는 문제가 된다. 조금 부정적인 측면으로 보면 선형의 경향이 약할 경우, 변수가 등간변수의 형태 그대로 분석하는 것이 통계적으로 의미 있을 수 있다. 그러나 여러 개의 이분형변수로 바꾸면 어떤 변수 자체도 의미가 없기 때문에 더 이상 통계적으로 의미 있게 나타나지 않을 수도 있다.

6.7 결과변수와 분산의 분포에 대한 가정은?

다중 선형회귀분석에서의 기본 가정은 "독립변수의 고정된 어떤 값에 대하여 종속변수는 정규분포를 따르며, 독립변수의 값에 관계없이 종속변수의 분산은 같다(등분산이라고 한다) 혹은 일정하다"는 것이다. 이런 가정을 만족하기 위해서 결과변수는 독립변수의 어떤 값에 대해서도 종 모양의 정규분포 곡선을 나타내야 한다(그림 6.8 a). 그림에서 보면 X1, X2 그리고 X3란 독립변수에 대해서 종속변수가 가지는 값의 모양은 항상 종 모양이다. 분산이 일정하다는 의미는 그림 6.8 a처럼 평균 X1에서 종속변수를 양쪽으로 펼쳤을 때, X의 각 수치는 같다는 의미이다.

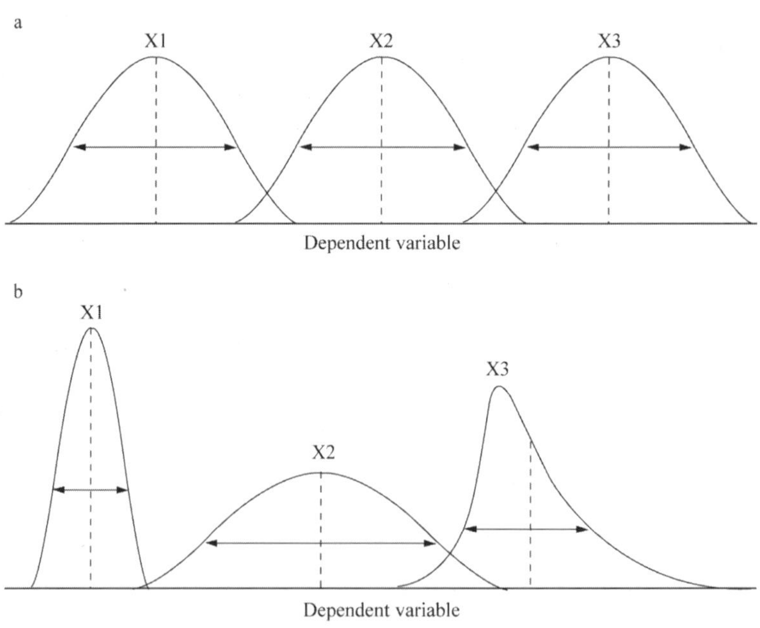

그림 6.8 Plot of an interval dependent variable at 3 different value of the independent variable X

연구자의 자료가 등간으로 측정된 독립변수인 경우 독립변수를 몇 개의 집단으로 나누어 보면 정규성과 등분산성을 평가하기가 쉽다. 예를 들면 그림 6.8 a에서 X1, X2, X3는 수치의 간격(즉, age 20-39 years, 40-59 years, 60-69 years)을 나타낸다. 그림 6.8 b는 X3가 정규분포를 하지 않아서 종 모양이 아니고(X1과 X2는 정규분포를 하지만 분산은 서로 틀리다), 평균에서 양쪽으로 펼쳤을 때 X1, X2, X3의 세 가지 값이 모두 다르기 때문에, 두 가지 정규성과 등분산성의 가정을 모두 위반한 경우이다. 비록 정규성과 등분산성 중 하나를 위반하면 다른 하나가 위반될 가능성이 높지만 연구자는 개념적으로 정규성과 분산의 정규성을 두 개로 나누어서 생각하고 있어야 한다.

정규성의 가정을 평가할 때 변수의 일변량적인 특성만 보고는 알 수 없다. 단지 모든 독립변수의 histogram만 그려보고 종 모양의 정규분포를 보이면 정규성의 가정에 맞는다고 생각하면 안 된다. 정규성과 등분산의 가정은 독립변수의 각 수준에서 평가하는 것이지, 모든 수치를 다 함께해서 평가하는 것은 옳지 않다. 그럼에도 불구하고 모든 독립변수에 대해 단순히 histogram을 그려보는 것은 정규성과 등분산성을 알아보는 첫 번째 방법으로 유용한 방법이라고 할 수 있다.

만약 단변량분석인 histogram에서 변수가 종 모양을 보이지 않고 정규성을 심하게 위반했다면 또한 이변량분석에서도 등분산성의 가정을 위반할 가능성은 크다. 보통 이변량분석보다는 단변량분석을 다시 검토하기가 쉽기 때문에 단변량분석으로 어떤 변수를 특별히 이변량분석에서 주의해야 할지 알 수가 있다. 물론 통계프로그램을 잘 이용하면 여러 가지 plot도 쉽게 그려볼 수 있고 여러 가지 통계량을 보고 정규성을 검정할 수 있지만, 정규성과 등분산성을 검정시에는 histogram을 살펴보는 것이 더 많은 정보를 준다.

모든 종속변수와 독립변수와의 관계에 대해 histogram을 그려보는 것은 정규성과 등분산성을 알아보는 것 이외에도 연구자의 자료를 정리하는 데도 필요하다. Histogram으로는 통상적으로 믿기 어려운(implausible) 수치(나이가 120세인 경우)인 outlier를 찾아낼 수 있고, 자료의 수치에서 gap을 알아보는 데도 도움이 된다. 예를 들면 나이가 60세 이상인 대상이 거의 없다면 60세 이상의 집단을 가지고는 결과를 일반화해서 적용할 필요가 없다. 단변량분석으로는 또한 양쪽으로 너무 크거나 작은 극단치나 이상치 같이 연구결과에 영향을 주는 자료도 발견할 수 있다.

정리하면 모든 변수를 histogram으로 그려보면

1) 정규성과 등분산성의 가정을 위반했는지의 유무와
2) 믿기 어렵거나 받아들이기 어려운 자료(implausible data)와
3) Gaps in your value
4) 그리고 극단치(extreme value)를 알아볼 수 있다.

위와 같이 여러 가지 사항으로 정규성과 등분산성을 검증하지만 다행히 중요하고 유용한 이론이 있다. 즉, 중심극한의 정리(central limit theorem)라는 것으로 표본의 크기가 충분히 크면(greater than 100) 자료의 정규성은 만족한다는 것이다. 그러나 표본의 크기가 충분히 큰 경우에도 등분산의 가정에 대해 의미있게 위반을 하게 되면 연구결과에 영향을 미치게 되어 검정력(power)이 떨어지게 된다.

로지스틱 회귀분석에서 종속변수는 이항분포(binomial distribution)를 한다. 이항분포는 연속적으로 독립변수를 반복 시행시 성공 혹은 실패, 예 혹은 아니오, 생존 혹은 사망의 횟수같이 결과가 오직 두 개의 경우로만 나타나는 독립적 시행의 결과에 대한 분포이다. 독립적 시행이란 어떤 대상자에 대한 결과의 발생은 다른 대상자에 대한 결과의 발생과는 독립이라는 의미이다. 달리 말하면 결과는 cluster되지 않았다는 의미이다. 만약 결과변수에 clustered effect가 있으면 generalized estimating equation 모형이나 mixed 모형 같은 다른 모형을 이용한다.

Cox 비례위험모형에서는 결과변수의 분포나 분산에 대한 가정은 없다. 즉, Cox 비례위험모형에서의 결과변수는 생존시간이 되는데 생존시간의 분포에 대한 가정이 없기 때문에 proportional hazards 모형을 nonparametric survival analysis라고 한다. 그러므로 자료를 모형에 적합시키기 쉽기 때문에 흔히 사용하는 것이다. 그러나 생존분석에서도 결과변수의 분포가 특정한 분포를(Weibull, exponential 등) 한다고 가정하고 이용하는 방법을 parametric survival analysis라고 한다.

6.8 다중 선형회귀분석에서 자료가 정규성과 등분산의 가정을 심하게 위반했을 경우에는?

독립변수나 종속변수를 자료 변환하여 정규성과 등분산성의 조건에 맞도록 해볼 수 있다. 흔히 사용되는 자료변환의 방법은 자연로그, 제곱근(√, square root), 역수(reciprocal), 제곱(square) 그리고 arcsin 등을 사용하여 자료를 변환하는 것이다. 즉, 정규분포를 하지 않거나 등분산의 가정에 맞지 않은 자료에 log를 취한 값은 정규분포를 할 가능성이 높아진다.

일단 자료를 위의 여러 가지 방법으로 변환했으면 이변량분석을 다시 해서 독립변수와 종속변수가 정규성과 등분산성을 충족하는지 다시 검증해 본다. 우리의 최종적인 목표는 "모든 독립변수를 다변수분석에 포함했을 때 얼마나 정규성과 등분산성이 충족되느냐"인데 이런 가정을 검증할 수 있는 방법이 항목 11.2에서 다루어질 것이다.

6.9 추적기간이 다른 대상자들에 대한 censoring의 가정은 무엇인가?

중도절단에서의 가정은 "만약 대상자가 중도절단 되었을 때, 중도절단 된 대상자를 관찰시간의 특정 시점까지 추적조사하였으면, 그들은 특정 시점에서 중도절단이 되지 않은 대상자와 결과가 발생할 확률은 똑같다"이다. 이를 다시 설명하면 중도절단은 무작위로 발생해야 하며 결과변수와는 독립적(무관하게)으로 발생해야 한다.

중도절단의 개념을 이해하기 위해서 그림 6.9의 100명의 Kaplan-Meier survival 그래프를 보자. 생존곡선 위에 I로 표시된 것은 중도절단 된 대상자, 즉 생존율의 분석에서 제외되는 대상자를 표시하고 있다. 수평 축 밑에는 결과가 발생할 위험이 있는 사람의 숫자(즉, 아직까지 결과를 경험하지 않은 중도절단 되지 않은 대상자)와 생존율을 표시하고 있다.

처음 관찰기간인 time 0에서 모든 대상자는 살아 있으며(event의 발생이 없는 상태) 생존율은 100%이다. 시간이 지남에 따라 사망이라는 사건이 발생하여 생존율은 감소하게 된다. 관찰기간 2년에서 생존율은 86%이다. 그럼 관찰 2년째

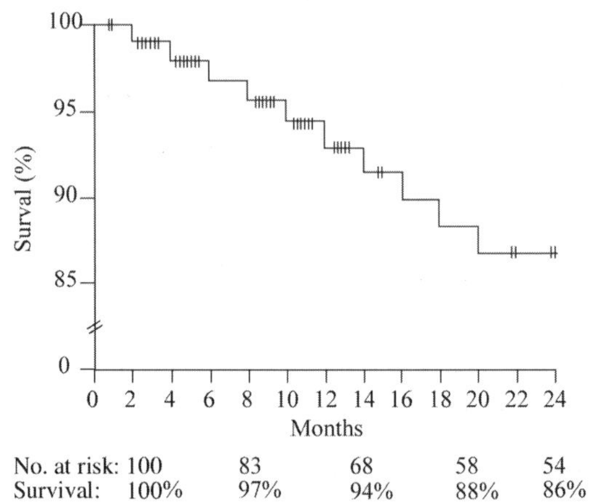

그림 6.9 Hypothetical survival experiences of 100 subjects.

생존율 86%가 의미하는 것은 무엇인가? 대상 환자가 100명이니 관찰 2년 되는 해에 14명이 죽었고 86명이 살아 있다는 의미인가? 아니다. 실제로는 10명만 사망했다.

중도절단이 있으면 추적기간이 종료되는 시점에서의 proportion of surviving은 연구가 종료된 기간에 남아 있는 대상자의 단순한 비율이 아니다. 중도절단된 대상은 그들이 연구에서 제외될 때까지만 분석에 기여하는 것이다. 이것을 설명하기 위하여 사건이 발생할 때의 각 시점에서, 사건이 발생하지 않고 생존해 있는 대상자를 기초로 해서 current event rate를 계산한다. 이것을 가지고 cumulative survival at the end of the study를 계산한다. 다음을 보자.

어떤 시간 간격에서 종료시점에 해당되는 시점에서의 생존율은 전체 기간에서 어떤 순간에서의 생존율과 거의 같다고 볼 수 있다. 각 순간에서의 생존가능성을 계산하기 위해서 product(product는 곱해서 나오는 결과를 말한다)라는 것을 사용한다.

표 6.2를 보자. 각 관찰구간에서의 current event rate = $\frac{\text{number of outcome}}{\text{number of subject at risk}}$ 고 conditional probability = 1 − current rate이다. 관찰기간 종료시점에서의 cumulative survival은 conditional probability에 바로 전의 관찰기간의 cumulative survival을 곱해 주면 된다. 즉, 1st month time surviving에 2nd month의 conditional probability를 곱해 주는(product) 것이고 다음 관찰기간도 같은 방법

표 6.2 Calculation of cumulative survival

Study Time (month)	# of subjects at risk for outcome	number of outcomes	number censored	current event rate (# outcomes/ # of subject at risk)	Conditional Probability (1- current Event ratio)	cumulative survival
1	100	0	2	0/100 = 0	1 − 0 = 1	1
2	98	1	0	1/98 = 0.01	1 − 0.01 = 0.99	1 * 0.99 = 0.99
3	97	0	6	0/97 = 0	1-0 = 1	0.99 * 1 = 0.99
4	91	1	0	1/91 = 0.01	1 − 0.01 = 0.99	0.99 * 0.99 = 0.98
5	90	0	7	0/90 = 0	1 − 0 = 1	0.99 * 1 = 0.98
6	83	1	0	1/83 = 0.01	1 − 0.01 = 0.99	0.98 * 0.99 = 0.97
8	82	1	0	1/82 = 0.01	1 − 0.01 = 0.99	0.97 * 0.99 = 0.96
9	81	0	6	0/81 = 0	1 − 0 = 1	0.96 * 1 = 0.96
10	75	1	0	1/75 = 0.01	1 − 0.01 = 0.99	0.96 * 0.99 = 0.95
11	74	0	6	0/74 = 0	1 − 0 = 1	0.95 * 1 = 0.95
12	68	1	0	1/68 = 0.01	1 − 0.01 = 0.99	0.99 * 0.95 = 0.94
13	67	0	5	0/67 = 0	1 − 0 = 1	0.94 * 1 = 0.94
14	62	1	0	1/62 = 0.02	1 − 0.02 = 0.98	0.94 * 0.98 = 0.92
15	61	0	2	0/61 = 0	1 − 0 = 1	0.92 * 1 = 0.92
16	59	1	0	1/58 = 0.02	1 − 0.02 = 0.98	0.92 * 0.98 = 0.90
18	58	1	0	1/58 = 0.02	1-0.02 = 0.98	0.90 * 0.98 = 0.88
20	57	1	0	1/57 = 0.02	1 − 0.02 = 0.98	0.88 * 0.98 = 0.86
22	56	0	2	0/64 = 0	1 − 0 = 1	0.86 * 1 = 0.86
24	54	0	2	0/54 = 0	1 − 0 = 1	0.86 * 1 = 0.86

으로 마지막 관찰기간까지 계산한다. Conditional probability를 곱해서 cumulative survival을 계산하기 때문에 Kaplan-Meier method를 product limit method 라고도 한다.

표 6.2에서 관찰구간이 3개월이나 5개월같이 사건이 발생하지 않으면 conditional probability는 항상 1이 되기 때문에 product에 영향이 없다. 즉, 중도절

단 된 관찰(censored observation)은 적어도 한 명 이상의 사건이 발생할 때까지 연구기간 동안 남아 있다가 사건(사망)이 발생하면 생존율 계산에 기여하게 된다. 다른 각도에서 보면 만약 관찰 대상자가 어떤 사건이 발생하기 전에 중도절단 되었다면(표 7.4에서 1st month같이 중도절단만 2명 생기고 사건의 발생은 없다), 이런 경우 중도절단 된 관찰은 누적생존율을 계산하는 데는 전혀 기여하지 않는다. 왜냐하면 current rate를 계산할 때 분모에 포함되려면 사건이 발생할 때까지 연구기간 동안 남아 있어야 되기 때문이다.

생존분석에서 중도절단 된 대상자에 대한 가정은 중도절단 된 대상자도 연구에 계속 남아 있는 사람과 같은 survival experience를 가진다는 것이다. 그래서 그림 6.9에서 만약 2년 동안 모든 대상 환자 100명이 중도절단 없이 끝까지 추적조사되었다면, 2년 생존율이 86%이기 때문에 14명이 사망한 것이고 86명이 생존해 있는 것이다. 그러나 위에서 미리 말했듯이 중도절단 된 대상자 때문에 실제로 2년 후 사망한 사람은 10명이었다.

생존분석에서 중도절단 된 자료를 분석할 때 이 가정이 매우 중요한 의미 있는 가정이라는 것을 알아야 한다. 실제적으로 연구자는 중도절단 된 대상자가 중도절단 되지 않은 대상자와 똑같은 survival experience를 가지고 있다는 가정에 대한 사실을 증명할 수 없다. 사실 연구자가 중도절단 된 대상자의 time to outcome을 정확히 알고 있다면 그들은 중도절단 된 관찰로 분류되지도 않았을 것이다. 그러나 연구자가 알고 있어야 되는 사항은 왜 연구대상자가 중도절단 되었는지 그 이유를 파악해서 이것을 근거로 중도절단의 가정이 타당한(valid) likelihood를 제출해야 한다는 점이다(항목 6.10).

그림 6.9의 Kaplan-Meier 곡선에서는 중도절단 된 대상자의 수를 thick marker로, 그리고 number of risk를 수평축의 밑에 관찰기간에 맞추어서 표시해 주었지만, 둘 중에 하나만 표시하는 경우가 많고 심지어 둘 다 표시가 안 되어 있는 경우도 있는데, 이 두 가지 사항에 대한 정보가 없으면 연구가 진행하면서 얼마나 많은 대상자가 줄었는지를 알 수가 없다. The number of person at risk는 대상자가 중도절단 되거나 사건이 발생하면, 생존율을 계산할 때 숫자가 감소하기 때문이다. 대상자가 줄어들면 더 이상 이 자료는 전체 대상자의 survival experience를 대표할 수가 없게 된다. 생존곡선에서 곡선이 large steps(계단같이 그려지는 모양이 커지면)을 가지게 되면 거기에는 문제가 있을 수 있는 가능성이 있는 것이다. 즉, 중도절단의 가정이 안 맞을 가능성이

높은 것이다. The number at risk가 줄어들면 곡선의 감소하는 단계는 커지게 된다. 그림 6.9와 표 6.2를 보면, 같은 수의 사건이 발생해도 연구 전반기보다는 연구 후반으로 가면 current event rate에 더 영향을 미쳐서 떨어지는 폭이 더 크게 된다. 이는 후반기로 갈수록 연구대상자가 줄어들기 때문이다.

6.10 연구 수행시 중도절단의 가정(censoring assumption)이 타당할 가능성은 얼마나 될까?

중도절단의 가정이 얼마나 타당한지의 likelihood는 중도절단 된 관찰이 발생한 원인에 따라 결정된다.

6.10.1 Loss to follow up

연구에 참여하는 것에 대해 불안감이 커지는 경우(병원에 자주 오라고 하고 피 검사도 많이 하기 때문에) 추적조사에서 탈락되는 경우가 있다. 추적조사에서 탈락되는 경우는 retrospective medical record review study에서는 아주 흔하다. 의무기록으로 대상자에게 어떤 일이 발생했는지 알기 어려울 때가 많다. 어떤 기간 이후에 더 이상 연구에 참여하지 않은 정도만 아는 경우도 흔하다.

중도절단 되는 모든 이유 중에서 추적조사에서 탈락하는 경우가 중도절단의 가정에서 만나게 되는 가장 문제가 되는 사항이다. 대상자가 없어졌기 때문에 그들이 연구에서 탈락된 이후 어떤 일이 발생했는지 알 수가 없다. 그러기 때문에 처음 중도절단의 가정에서 말한 중도절단 된 대상자에서 결과가 발생할 비율도 연구에 계속 남아 있는 사람과(즉, uncensored subject) 똑같은 survival experience를 가진다는 내용은 문제가 될 수 있다. 또한 많은 연구결과에서 연구에서 탈락된 대상자는 연구에 계속 남아 있는 대상자 하고는 survival experience가 다른 점이 많다는 보고가 많다.

6.10.2 Alternative outcome

어떤 경우 대상자의 관심 있는 결과가 일어나지 않게 방해하는 다른 결과가 발생해서 중도절단 되는 경우가 있다. 이런 것을 competing risk라고 한다. 예를 들면 심방세동 환자에서 warfarin과 표준치료(aspirin or no treatment at all)를 비교하는 randomized trial에서 관심 있는 결과는 중풍의 발생이었다. 그래서 연구자들은 중풍 이외의 cardiac events, cancer 등으로 사망한 경우 중도절단 자료로 분류하였다(N. Engl. J. Med 1990; 323 : 1505-1511).

비록 이렇게 관심 있는 결과하고 다른 결과가 발생한 경우 중도절단으로 분류하는 것이 일반적인 사항이라고 하더라도, 대부분의 연구에서는 사망 말고도(other than death) 중요한 결과발생은 또한 결과의 발생에 의한 사망이라고 보고하고 있다. 여기에는 여러 가지 이유가 있다. 비록 warfarin이 심방세동이 있는 경우 중풍을 예방하였다고 해도, 만약 warfarin으로 치료한 대상자가 또한 오래 생존하지 않았다면 warfarin 치료는 강력히 추천되지 않았을 것이다. 치료제로서 warfarin의 관점은 warfarin이 중풍예방에 대한 비율은 낮추지만 사망의 비율이 높아진다는 것을 알게 되면 warfarin의 치료 효과에 대한 관점이 흔들릴 수 있다는 점이다. 중풍에 대해선 아주 유용한 치료이나 생명을 위협하는 부작용이 큰 경우 이런 관점이 흔들리는 현상이 발생될 수 있다.

또 결과의 발생에 중요한 원인의 사망을 포함시키는 다른 이유는 alternative outcome은 진짜로 outcome of interest를 불가능하게 했는가에 대한 의문이 있기 때문이다. 위의 심방세동 연구에서 어떤 대상자가 자동차 사고로 사망했다고 생각해 보자. 자동차 핸들을 잡고 있는 동안 중풍이 발생하지 않았다고 누가 확신할 수 있겠는가?

Outcome이 진짜로 관심 있는 outcome과 관계없이 발생했는지를 결정하는데 있어 bias를 최소화하기 위해서 연구는 어떤 사항이 alternative outcome에 해당되는지에 대해서 일반적인 원리로부터 논리의 절차를 밟아서 낱낱의 사실이나 명제를 이끌어 가는, 연역적인 기준에 맞는 목적이 있어야 된다. 또한 각 중도절단 된 대상자에 대한 판단은 review committee에 의해 이루어져야 한다.

그러나 최상의 기준과 목적을 다시 고려한 후에도, 어떤 outcome이 연구자의 관심 있는 outcome과 관계가 없다고(아마도 관계가 있었는데) 실수로 가정해 버릴 수 있다. 위의 심방세동 연구에서 대상자의 37명이 사망했는데 그 중 1명만이 중풍에 의해 사망했다. Warfarin으로 치료한 집단은 전체적으로 사망률이 낮았는데 심장병에 의한 사망률도 낮았고, non-cardiac disease에 의한 사망률도 낮았다. Warfarin은 중풍에 의한 사망률을 낮추는 것 이외에는 다른 효과가 없을 것이라고 예상했기 때문에 이러한 사실은 두 가지 가능성이 있다. Warfarin은 다른 이유로 인한(중풍이 아닌) 사망을 방해할 수도 있고 혹은 다른 원인에 의한 어떤 사망은 실제적으로는 발견하지 못한 중풍 때문일 수도 있다. 발견하지 못한 중풍의 가능성은 이러한 결과를 약화시키지 않는다. 만약 non-warfarin group에서 miss된 중풍이 있었다면 이것은 warfarin의 치료효과를 강화시킬 뿐이다. 그러므로 사건의 발생과 관계있는 non-outcome을 정확하게 인식하는 것은 매우 어려운 일이다.

사망이 흔한 alternative outcome인 경우(고령의 집단이나 사망률이 높은 질환인 경우)에 competing mortality는 time to outcome을 추정하는 데는 bias로 작용한다. 특히 사망한 사람의 likelihood outcome이 사망하지 않은 사람의 likelihood보다 높은 경우에 그렇다. Competing risk의 bias는 '사망'이라는 결과 대신 다른 결과를 사용하지 않으면 줄일 수는 있다(즉, 결과변수의 발생을 항상 사망으로 하면 bias를 줄일 수 있다. 왜냐하면 어떤 outcome도 사망이 발생하지 않게 할 수는 없기 때문이다). 그러나 많은 경우에 우리는 관심 있는 결과가 사망이 아닌 질환의 재발 등 다른 것일 수 있다. 이상적인 방법은 결과와 관련이 있는 경우와 없는 경우 모두에 대해서 기술해 주는 것이 하나의 타협이라고 볼 수 있다. 좀더 세련된 사항에 대해서는 Br. J. Haematol. 1993; 83 : 602-607을 참고하라.

6.10.3 Withdrawal

어떤 경우 환자는 이 치료가 도움이 안 된다고 생각하기 때문에(왜냐 하면 대상자 자신이 자기가 placebo group에 할당되었다고 생각해서), 또는 약의 부작용 때문에 또는 연구의 protocol이 너무 복잡해서 자신들의 시간을 너무 많이 필요로 하는 것 등의 이유로 연구에서 탈퇴할 수 있다. 흔히 연구대상자들은 연구자에 의해서 안정성의 문제, 즉 약의 부작용이 너무 심해 대상자가 치료를 계속할 수 없을 정도로 위험한 경우에도 연구에서 탈퇴시킨다.

흔치는 않지만 연구자는 대상자가 연구의 한 부분에 참여하는 것을 불가능하게 하는 어떤 상태가 발생할 때도 그들을 탈퇴시킨다. 예를 들면 와파린 연구에서 대상자 중 연구기간 중에 심장판막치환술을 받은 대상자는 탈락시켰다.

비록 판막치환술이 중풍의 발생을 방해하지도 않았고 치료의 부작용도 아니었지만 판막치환술을 받은 사람은 평생 동안 의무적으로 와파린을 복용해야 했기 때문이다.

얼핏 보면 자발적으로 연구에서 탈퇴한 경우 혹은 연구자에 의해 퇴출된 경우가 추적검사에서 탈락되는 되는 경우와 비슷한 것 같지만 사실은 두 가지는 큰 차이가 있다. 자발적으로 탈퇴한 경우에는 비록 적극적으로 연구자의 protocol에 참여하기를 원치 않았다고 하더라도 그들은 연구자가 수동적이라도 그들을 outcome까지 데려가기를 바라는 의지가 있다는 것이 큰 차이이다. 단 부작용이 심해서 연구자를 비난하는 경우는 예외이다. 만약 퇴출된 연구대상자가 연구자로 하여금 자기들을 outcome까지 데려가는 것을 허락했다면, 연구자는 그들을 연구가 종료하기 전까지는 중도절단(censoring)으로 처리해서는 안 된다. 이런 경우 중도절단으로 처리하는 대신 intention-to-treat analysis라는 분석을 이용한다. Intention-to-treat란 연구기간에 어떤 일이 발생하든지 간에 연구에 참여한 대상자는 처음 할당된 집단의 숫자로 간주하여 계산하는 방법을 말한다.

Intention-to-treat analysis는 정확하게 우리말로 표현을 할 수는 없지만 "치료받을 의도만을 기초로 하여"라고 할 수 있다. 예를 들어 어떤 약물의 효과를 알기 위해서 약물치료 군과 위약 군으로 나누어서 intention to treat analysis를 이용해 분석한다면, 처음 약물치료 군으로 할당된 연구대상자는 연구기간 중 약물복용을 그만 두었든지 거부했든지 관계없이 치료 군으로 생각하고 분석하는 것이다.

Intention-to-treat analysis를 이용하면 원래 약물의 효과보다 더 효과가 나타나는 경우 이용하면 좋다. 약물에 부작용이 있는 사람은 없는 사람에 비해 아무래도 약물에 대한 이득이 적을 수밖에 없다. 이런 경우 약물에 부작용이 있다고 부작용이 나타날 때 바로 그들을 연구대상에서 제외하면 연구결과에 bias가 생길 수 있다. 즉, 약물이 원래 가지고 있던 효과보다 더 좋다고 연구결과가 나올 가능성이 높다.

예를 들면 100명에게 효과가 좋은 새로운 약을 투여했는데, 부작용이 심해서 50%만이 부작용이 없어 충분한 기간 후에 효과가 증명되었다고 하자. 그러나 여기서는 또한 50%의 비교적 많은 %의 사람이 부작용이 심해서 연구대상에서 제외되었기 때문에 연구결과는 실제의 약물의 효과보다 더 좋은 효과가 있다고 과장되어 나올 것이다.

Intention-to-treat analysis의 단점은 치료의 효과를 희석시킬 수 있다는 것이다. 위의 예에서 50명의 대상자는 부작용 때문에 충분히 약을 복용하지도 않았는데도 복용한 사람과 비슷하게 치료 군으로 간주해서 분석을 한다면, 치료효과가 원래의 치료효과보다 작다고 나올 가능성이 높다. 이것은 정당하지 않을 수 있다. 약물의 부작용으로 대상자가 복용하지 못했다면 이 약물은 쓸모가 없는 것이다. 그러나 표본을 추출해서 투약했을 때와 질병이 있는 환자에게 투여할 때 하고는 차이가 있다. 내가 심각한 질병이 있다고 했을 때 이 질병을 치료할 수 있는 약물이 50%에서는 심한 부작용이 있다고 하는데도 관심을 가지고 한번 시도해 볼 수 있는 가능성이 높은 것이다. 내가 부작용이 발생하지 않은 50%에 속하는 경우라면 왜 이렇게 효과가 좋은 치료를 그만 두겠는가? 만약 연구자가 intention-to-treat analysis의 결과를 발표만 한다면 이 논문을 읽는 사람은 이 약물이 tolerable해서 복용한 집단에서 얼마나 효과가 있는지를 알 수 없게 된다. 약물이 tolerable하였거나 또는 치료에 응한 사람에 한해서만 분석을 제한하면 흔히 efficacy analysis(약물을 복용한 사람에 대한 효과가 얼마나 유효한가)가 되고 intention-to-treat analysis 이용하면 effectiveness analysis(how effective is the treatment in the real world)가 된다.

많은 수의 대상자가 약물복용을 그만 두었거나 혹은 퇴출된 대상자가 적은 경우는 intention-to-treat analysis를 이용해서 분석하거나 그들이 연구에서 떠날 때 censored로 처리하거나 결과는 비슷하게 된다. Intention-to-treat analysis는 탈락자가 생긴 경우 중도절단으로 처리하는 것보다 치료의 유효성을 평가하는데 좀더 신중한 방법이기 때문에 대부분의 연구자들은 이 방법을 선호하고 있다. 많은 수의 대상자가 탈락되는 경우 두 방법에 대한 분석을 모두 보고해야 하는 것이 좋다.

6.10.4 Varying time of enrollment(등록시간이 대상자마다 다른 경우)

연구대상자가 연구에 등록되는 starting time이 다른 경우 대규모의 전향적인 연구나 질병의 발생이 드문 질환에서는 중요한 문제가 될 수 있다. 대부분의 대규모 연구는 여러 센터에서 이루어지기 때문에 모든 곳에서 동시에 시작하기는 불가능한 경우가 대부분이고, 드물게 발생하는 질환을 연구할 때도 충분한 대상 환자를 등록하려면 몇 년이 걸리기도 한다. 관찰연구에서는 등록기간이 다른 것은 예외라기보다는 규칙에 가깝다.

이론적으로 starting time이 모두 다른 경우, 언제 연구에 포함되었든지 간에 모든 대상자에 대해 시간 간격을 고정시켜서 추적하면 된다. 즉, calendar time을 따르는 것이 아니고 study time을 따른다. 이런 경우 등록기간이 다르다는 이유로 연구종료 전에 중도절단 되는 경우는 없게 된다. 그러나 이런 방법은 연구 초기에 등록된 대상자에 의해 제공된 추가적인 follow up time을 잃어버리게 되어 분석의 검정력을 감소시키게 된다. 대부분의 연구에서 초기에 모든 대상자를 등록하고 평가하는 것은 시간과 돈 모두에서 막대한 원가가 든다. 결과변수의 발생에 대해 계속 추적조사하는 데 드는 비용은 대부분 적게 드는 반면 follow up time이라는 측면에서 보면 얻는 이득은 많은 것이 대부분이다. 또한 마지막으로 등록된 대상자가 연구기간을 완전히 끝날 때까지 기다리는 것도 연구기간을 연장하게 한다. 마지막으로 우리 모두가 우리 연구의 결과에 대해 참을성이 없다. 그러므로 대부분의 연구자들은 calendar time 안의 공통점에서 결과를 사정하게 되고 이런 특정한 시간에는 모든 대상자의 추적조사 기간은 다르게 된다. 만약 가장 오랜 추적조사 기간이 3년이라면 3년 이하로 추적조사한 모든 대상자와 아직 사건이 발생하지 않은 모든 대상자를 추적조사 시간을 측정하고는 중도절단 시킬 수 있다. 이 경우 모두 추적조사 time은 3년 이하가 된다. 3년간 추적조사하고 결과발생이 없는 경우는 연구 3년째 중도절단 된다.

6.10.5 End of study

결과 발생 없이 연구를 완전히 끝낸 대상자도 중도절단 된 자료이다. 중도절단 된 대상자란 연구를 끝까지 수행하지 못한 대상자이기 때문이다. 그러나 결과가 발생하지 않은 모든 대상자가 중도절단 된 자료라고 하더라도, 연구 마지막에 결과 발생 없이 중도절단 된 경우와 다른 이유로 중도절단 된 경우와는 중요한 차이가 있다. 즉, 마지막에 중도절단 된 경우에는 미래에 대해서 아무런 가정이 없이 연구가 끝난 것이다. 흔히 출판된 결과를 보면 연구자는 대상자가 끝까지 결과가 발생하지 않고 연구를 끝낸 날짜만 알려 준다.

6.11 내 자료의 중도절단 가정의 정당성을 검사하는 방법은?

중도절단 가정에 대한 타당성을 평가할 수 있는 이상적인 검사방법은 없다. 이것은 주로 논문 심사자, 논문 조사자 등의 평가 요청에 의해 중도절단의 가정이 타당한지를 평가한다. 중도절단 된 관찰에 대한 타당성을 평가할 수 있는 일반적인 방법이 있다.

첫째 연구를 종료하기 전에 많은 수의 중도절단 된 관찰이 생기면 적게 중도절단 된 관찰이 생길 때보다 중도절단의 가정에 대한 타당성에 문제가 많이 발생한다. 연구기간 중에 발생한 중도절단의 pattern에 대해 그래프를 그려 봄으로 중도절단 가정에 대한 타당성을 검사할 수 있다.

그림 6.10 a와 b에 중도절단의 다른 양상을 보여 주고 있다. 그림 6.9 a에서는 중도절단이(*) 관찰기간 전체에 걸쳐서 균등하게 발생했으나, 6.9 b에서는 6개월 근처에서 집중적으로 발생되었다. 즉, a에서는 중도절단이 무작위로 발생된 것이므로 중도절단의 가정에 합당한 것이고 b는 무작위로 발생된 것이 아니므로 중도절단의 가정에 위반한 경우이다.

또한 중도절단에 대해 그래프를 그려보면 2개 혹은 그 이상의 연구집단 사이의 중도절단의 pattern을 비교할 수 있다. 그림 6.11 a는 두 집단 사이의 중도절단의 양식과 중도절단 된 대상자의 숫자가 비슷하고, b는 중도절단 된 숫자는 같지만 중도절단의 pattern이 다르고 C의 경우는 중도절단의 pattern은 비슷하나 중도절단 된 숫자는 치료집단에서 더 많다. A의 경우 중도절단이 무

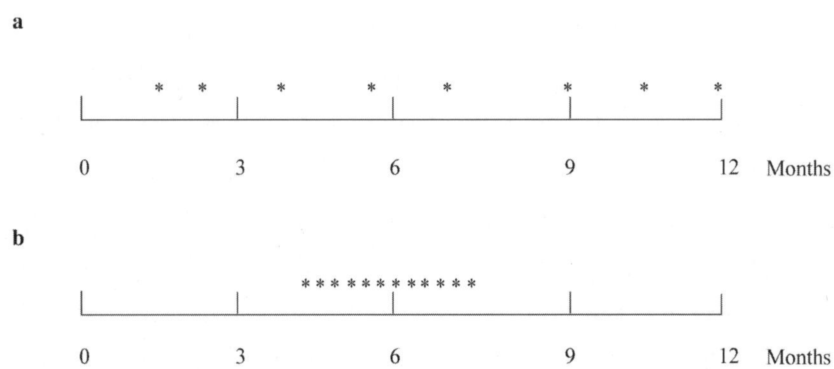

그림 6.10 Different patterns of censoring

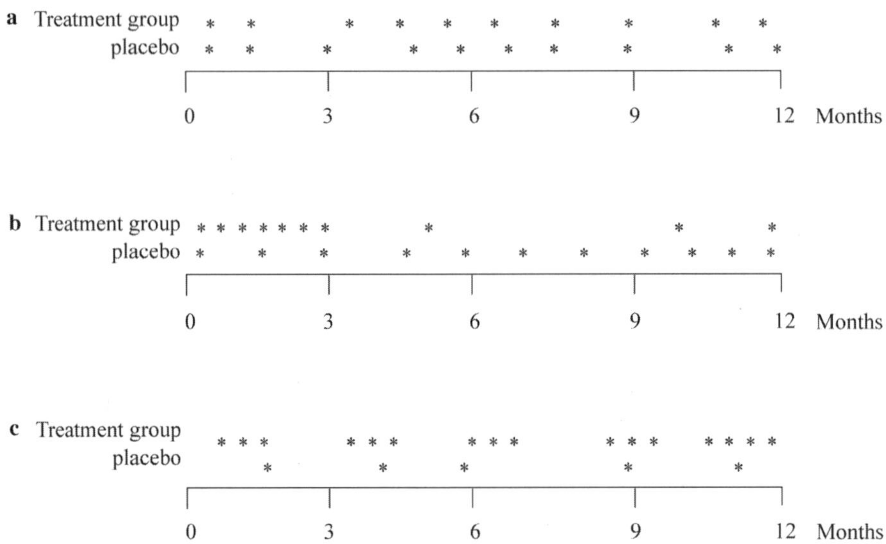

그림 6.11 Different pattern of censoring between a treatment and placebo group

작위로 발생했다고 볼 수 있으며 b와 c는 무작위로 중도절단이 발생되지 않았다고 할 수 있다. 그림 6.10 c에서는 치료집단에 좀더 많은 중도절단 된 관찰이 있다.

두 번째 방법은 추적조사에서 탈락된 대상자와 탈락되지 않은 대상자 사이의 base-line characteristic를 비교해 봄으로 알 수 있다. 예를 들면 추적조사에서 탈락된 대상자와 탈락되지 않은 대상자의 나이, 성별, 종족 등으로 두 집단 사이에 차이가 있는지를 조사할 수 있다. 특별히 high risk of outcome인 어떤 대상자가 lost to follow up의 양상이 다르다는 사실을 알 수도 있다.

Alternative outcome에 의한 중도절단이 결과에 영향을 미치지 않는다는 사실을 확인하기 위해서 가능하면 연구기간 전반기에 생긴 결과의 발생을 사망률을 같이 보고해 주는 것이 좋다. 왜냐하면 사망에 대한 alternative outcome은 없기 때문이다.

연구에서 탈락된 대상자의 경우는 intention-to-analysis를 수행해서 중도절단의 가정을 검사하는 것이 가장 좋은 방법이다. 보통 연구에서 탈락된 경우 결과를 계속해서 추적할 수 있는 경우가 많기 때문에 탈락된 경우 그들을 남겨두었을 때와 혹은 떼어 냈을 때에 차이가 있는지를 검사할 수 있다.

대상자의 등록기간이 각각 틀려 발생되는 중도절단은 연구기간 초반에 등록되는 대상자나 후반에 등록되는 대상자가 똑같게 연구계획을 세워야 되는 경우가 많으므로, 대부분의 경우 중도절단의 가정을 만족하는 경우가 많다. 어떤 경우는 특히 등록이 너무 서서히 되는 경우 연구자는 등록에 대해 융통성을 줄 수 있기 때문에 처음부터 정확한 기준을 만들어서 거기에 맞게끔 등록을 해야 한다.

그러나 연구대상자를 엄격하게 같은 기준으로 연구기간 동안 등록을 했어도 연구자는 연구 초반에 등록된 대상자와 후반부에 등록된 대상자는 의학기술의 진보로 인해 차이가 있으므로 서로 비교해 보아야 한다. 의학적 기술의 진보에 의해 outcome of interest의 발생에 차이가 있다면 중도절단의 가정은 타당하지 않은 것이다.

결론적으로 중도절단은 가치 있는 연구대상자가 연구에서 제외되는 것을 막아 줄 수 있다. 그러나 중도절단이 강력한 통계적인 도구라 하더라도 중도절단은 주의해서 사용해야 한다. 연구자 자신은 중도절단 된 사람의 상황에 대해서 다시 한번 생각해 보고 또한 논문을 읽는 독자에게 중도절단 된 대상자의 상태에 대하여 설명해 주어야 한다. 그리고 중도절단 된 대상자의 결과를 알면 intention-to-treatment analysis를 수행하면 된다.

Chapter 7

독립변수들 사이의 관계

7.1 독립변수들이 서로 상관관계가 있으면 문제가 되는가?

그렇다. 다변수분석의 장점은 서로 상관관계를 갖고 있는 다수의 독립변수들이 결과변수와 어떻게 연관되어 있는지에 대해, 변수를 분리해서 알아낼 수 있다는 것이었다. 즉, 다변수분석은 각각의 독립변수들이 결과변수에 미치는 영향을 다른 변수의 영향을 보정한 상태에서 알아낼 수 있게 해준다는 사항이다.

그러나 만약 두 개의 독립변수 사이에 상관관계가 매우 커서, 즉 한 변수를 알면 자동적으로 다른 변수를 알 수 있을 때에는, 다변수분석이라도 두 개의 독립변수가 결과에 미치는 영향을 따로 분리해서 산출할 수는 없다. 이런 경우를 통계학적인 용어로 multicollinearity(다중공선성)라 한다.

주어진 독립변수들 사이에 일차종속 혹은 일차종속에 가까운 관계가 있을 때 다중공선성 문제가 발생한다. 이 의미는 적어도 하나의 독립변수가 다른 독립변수들과 선형의 관계로 결합된다는 의미이며, 이러한 경우는 회귀모형에서 필요가 없는 변수가 되고, 많은 독립변수들 중에서 중요한 독립변수만을 선택하는 변수선택 기법이 필요하게 된다.

극단적인 예로 화씨로 측정한 체온과 섭씨로 측정한 체온을 독립변수로 동시에 모형에 투입하면 그 모형은 당연히 틀린 것이어서 연구자는 오류나 예상치 못한 결과를 출력 화면에서 보게 될 것이다. 그 이유는 섭씨로 측정한 체온과 화씨로 측정한 체온은 숫자만 다르지 실제로는 똑같은 변수이기 때문에 [Celsius = (Fahrenheit − 32) × 0.56)] 연구자는 자신의 모형에서 독립변수가 결과에 미치는 영향을 찾아낼 수가 없다.

이보다 흔하게 발생할 수 있는 상황은 연구자의 모형에 구분될 수 없을 정도의 많은 변수로 분석하려는 경우이다. 예를 들어 산모가 영아를 출산했을 때의 체중과 임신기간은 상관성이 매우 높기 때문에 이 두 가지 변수를 모두 독립변수로 신생아 사망을 예측하는 모형에 포함시키는 것은 다중공선성의 문제가 발생되어 예상치 못한 결과를 얻을 수 있다.

7.2 독립변수 사이에 multicollinearity가 있는지 알아보는 방법은?

Person correlation(= r = correlation coefficient = 상관계수)은 두 개의 변수가 얼마나 강하게 서로 연관되어 있는지, 즉 상관성이 있는지 측정할 때 사용되는 이변량 통계량이다. 상관계수는 두 개의 변수 간의 관계가 서로 선형의 관계에 있다는 사실에 가정해서 계산된 수치이다.

연구자가 분석하고자 하는 모든 변수들 사이의 상관성을 보기 위해서는 상관계수 교차표(correlation coefficient matrix)를 만들어야 한다. 일반적으로 두 개의 변수들 간의 상관계수가 0.9 이상이면 분석에 문제가 발생한다. 만약 0.8 이하이면 문제가 없으며, 0.8에서 0.9 사이라면 문제가 발생할 가능성이 있다.

상관계수 교차표의 문제점은 다른 변수들을 보정하지 않은 상태로 두 개의 변수들 사이의 상관성만을 분석한다는 것에 있다. 그러므로 대부분의 다변수분석 프로그램은 각각의 parameter estimates에 대한 correlation coefficient matrix를 만들어준다. 이러한 방법은 다른 변수의 영향을 보정하기 때문에 위에서 설명한 단순한 상관분석보다 다중공선성의 문제를 찾아내는 데 더 유용한 방법이다. 이때에도 단순한 상관분석의 경우와 마찬가지로 r이 0.9 이상이면 문제가 발생하며, 0.8에서 0.9 사이는 gray area라고 할 수 있다.

예리한 독자들은 두 가지 방법 모두, 하나의 독립변수가 두 번째 독립변수와 매우 높은 상관성을 가질 때에만 쓰는 가장 단순한 방법이라는 것을 알 수 있을 것이다. 그러면 만약 독립변수들의 조합이 다른 독립변수하고 연관되어 있을 경우는 어떻게 해야 하는가? 통계학적으로 이러한 경우 또한 앞서 보았던 두 개의 독립변수가 서로 높은 상관성을 가지는 경우와 마찬가지로 문제가 된다. 하지만 불행하게도 이러한 경우는 밝혀내기가 힘들다.

우리는 앞에서 명목변수를 여러 개의 가변수(dummy variable)로 바꿀 수 있다는 사실을 알고 있다. 표 5.2를 다시 보자. 백인 종족의 경우 따로 가변수를 만들 필요가 없다는 것을 기억하고 있을 것이다. 왜냐하면 다른 인종이 모두 0의 값을 가질 경우에, 그 변수는 자동적으로 백인이라는 것을 뜻하기 때문이다. 만약 이러한 사실을 모르고 백인까지 포함한 모든 인종을 가변수로(예/아니요) 넣는다면 어떠한 일이 발생하겠는가? 그렇게 되면 여러 개의 독립변수들의 조합이 다른 한 변수를 완벽하게 설명하는 상황이 발생할 것이다.

그렇다면 어떻게 여러 개의 독립변수들의 조합이 다른 변수의 값을 설명하는 것을 발견해낼 수 있을까? 이러한 경우 tolerance(상태지수)와 이와 reciprocal한 variance inflation factor(VIF, 분산팽창계수)를 이용하여 다중공선성을 측정할 수 있다. 이 두 가지 지표는 모두 각각의 변수들의 회귀 계수가 다른 변수들로부터 얼마나 설명가능한지를 나타내고 있다. Tolerance는 다른 독립변수들로 설명되지 않는 변수의 variance이다. Tolerance 값을 산출하기 위해서 각각의 독립변수들을 차례로 종속변수로 넣고 나머지 다른 변수들은 독립변수로 넣은 다음 회귀분석을 시행한다. 만약 높은 다중상관성(multiple correlation)이 발견된다면 그 종속변수는 다른 독립변수들의 조합과 높은 상관성을 가진다고 볼 수 있다. 만약 R^2가 1인 경우 이 변수는 다른 독립변수들과 완벽하게 상관성을 가지게 된다. Tolerance는 간단히 표현하면 $1 - R^2$인데, 따라서 R^2가 1이라면 tolerance는 0($1 - 1 = 0$)이 된다. 이것은 완벽한 상관성을 나타내는 것이다. 또는 VIF값에 역수를 취한 값이 0.1보다 작으면 일반적으로 다중공선성이 있다고 한다. 보통 Tolerance는 회귀분석시 결과의 한 부분으로 표시된다. Variance inflation factor는 tolerance와 reciprocal(1 / VIP = tolerance) 관계를 갖는다. 따라서 tolerance가 높은 값을 가지면 variance inflation factor는 낮은 값을 가진다. 변수의 tolerance 값이 0.657이라는 의미는 이 변수가 갖는 variance의 34.3%($1 - 0.657 = 0.343$)를 다른 변수들과 공유한다는 것을 의미한다(즉, $R^2 = 0.343$). 위에서 tolerance이며 이 값이 0.1보다 작으면 일반적으로 다중공선성이 있다고 언급했지만 더 구분하면 tolerance값이 0.25보다 작으면 문제가 있을 수 있고, 0.10보다 작으면 심각한 문제가 있는 것이다(serious). Variance inflation factor는 4보다 크면 문제가 있을 수 있고(worrisome), 10보다 크면 심각한 문제가 있는 것이다(serious). 대부분의 선형회귀분석 프로그램은 모든 독립변수들에 대해 tolerance와 variance inflation factor 값을 산출해준다. 만약 어떤 변수가 문제가 있다고 나왔을 때, 연구자는 문제가 되는 변수와 상관성이 높은 변수를 추가 분석을 통해 찾아낼 수 있다. 즉, 문제가 되는 변수를 종속변수로 넣고 다른 변수들을 독립변수로 넣은 다음 회귀분석을 시행하면 된다. 이렇게 함으로써 어떠한 변수가 문제가 되는 변수와 상관성이 가장 높은지 알아낼 수 있으며, 따라서 어떠한 변수를 모형에 포함시킬지 결정할 수 있다.

다중 로지스틱 회귀분석과 비례위험분석에서 보통 연구자들은 correlation matrix of the multivariable parameter estimates에 의지하여 다중공선성을 찾아낸다. 하지만 tolerance와 VIF가 모형에 투입할 변수를 찾아내는 데 사용되는 표준 도구이다. 매우 낮은 tolerance 값을 갖는 변수는 모형에 투입하면 안 된다(항목 9.7).

7.3 다중공선성이 있는 변수들은 어떻게 처리해야 하는가?

상관성이 높은 변수는 다음과 같은 방법으로 처리하여 통계분석을 할 수 있다. 첫째, 그 변수를 모형에서 제외한다. 그러면, 제외할 변수를 어떻게 선택하겠는가? 답은 missing data가 많거나 측정의 오류가 더 많거나, 다른 이유로 인해 만족스럽지 못한 변수를 제외한다. 실제로 다중공선성이 있을 경우에는 거의 대부분 변수의 VIF값이 10보다 크게 나오며 그 중에서 유독 두 개의 변수가 훨씬 크게 나온다. 바로 그 두 변수 사이에 다중공선성이 발생한 것이니 두 개의 변수 중에서 연구자가 판단해서 그 중의 하나를 제거하고, 어느 것을 제거하는 것이 좋은지 판단이 서지 않을 경우에는 VIF가 더 큰 변수를 제외하면 된다. 위에서 예로 든 신생아 사망률에 대한 연구의 경우에서 연구자는 임신기간을 제외하고 대신에 신생아의 체중을 모형에 투입하였다. 그 이유는 임신기간은 신생아 체중에 비해 결측자료가 더 많았고(영아 체중은 전부 출생시 측정하고 측정하기도 쉽지만 임신기간은 정확히 측정하기 어렵고 초음파를 이용해서 측정하는 경우가 대부분이기 때문에 결측이 생길 가능성이 높다), 자료의 coding에서도 신뢰성이 적었기 때문이다. 아이러니하게도 이론적으로는 임신기간이 신생아 체중보다는 신생아 사망률을 결정하는 데 더 중요한 요인이다. 따라서 연구자는 small for gestational age(yes / no), large for gestational age (yes / no)라는 두 개의 변수를 모형에 추가로 투입하여, 신생아 체중이 임신기간을 정확하게 반영하지 못하는 것을 보정하였다.

두 번째는 'and / or' 조합을 이용한다. 이 방법은 같은 과정으로 재연되면서 상관되는 변수들을 처리하는 데 가장 적합한 방법이다. 예를 들어, 만약 어떤 폐렴 환자에 대해 diaphoresis(땀을 흘리는 것) or rigor(shaking 몸을 떠는 것)이 있었는지를 물어본다고 했을 때 두 변수는 매우 큰 상관성이 있다는 것을 예상할 수 있다. 왜냐하면 rigor는 발한이 더 심해졌을 때 나타나는 증상이기 때문이다. 하지만 rigor가 있었던 환자 중 몇몇은 초기에 diaphoresis가 있었다는 것을 인식하지 못할 수도 있고, 어떤 사람은 diaphoresis가 있어 해열제를 복용해서 rigor가 나타나지 않았을 수도 있다. 이때는 'diaphoresis and / or rigor'으로 새로운 변수를 만들어서 두 증상 중 어느 하나라도 나타나면 "예"로, 두 가지 증상 모두 없었을 경우는 "아니요"로 선택하게 하여 다시 coding하여 분석에 이용한다.

세 번째 방법은 scale(척도)을 만드는 것인데, 이 방법은 심리학이나 사회학 자료를 다룰 때 많이 사용되는 방법으로 각각의 변수들의 의미를 모두 포함하여 포괄적으로 표현되는 하나의 변수를 만드는 것이다. 이때 여러 개의 변수들의 값을 합하여 하나의 변수로 만들고 척도를 부여하게 된다. 연구자는 의도적으로 대상자의 응답의 신뢰성을 검증하기 위해 여러 개의 연관된 변수를 만들어 질문을 하기도 한다(예를 들어 두 개의 비슷한 질문을 하면서 말을 조금 바꾼다. 이때 대상자는 같은 답을 하는가를 보는 것이다). 이러한 경우 연구자는 보통 조사 전에 어떤 질문을 가지고 척도를 만들 것인지 계획하거나 어떤 질문들이 비슷한 정보를 제공하는지 분석하기 위해 factor analysis를 시행하여 미리 질문들을 비슷한 종류끼리 구분한 후 질문을 하기도 한다.

다중공선성을 다루는 위의 세 가지 방법은 분석하고자 하는 대상자 수가 적어서 분석에 투입할 독립변수의 수를 줄여야 할 때도 사용할 수 있다. 하지만 이 독립변수들이 서로 상관성이 높지 않다면 대상자 수가 적다는 이유만으로 독립변수를 모형에서 제외해서는 안 된다. 모형에 포함할 독립변수를 줄이는 여러 가지 방법들은 8.5장에서 자세히 다룰 것이다.

Chapter

8 다변수분석의 준비

8.1 다변수분석 모형에 어떤 독립변수를 포함해야 하나?

표면적으로 본다면 이것은 간단한 질문이다. 관심 있는 위험인자와 결과변수와 위험인자 사이의 관계에 잠재적인 혼란변수를 모형에 포함시켜야 한다. 그러나 어떤 변수가 연구자의 모형에서 혼란변수인지 결정하기가 항상 쉬운 것은 아니다. 이질적이고, 과다하며(redundant), 결측자료가 많거나 혹은 결과변수와 위험인자를 중재하는 변수는 모형의 투입에서 제외해야 한다. 표 8.1에 어떤 변수를 모형에 투입하고 제외해야 할지를 보여주고 있다.

표 8.1 Variables to include and exclude in multivariable models

What to include?	What to exclude?
Risk factor(s)	Extraneous variables(variables not on the causal pathway to your outcome)
Potential confounders, based on theory, prior research, empirical findings	Redundant variables Variables with a lot of missing data Inverting variables(variables that are on the causal pathway between a risk factors an outcome)

8.2 연구자의 모형에 어떤 혼란변수를 투입해야 할지 어떻게 결정을 해야 하나?

이상적으로 연구자는 이론적으로 혹은 과거의 연구에서 혼란변수라고 알려진 모든 변수를 모형에 투입해야 한다. 연구하고 있는 결과변수에 따라서 과거의 연구에서 결과변수와 위험인자 사이에 관계가 있다고 알려진 많은 변수들이 있을 수 있다. 예를 들면, 심장질환 연구에서 나이, 성별, 흡연 유무, 고혈압, 당뇨, 비만, LDL-cholesterol, HDL-cholesterol, reactive C-protein, 아스피린 사용 유무 그리고 β-blocker 사용 유무 등 여러 가지 요인들은 과거 연구에서 심장질환과 관련이 있다고 보고되었기 때문에, 이 모든 인자를 포함하여 많은 잠재적인 혼란변수를 모형에 투입해야 한다.

또한 이론적으로 혹은 과거에 보고된 변수 외에도, 연구자의 자료에서 경험적인 정의에 맞는 모든 변수들도 또한 모형에 투입해야 한다. 보다 엄밀하게 말하면, 독립변수가 위험인자와 결과변수 사이에서 intervening하지 않다고 생각되면, 이변량분석에서 위험인자와 결과변수 사이에 관계있는 모든 독립변수를 모형에 포함해야 한다.

일반적으로 변수를 포함하는 쪽에서 error를 허용하는 것이 일반적이다. 대부분의 연구자들은 변수가 위험인자와 관계가 있든지 없든지 간에, $p < 0.2$ 혹은 $p < 0.25$에서 결과와 관계있는 모든 변수를 다변수분석에 포함하려고 한다. 경험적인 기준에 의해 다변수분석에 포함될 변수를 선택할 때는, 만약 연구자의 자료에 suppressor effect가 있다면, 포함된 변수는 결과변수에 아주 약한 효과도 못 미칠 수 있다. 항목 2.3의 항바이러스제제의 혈청전환 연구에서도 이변량분석에서는 혈청전환에 의미 있는 관계가 없었지만 다변수분석에서는 혈청전환의 likelihood에 영향이 있었다는 것을 기억하라.

비록 모형에 투입할 변수를 선택하는 데 경험적인 기준을 사용한다고 하더라도, 이론적으로 중요하거나 과거의 연구결과에서 혼란변수로 알려진 변수들은 기준에 맞지 않아도 꼭 모형에 투입을 하는 것이 좋다.

예를 들면 Spencer 등은 acute coronary syndrome에서 statin 제제의 효능을 보는 연구에서, 이변량분석에서 cut-off value $p < 0.25$에서 결과변수와 관계있는 모든 변수를 다변수분석에 포함하였다(Ann. Intern. Med 140 : 857-866,

2004). 다음 stepwise 방법으로 $p < 0.05$인 변수를 제거하였다. 하지만 최종 모형에서 통계적인 유의성과 관계없이 나이, 성별, 고지질혈증의 과거력은 과거의 연구에서 그리고 실제적으로 coronary artery syndrome과 임상적으로 타당성이 있으므로 모두 모형에 포함하였다.

8.3 다변수분석 모형에서 어떤 독립변수를 제외해야 하나?

정확한 모형을 세우려면 "어떤 변수를 포함시켜야 하나?" 같이 어떤 변수를 제외해야 하는가도 중요한 문제이다. 결과변수와 인과관계에 있지 않은 가외변수(extraneous variables)를 제외시켜라. 예를 들면 HIV 예방을 평가하는 모형을 세우고 있다고 할 때 비록 안전벨트의 착용이 안전한 sex practices와 관련이 있어도, 안전벨트의 착용에 대한 변수는 모형에서 제외하는 것이 좋다(건강에 관심이 있는 사람은 의식적으로 안전벨트와 콘돔을 사용하기 때문이다). 안전벨트의 착용이 HIV 감염과 sex practices 사이에는 인과관계가 있지 않으므로, 안전벨트의 사용에 관한 변수를 모형에 투입하면 모형에 error만 증가하게 되고 독자에게 혼란을 줄 수 있다.

중복되고 과다한 변수를 제외하는 것도 중요하다. 다변수분석의 강점은 결과와 관계있는 변수의 고유한 기여도를 결정하는 데 있다. 그러나 두 변수가 너무 밀접하게 연관이 있게 되면, 다변수분석은 각 변수를 분리해서 결과변수에 미치는 영향을 정확히 밝혀낼 수 없다. 이런 것을 다중공선성(multicollinearity)이라고 하고 이런 경우 가장 관련성이 높은 변수만을 모형에 투입해야 한다. 두 개의 중복된 변수를 모형에 포함하려고 할 때는 이론적으로 중요하고, 결측자료가 적고 그리고 측정 오차가 작은 변수를 모형에 투입해야 한다.

결측자료가 많은 변수를 모형에서 제외하는 것도 중요하다. 결측자료는 이변량분석보다 다변수분석에서 더욱더 문제가 된다. 결측자료를 가진 상태로 모형에 포함되면, 대상자가 다른 변수에 타당한 값을 가지고 있다고 하더라도, 분석이 불가능할 수 있기 때문이다. 이변량분석에서는 두 개의 사용된 변수에서만 결측자료를 가지는 대상자를 잃게 되지만, 다변수분석에서는 다른 변수에 대해서도 결측자료를 가지는 대상자를 잃게 된다.

대상자를 분석에서 제외하면 분석의 검정력은 떨어지고 연구에 중요한 편위

(bias)로 작용할 수 있다. 왜냐하면 특정변수에 대해 결측이 있는 대상자는 특정변수에 대해 결측자료가 없는 대상자에 비해 체계적으로 다르기 때문이다. 일반적으로 대상자보다는 변수를 잃는 것이 좀 나은 방법이므로 결측자료가 많은 변수는 제외하는 것이 좋다.

결측자료가 많아도 아주 중요한 변수는 분석에 포함시키고 싶을 때가 있을 것이다. 그런 경우에 독자에게 결측자료가 평가하기 어려운 방법으로 연구결과에 편위로 작용했다고 알려 주어야 한다. 결측자료가 있는 대상자와 없는 대상자의 비교시 중요한 특성에서 차이가 없다면 독자에게 어느 정도 확신을 주어야 한다.

또한 outcome의 causal pathway에 있는 변수도 제외해야 한다. 이런 변수를 intervening variable이라고 한다. Intervening variable은 독립변수와 종속변수 사이에 개재하여 종속변수에 영향을 미치는 변수이고 독자적으로 영향을 주지 못하고 독립변수의 영향을 받아 종속변수에 영향을 미친다. 앞에서 outcome의 causal pathway에 있지 않은 변수를 제외하라고 하였기 때문에 intervening variable을 제외하라고 하면 혼란이 생길 수 있을 것 같다. 그럼 왜 causal pathway에 있는 변수를 제외하라고 했을까?

그 이유는 연구자가 통계학적으로는 intervening variable을 보정했다면, 연구자가 증명하고자 하는 바로 그 효과는 보정에서 멀어지기 때문이다. 그러므로 intervening variable은 보정을 하지 않아야 한다. 예를 들면 적당한 알코올 섭취는 낮은 심장병의 발생과 관계가 있다고 알려져 있다. 그 기전은 몸에 좋은 cholesterol인 HDL cholesterol의 수치를 알코올이 높여 주기 때문이다.

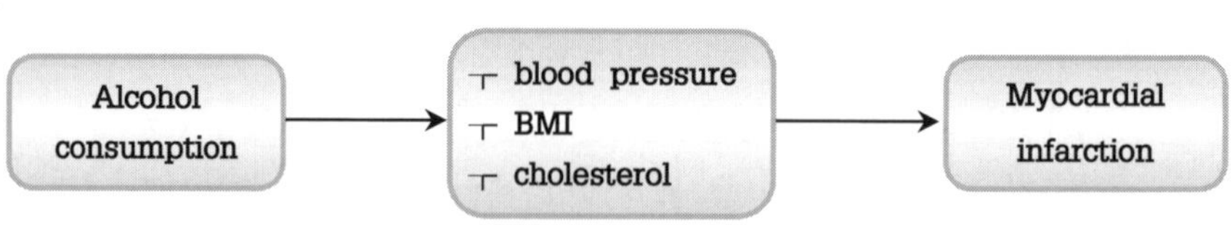

그림 8.1 Hypothesized pathway by which alcohol consumption may cause myocardial infarction

그런데 알코올의 섭취와 심장병의 관계를 연구하는 모형에서 HDL수치를 보정하면, 알코올 소비는 아무런 효과가 없게 나온다. 그러나 이것은 정확하지 않다. 적당한 알코올 섭취는 심장병과 인과관계가 있지만 그 작용은 HDL-cholesterol을 매개로 해서 생긴 것이다. 이런 문제를 over-adjustment라고 한다.

불행하게도 변수가 혼란변수인지 중재변수인지 구분할 수 있는 통계학적인 방법은 없다. 통계학적으로 혼란변수와 중재변수는 똑같이 작용한다. 그러므로 혼란변수이기 때문에 모형에 포함시킬 것인지 혹은 intervening variable이라서 모형에서 제외시킬 것인지는 과거의 연구결과와 생물학적인 plausibility에 의해 결정해야 한다.

위험인자의 결과변수에 대한 영향이 중재변수에 의해 매개된다는 것을 증명하고자 할 때는 intervening variable을 모형에 포함시키는 것이 적당한 방법이다. 이런 경우에 처음에는 intervening variable 없이 모형을 시행해 보고 다음에 intervening variable을 포함해서 모형을 구축해 본다. 만약 intervening variable이라면 위험인자와 결과변수 사이의 통계학적인 관계가 처음 모형에서는 제거가 될 것이고 두 번째 모형에서는 통계학적인 관계가 줄어들 것이다. 이것은 어떤 위험인자가 결과변수에 영향을 미치는지 기전을 이해하는 데 중요하다. 그러나 혼란변수가 포함되었을 때는 위험인자와 결과변수 사이의 관계가 약해진다는 사실을 항상 명심하고 있어야 한다.

8.4. 다변수분석에 필요한 연구대상(subjects)의 수를 결정하는 방법은?

이변량분석에서와 마찬가지로 다변수분석에서도 표본의 크기는 자료분석을 통해서 증명하고자 하는 effect size와 variability of data에 의해 결정된다. 위험인자가 결과변수와 강력한 상관관계(odds ratio = 4.0)를 보이는 경우보다는 위험인자가 결과변수와 약한 상관관계(odds ratio = 1.5)를 보이는 경우에 더 많은 표본의 크기가 요구된다. 이유는 표본의 크기가 작을수록 신뢰구간이 커지기 때문이다. 또한 odds ratio가 1.0에 가까워질수록 effect를 증명하기 위해서는 신뢰구간이 커져야 한다. Odds ratio가 1이라면 차이가 없다는 의미이기 때문이다. 마찬가지로 표본의 크기가 클수록 null hypothesis(즉, odds ratio = 1, 차이 없음)를 증명할 수는 없을지라도, 차이가 진짜로 있는데 차이가 없다고 하는 chance는 줄일 수 있다. 또한 변이가 큰 변수(= 즉, 표준편차가 큰 경우)에 대하여 집단 간의 차이를 증명할 때에도 표본의 크기는 커야 좋다.

일반적으로 필요한 표본의 크기를 결정하려면 power calculation이 필요하다. 다변수분석에서 power calculation은 매우 복잡한 데 아마도 전문 통계학자의 도움이 필요할 것이다. 그러나 기본적인 개념을 잘 알고 있으면 표본의 크기를 구해주는 프로그램으로 쉽게 구할 수 있다. SPSS에서 나오는 SamplePower 2.0을 이용하면 쉽게 필요한 표본의 크기의 계산이 가능하다. 그럼에도 불구하고 표본의 크기를 결정하는 몇 가지 약식이지만 실제에 근거한 방법을 소개한다.

첫째 통계 교과서에서 제시한 공식에 따라 이변량분석에 필요한 표본의 크기를 결정하는 것이 좋다. 표본의 크기를 결정해 주는 많은 통계 프로그램이 무료이면서 사용하기도 쉬운 프로그램이 많이 있다. 참고로 인터넷에서 power calculation에 대해 찾아보려면 http : //hedwig.mgh.harvard.edu/sample_size/quan_measur/defs.html과 http : //home.clara.net/sisa/sampshlp.htm을 참조하라. 만약 power calculation에서 이변량분석에서 효과를 증명할 만한 충분한 대상자의 수가 부족하다고 나오면, 다변수분석에서도 확실하게 대상자의 수는 부족한 것이다. 만약 이변량분석에서 표본의 크기가 충분하다고 나온다면 다음 문제는 이 크기가 다변수분석에서도 충분한지를 알아보는 것이다.

둘째로 다중 로지스틱 회귀분석과 비례위험분석의 경우 모든 독립변수마다 최소한 10명의 결과가 발생해야 한다. 표본의 크기보다는 결과가 발생한 수가 중요하다. 각 독립변수당 대상자가 20명이 있는 것보다 각 독립변수당 10명에서 결과가 발생하는 것이 더 중요한 이유는, 연구자가 궁극적으로 구하고자 하는 것은 특정한 결과의 발생인 사건의 발생이기 때문이다. 대부분의 의학연구에서 experience of outcome은 보통 50% 이하에서 발생한다. 만약 어떤 연구에서 대상자가 1,000명 이상인데 이 중 5명에서만 특정한 사건이 발생하였다면 연구의 질문에 대한 답을 증명하기에는 충분한 검정력(power)이 없는 것이다. 또한 위의 결과는 오직 5명에 근거한 결론이기 때문에 큰 집단이었다면 결과의 발생이 없다는 likelihood를 결정하는 데도 도움을 줄 수가 없다. 표본의 크기는 두 개의 비교집단에서 표본의 크기가 더 작은 집단을 기준으로 정한다. 그 이유는 결과가 발생한 것과 발생하지 않은 것은 수학적으로 동등하기 때문이다. 결과가 발생하지 않을 likelihood는 1 − likelihood of outcome이다.

변수당 10개의 발생건수는 단지 지침일 뿐이다. 따라서 한 연구의 표본 크기가 이 기준에 맞지 않아도 의미 있는 연구결과를 낼 수도 있다(New England Journal of Medicine에 실릴 수 있다). 반대로 각 독립변수당 발생건수가 10건 이상이더라도 연구 주제에 대한 답을 구할 수 없을 수도 있다. 그러나 일반적으로 특정한 독립변수가 연구결과와 상관관계가 있다는 것을 증명하기 위해서는, 독립변수 중에서 발생률이 더 작은 경우에 따라서 표본의 크기를 정해야 한다.

다음은 앞서 제시한 원칙을 적용한 예이다. Schwarcz 등은 HIV 감염자에서 PCP(pneumocystic carinii pneumonia)에 대한 폐렴구균 예방접종의 효과를 평가하기 위하여 로지스틱 회귀분석을 하였다. 총 표본의 크기는 326명이었다. 이들은 모두 PCP에 감염되었다. 326명 중에서 114명(35%)은 PCP로 진단 받기 전에 폐렴구균 예방접종을 받았고, 나머지 212명(65%)는 예방접종을 받지 않았다. 이 연구에서 6개의 독립변수를 정했다. 앞서의 원칙에 따르면 발생률이 작은 집단은 PCP 예방접종을 받은 집단이다(114명 35% 발생). 이 집단을 중심으로 계산해 보면 변수가 6개이므로 독립변수 개수 * 최소 10건 = 10 * 6 = 60이 필요한데 114명이므로 이는 충분한 수로 볼 수 있다.

표 8.1을 보면 로지스틱 회귀분석에서 두 가지 변수(nonwhite, insurance)는 PCP 예방접종을 받은 군에서 PCP 발생률이 낮고 유의한 상관관계를 보인다(adjust p-value < 0.05). Nonwhite의 신뢰구간은 0.28－0.87이고 insurance의 신뢰구간은 0.17－0.73으로 1을 포함하지 않았고 간격의 폭도 매우 작은 것을 볼 수 있다.

성별은 예방접종의 유무와 유의한 차이가 없었다. Odds ratio는 0.81이고 95% 신뢰구간 값은 0.06－10.12이다. 여성은 0.06배에서 10배 정도 더 예방접종을 받을 가능성이 높다. 그러나 확실하게 이 결과는 과학적인 가치가 없는 것이다. 이 연구에서 여성은 7명뿐(총 표본의 2%)이었고 odds ratio 값이 0.81임에도 불구하고 p > 0.87, 95% 신뢰구간 0.06－10.12 그리고 큰 표본 오차 때문에 정확한 정보를 제공할 수 없다. P-value가 통계적으로 의미 있으면 신뢰구간의 간격은 당연히 작다.

일반적으로 표준오차와 신뢰구간(신뢰구간은 표준오차로 계산한다)의 값이 크면 표본의 크기가 적절하지 않다는 의미이다. 로지스틱 회귀분석과 비례위험분석에서 표본의 크기가 충분하지 않다는 것을 알 수 있는 다른 사항은 모형이 converge(회귀분석에서 회귀식을 만드는 것)하지 않을 때이다. 이는 단순히 자료에 대한 정보가 충분하지 않다는 것이 아니고, 통상적으로는 결과의 발생이 너무 적으면 컴퓨터가 방정식을 풀 수 없다는 의미이다. 모형이 converge하지 않으면 아무리 계속 분석을 시도해도(iteration), 컴퓨터는 방정식을 풀 수 없고 이는 연구의 질문에 해답을 줄 수 있는 충분한 대상자가 없다는 의미이다.

표 8.2 Frequency of primary PCP prophylaxis among patients whose AIDS defining diagnosis was PCP

Characteristic	Did not receive PCP prophylaxis n (%)	Receive primary PCP prophylaxis n (%)	Adjusted P value	Adjusted odds ratio	95% Confidence limits
Total	212(65%)	114(35.0)			
Age group					
< 35years	61(69.3)	27(30.7)		1.0(ref.)	
>= 35 years	151(63.5)	87(36.6)	0.55	1.19	0.68～2.07
Ethnicity					
Nonwhite	74(77.9)	21(22.1)		0.49	0.28～0.87
White	138(59.7)	93(40.3)	0.01	1.0(ref.)	
Sex					
Male	206(64.6)	113(35.4)		0.81	0.06～10.10
Female	6(85.7)	1(14.3)	0.87	1.0(ref.)	
Injection drug					
Using Yes	35(72.9)	13(27.1)		1.11	0.49～2.54
Using No	177(63.7)	101(36.3)	0.08	1.0(ref.)	
Insurance					
Non	52(82.5)	11(17.5)		0.35	
Public/private	151(59.5)	10.(40.6)	0.005	1.0(ref.)	0.17～0.73

다중 선형회귀분석에서 표본의 크기는 로지스틱 회귀분석이나 비례위험모형에서와 같이 중요한 문제는 아니다. 다중 선형회귀분석에서는 결과변수가 등간변수이기 때문에 모든 연구대상자가 결과를 경험할 것이라고 고려하기 때문이다. 그러나 선형회귀분석에서도 표본의 수가 충분하지 못하면 표준오차가 커지고 신뢰구간의 간격이 커지므로 각 독립변수당 최소한 20명 이상의 대상자가 (결과의 발생건수보다는) 있어야 된다. 물론 표본의 수가 적다고 모든 분석이 가치가 없는 것은 아니므로 회귀계수를 해석할 때는 주의를 기울여야 한다.

8.5. 표본의 크기에 비해 독립변수의 개수가 많은 경우는?

Power calculation 결과 독립변수의 수가 표본의 크기에 비해 많으면, 표본의 수를 늘리거나 독립변수의 수를 줄여야 할 필요가 있다. 표본의 수를 늘리는 것이 보다 바람직하지만, 자료 분석을 하는 기간에 표본의 수를 늘리기는 실제로 불가능한 경우가 많다. 따라서 대부분의 연구자들은 독립변수를 줄이는 방법을 택한다. 예를 들면 앞서 다룬 내용대로 20개의 독립변수를 다변수 모형에 투입하기로 결정했는데 표본의 크기가 10개의 독립변수만을 투입할 수 있는 정도밖에 안 된다면 다음에는 어떻게 하겠는가?

이질적이고, 과다하며, 결측자료가 많거나 혹은 결과변수와 위험인자를 중재하는 변수는 이미 투입에서 제외했다고 가정하자. 그래도 독립변수를 줄일 수 있는 추가적인 방법을 표 8.3에 요약하였다.

표 8.3 독립변수의 수를 줄이는 방법

1. Exclude variables that are not empirically operating as confounder.
    - Variable unrelated to main independent variable and outcome in bivariate analysis
    - Variable has minimal impact on main effect in multivariable analysis
    - Variable excluded by variable selection algorithm
2. Choose one variable to represent two or more related variables.
3. Combine variables into a single variable, score or scale
    - " And/or" constructions
    - Summation scales
    - Factor analysis

8.5.1 경험적으로 혼란변수로 작용하는 변수를 제외시켜라

앞에서 가능하면 잠재적인 혼란변수는 포괄적인 정의로 포함하는 것이 좋은 방법이라고 했다. 그래야 confounding의 미묘한 형태를 잃어버릴 가능성을 줄일 수 있기 때문이다.

그러나 표본의 크기가 충분하지 않은 경우에는 모형에 포함시킬 변수를 선택하는 데 엄격한 기준을 적용해야 한다. 예를 들면 이변량분석에서 결과변수와 유의하게 관계있는 변수와 관심 있는 독립변수만을 모형에 포함하고 싶을 것이다. 이런 두 가지 상태를 동시에 만나지 않는 한, 변수는 혼란변수도 될 수 없고 suppressor도 될 수 없다는 것을 명심해야 한다. 즉, 이 두 조건을 만족시키는 변수는 혼란변수이거나 suppressor일 수도 있음을 기억해야 한다.

이런 전략의 변형된 방법으로 미리 결정된 amount에 의해 주 효과의 크기를 변화시키는 독립변수만을 모형에 포함시킬 수 있다. 예를 들어 Chamber 등은 fluoxetine(Prozac)이 태아에 미치는 영향(birth outcome)을 연구하기 위하여, 임신 말기에 fluoxetine을 복용한 산모의 출생아 70명과, 임신 초기에 fluoxetine을 복용한 산모의 출생아 98명을 대상으로 rate of pre-maturity을 비교하였다(New. Engl. J. Med 335 : 1010-1015, 1996.) 그 결과 14명만이 조산아로 태어났다. 이 연구에서 모형에 포함될 변수를 제한하기 위해서 연구자는 주 효과(임신중 fluoxetine의 초기 복용과 말기 복용에 따른 prematurity에 대한 효과)의 추정값에 10% 이상의 변화가 있는 독립변수만을 선정했다. 11개의 변수만이 이 기준에 부합하여 이것을 연구에 포함시켰다. 뿐만 아니라 두 개의 변수(maternal age와 fluoxetine 복용량)는 이론적인 이유로 변수에 포함시켰다.

전체 13개 독립변수와 겨우 14명의 조산아 발생건수로는 변수당 10건 이상이 발생해야 한다는 지침을 만족시킬 수가 없었다. Fluoxetine에 늦게 노출된 경우 조산의 위험이 증가하는 것으로 나타났다(odds ratio = 4.8). 독립변수는 많고 상대적으로 outcome 발생 건수는 적었으므로 95% 신뢰구간은 넓었다(1.1 −20.8). 신뢰구간에서 1이 포함되지 않았으므로 임신 말기 fluoxetine 복용은 조산아의 발생률을 증가시키는 것과 관련이 있음을 시사한다. 그러나 benefits versus risk로 가중치를 살펴보면, 신뢰구간에서 1.1의 odds ratio 값과 20.8의 odds ratio 값은 큰 차이를 보인다.

변수선택 방법의 알고리즘 또한 표본의 크기가 작은 경우 사용될 수 있다. 그러나 이 방법은 실제적으로 약점을 가지고 있다.

8.5.2 두 개 혹은 그 이상 관계있는 변수를 대표할 수 있는 변수를 선택하라

중간 정도로 서로 상관관계가 있는 두 개 혹은 그 이상의 변수가 있을 때, 서로의 관계를 함께 설명해 줄 수 있는 변수를 한 개 선택해서 모형에 투입하고 싶을 것이다. 예를 들면 수입, 교육 정도 그리고 직업 유무는 통상적으로 서로 상관의 관계에 있다. 그러나 보통 다중공선성을 발생할 정도의 상관관계는 아니다. 이상적으로는 사회경제적인 상태를 보정하는 연구에서는 세 가지 변수를 모두 포함해야 한다. 그러나 만약 표본의 크기가 작아 세 가지 변수를 모두 포함할 수 없다면 사회경제적인 상태에 대해서는 부분적인 보정만 할 수 있는 것이다. 변수들이 서로 상관의 관계에 있을 때 한 개의 변수를 포함시키면 다른 변수의 정보도 어느 정도 포함시키게 되는 것이다. 그러나 완벽하지 않게 상관되어 있다면, 한 개 혹은 그 이상의 변수를 분석에 제외하게 되면 중요한 정보를 잃을 수도 있다. 잃어버린 정보의 양은 변수들의 상관 정도에 따라 다르다. 어느 변수를 포함할지, 어느 변수를 제외할지라는 점에서 본다면 다중공선성이나 decision making process나 같은 것이다. 이론적으로 우위에 있고, 결측자료가 적고, 측정 오차가 적은 변수를 모형에 유지하도록 해라. 가능하면 변수를 set로 표현하는 하나의 변수를 선택하는 것보다 score나 변수의 집단을 대표하는 scale을 구축하는 것이 더 좋은 방법이다.

8.5.3 여러 개의 변수를 하나의 변수, score or scale로 통합하는 방법

변수를 결합하여 하나의 변수로 만드는 세 가지 방법이 있다.

8.5.3.1 'and / or' 구조를 사용하는 방법

두 개 이상의 연관성 있는 변수는 'and / or' 구조를 사용하여 합칠 수 있다. 예를 들어, 임신중에 fluoxetine을 복용하는 것이 birth outcome에 미치는 영향을 연구하는 경우에, 연구자는 고혈압, 전자간증, 자간증의 3가지 독립변수를 하나의 변수로 묶었다. 즉, 고혈압, 전자간증, 자간증 중에 하나 이상의 질환이 있는 경우에는 합친 변수에 모두 'yes'로 coding을 하였고, 셋 중 어느 질환도 가지고 있지 않은 경우는 합친 변수에 'no'로 coding을 하였다. 'and / or' 단어는 변수가 다중공선의(예 : 자간증을 가진 환자는 모두 전자간증이 있는 경우) 관계에 있거나 혹은 표본집단의 대다수가 동일한 독립변수의 값을 가질 때(예 : 자간증은 상대적으로 드문 질환이므로 대다수는 변수가 'no'로 coding되는 경우)에도 도움이 된다. 거의 모든 사람이 같은 집단에 속하는 독립변수는 표준오차와 신뢰구간이 커지는 경향이 있다.

8.5.3.2 Scores

독립변수의 수를 줄이는 또 한 가지 방법은 각 대상자가 가지고 있는 질환에 대한 위험인자의 숫자에 점수를 매기는 것이다. 예를 들면 Turner는 일생 동안 겪는 불행을 측정하기 위해 score를 계산했다(Arch. Gen. Psych 61 : 481-488, 2004). 대상자들이 33개의 불행한 사건에(즉, 학교 시험에 낙방, 자연 재해로 집을 파손……) 대해 노출된 것에 대해서 평가를 하였다. 불행한 사건을 경험한 전체적인 횟수로 0－33까지 score를 매겼다. 그 결과 score가 높을수록 우울증 and / or 불안장애에 이환될 가능성이 높다는 것을 밝혀냈다.

8.5.3.3 Multi-item scale

기능적인 상태나 태도 같은 내용은 단순히 하나의 질문만으로는 구성하는 개념을 측정하기 어려운 경우, 연구자는 scales(즉, 질문과 밀접하게 관계있는 sets)을 사용할 수 있다. 연구결과를 분석하는 단계에서 scale의 필요성을 느낄 때도 있지만 대부분의 경우에 scale의 사용 여부는 연구설계 단계에서 결정된다.

Scale을 만들기 위해서는 우선, 모든 연구문제는 같은 방향으로 coding을 해야 한다. 예를 들면, 점수가 높을수록 연구결과는 더 좋은 것을 의미하도록 설계하는 것이 좋다. 또한 모든 변수는 동일 범주의 numeric scale을 사용하도록 recode해야 한다. 왜냐하면 한 변수는 0－10 척도를 쓰고 다른 변수는 0－5 척도를 쓰는 경우 전자는 2배의 가중치가 매겨지기 때문이다. 0－10의 scale은 2로 나누어 주면 같은 scale로 된다. 다음 items들을 합하거나 혹은 각 scale의 숫자로 합한 것을 나누어서 평균을 낸다. Scale을 만들 때 각 대상자의 items에 있는 결측자료를 다룰 때는 각별히 주의를 기울여야 한다. 만약 특별한 대상자에 대해 적어도 items의 50%가 타당한 반응을 보였다면, 결측값은 scale을 구성하는 표본들의 평균값으로 대치한다. 결측값을 대치한 후에는 scale을 다시 합하고 scale 안에 있는 변수의 수로 나누어준다.

Scale을 구성할 때 결측값을 처리하는 또 다른 방법은 각 대상자의 평균을 구하는 것이다. 즉, 전체를 타당한 반응을 보인 대상자의 변수의 개수로 나누어 주는 것이다. 예를 들어 특정한 대상자가 하나의 scale을 구성하는 5개의 변수 중에 4개에서만 타당한 값(valid response)을 보였을 경우, 4개의 질문에 대한 값을 합하여 4로 나눈다. 마찬가지로 5개 모두 완전히 타당한 값을 보였을 경우에는, 5개를 합하여 5로 나눈다. 이와 같은 방법을 사용하기 위해서는

scale을 구성하는 변수 중 최소한 반 이상의 자료는 완전한 자료이어야 한다.

이와 같이 통합된 척도를 사용하는 경우는 변수들 간의 상관관계가 높을 때만 유효하다. 변수들 사이의 상관성을 측정하는 흔한 방법은 alpha이며, 신뢰계수(reliability coefficient)라고도 하며, 일반적으로 alpha가 0.65보다 커야 변수들이 신뢰할 만한 scale을 형성한다고 할 수 있다.

Scale과 score의 가장 큰 차이점은 score의 경우 items이 서로 상관관계가 없는 것이고 scale은 관계있는 질문을 사용한다는 것이다.

8.5.3.4 요인분석 (Factor analysis)

요인분석법은 행동과학에서 다중으로 연관된 독립변수의 수를 줄이고자 할 때 흔히 사용하는 방법이다. 요인분석을 통해 다중으로 연관된 독립변수를 몇 개의 잠재요인(underlying factor)으로 줄일 수 있다. 이 절차를 통해 요인들 사이의 상관관계를 최소화시킨다. 각 요인은 변수에 가중치를 써서 통합한 값이다. 변수의 개수를 요인의 수만큼으로 줄이기 위하여, 각 변수의 대상값(subject's value)에 근거하여 factor score를 개발한다. 각 독립변수들은 요인들과 상관관계를 갖지만, 그 정도는 제각각이다. 어떤 한 요인에 있어서는 몇 개의 변수가 요인과 강하게 상관관계를 가질 수 있고, 이러할 때 요인은 일차적으로 변수의 cluster를 표현하는 것이다. Loading이라고 불리는 이런 상관관계를 기초로 연구자는 요인의 본질을 특성화할 수 있다.

임상연구자에게 있어서 요인분석의 주요한 문제점은 원래의 변수를 잃는다는 것이다. 예를 들어 한 연구자가 요인분석을 사용하여 폐렴의 회복에 관련된 변수에 대한 factor score를 개발했다고 하자. 첫 번째 요인은 환자 co-morbidity (연령, 기저 폐질환, 울혈성 심부전의 과거력)를 나타내고, 두 번째 요인은 virulence of attack(방사선 소견의 심각성 정도, 높은 열, 특정 조직의 회복)을, 세 번째 요인은 치료 효과(첫 번째 투약 속도, 적절한 항생제 선택)를 나타낸다고 가정해보자. 이것은 폐렴의 병리생리학적 관점에서는 만족스럽게 자료를 통합한 예이다.

비례위험모형을 이용하여 환자의 co-morbidity, virulence of attack의 factor가 대상자의 나쁜 생존율과 관련이 있었고 반면에 효과적으로 치료를 하면 생존율이 좋아지는 것을 증명했다고 가정해보자. 이런 것이 임상의사에게 얼마나 유용한 일일까? 확실히 임상의사는 이러한 요인의 factor score를 계산하는 것은 수학적으로 매우 복잡하기 때문에 이런 정보를 이용하지 않을 것이다. 뿐만 아니라 임상의사에게 어떤 한 개의 변수가 outcome에 어떻게 중요한지는 말해줄 수 없고, 단지 factor가 결과에 미치는 중요성만 알 수 있을 뿐이다. 특정한 변수는 outcome과 관계가 있는 factor와 강한 loading을 가지는 한편 그 변수는 outcome과는 오직 약한 상관관계만 있을 수도 있다. 왜냐하면 요인분석은 변수들과의 관계에 근거하여 독립변수들을 한 집단으로 묶기 때문이고, outcome과는 아무런 관계를 없기 때문이다.

이러한 이유로 요인분석은 임상적인 자료를 분석할 때는 상대적으로 잘 사용하지 않는다. 행동과학처럼 측정하기 복잡한 문제(자기 존중감, 자율성 같이)를 다룰 때는 한 개의 변수를 잃는 것이 다양하게 연관된 독립변수를 다루는 기술의 강도에 의해 보상될 때 좋은 결과를 낼 수 있는 경우에 사용한다.

8.6 독립변수에 결측자료가 있는 경우 어떻게 처리할 것인가?

실제적으로 자료는 결측자료를 포함하게 마련이고 모든 분석에서 항상 문제가 될 수 있다. 많은 통계적 분석방법은 모든 변수의 값이 완전하게 있는 관측만 다루기 때문에 결측자료는 수집자료의 활용시 비효율을 초래하고 추론시에는 bias의 원인이 된다.

결측자료가 발생하는 원인은 대상자의 무응답(non-response)에 의해 발생한다. 여기에는 개체무응답(unit non-response)과 항목무응답(item non-response)이 있다. 개체무응답은 대상자가 연구참여를 거절하는 것으로 모든 변수가 결측된 것이고, 항목무응답은 개체의 몇 개의 변수의 값에 결측이 있는 것으로 대부분의 연구에서 흔히 발생하는 결측의 형태이다. 항목무응답은 특성에 따라 결측이 완전히 임의로 발생하는 missing completely at random(MCAR), 결측의 확률이 다른 항목의 관찰값에 따라 결정되는 missing at random(MAR 혹은 missing conditionally at random이라고도 한다), 결측이 발생할 확률을 주어진 자료를 통해 예측할 수 없는 non-ignorable(NI)가 있다. NI는 not missing at random(NMAR)이라고도 한다. MAR의 예는 교육수준이 높아짐에 따라 자신의 수입을 밝히기 꺼려하는 경향이 있다고 했을 때 소득의 항목에 결측이 있을 때, 이 값을 대체하기 위해 교육수준 변수를 이용하는 경우이고, 가장 흔히 발생하는 결측자료의 형태이다. NI의 예는 소득이 높은 사람들이 자신의 소득을 알리는 것을 꺼려하는데 이 때 주어진 자료로 어떤 사람들이 고소득층인지 파악하기 어려운 경우이다. 이 중 가장 관심이 되는 항목이 MAR이다. 왜냐하면 MAR은 너무 단순하여 흔히 상황을 간과하기 쉽기 때문이며, NI는 어떤 방법을 이용해도 추정치의 bias가 생기고 또한 결측값의 모형화가 어렵기 때문이다.

이변량분석에서 결측자료에 의해 야기된 문제는 다변수분석에서는 더 큰 문제가 될 수 있다. 왜냐하면 한 변수에 결측값을 가지고 있는 대상자들은 다른 변수에서도 결측값을 가질 가능성이 더 높기 때문이다. 즉, 한 개의 변수에서 자료가 결측되기보다는 각각 다른 여러 독립변수에서 결측값을 보이기 때문이다. 예를 들어 300명의 대상자에 10개의 독립변수가 있고 각 변수당 10개의 결측값이 있을 때, 이변량분석에서는 표본의 크기가 290이 되고 이는 전체표본수의 97%에 해당된다. 그러나 다변수분석에서는 결측 대상자는 10명 이상으로 커진다. 극단적으로 10개의 독립변수들이 각기 다른 대상에서 결측을 보이는 경우에 변수당 10개씩을 제외시키게 되므로 총 100명의 대상자를 잃게 된다. 이런 경우 전체 대상자는 200명으로 처음의 66%밖에 되지 않는다. 결국 이 정도의 결측자료가 있으면, 의미 있는 결과를 발견하기 위한 검정력은 작아지게 된다. 또한 결측값이 대상자의 자료가 결측값이 없는 대상자와 자료가 체계적으로 다른 경우에는 연구결과를 일반화해서 모집단에 적용할 수도 없게 된다.

일반적으로 하나의 변수에 결측값을 보이는 대상자는 다른 변수에서도 결측값을 보이는 경우가 흔하다. 그러므로 분석에서 제외되는 사례는 100개 이하여야 한다. 결측값을 어떻게 처리할지를 결정하기에 앞서 결측값을 갖는 자료의 개수를 파악하는 것이 좋은 방법이다. 개수를 파악하는 방법은 독립변수 하나라도 결측인 경우는 1로 coding하고, 결측이 전혀 없는 경우는 0으로 coding한 후에 단순빈도(simple frequency)를 측정하면 다변수분석에서 얼마나 많은 결측이 생길 것인지도 알 수 있다.

결측값을 갖는 자료의 개수를 파악한 후에는 표 8.4와 같은 방법을 사용하여 결측값을 처리해 준다. 다음은 결측값을 다루는 방법에 대해 알아보자.

결측값을 가지고 있는 모든 대상자를 연구에서 제외시키는 방법은 임상연구에서 가장 흔히 사용하는 방법이다. 그러나 제외하는 방법은 분석의 검정력이 떨어지고 편위(bias)가 생긴다는 것이다. 검정력이 떨어지는 것은 쉽게 알 수 있지만, 결측자료를 제외해서 새로 생기는 편위를 알아내는 것은 굉장히 복잡

표 8.4 Methods for dealing with missing data in multivariable analysis

1. Delete cases with any missing data
2. Create dichotomous variables to represent missing data
3. Make additional effort to obtain data
4. Decrease the number of independent variables in the analysis
5. Estimate the value of missing cases

하고 어려운 일이다. 보통 대상자에서 결측값이 무작위로 발생했다면 대상자를 제외해도 연구결과에 큰 편위는 생기지 않는다. 그러나 결측자료가 있는 대상자(조사에 덜 순응적이었거나, 조사자에 대한 신뢰도가 더 낮거나, 인지장애가 있었던 경우)와 결측자료가 없는 대상자가 다를 경우 분석에 편위로 작용할 수 있다.

자료에서 결측이 무작위로 발생했는지 평가해 보려면, 중요한 독립변수와 종속변수에 대해 결측자료가 있는 대상자와 없는 대상자를 비교해 보면 알 수 있다. 차이가 없으면 결측은 무작위로 발생한 것이라고 할 수 있고 이런 경우 결측자료를 가지고 있는 대상자를 제외해도 연구결과에 크게 편위로 작용하지 않는다. 그러나 미처 측정하지 못한 요인이 아직도 있을 수도 있음을 늘 명심하고 있어야 한다. 만약 결측자료가 있는 대상자와 없는 대상자 사이에 독립변수와 종속변수가 의미 있게 차이가 있다면 잠재적인 편위를 좋게 특성화하기 위해서 이 차이를 나중에 논문을 쓸 때 보고해야 한다. 결측이 있는 대상자와 결측이 없는 대상자가 어떻게 다른지 특성화하는 것도 표 8.4의 5번째 방법을 평가하기 전에도 또한 중요한 정보가 된다.

결측이 있는 대상자에 의한 bias를 평가하는 것과 연구에 참여하지 않겠다고 선택한 대상자(즉, response bias)에 의해서 생긴 bias를 평가하는 것은 비슷하다. Ironical하게 결측자료가 있어 분석에서 제외된 경우나 연구에 참여하지 않겠다고 한 대상자에 의해 생긴 bias나 중요도는 거의 같다. 물론 결측이 아주 적은 경우, 이들을 제외해서 생긴 편위를 평가할 필요는 없다.

다변수분석에서 어떤 독립변수에서든지 결측값이 있어 대상자를 제외할 계획이 있다면, 연구자는 단변량분석 혹은 이변량분석에서는 그 대상자를 어떻게 처리할지에 대해서 결정을 해야 한다. 여기에는 두 가지 선택 방법이 있는데, 하나는 단변량분석을 시작하면서부터 결측값이 있는 대상자를 제외하는 것이고, 다른 하나는 다변량분석을 시작할 때까지는 일단 결측값이 있는 대상자를 남겨놓는 것이다.

출판된 임상연구를 보면 대부분의 연구자들은 단변량분석과 이변량분석을 시작하면서부터 결측값을 갖는 대상자를 제외하는 방법을 선호한다. 이 방법의 장점은 단변량, 이변량, 다변량분석 모두에서 표본의 크기가 같기 때문에 보고서 작성시 표본의 크기인 N을 한 번만 기술하면 된다는 점이다. 그러나 단점으로는 단변량 그리고 이변량분석에서 많은 것을 배울 수 있다는 점이다. 단변량 그리고 이변량분석에서부터 단지 어떤 변수에 결측값이 있다는 이유만으로 분석에서 제외한다면, 제외한 자료가 다변량분석에서는 의미가 있는 자료일 수 있으므로, 연구자의 초점을 잃게 할 수도 있다는 단점이 있다는 의미이다. 그러나 분석을 할 때마다 표본의 크기가 변하면 발표된 논문을 다른 사람이 추적하기가 더 어려워진다.

결측값이 많은 수의 변수에 산재되어 나타날 경우에는 모든 독립변수에 혹은 많은 독립변수에 결측자료를 갖고 있는 대상자를 제거하는 것이 합리적인 방법이다. 그러나 하나 또는 두 개 정도의 변수에서만 대부분의 결측값을 갖는 경우에는, 모든 분석 방법에서 동일한 표본의 크기를 유지하기 위하여 일변량과 이변량분석에서 대상자를 줄일 필요는 없다. 단, 분석의 초기에 결측값을 갖는 대상자를 제외하지 않은 경우에는, 논문에서 각 분석마다 표본의 크기가 다르다는 사항을, 즉 N을 확실하게 기술해 주어야 한다.

결측자료를 처리하는 두 번째 전략은 여러 개의 이분형변수로 결측값을 표현하는 방법이다. 즉 결측값의 유무로 하나의 변수를 만드는 것이다. 이 방법은 신장이식 실패의 결정요인에 대한 연구에서 결측값을 처리할 때 사용되었다 (JAMA 276 : 1732-1736, 1996). 변수를 cold ischemia time에 따라서 다음과 같이 6개의 이분형변수로 coding하였다 : 9−16시간(예 / 아니요), 17−24시간(예 / 아니오), 25−36시간(예 / 아니요), 37−48시간(예 / 아니요), 48시간 이상(예 / 아니요), 결측값(예 / 아니요). 여기서 비교의 기준이 되는 reference value는 0−8시간이다.

이 방법의 장점은 모든 대상자가 결측이 있는 대상자의 수치에 대한 강한 가정이 없이 다변수분석에 포함될 수 있는 것이다. 또한 결측자료에 의해 야기된 편위에 대해 인식할 수 있다는 장점도 있다. 위의 예에서 결측을 '예'로 대답한 경우 graft failure의 가능성이 높은 것이다. 결측값이 있는 경우 실제적으로 cold ischemia time이 다른 범주보다는 높은 것이므로 graft failure가 높다는 것을 의미한다. 또한 위의 연구에서 연구자는 결측값이 포함된 이분형변수로 구성된 모형과, 결측값을 갖는 모든 대상자를 제거한 모형의 적합성이 서로 크게 다르지 않았음을 보고했다.

추가로 자료를 확보하는 방법도 결측자료를 처리하는 전략으로 언급될 수 있다. 물론 자료를 획득하는 데 가장 적절하고 효과적인 시기는 자료를 수집하는 단계이지만 자료분석을 시작했다고 해서 자료를 획득할 시기가 이미 지난 것은 아니다. 따라서 결측값을 갖는 자료가 분석에 중요한 자료일 경우, 추가적으로 결측값을 채울 수 있는 방법이 있는데 이는 수고스러운 일임에도 불구하고 중요한 작업이다. 자료에 결측값이 많아서 다변수분석이 어려운 경우 새로운 조직을 구성해서 다시 대상자를 찾아가서라도 추가로 자료를 얻는 노력을 해야 한다.

네 번째는 분석에 무리가 없는 수준에서 독립변수의 수를 줄이는 것이다. 독립변수의 수에 비해서 표본의 크기가 작을 경우에 변수의 수를 줄이는 방법과 마찬가지로 결측값이 있는 경우에도 비슷하게 적용할 수 있다. 특정변수에 결측값이 특히 많은 경우에 그 변수를 삭제할 수 있고, 두 변수가 연관성을 갖는 경우에 결측값이 더 많은 변수를 삭제할 수 있다. 예를 들어 교육과 수입은 높은 상관관계를 가진다. 보통 사람들은 교육수준보다는 수입을 더 밝히기를 싫어하므로 결측값이 많이 발생하는 '수입' 변수를 제거한다. 그러나 수입을 분석에서 제외할 경우, 교육과 수입이 동일한 것은 아니므로 수입에 대한 내용을 보고할 수 없다. 따라서 결측값을 포함함으로써 잃는 게 많은지 아니면 변수를 제거함으로써 잃는 게 더 많은지에 대해서는 연구자 스스로 결정해야 한다.

변수선택기법이 결측자료 처리에 도움이 될 수 있다. 방법은 다변수분석에 필요한 변수를 선택한 후에, 선택한 변수만으로 먼저 통계분석을 한다. 변수의 개수를 줄이기 위해서는, 적어도 한 개의 독립변수에 대해서 결측값이 있기 때문에 제외되어야 하는 대상자의 수를 줄일 수 있을 것이다. 예를 들어 표본의 크기가 100명이고, 10개의 독립변수가 있고, 각각의 독립변수당 2개의 결측값이 있고, 1개 이상의 변수에 결측값을 갖는 대상자는 없다고 가정하자. Backward elimination 방법으로 변수를 투입할 때 처음에는 모든 변수에 대한 자료가 필요하기 때문에 이 때 필요한 표본의 수는 $100-(10\times2)=80$명(결측값이 없는 대상자의 수)이 된다. 그리고 backward selection 방법을 수행한 결과

관련성이 적은 변수 6개가 모형에서 제거됐다고 가정하면 남아 있는 변수는 4개가 된다. 다시 4개의 변수로만 이 모형을 분석할 때 필요한 표본의 수는 $100-(4\times 2)=92$개가 된다. 6개의 변수는 의미가 없어서 분석에서 제외됐기 때문이다. Forward selection에서도 비슷한 방법으로 사용된다. 예를 들면 이 방법으로 10개의 변수 중 4개가 남았다면 이 4개의 변수만을 이용해서 다시 모형을 설정한다.

다섯 번째 방법은 결측 대상자의 값을 추정하는 방법이다. 이 방법은 가장 만족스러우면서도 또한 가장 위험한 방법이다. 가장 만족스러운 이유는 자료손실이 없기 때문이고, 가장 위험한 이유는 분석된 결과의 bias를 예측하기가 쉽지 않기 때문이다. 표 8.5는 단면연구나 종단연구에서 결측값을 추정하는 몇 가지 방법이다. 결측값을 추정하는 방법은 독립변수가 범주형인 nominal, ordinal, 그리고 연속형인 interval인 경우 모두 가능하다.

표 8.5 Methods of estimating missing value

For cross-sectional data;

Assign the sample mean
Assign the mean by subgroup (conditional mean)
Model the value of the missing data by using the other covariates in the analysis (simple imputation)
Model the value of the missing data by using the other covariates in the analysis and include a random component(multiple imputation)

For longitudinal data with repeated measurements of the subjects

Carry the last observation forward.
Model the measuring observation based on serial values

독립변수에 결측값을 할당하는 가장 단순한 방법은 결측값을 갖는 변수에 표본의 평균이나(= mean amputation) 중앙값을(= modal amputation) 할당해주는 방법이다. 분포가 치우쳐져(skewed) 있는 경우에는 중앙값이 더 좋다. 일반적으로 결측값이 무작위로 일어나는 경우에는 평균/중앙값을 할당하는 것이 가장 좋은 방법이다. 이 방법의 장점은 결측값을 모두 분석에서 잃지 않는다는 점이다. 그러나 이 방법은 평균이나 중앙값을 할당받은 대상자가 하나 또는 두 개의 독립변수에 대해서만 결측치가 있을 때에만 분별력이 있다.

예를 들어, 10개의 독립변수 중에서 오직 하나의 변수에서만 결측값이 있는 15명의 대상자가 있다고 했을 때, 평균이나 중앙값을 결측값에 할당하면 15명의 대상자를 모두 분석에 포함시킬 수 있다. 이 경우 다른 9개의 변수는 실제의 값이므로 이 방법은 유용하다. 달리 극단적으로 보면 10개의 모든 독립변수에 결측값이 있는 15명의 대상자가 있다면, 독립변수의 모든 자료에서 결측이 있으므로 분석에 어떠한 정보도 제공할 수 없다. 그러므로 각각 10개의 독립변수에 평균이나 중앙값을 결측값에 할당할 필요는 없다. 독립변수에 있는 모든 자료가 결측되었기 때문에 다변수분석에 정보를 제공할 수 없게 된다. 그러므로 결측값에 평균이나 중앙값을 할당하기 전에 연구자는 분석에 사용되는 독립변수의 개수 중의 최소한 50%에서 참값이 있는지, 즉 최소한 결측이 50% 이하로 생겼는지 확인하는 것이 중요하다.

어떤 경우 전체 표본의 평균 / 중앙값을 사용하는 경우보다 하위집단(subgroup)에 따라 조건부 평균(conditional mean)을 쓰는 방법이 좋을 수 있다. 예를 들어 수입에 대해서만 결측값을 갖는 경우, 보통 수입은 교육 정도 그리고 직업과 상관관계를 가지므로 표본전체의 평균 / 중앙값을 결측치로 할당하기 보다는 동일한 교육수준과 직업상태를 가지는 대상자의 평균 / 중앙값을 할당하는 것이 결측값을 좀더 정확히 추정할 수 있다.

지금부터는 결측값이 있는 독립변수가 연속형임을 전제로 설명을 하겠다. 평균을 추정하는 좀더 복잡한 방법은 다른 독립변수를 이용하여 회귀분석(선형 또는 로지스틱), EM(imputation by Expectation-Maximization algorithm) 방법, 그리고 다중대체(multiple imputation)로 결측값을 추정하는 방법이 있다. 이 방법은 평균 / 중앙값을 할당하는 것보다 결측값을 좀더 정확하게 예측할 수 있다.

회귀대체는 대체가 필요한 항목을 종속변수로 하고 이와 관계있는 일련의 요인들을 독립변수로 하는 회귀모형을 만들어 결측값을 대체하는 방법이다. 여기에는 모형의 예측값으로 대체하는 방법과 모형 예측값에 임의의 잔차를 더해서 대체하는 두 가지 방법이 있으며, 개별적인 정확성 측면에서는 전자가, 분포적인 특성(백분위수, 상관 등) 측면에서는 후자가 분포의 bias를 막아준다는 점에서 좋다.

예를 들면 Smith 등은 우울증에 대해 일차적인 intervention을 한 경우의 효과를 알아보기 위해 383명의 환자를 24개월 동안 추적 조사하였다(Am. J. Pub. Health 87 : 548-550, 1997). 이 중 62명에서 수입에 대한 항목에 대해 결측값이 있었다. 결측치를 추정하기 위해 다중 선형회귀분석을 이용하여 나이, 성별, 종족, 교육수준, 상태, 직장고용, 육체적 건강비율 그리고 정신적 건강비율 8개의 변수를 모두 수입과 관계가 있을 것이라고 생각하였기 때문에 모형에 투입하였다. 나이가 있고 백인이고 교육수준이 높고 결혼했고 직장이 있는 남자는 젊고 백인이 아니고 덜 교육받고 미혼이고 직장이 없는 여성보다 수입이 높을 것이라고 생각했기 때문이다.

EM imputation 알고리즘은 expectation 단계와 maximization 단계로 구성된다. 전체자료를 관측부분과 결측부분으로 구분하여, expectation 단계에서 관측자료에 조건화하여 결측자료에 대한 추정값을 구하여 관측자료를 대체한다. 그리고 maximization 단계에서는 관측된 자료와 결측된 자료를 모두 이용하여 계수의 likelihood를 최대화한다. 이런 단계를 반복하게 된다. 회귀 대체는 잘 만든 회귀모형을 필요로 하고 EM 대체는 정교하기는 하지만 특정 확률모형을 전제로 한다는 점이 연구자에게 부담이 될 수 있다.

위에서 언급한 결측치를 예측하는 모든 방법은, 이 방법에 의해 추정된 값으로 다변수분석을 수행하면(마치 관찰된 값으로 처리되므로) 회귀계수와 관계있는 error를 과소평가할 수 있다는 문제점이 있다. 왜냐하면 일단 회귀분석에 근거하여 결측값을 채우면, 컴퓨터는 실제 관찰값과 회귀분석에 근거하여 채운 결측값 중 어떤 것의 error가 큰지 구분하지 못하기 때문이다. 그 결과 추정된 값 주위의 신뢰구간은 이 추정값의 실제 variability를 과소평가하게 된다.

단순히 결측값을 대체하는 simple imputation의 단점을 보완하기 위한 multiple imputation은 무작위 요소(random component)를 추가하도록 한다. 그래서 결측값 대체를 한 개의 값으로 하지 않고 여러 값으로 한다. 이에 따라 여러 set의 대체자료가 만들어지게 된다. Multiple imputation을 하려면 결측값을 갖는 변수와 가장 상관성을 보이면서도 결측값이 없는 변수를 가지고 있는 대상자를 이용하여 다중회귀 또는 로지스틱 회귀분석을 실시한다. 우선 적합한 모형을 이용하여 결측값의 평균과 분산을 측정한다. 등간변수는 정규분포를 하고 이분형변수는 이항분포를 한다는 가정 하에 각 결측값에 대하여 임의로 번호를 생성하는 기계(random number generator)를 사용하여 관측치를 예측한다. 다음으로 결측값을 채워서 만든 data set을 사용하여 분석하는 과정을 최소한 10회 이상 시행하여 적당한 값을 채운다. 이러한 반복과정에서 결측값 대신에 채워넣는 값이 변하기 때문에 표준오차를 구할 수 있게 된다.

대상자에 대해 반복적인 관찰로 자료를 얻는 장기적인 연구에서는 가장 최근에 측정된 관찰값이 가장 합당한 추정치라는 가정 하에 가장 최근의 관찰값으로 결측값을 대신 채울 수 있다. 또한 좀더 복잡한 방법으로는 prior, subsequent, 또는 prior and subsequent 값을 가지고 계산해서 결측값을 채우는 것이다. 예를 들면 HIV환자의 말초혈액 CD4의 개수를 연속적으로 측정하는 것은 HIV감염의 진행경과를 알 수 있는 중요한 검사방법이다. 보통 치료를 하지 않으면 시간이 지남에 따라 선형의 형태로 CD4 수는 감소한다. HIV환자의 CD4 검사를 0, 6, 12, 18, 24개월 6개월 간격으로 검사를 해야 하는데 만약 12개월의 검사를 missing했을 때, 개월에 따른 CD4 개수를 회귀직선으로 그려서 추정하여 12개월의 CD4 수치를 채울 수 있다.

지금까지 언급한 모든 방법들이 각각 장점 및 단점이 있기 때문에 이런 방법들을 혼합하여 사용할 수도 있다. 예를 들어 Halfon(JAMA 1997; 277 : 636-641) 등이 실시한 라틴계 아동이 의료기관을 찾는 정도를 알아보는 연구에서 수입(income) 변수의 결측값이 전체 표본의 13%에서 있었다. 그러므로 수입변수에 대한 결측값은 표본의 평균값으로 대치하고 동시에 수입변수 중 결측값을 보인 대상자를 이분형변수로 다시 coding(즉, 결측이 있으면 1, 없으면 0)하여 분석을 하였다. 이 방법으로 표본의 개수에 손실이 없을 뿐 아니라 결측값을 갖는 대상자와 그렇지 않은 대상자의 차이를 확인할 수도 있었다.

여러 가지 방법으로 결측값을 대치해보는 것의 한 가지 장점은 각각의 방법으로 분석했을 때 모두 연구결과에 도움이 된다는 것을 연구자는 알 수 있다는 점이다. 그러나 연구자나 독자 모두 결측치를 처리하는 여러 다른 방법은 모두 비슷한 결과를 도출한다는 사실을 알아야 한다.

다음은 결측값을 처리하기에 복잡한 경우들에 대한 필자의 지침이다.

1) 결측값이 최소화되도록 자료를 수집

2) 독립변수당 결측값이 어느 정도 있는지 평가

3) 다른 변수들에 비해서 결측비율이 높은 하나 또는 두 개의 독립변수의 경우는 아무리 중요한 변수일지라도 결측값이 많으면 bias될 가능성이 많으므로 삭제를 고려한다.

4) 표 8.3에 있는 방법 중 1번과 3번 과정을 통해 결측자료를 최소화한 이후에 결측값을 갖는 대상자의 수를 조사해 본다. 모든 분석에서 표본수가 동일한

경우에 논문을 추적하기가 수월하므로 결측값을 갖는 대상자의 수가 적은 경우에는 결측값을 갖는 대상자를 처음부터 삭제하고 분석에 들어간다.

5) 결측값을 갖는 대상자 수가 많은 경우에는 결측값을 갖는 대상자가 그렇지 않은 대상자와 다른 차이가 있는지를 조사한다.

6) 만약 두 경우가 다르지 않다면, 표본의 평균이나 조건부 평균을 할당할 수 있는데 할당하기에 앞서 모든 대상자는 변수의 반 이상이 관찰값을 가져야 한다. 만일 대상자에 포함되는 대부분의 독립변수에서 결측값이 있는 경우에는 해당 대상자를 삭제하는 것이 좋다. 그러나 통계적인 근거가 타당한 경우에는 multiple imputation을 사용하여 결측값을 채워 넣는 것도 고려해 볼만하다.

7) 결측값을 갖는 대상자 수가 많은 경우에 결측값을 갖는 대상자가 그렇지 않은 대상자와 다른 차이가 있는지 조사 후, 두 경우가 다른 경우에도 6)번과 같은 방식을 사용한다. 하지만 결측값을 갖는 대상자와 그렇지 않은 대상자는 다르기 때문에 해석이 쉽지 않음을 유의해야 한다.

8) 가능한 한 결측값을 처리하는 방법은 한 가지 이상을 사용하는 것이 좋다.

9) 결측값을 통계분석에서 다룰 때는 이론과 실제에 있어서 신중을 기해야 한다.

8.7 결과변수(outcome variable)에 결측값이 있을 때 처리방법

독립변수에 결측자료가 있을 때 결측자료의 처리방법 중 신뢰성이 있는 방법은 표 8.4에 있는 것 중 대상자를 제외하는 방법과 추가로 자료를 모으기 위해 노력하는 방법 두 가지뿐이다. 결과변수는 바로 연구자가 연구하는 것이므로 분석에서 제외할 수는 없다. 또한 다변수분석을 하기 전에는 결과변수를 추정할 수도 없다.

장기적인 연구에서 추적에서 탈락된 대상자는 censoring observation으로 처리해서 분석에 기여할 수 있었다. 그러나 censoring observation은 missing outcome data가 아니라고 생각하는 것이 좋다. Censoring observation에서는 연구자는 특별한 시점에서 결과가 발생한 것을 알고 있는 것이다. 그 시점을 지나서 발생한 결과에 대해서는 여전히 알 수는 없다. 또한 장기적인 연구에서는 결과가 반복적으로 측정되기 때문에 결과변수에 결측도 있을 수 있고, 반대로 실제적으로 결측도 없는 대상자가 모두 발생할 수도 있다. 같은 대상자에서 반복 측정된 경우 결측자료가 있을 때의 처리방법은 제14장에서 다룰 예정이다.

이 단원에서는 시간의 특정 시점에서 결과변수의 측정값이 결측된 경우에 처리하는 방법인 multiple imputation만을 다룰 예정이다. Multiple imputation은 어떠한 방법으로 작용하는 것일까? 다변수분석 모형은 독립변수의 결과변수에 대한 관계를 기초로 해서 결과변수의 값을 추정하는 방법이라는 것을 기억하라. 일단 독립변수와 결과변수에 대한 정보를 가진 대상자를 기초로 결과변수의 값을 추정하면, 독립변수가 가지고 있는 정보만으로 대상자의 결과변수의 값을 추정할 수 있다. 결과변수의 값이 결측된 대상자에서 결과변수의 값을 추정하고 추정의 타당성을 고려해서 component를 통합시켜서 추가된 대상자로 다시 다변수분석을 반복하여 또 결과가 다르게 나오는 것을 볼 수 있다. 만약 결과가 똑같이 나온다면 이것은 연구자의 분석에 대해 더 강화된 타당성을 부여할 것이다.

이 방법은 젊은 남자에서 HIV prevention intervention을 검사하는 데 사용되었다. 연구자는 pre and post intervention 후 sexual risk activities를 조사했는데 intervention 전과 intervention 후에 HIV risk activities가 의미 있게 감소하는 것을 증명했다. 그러나 pre-intervention을 한 191명 중 103(54%)명만 post intervention에 참여했다. 대상자의 수가 줄었으므로 관찰의 차이에 대한 타당성에 의문이 제기된다.

연구자에게 더욱 문제가 되는 것은 추적조사에서 탈락된 대상자와 탈락되지 않은 대상자들 사이에도 유의한 차이가 있다는 것이다. Intervention 때문이라기보다는 추적에서 탈락된 대상자와 탈락되지 않은 대상자의 기저특성의 차이 때문에 intervention 후에 sexual risk activities가 감소했다고 설명할 수 있는 방법이 있을까? 이 의문에 정확하게 대답해 줄 수 있는 방법은 없다. 왜냐하면 추적조사에서 탈락된 대상자의 최종적인 결과를 모르기 때문이다. 그러나 우리는 pre-intervention behavior에 대해서는 어떤 것을 알고 있다.

연구자들은 pre-intervention과 post intervention을 모두 받은 대상자만을 대상으로 로지스틱 회귀분석을 시행 후, 이 모형을 가지고 post intervention을 하지 않은 대상자에 대해 결과변수를 추정하였다. 다음에 multiple imputation procedure로 100개의 data set을 생성하여 무작위로 imputation하였다. 치료효과는 각각 100개의 data set에서 추정된 평균효과로 추정하였다. 이렇게 해서 나온 결과는 결과변수가 결측된 대상자를 제외하고 분석할 때와 비슷하였다(좀 더 자세한 내용은 Am. J. public Health 1996; 86 : 1129-1136을 참조). 이런 방법으로 연구의 결과를 더 강화시켰으나 그들의 연구결과에 대한 설명에 있어서는 bias를 다 제외하지는 못할 것이다.

8.8 SPSS를 이용한 missing value 처리방법

SPSS에서는 결측값을 분석하기 위한 방법으로 missing value analysis(MVA)라는 module을 제공하고 있다. SPSS의 MVA는 범주형 변수의 결측값을 대체하는 기능은 제공하지 않는다. 결측치의 형태가 MCAR 혹은 MAR인 경우에만 multiple imputation의 방법을 이용하며 NI의 경우는 selection models과 pattern mixture 같은 특수한 모형을 이용해야 한다.

SPSS에서 MVA를 하려면 Analyze ▶ missing Value Analysis……를 선택하고 예제 파일로 example2.sav을 연다(http : //www.hannarae.net의 자료실에서 download 받을 수 있고 SPSS 프로그램 안에도 Word95 for missing value.sav 라는 파일로도 있다). SPSS의 MVA는 변수를 quantitative 변수와 categorical 변수로 나누어서 분석에 포함시켜야 하므로 파일 안의 변수의 특성을 먼저 알아야 한다. 이 파일은 46개의 변수로 이루어져 있고 country 변수와 religion 변수만이 문자로 지정되어 있고 나머지 변수는 모두 숫자로 지정되어 있다. 일단 Use All Variables을 지정하면 모든 변수가 자동으로 quantitative와 categorical로 나누어서 투입이 된다.

Missing Value procedure는 세 가지 중요 기능이 있다. 첫째는 결측자료의 pattern으로 결측값이 어디에 있는지, 얼마나 광범위하게 있는지, 변수의 쌍이 다른 대상자에서 결측값을 갖는 경향이 있는지, 자료의 값에 극단 값이 존재하는지, 그리고 결측값의 발생이 무작위로 일어났는지를 알아보는 기능으로 다음 그림에서 Patterns……를 클릭하면 알 수 있다. 두 번째의 기능은 listwise, pairwise, regression 또는 EM 방법으로 평균, 표준오차, 공변량 그리고 상관계수를 추정하는 기능이다.

Listwise는 결측치가 있는 경우 대상자를 분석에서 자동으로 제외하는 완전제거법이다. Pairwise 방법은 여러 변수 중에서 missing으로 처리된 변수만 해

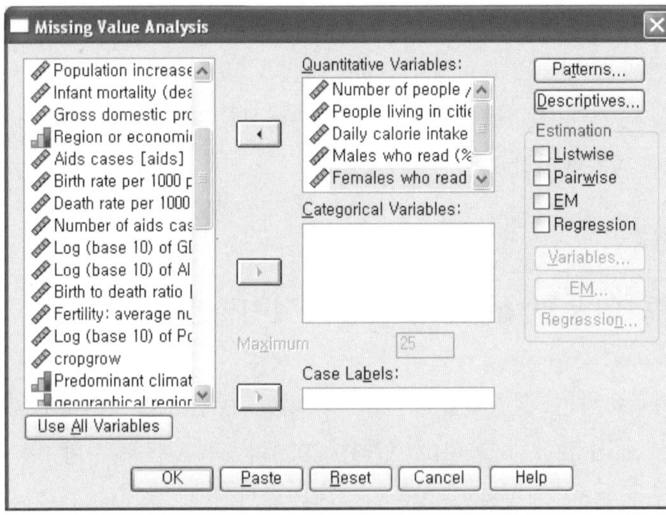

그림 8.2

당 분석에서 제외하는 방법, 즉 양쪽 변수에 결측이 없는 자료만 가지고 각 대체를 수행하는 방법으로 pairwise complete cases의 수도 표시해 준다. 세 번째 기능은 회귀대체나 EM 대체로 결측값을 대체하는 기능이다. EM method는 SPSS에서 제공되는 maximum likelihood 측정법으로 E단계에서는 missing value에 대해 최적의 추정치를 찾고, M단계에서는 평균, 표준편차, 상관계수를 이용하여 모수의 추정치를 구하는 방법이다. Regression은 다른 변수 사이의 관련성에 근거하여 missing value의 값을 예측하는 방법이다.

Categorical 변수가 25개 이상으로 분류되었거나(그림 8.2에서 Maximum이 25로 되어 있다), string변수를 coding할 때 8자 이상으로 문자를 coding하면 분석을 할 수 없다. 그러나 categorical 변수의 범주의 개수는 Maximum□에서 조건을 바꾸어 주면 된다. 본 예에서 country 변수는 25개 이상의 범주와 8자 이상의 문자로 coding을 해서, 이 변수를 투입하면 분석이 안 된다. 편의상 다음과 같이 5개의 변수만 투입하고 다른 조건 없이 OK를 누르면 다음과 같은 결과가 나온다.

전체 109명이었고 calories(매일 칼로리 섭취량), lit_male(남자의 문자 해독률) 그리고 lit_fema(여자의 문자 해독률) 변수의 결측자료가 각각 34, 24, 24명 발생하였다. 또한 number of extreme의 수가 density 변수에서 high number of extreme이 많으면 오른쪽이 긴 꼬리 형태의 분포를 하는 변수이고 low

Univariate Statistics

	N	Mean	Std. Deviation	Missing		No. of Extremes[a]	
				Count	Percent	Low	High
density	109	203.415	675.7052	0	.0	0	13
urban	108	56.53	24.203	1	.9	0	0
calories	75	2753.83	567.828	34	31.2	0	0
lit_male	85	78.73	20.445	24	22.0	0	0
lit_fema	85	67.26	28.607	24	22.0	0	0

a. Number of cases outside the range (Q1 - 1.5*IQR, Q3 + 1.5*IQR).

number of extreme 많으면 왼쪽이 긴 꼬리 형태의 분포를 하는 변수이다. 그러므로 high number of extreme이 많은 변수를 EM imputation을 사용하여 결측값을 대체하려면 적절한 변환(주로 log 변환)을 해서 다변량 정규분포를 맞추어 주어야 한다. 위의 예제 안에는 density, GDP_cap, AIDS_rt 변수를 log 변환한 Log_density, Log_cap, Log_ARDS 변수가 미리 포함되어 있다.

일단 3개의 결측치가 많은 변수를 imputation하는 것이 목적인데 한 가지 calories 변수를 imputation을 하기 위해서는 calories 변수를 설명할 수 있는 설명변수를 골라야 한다. 이것은 연구자의 몫이다. 연구를 잘 알고 있는 연구자가 현재 분석자료에서 가지고 있는 변수 중에 선택해야 한다. 여기서는 설명의 편의를 위하여 Log_density, literacy, Log_GDP, B_to_D, Crop_grow 변수가 가능한 설명변수라고 가정하자. 다음 SPSS 주화면에서 Analyze ▶ Regression ▶ Linear……를 선택하여 종속변수에는 calories를 독립변수에는 Log_density, literacy, Log_GDP, B_to_D, Crop_grow를 지정한 후 Methods는 stepwise로 지정하여 OK를 누르면 다음과 같은 결과가 나온다.

Model Summary

Model	R	R Square	Adjusted R Square	Std. Error of the Estimate
1	.848[a]	.720	.716	299.627
2	.858[b]	.736	.729	292.859

a. Predictors: (Constant), Log (base 10) of GDP_CAP

b. Predictors: (Constant), Log (base 10) of GDP_CAP, cropgrow

1단계 모형과 2단계 모형의 R square는 0.716과 0.729로 큰 차이는 없다. 다음의 회귀계수를 보면 1단계에서 선택된 변수는 Log_GDP이고 2단계에서는 Log_cap 변수가 선택되었다.

Coefficients [a]

Model		Unstandardized Coefficients B	Unstandardized Coefficients Std. Error	Standardized Coefficients Beta	t	Sig.
1	(Constant)	346.228	179.520		1.929	.058
	Log (base 10) of GDP_CAP	716.633	52.679	.848	13.604	.000
2	(Constant)	250.849	181.305		1.384	.171
	Log (base 10) of GDP_CAP	722.461	51.565	.855	14.011	.000
	cropgrow	4.747	2.272	.128	2.090	.040

a. Dependent Variable: Daily calorie intake

그런데 Log_GDP는 결측자료가 하나도 없는 변수이고 Log_cap 변수는 세 개의 결측이 있으므로 calories의 대체를 위한 변수로 사용하기에는 Log_GDP 변수가 더 적당할 것으로 생각된다.

이제 변수를 선택하였으니 다시 그림 8.2의 주화면에서 다음 그림 8.3과 같이 country 변수를 제외한 모든 변수를 선택한다. 단지 결측값을 대체하려는 변수와 결측값 대체에 사용되는 변수만 선택하면 나중에 결측값을 추정해서 새로 파일을 저장할 때 두 개의 변수만 있는 파일로 저장된다. 결측값 대체에 사용할 방법은 Estimation에서 Regression을 선택하였다.

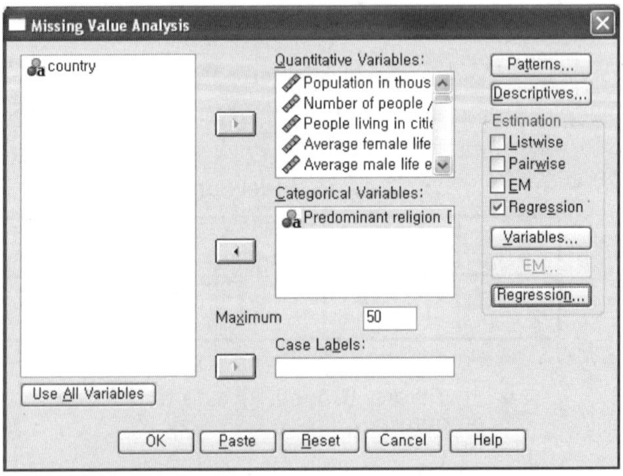

다음 Variables……을 클릭한 후 그림 8.3과 같이 지정을 해준 후 주화면으로 복귀한다.

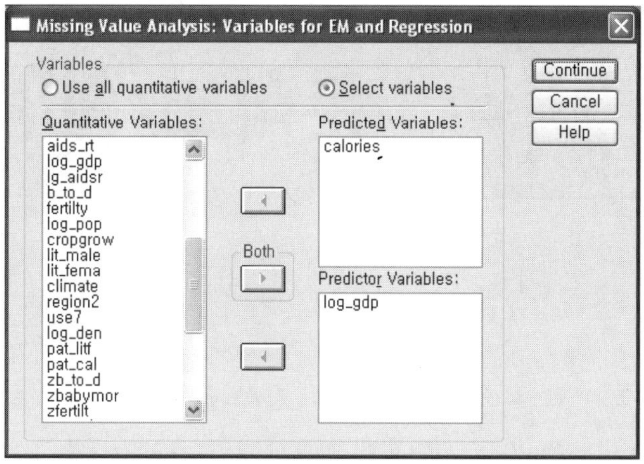

그림 8.3

그림 8.2에서 Regression……을 click하여 같이 지정을 해준다. 여기서는 대체된 자료로 된 파일을 새로운 이름(Dataset name)으로 따로 저장하기 위해 dataset 이름을 정해준다. Data set의 이름은 꼭 8자 이내로 정해주어야 되고 path를 지정해도 된다. 여기서는 amwin95(amwin95.savfh 저장됨)로 하였고, 그 결과 두 변수의 평균, 표준오차, 공변량 그리고 상관계수를 계산하여 보여준다(결과 생략). 여러 개의 데이터세트를 만들려면 위의 작업을 반복하면 된다. EM방법도 회귀대체 방법과 똑같이 지정하면 된다.

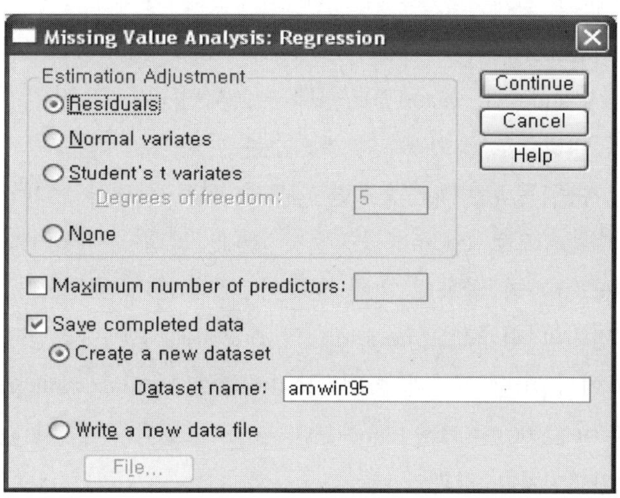

Chapter 9

분석의 실행

9.1 자료 입력시 이분형 혹은 ordinal 변수를 coding하는 방법은?

이분형 독립변수의 가장 간단한 예인 "당신은 당뇨병의 병력이 있습니까?" 예/아니요에서, 다변수분석을 수행하기 위해 사용된 방정식이 필요로 하는 것은 '예' 혹은 '아니요' 문자가 아니고 이 문자를 숫자로 표현한 것이 필요하다. 단지 두 가지의 항목만 있는 경우 두 항목 간에 숫자적인 거리의 차이가 1이 되는 어떠한 숫자로도 표시될 수 있다(0과 1, 1과 2, 0과 −1 등등). Binary로 coding된 독립변수의 계산된 회귀계수 부호는 높은 수치에 '예'로 할당하였는지 낮은 수치에 '예'로 할당하였는지에 따라 변할 수 있다. 하지만 회귀계수와 유의수준은 어떻게 할당하였는지에 관계없이 차이가 1이 되게 coding하면 항상 같게 나온다. 그러나 만약 척도를 coding할 때 2점 이상 차이가 나게 coding하면(−1 and +1, 1 and 3), 이때는 독립변수가 한 단위 변할 때마다 종속변수가 2점 변하므로 회귀계수와 유의수준은 다르게 나온다.

연구자는 독립변수나 종속변수 모두 어떤 상태가 존재할 때는 1로, 존재하지 않을 때는 0으로 coding하는 것이 좋다. 그래야 기억하기도 쉽고 결과를 해석할 때도 효과의 방향에 대해 혼동이 되지 않기 때문이다. 또한 이렇게 coding하면 변수의 평균값은 condition의 prevalence를 나타낸다. 예를 들면 100명의 대상자에서 10명 결과가 발생했고 0(−)과 1(+)로 coding을 했다면, 변수의 평균값은 [(0 * 90) + (1 * 10)] ÷ 100 = 0.1이 된다. 여기서 0.1은 바로 특정 집단에서 위험인자나 결과의 prevalence와 같다.

9.2 Multiple dichotomous('dummied') variables에서 기준이 되는 집단 (reference category)을 선택하는 방법은?

Dummy variable에서 reference group으로 지정된 집단은 분석에 사용되지 않고 다른 집단과의 비교를 위해서만 사용된다. 그러면 어떤 집단을 기준으로 하느냐에 따라 결과는 달라지는가? 정답은 기준집단을 어디로 하느냐에 따라 odds ratio의 수치는 다르게 나오지만 결과는 같다. 기준만 달라질 뿐이다. 연구자가 보고하려는 목적에 따라 기준집단을 정하기 때문에 기준집단을 선택하는 판단은 연구자에게 달려 있다.

표 9.1 Implications of changing the reference group for dichotomous variables

	Odds ratio	Odds ratio
White/Caucasian	1.0(reference)	4.0
African-American	0.25	1.0(reference)
Latino	0.5	2.0
Asian/Pacific Islander	0.5	2.0
Native American	0.25	1.0
Other nonwhite ethnicity	0.5	20.

표 9.1은 종족에 따라서 질병 발생시, 얼마나 의료기관을 방문하는지에 대한 자료로 column 1은 기준집단이 White / Caucasian이다. White / Caucasian(기준집단의 odds ratio = 1)에 비해 Latino, Asian / Pacific Islander, Other nonwhite ethnicity는 의료기관을 찾는 odds ratio가 0.5(50%)이고, African-American, Native American은 0.25로 25%밖에 되지 않는다. 그러나 똑같은 자료를 가지고 기준집단만 바꾸어서 다시 보면, column 2는 기준집단이 African-American이다. American-African을 1로 기준했을 때 White / Caucasian은 4(1 / 0.25)배 이상 병원을 찾았다는 것을 알 수 있다.

비록 column 1과 column 2는 수학적으로는 똑같지만 결과의 발표는 약간 다르다. 연구자의 연구가설이 유색인종이 white / Caucasian보다 의료기관을 적게 방문한다는 것이면 column 1과 같이 White / Caucasian을 기준집단으로 설정하는 것이 현명한 방법이다. 그래야 연구결과를 읽는 독자가 유색인종과 다른 인종 간에 의료기관을 찾는 횟수에 대해 쉽게 이해하게 줄 수 있다. 연구의 목적이 African-American이 다른 민족에 비해 의료혜택을 더 받는지 덜 받는지 알아보는 것이 목적이라면 column 2와 같이 African-American을 기준집단으로 하는 것이 좋다.

만약 연구자가 main hypothesis없이 등간변수로 되어 있는 것을 dummy variable로 변환했을(대상자의 나이를 10대, 20대, 30대 이런 식으로) 때는 연구자의 경험으로 합당한 결과를 보고하는 것이 편한 방법이다. 예를 들면 나이가 결과변수를 증가 혹은 감소시키는 것과 연관이 있다면 이때는 양쪽에 극단값을 갖는 집단을 기준집단(여기서는 youngest or oldest subjects)으로 지정하는 것이 좋다. 그래야 노년층이 젊은 층에 비해(또는 반대로 젊은 층이 노년층에 비해) outcome risk가 얼마나 높다(혹은 낮다)라고 보고하기가 쉽기 때문이다. 또한 아래 그림과 같이 독립변수와 결과변수의 관계가 U모양의 분포인 경우에는 중간층을 기준집단으로 지정하는 것이 양쪽 끝의 집단의 risk와 비교하기가 편하다.

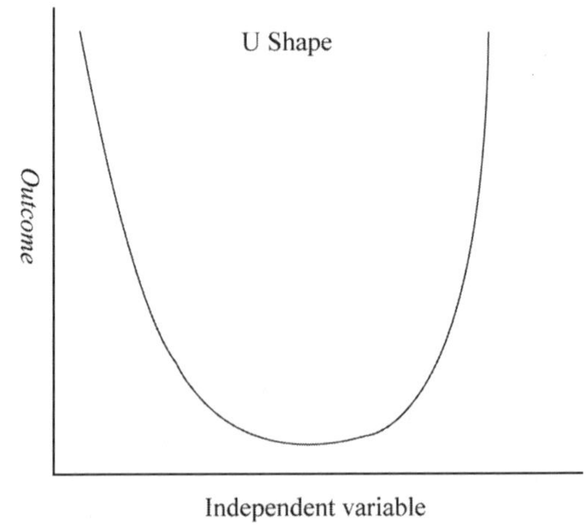

어떤 기준집단으로 설정하든지 통계적 차이는 없다. 만약 표본의 크기가 가장 큰 집단을 기준집단으로 설정하면, 표준오차는 약간 작아지고 신뢰구간은 어느 정도 좁아진다. 이는 모형이 큰 비교집단을 갖고 있어 정확하게 추정하기가 쉽기 때문이다. 비록 어떤 집단을 기준집단으로 설정하느냐는 것은 연구의

수행에 절대적으로 중요한 요인은 아니지만, 만약 연구자의 가설과 경험적인 방법으로 어떤 집단을 기준집단으로 설정하기 어려울 때는 표본의 크기가 큰 집단을 기준집단으로 설정하는 것이 표준오차도 약간 작아지고 신뢰구간도 어느 정도 좁아지기 때문에 대안이 될 수 있다.

9.3 Interaction term의 처리방법은?

교호작용은 독립변수가 결과변수에 미치는 영향이 제3의 변수에 의해 변할 때 교호작용이 있다고 한다. 그러면 다변수분석에선 교호작용을 어떻게 처리하는 것이 좋을까?

교호작용을 다변수모형에 투입하는 가장 흔한 방법은 두 개의 변수를 곱해서(product) 새로운 변수를 만든 후 모형에 투입하는 것이다. 두 개의 독립변수 사이의 product term을 two ways interaction 또는 primary interaction이라고 하고, 3개의 독립변수 사이의 product terms을 three ways interaction or secondary interaction이라고 한다.

다음의 성별에 따른 EKG의 ST elevation의 관계를 다시 살펴보자. Male gender와 ST elevation의 product term을 다음 표에서 보듯이 4가지로 coding 할 수 있다. 즉, ST elevation의 유무(yes / no)와, male gender(yes / no)로 인하여 4개의 집단으로 나누어진다. 즉, men with ST elevation, men without ST elevation, women with ST elevation, women without ST elevation으로 나누어진다. 각 cell은 2개의 변수의 고유한 결합이고, 두껍게 bold로 표시된 곱한 값은 product term의 수치이다. 남자이면서 ST elevation이 있는, 즉 양쪽 위험인자를 모두 가지고 있을 때만 product term의 수치가 1이 된다. 나머지 경우는 전부 0이다.

표 9.2 Creation of interaction (product) term

Male gender	ST elevations	
	Yes (=1)	No (=0)
Yes (=1)	1 × 1 = 1	1 × 0 = 0
No (=0)	0 × 1 = 0	0 × 0 = 0

Male gender와 ST elevation 사이에 교호작용이 있는지를 알아보기 위해 연구자는 두 변수(gender와 ST elevation 유무)를 각각 투입하고 동시에 product term을 다중 로지스틱 회귀분석에 투입하였다. 여기서 product term을 투입할 때 주의할 점은 항상 product term과 각각의 변수를 동시에 모형에 투입을 해야 하며, product term만 투입하면 안 된다. 만약 두 변수 사이에 교호작용이 없다면, 즉 gender와 ST elevation 유무의 두 개의 위험인자가 outcome(heart attack)에 미치는 영향이 2개의 변수에 의해 capture(포획)된 것이라면, product term은 유의하지 않게 계산되어 나온다. 실제로 이 연구에서도 male gender와 ST elevation 사이에는 교호작용이 없는 것으로 증명되었다. 대신 product term이 의미가 있다면 두 변수 사이에는 교호작용이 있는 것이다. 이 연구에서 gender * ST elevation의 product는 negative였으므로 male gender이면서 ST elevation이 있는 집단이 심장병이 생길 likelihood에 미치는 영향은 유의하게 less impact하다고 할 수 있다.

Product term은 두 개의 위험인자와 결과변수에 대한 관계를 설명하기 때문에 교호작용을 설명하려면 두 개의 위험인자는 반드시 모형에 포함되어 있어야 한다. Product term만 모형에 투입하여, 모형에서 각각의 위험인자에 대한 관련성은 확인하지 않고, product term이 의미가 있다고 분석결과가 나오면 product가 의미가 있는 것인지 연구자는 알 수가 없다. 이유는 위험인자 사이에 교호작용이 있거나 또는 outcome의 risk에 대해서 두 개의 위험인자가 동시에 존재할 때는(동시에 존재하지 않을 때보다) 의미 있게 높게 나오기 때문이다. 위의 예에서도 연구자가 male gender와 ST elevation이라는 변수를 male gender * ST elevation의 product와 같이 모형에 투입하지 않고 오직 product만 모형에 투입하여 분석하였다면, product term은 아마도 통계적으로 의미 있게 결과변수에 영향이 있다고 나왔을 것이며 양수(+)의 값으로 나왔을 것이다.

Product term을 모형에 투입하는 다른 방법은 교호작용을 표시하도록 여러 개의 이분형변수로 만드는 방법이다. 표 9.2를 보면 4개의 다른 coding을 하였는데 여기서는 다음과 같이 3개의 이분형변수를 만드는 것이다.

Men with ST elevation (yes / no)
Men without ST elevation (yes / no)
Women with ST elevation (yes / no)

여기서 기준집단은 ST elevation이 없는 여성이 된다. 이런 coding방법의 장점은 보기가 쉽고 결합된 두 변수의(gender and ST elevation) 결과변수에 대한 영향을 쉽게 해석할 수 있다는 점이다. 또한 double exposed group(male and ST elevation group)을 위험인자가 한 개만 있는 집단이나 위험인자를 전혀 가지고 있지 않은 집단(즉, 기준집단)과 비교해서 결과에 대한 영향을 파악하기가 쉽다는 점이다. Product term을 사용할 때 risk가 오직 한 개 혹은 전혀 위험인자가 없는 대상자와 double exposure된 대상자의 risk를 볼 수 있다.

Multiple dichotomous coding의 단점은 특정한 변수가 포함되는 상황에서(즉, male gender) multiple interaction을 보려면, product term을 사용하는 한, 연구자가 원하는 것보다도 더 많은 변수를 추가로 만들어야 한다는 것이다. 예를 들면 gender와 congestive heart failure(CHF)와의 교호작용을 보기 위해서는 men with CHF, men without CHF, women with CHF 이렇게 3개의 변수를 새로 만들어야 한다는 의미이다. 만약 interaction term을 만들려면 오직 congestive heart failure와 congestive heart failure와 male gender의 product의 두 개의 변수가 필요하다. Male gender 변수는 이미 모형에 있기 때문에 추가할 필요가 없다.

9.4 비례위험모형이나 생존분석에서 시간(time)을 적용하는 방법은?

선형회귀분석이나 로지스틱 회귀분석에서는 독립변수와 종속변수만 모형에 지정하면 됐다. 그러나 비례위험모형에서는 각 개인의 'time to event'라는 것이 추가로 필요하다.

관찰시작점(starting point로 zero time을 의미)은 어떤 연구를 하느냐에 따라서 약간 다를 수 있다(표 9.3).

Randomization controlled trial에서 관찰시작점은 randomization을 한 날이고 randomization을 하지 않고 앞으로 연구에 포함시킬 nonrandomized trial에서 연구시점은 대상자를 연구에 포함시킨 날이 관찰시작점이 된다. 반면 관찰연구(observational study)에서 관찰시작점은 복잡한데 중요한 것은 연구자가 연구하고 있는 과정을 잘 나타내 주는 관찰시작점을 찾는 것이 중요하다. 예를 들면 심장의 관상동맥질환으로 인한 사망률을 보는 연구에서 관찰시작점은 관상동맥

표 9.3 Starting time for survival study

Type of study	Start time
Randomized controlled trial	Date of randomization
Nonrandomized trial	Enrollment into trial
Observational study	Varies
	Date of first visit
	Date of first symptoms
	Date of diagnosis
	Date of start of treatment

질환이 발생한 날이어야 한다. 그러나 관상동맥질환이 발생한 날은 아무도 모른다. 그럼 관찰시작점을 가슴통증이 발생한 날을 관찰시작점으로 하면 어떨까? 이것이 임상적으로 매우 타당할 것 같지만 관상동맥질환이 있으면서 가슴통증이 없는 사람도 많은데 이런 경우 관찰시작점은 언제인가? 더욱이 어떤 환자는 가슴통증이 처음 언제 생겼는지도 기억을 못하고 그냥 몇년 되었다고 표현을 하기도 한다.

그럼 좀더 정확한 관찰시작점을 정하는 방법은 무엇인가? 위의 경우 처음 관상동맥협착을 증명하기 위해 관상동맥 조영술을 시행한 날이 바로 관찰시작점이 된다. 이유는 관상동맥질환을 진단하는 표준적인 도구는 관상동맥 조영술이기 때문이다. 그러나 많은 환자들에서 관상동맥 조영술은 필요하지 않고 또는 검사를 원하는 환자의 마음에 따라 언제 어떻게 관상동맥 조영술을 할 것인지도 어려운 일이다.

흔히 관찰연구에서는 모든 대상 환자에서 특정 질환의 발생시점을 아무도 모르는 경우가 발생한다. 이때는 가장 가능한 방법을 선택해야 한다. 임상연구에서 이런 경우 환자가 처음 의료기관을 방문한 날이 관찰시작점이 된다. 전향적 cohort study에선 관찰시작점은 처음 cohort visit가 된다. 비록 처음 의료기간을 방문한 날을 관찰시작점으로 하는 것이 이상적이지 않지만 많은 연구에서 쓰이고 있는 방법이다. HIV 감염의 자연사를 연구하는 방법에서 이 방법이 많이 사용되는데 대상자들이 처음 의료기관을 방문하였을 때 혈액검사를 시행하기 때문에 실제 HIV에 감염되고 HIV 항체가 생성될 때까지의 시간은 더 걸리므로, HIV 항체가 생겨도 HIV 항체 양성을 증명할 수 있는 날이 실제로 처음

의료기관을 방문한 날이 된다. 이렇게 처음 의료기간을 방문한 날을 관찰시작점으로 잡는 것이 bias도 있고 cohort study에선 부정확한 관찰결과를 보일 수도 있지만 HIV 감염의 자연사를 보기에는 아주 유용한 방법으로 알려져 있다.

결론적으로 연구자가 연구하고 있는 과정을 잘 나타내 주는 관찰시작점을 찾고 나중에 결과 보고서에 관찰시작점을 선택한 방법을 명확하게 기술하는 것이 중요하다.

생존분석에서 관찰의 종료시점은 결과가 발생한 날이나 중도절단이 발생한 날이 종료시점이다. 결과가 발생하기 전에 추적조사에서 탈락된 경우 마지막으로 추적조사한 날이 관찰종료 시점이다. 결과가 발생하지 않았거나 중도절단되지 않은 경우에는 연구를 종료한 날이 종료시점이다(단, 탈락된 경우 intention to treat로 간주한다).

일단 관찰시작점과 관찰 종료시점을 결정했으면 종료시점에서 관찰시작점을 빼 주면 생존시간(survival time)이 된다. 다음의 예로 각각 다른 경우에서 생존시간을 계산해 보자. 표 9.4는 1995 / 5 / 1과 1996 / 8 / 1 사이에 대상 환자를 등록하고 1996 / 8 / 1일 1년간 추적조사한 자료이며, 결과변수는 심장발작이다.

표 9.4 Illustration of time calculations for individual subjects

Subject	Start date	Did heart Attack occur	Date of heart attack	Date of last Follow up	Time (days)
#1	1995/5/1	Yes	1996/5/1	1996/8/1	365
#2	1995/5/1	No	Not applicable	1996/8/1	455
#3	1995/8/1	No	Not applicable	1996/8/1	365
#4	1995/5/1	No	Not applicable	1995/7/1	60

첫째 대상자의 경우 등록 후 1년 후 심장발작이 있었고 결과발생 이후에도 계속 추적조사하고 있는 경우로 관찰시간은 Date of heart attack − Start date = 365일이다. 어떤 연구자는 부작용의 발생이나 secondary outcome(death 같은)을 평가하려고 하기 때문에 main outcome 이외의 것을 따라가려고 할 수도 있다. 그래서 관찰시간을 date of last follow up minus start day로 계산할 수도 있으나 이는 잘못된 것이다. 이 분석에서는 time to heart attack(즉, time to intention treat와 같은 의미)을 결정해야 하므로 관찰시간은 Date of heart attack

– Start date로 계산해야 한다. 2번째의 대상자는 심장발작이 없었다. 그러므로 관찰시간은 date of last follow up minus start date이다. 3번째는 2번째와 같이 심장발작은 없었으나 등록된 시점이 1, 2번째보다 나중이다. 그러므로 관찰시간은 date of last follow up minus start date로 365일이다. 4번째 경우는 2개월 후 추적에서 탈락되어 중도절단 되었다. 그러므로 관찰시간은 date of last follow up minus start date로 60일이 된다.

위와 같이 계산되는 표의 예제로 생존분석에서는 다음과 같이 중요한 2가지 사항을 알 수 있다.

1) 생존분석은 calendar time에 대해서는 참조를 하지 않고 시간기간만 추적한다. 즉, calendar time을 이용하지 않고 study time을 이용한다. 그러므로 모든 자료에서 10년씩 변화를 시켜도 생존시간은 항상 일정하다.

2) 중도절단 된 대상자에 특별한 지정을 하지 않는다. 즉, 결과를 경험하지 않는 경우는 모두 중도절단으로 처리된다. 컴퓨터의 입장에서 보면 대상자 2, 3 그리고 4의 유일한 차이는 그들이 분석에 얼마만큼 기여하느냐이다.

9.5 연구 시작시점에서 결과가 발생한 연구대상자의 처리방법은?

가끔 연구시작 날짜에 결과가 발생한 경우가 있다. 이런 경우에 'time to event'는 0이 되는데 정의에 따라 시간 '0'에선 결과를 경험한 사람이 아무도 없기 때문에 이런 경우는 분석에서 제외되어야 한다. 그럼 이렇게 제외하는 것이 정당한 일인가? 이런 일을 방지할 만한 방법은 없을까?

이런 일을 미연에 방지하려면 연구자는 정말 사건이 연구 시작 당일에 발생했는지 확인을 해야 하며, 사건이 발생한 날과 사건을 기록한 record day가 같은 날에 기록되었는지 확인을 해야 한다.

예를 들면 진행이 빠른 질환인 Acute Respiratory Distress Syndrome(ARDS) 환자의 병원 생존율을 조사하는 연구에서 어떤 환자는 병원에 입원하는 날 사망을 하기도 한다. 이런 경우 생존시간은 '0'이 되고 연구자는 분석대상에서 제외하기가 쉽다. 그러나 확실히 연구자는 이런 대상자를 연구에서 제외하고 싶지는 않을 것이다. 이런 경우 실제 생존시간의 단위는 '날짜'(day)가 아니고 '시간'(hour) 단위로 처리해야 한다. 즉, 병의 경과가 빠르게 발생하는(사건이 빠르게 발생하는) 경우는 시간의 단위는 '날짜'가 아니고 '시간'이다. 대부분 병의 결과는 날짜 단위로 이루어지기 때문에 '날짜'를 편의상 생존분석에서 사용하는 것이다.

더 복잡한 경우를 생각해 보자. San Francisco의 AIDS 등록부는 하루 단위로 AIDS의 진단 및 사망을 기록하는데, AIDS로 진단받은 당일 사망한 경우에는 어떻게 처리할 것인가? 이런 경우의 예로 2가지 상황이 있을 수 있다. 하나는 AIDS로 진단받지는 않았으나 기존의 HIV 감염자였던 사람이 병원에 입원한 당일 AIDS 진단을 받고 사망한 경우로 이 경우에는 ARDS와 마찬가지로 시간 단위로 생존율을 분석해야 한다. 그러나 의무기록에는 대부분 AIDS 진단날짜만 기록되어 있어서 정확한 시간을 알 수 없다는 문제가 발생한다. 다른 하나는 부검하는 사람이 AIDS를 진단한 경우로 이 경우는 실제로 생존기간을 알 수 없다. 그럼, 두 경우 모두 생존시간을 0으로 처리할 것인가?

입원 당일 사망을 진단받은 경우 생존시간을 0.5일로 처리해준다. AIDS 진단 후 사망하였으나 간격은 하루 미만이므로 0.5를 인정해 주는 것이다. 부검한 사람이 AIDS를 진단한 경우는 실제 생존기간을 알 수 없으므로 결측으로 처리하는 것이 옳다. 어떤 통계 프로그램은 생존시간을 0으로 입력시 자동으로 0.5로 계산하기도 하지만 반드시 연구자는 이런 것이 합당한지 아닌지를 조사해야 한다. 일반적으로 의무기록을 가지고 질환의 진단에서 사망까지의 시간을 조사할 때는 정확한 time interval을 모르므로 연구대상에서 제외해야 한다.

미국의 New York City Health Department에서는 AIDS환자의 등록시 AIDS 진단일을 연도와 달까지만 기록하고 일은 기록하지 않았는데 이처럼 한 달 단위로 AIDS의 진단 및 사망을 기록하는 경우는 더 복잡한 문제가 발생한다. 한 달 동안에 진단과 사망이 동시에 발생한 경우, 생존시간은 0으로 처리되고 많은 대상자가 탈락되는데다 생존시간이 짧은 경우들이 모두 탈락되어 분석결과도 달라지기 때문이다. 이 경우에 연구자는 탈락된 대상자들이 다른 참여자와 다른 특징이 있지 않은지를 우선 살펴야 한다. 실제로 탈락된 대상자들은 여성, 유색인종, 약물 복용자들이 많았고, 이 점은 또 다른 중요한 부분이므로 기술해주어야 한다.

9.6 연구대상자의 생존기간이 일반적인 생리적인 경우보다 빠른 경우 처리방법은?

예상치 못하게 대상자에서 생리적인 예상치보다 일찍 결과가 발생하는 경우가 있다. 특히 서서히 진행하는 질환일 경우에 발생하면 연구자는 고민에 빠질 수 있다. 악성종양의 발생률을 보는 연구에서 폐암환자가 등록 1주일 후에 사망했다면, 이 환자는 분명히 폐암의 진행 때문에 사망한 것은 아닐 것이다. 이런 경우 이런 대상자를 연구에서 제외해야 할 것인가? '그렇다'라고 생각이 되면 그럼 1달 혹은 1년 뒤에 사망한 환자도 당연히 제외해야 할 것이다. 우리는 암이 정확히 언제 얼마 후에 우리 몸에 퍼져 사람을 죽게 만드는지 정확한 시간을 알 수 없다. 이런 일이 생기는 것을 미연에 방지하기 위하여 대상자를 등록하기 전에 등록기준(pre-enrollment criteria)을 엄격히 정하여 선정하는 것이 중요하다.

폐암의 예에서는 등록 전에 호흡기 증상을 검사하고 등록 전에 흉부 방사선 촬영을 실시할 수 있으나 불행하게도 어떤 질환은 특별한 검사를 하지 않고는 환자를 대상에서 제외하기 힘든 경우가 있다. 예를 들면 HIV환자에서 폐렴증상이 경미하거나, 거의 없거나 혹은 흉부 X선 사진이 정상인 경우에 pneumocystis carinii pneumonia(PCP)의 예방에 대한 경우이다. PCP가 없는 환자를 등록하려면 PCP가 없다는 것을 확진하기 위해 모든 대상에 기관지경검사를 해야 한다. 이 경우 모든 대상자에 대해 검사를 다하기는 가능하지도 않고 증상도 없는 환자에게 등록을 위해 연구에 참여시키려고 침습적 검사인 기관지경검사를 할 수는 없다. 결국 이런 경우에는 pre-enroll evaluation으로 흉부 X선 사진과 환자가 호소하는 증상을 가지고 하는 수밖에는 없다.

PCP는 진단하기도 어렵지만 또한 병의 경과가 서서히 진행하는 질환이므로 AIDS환자에서 PCP의 예방적인 치료를 한 후 PCP가 1주일 후에 발생했다면 이런 경우는 outcome of interest가 연구 도중에 발생했기 때문에 치료실패로 간주해야 한다. 혹은 대상자가 거의 등록 당시 PCP가 있었기 때문에 연구대상에서 제외하여야 한다. 대부분의 연구자들은 등록 후 28일 이내에 PCP가 발생하면 연구대상에서 제외시키고, 28일 이후에 발생하면 치료 실패로 간주했다.

위의 예에서 보면 등록 후에 PCP가 발생한 사람을 연구에 포함시키는 것은, 연구 시작에 바로 생겼어도, 좋은 방법이 아니라고 생각할 수도 있다. Randomized controlled study인 경우 예상외로 일찍 결과가 발생하면 연구의 다른 arm에서도 균등하게 발생되어야 한다는 사실을 기억하라. 그러므로 이런 조기에 결과가 발생한 사람을 연구에 포함시키는 것은 연구의 다른 arm에서 treatment failure가 높다고 나올 수는 있지만 연구결과에 bias를 발생시키지는 않는다, 그러나 observation study에서는 일어날 것 같지 않은 early outcome은 연구의 다른 arm에 균등하게 발생되어야 필요가 없으며 이런 경우 연구의 bias로 작용하게 된다.

이런 문제에 대한 일반적인 지침은 등록 전에 등록기준(pre-enrollment criteria)을 엄격히 정하여 선정하여 받아들이기 어려운 'early outcome'의 기회를 낮추고 또한 등록자 중에서 제외시켜야 할 대상자에 대한 exclusion criteria를 미리 선정하는 것이 중요하다. 만약 등록 전에 등록기준이나 제외기준이 없었다면 review committee를 만들어 어느 것을 빼고 어느 것을 연구에 포함시킬 것인지 결정하는 것이 좋다.

가끔 예측인자와 결과변수 사이의 cause and effect에 대한 가설 검정을 할 때 관찰 초기에 결과가 발생한 대상자를 연구에서 제외시키는 것이 가치가 있을 때가 있다. 예를 들면 cholesterol 수치와 사망률에 관한 연구에서 연구자는 연구 첫해에 암이 발생한 경우는 연구에서 제외하였다. 이유는 낮은 cholesterol 수치가, 연구 초기에 암이 의심되지는 않았지만 기존에 암이 있던 결과로 인해 생긴 것인지를 검증하기 위해서였다. 이 변수를 제외한 결과 낮은 cholesterol 수치와 암과의 관계는 지속됐고, 이 결과는 낮은 cholesterol 수치와 사망률의 관계는 초기 등록 당시 의심되지 않았던 암 때문의 결과가 아니라는 것을 암시하고 있다.

9.7 다변수분석 모형에 변수를 투입시 변수를 선택하는 방법

변수선택방법은 어떤 독립변수가 다변수분석에 포함되는지를 자동적으로 결정하는 과정 혹은 algorithm이고 또한 어떤 순서로 모형에 변수가 투입되는지를 결정한다. Algorithm의 모수는 연구자에 의해서 결정된다.

변수선택 방법이 필요한 이유는 1) 독립변수의 수에 비해 표본의 크기가 작은 경우, 2) 결측자료가 있는 경우 외에도 다른 중요한 이유는 3) 정확하게 결과의 발생을 예측하기 위해 최소한의 독립변수의 수를 결정하는 데 있다. 이런 경우는 특히 임상의사가 이 모형을 사용하려면, 변수의 개수가 적은 진단적인 도구가 필요하므로 진단모형을 개발하는 데 중요하다.

대부분의 통계 프로그램은 다양한 변수선택 방법을 제공하고 있다(표 9.5). 모든 방법이 어떤 통계적인 기준에 의해 변수를 투입하고 변수 투입순서를 결정하는 것에 대해서는 다 동일한 것이다.

Forward selection method는 결과변수와 가장 관계있는 변수를($p < 0.05$) 선택한 후 모형에 처음 이 변수를 투입한다. 그러므로 이변량분석에서 가장 관계가 강력한 변수가 먼저 투입된다. 그러나 두 번째 변수의 선택은 이변량분석의 결과로 예측하기 어렵다. 처음 투입된 변수를 보정한 다음에 모형에 가장 적합한 변수를 선택하기 때문이다. 이렇게 선택된 두 번째 변수는 이변량분석에서 두 번째로 강력하게 연관이 있는 변수가 아닐 수도 있다. 두 번째 변수의 선택은 첫 번째 선택한 변수와 두 번째 선택될 변수가 서로 얼마나 연관이 있느냐에 따라 결정된다. 만약 두 변수가 밀접하게 연관이 되어있다면 첫 번째 변수의 값을 알면 두 번째 변수의 값은 충분히 연구자의 모형을 향상시킬 수 없다고 할 수 있다. 대신에 처음 투입된 변수와 관계는 없지만, 이변량분석에서 outcome에 less strongly associated된 변수가 모형의 적합성을 향상시키기 위해 투입된다. 이런 식으로 계속 다음 변수들을 투입하여 모형의 적합성을 향상시킨다. 더 이상 모형의 적합성을 향상시키는 변수가 남아 있지 않으면 변수 투입은 중단된다. 이 때 연구자는 의미 있게 모형의 적합성을 향상시키지 않는 다른 변수들의 추가를 결정하기 위해 사용되는 통계적인 cut-off value를 결정해야 된다. Cut-off value를 낮게 잡으면 포함되는 변수의 숫자는 작아지고 중요한 혼란변수를 놓칠 가능성은 높아진다. 반대로 cut-off value를 높게 설정하면 포함되는 변수의 수는 많아지고 혼란변수를 놓칠 가능성은 작아진다. Forward selection방법은 어떤 독립변수가 결과변수에 중요한지를 모르는 exploratory study에 유용하다.

Forward selection method를 변형해서 이용하면 처음에 모형에 들어갔을 때는 유의했으나, 다른 변수가 투입된 후에는 통계적으로 유의하지 않게 된 변수를 제거하는 데 사용될 수 있다. 이 방법을 이용하기 위해서도 미리 투입된 변수를 제거하기 위해 통계적인 cut-off value를 미리 지정할 필요가 있다. 연구자는 한번 투입된 변수를 제거하기 위해 p-value가 큰 값을 설정하려고 할 것이다.

표 9.5 Methods of variable selection

Type	Method	Advantage and disadvantage
Forward	Enters variables into the model sequentially. The order is determined by the variable's association with the outcome(variable with strongest association enter first) after adjustment for any variables already in the model	Best suited for dealing with studies where the sample size in small. Does not deal with suppressor effects. Preferable to backward selection when you have concern multicollinearity
Backward	Delete variables from the model sequentially. The order is determined by the variable's association with outcome (variables with weakest association have first) after adjustment for any variables already in the model.	Better for assessing suppressor effects than forward selection
Best subset	Determines the subset of variables that maximizes a specific parameter.	Computationally difficulty
Non(All variables)	Enters all variables at the same time	Including all variables may be problematic if there are many independent variables, a small sample size, or a lot of a missing data

Backward selection method는 방향이 backward라는 것을 제외하고는 forward selection method와 같다. 결과변수와 관계가 있든 없든 모든 변수를 일단 분석에 투입한 후 이 중에서 결과변수에 가장 영향이 적은 변수를 제거한다. 다음 남아 있는 변수를 가지고 또 결과에 가장 영향이 적은 변수를 제거한다. 남아 있는 변수가 결과에 유의하게 영향이 있으면 더 이상 변수를 제거하지 않는다. Forward selection과 마찬가지로 연구자는 변수가 분석에서 제외되지 않고 남아있게 되는 통계적인 cut-off value를 결정해 주어야 한다. 보통 결과변수에 영향을 미치는 중요한 변수에 대한 confirmatory study에 이용된다.

Forward selection과 backward selection은 방향만 반대 방향이니 분석결과도 똑같이 나올 것이라고 생각할 수 있다. 만약 이렇게 backward selection과

forward selection이 같은 결과를 도출한다면 이것은 모형이 robust(어떤 값에 의해 크게 영향을 받지 않는다는 의미)하다고 할 수 있는 신호라고 할 수 있으나, 불행하게도 결과는 항상 다르게 나온다. 이것은 어떤 특정한 변수가 모형에서의 얼마나 중요한지는, 변수를 선택할 때 모형에 있는 다른 변수에 달려 있기 때문이다. 어떤 변수는 모형에 남아 있을 때 통계적으로 의미가 있을 때가 있고 모형에 남아 있지 않을 때 아직 통계적으로 의미가 없을 수도 있는데 이것을 suppressor effect라고 한다. Forward selection에서는 suppressor effect를 증명하기 위해서 필요한 변수가 모형에 남아 있을 가능성이 작다. 그러므로 suppressor variable이 모형에 있을 때만 의미 있는 변수를 찾아내는 데는 backward selection이 선택할 수 있는 좋은 방법이다.

Forward selection이 backward selection보다 선호되는 경우는 1) 독립변수의 숫자에 비해 표본의 크기가 작거나, 2) 다중공선성에 대해 문제가 있는 경우이다. Backward selection에서는 모든 변수가 처음에 한 번에 모형에 투입되기 때문이다. 모든 변수가 모형에 있게 될 때, 모형의 reliability가 걱정이 된다면, 이 모형은 변수의 제거를 결정해야 하는 시점에 있다고 생각해야 한다.

Best subset regression에서는 컴퓨터가 모든 가능한 모형에서 가장 좋은 변수들의 조합을 결정한다. 만약에 이런 경우 변수가 5개만 있어도 31개의 변수의 조합이 있게 된다(25 − 1 = 31). 변수가 증가함에 따라 변수를 조합하는 방법의 횟수도 지수 함수적으로 증가한다. 여기서 'Best'는 outcome을 설명할 수 있는 모형의 능력에 의해 결정된다. 예를 들면 다중회귀분석에서는 adjusted R^2를 구하기 위해 변수의 조합을 컴퓨터가 선택하는 것이다.

어떤 면에서 보면 best subset regression은 논쟁을 하기가 어렵다. 결국은 best subset regression이 가장 좋은 통계적인 답변이기 때문이다. 그러나 여기에는 computational time이 포함되므로 항상 이 방법이 가능한 것은 아니다. 로지스틱 회귀분석과 비례위험모형에서는 best subset regression은 가장 좋은 2개의 변수의 조합, 3개 변수의 조합, 계속해서 최대 변수의 조합이라는 방법으로 변환되어서 사용된다(어떤 프로그램은 최대 10개까지만 변수를 조합할 수 있는 경우도 있다). 이 방법은 컴퓨터가 다른 크기의 모형을 서로 비교할 수 없다는 것이므로 사실 단순화시킨 것이라고 할 수 있다. 즉, 컴퓨터는 4개의 변수를 포함하는 모형과 5개의 변수를 포함하는 모형을 비교하지 않는다는 의미이다. 또한 이 방법이 "통계적으로 가장 좋은 해답이라는 의미"가 연구자가 연구하고 있는 것에 대해 진실로 생리적인 이치라는 것을 의미하지는 않는다. 역으로 말하면, 중요한 방법으로 어떤 변수의 회귀계수를 변화시키는 혼란변수를 분석에서 빠뜨릴 수가 있다.

변수선택 방법은 서로 혼합되어(hybrid) 사용되는 경우도 많이 있다. 가장 많이 사용되는 혼합방식은 분석을 시작할 때 어떤 변수를 모형에 투입하고, 이 변수가 결과변수에 의미 있게 영향이 없어도 변수를 모형에서 제거하지 않고 놔두는 방법이다. 그러면 컴퓨터가 남아 있는 독립변수를 forward 혹은 backward 방법으로 투입을 하게 된다. 이런 전략은 연구자가 이론적으로나 실제적인 이유로 분석에서 어떤 변수가 있을 때 좋은 방법이다. 예를 들면 전에 분석을 할 때마다 나이라는 변수가 항상 결과변수에 중요한 혼란변수였었다면, 나이를 처음 분석 시작시 바로 투입하고 모형에서 제외되지 않도록 하는 것이다. SPSS에서는 block이라는 곳에 변수를 따로 지정하여 hybrid방법으로 변수를 투입할 수 있다.

Forward and backward mode에서 비판받고 있는 한 가지는 변수를 투입 혹은 제거하는 기준을, 모형에서 다른 변수를 보정하고 난 후, 결과변수에 대한 특정변수의 통계적인 관계에 기초로 하고 있다는 점이다. 변수가 모형에 있을 때 다른 회귀계수가 얼마나 변하는지를 기초로, 변수를 분석에 포함시킬지 결정하고 싶을 수도 있다. 예를 들면 한 번에 모든 변수를 모형에 투입하고, 변수가 다른 회귀계수를 변화시키는 정도를 관찰하는 것이다. 만약 변수를 포함하는 것이 모형에서 다른 변수에 중요한 영향을 미친다면(즉, 다른 변수의 회귀계수를 10% 이상 변화시킨다면), 연구자는 이 변수가 통계적으로 결과변수와 관계가 없어도 분석에 포함시키기를 바랄 것이다.

Forward and backward selection 기술은 분석에서 결측자료의 효과를 최소화하기 위한 방법으로 변환하여 사용할 수 있다. 즉, 모형을 유도한 후에 forward and backward selection 방법으로 모형에 포함된 변수나 또는 제거된 변수만을 가지고 다시 통계처리를 할 수도 있다. 이렇게 작은 수의 변수로 모형을 다시 돌려보면 제외된 변수에서의 결측자료는 다변수분석 모형에서 더 이상 missing 대상자의 원인이 되지 않는다. Backward selection에서는 모형의 각 반복(iteration)이 큰 표본의 크기를 갖게 하기 위해서 제외된 변수 각각으로 모형을 rerun할 수 있다.

9.8 Forward selection이나 backward selection을 사용할 때 변수들을 포함/제거하는데 통계적인 유의성 수준은?

대부분의 연구에서 $p < 0.05$를 이용한다. 그러나 표본의 크기가 작은 경우는 $p < 0.1$ 혹은 $p < 0.15$를 사용하기도 한다. 물론 cut-off value를 정하는 것은 임의로 정하는 것이다. 단지 변수가 p-value의 기준에 만나지 않았다고 해서 중요하지 않다는 것은 아니다. 통계적인 알고리즘은 변수의 투입으로 모형에서 다른 변수의 회귀계수가 변하는지는 평가할 수 없다. 결과와 관계가 없는 변수가 다른 회귀계수에 중요한 영향을 미치기는 힘들어도 결과와 marginally 관계있는 변수가 중요한 방법으로 다른 독립변수의 회귀계수를 변하게 하는 것은 가능하다. 이런 이유로 많은 연구자들은 $p < 0.05$보다 좀더 덜 엄격한 더 큰 값의 p-value를 선호하는 경향이 있다.

9.9 다변수분석에서 변수선택의 방법을 전부 사용해서 결과를 분석해야 하는가?

절대적으로 아니다. 사실 대부분의 연구자들은 변수선택 방법을 사용하는 것은 좋은 방법이 아니라는 사항에 동의를 하고 있다. 모형에 어떤 변수를 투입할 것인가를 결정하는 데는 이론적이나 경험적인 발견을 기초로 연구자에 의해서 결정되어야 한다. 모든 변수를 모형에 투입하면, outcome에 causal pathway에 있는 변수가 모형에서 제외되거나 또는 선택되지 않을 가능성에 대한 위험을 감수해야 한다. 그러므로 변수 선택법의 사용은 1) 연구주제의 질문에 아주 간결한 해답을 찾고자 할 때, 2) 자료의 영향을 최소화하고자 할 때, 3) 표본의 크기가 충분하지 않을 때 사용하는 것이 좋다.

변수선택 기준이 없으면 연구자가 선택한 모든 변수가 한 번에 동시에 투입된다. 연구자는 suppressor effect를 분실하거나 신중한 혼란변수를 제외해서 회귀계수에 발생하게 되는 중요한 변화에 대해서 걱정할 필요가 없다. 또한 모든 변수를 투입하는 모형의 다른 장점으로는 연구자가 연구논문을 출판할 때 왜 어떤 변수는 모형에 포함되지 않았는지에 대한 설명을 할 필요가 없다는 점이다. 반면 통계학적으로 결과에 관계가 없어 모형에서 제외했다는 사실에 대하여 확실히 방어할 수 있는 지식을 가지고 있어야 된다. 왜냐하면 저널의 reviewer가 제외된 변수가 modest confounder이거나 suppressor variable일지도 모른다고 가능성을 제시할지도 모르기 때문이다. 모든 변수선택 방법을 사용하는 경우, 연구자는 연구주제가 되는 변수가 모형에 포함됐고, 그 결과 결과에 영향을 미치거나 영향이 없었고, 다른 독립변수의 결과에 대한 관계 등에 대한 사항에 대해 증명할 수 있어야 한다.

9.10 로지스틱 회귀분석이나 비례위험모형에서 tolerance에 어떠한 조건으로 어떤 수치를 지정해야 하나?

Tolerance는 다중공선성을 측정하는 지표이다. 매우 작은 tolerance값을 가지면 다중공선성이 있는 것이다. 만약 모형에 서로 highly related variables가 있으면, 이 중 문제가 될 수 있는 변수를 몇 개 제외하지 않으면 컴퓨터는 방정식을 풀 수 없을 것이다. Tolerance를 계산할 때 보통 통계프로그램에서 기본적으로 제공하고 있는 default값을 사용하면 대체로 잘 작용한다.

9.11 로지스틱 회귀분석이나 비례위험모형에서 방정식을 풀기 위해 얼마나 많은 반복(iteration)을 지정해야 하는가?

방정식을 풀기 위해 충분히 converge되도록 반복(iteration)해야 되는 횟수를 지정하면 된다. 보통 통계프로그램의 default값은 25회이다. 만약 독립변수와 종속변수에서 대상자의 수가 적거나 skewed distribution이 있는 경우는 더 많은 반복이 필요할 수도 있다. 비록 이 값도 default값으로도 잘 작동하지만 잘 작동하지 않으면 모형이 converge(즉, equation을 풀 때까지)할 때까지 반복의 수를 늘려야 한다. 그러나 이렇게 converge하기 위해 반복의 수를 너무 높이면 모형에 문제가 생길 수 있다는 사실을 알아야 한다.

9.12 로지스틱 회귀분석이나 비례위험모형에서 convergence criteria에 어떤 수치를 지정해야 하는가?

다중 선형회귀분석에서 모수의 추정은 방정식의 명백한 체계를 풀어서 계산이 된다. 하지만 로지스틱 회귀분석이나 비례위험모형에서는 선형회귀모형과 같이 명백한 해답을 얻는 시스템이 없다. 대신에 maximum likelihood로 모수를 추정하게 된다. 로지스틱 회귀분석이나 비례위험모형에서 분석 초기에는 서투른 문제해결로 시작하지만 알고리즘이 추정량을 수정(modifications)하고 likelihood를 다시 계산한다.

알고리즘은 미리 설정된 convergence criteria보다 작은 수치에서 modification이 likelihood를 증가시킬 때, maximum likelihood estimate(최대가능 우도 추정량)을 갖도록 결정된다. 이렇게 미리 설정된 default criteria는 대부분 잘 작동한다. 즉, 대부분의 통계프로그램에서 default로 지정되어 있는 값을 그대로 사용하면 큰 무리가 없다.

9.13 연구자의 모형이 converge하지 않을 때는 어떻게 해야 하는가?

로지스틱 회귀분석이나 비례위험모형에서 가끔 자료가 converge하지 않는다는 결과를 볼 때가 있다. 이것은 컴퓨터가 방정식을 풀 수 없다는 의미이다. 여기에는 여러 가지 이유가 있는데 가장 단순한 경우가 자료의 coding에 문제가 있는 경우이다. 결과변수를 coding할 때 모든 대상자가 똑같은 결과로(모든 대상자를 1로 혹은 0으로 coding) coding되었을 경우 컴퓨터는 방정식을 풀 수가 없게 된다.

그 외로는 모형에 독립변수의 수에 비해서 결과변수의 발생이 너무 적을 때 볼 수 있다. 가끔 독립변수가 결과발생이 없는 하위집단(subgroup)을 정의하고 있을 수가 있다. 예를 들면 45세 이하의 비-흡연집단에서 심장발작의 발생은 생기지 않을 수 있다. 이런 경우 컴퓨터는 여기에 해당되는 변수의 모수를 결정할 수 없게 된다.

자료도 정확히 coding되어 있는데도 모형이 converge하지 않는다면 어떻게 할까? 먼저 위에서 말한 대로 독립변수가 결과의 발생이 없는 하위집단을 정의하고 있는지를 먼저 살펴보아야 한다. 이쪽에도 특별한 문제가 없으면, 프로그램에서 방정식을 풀기 위해 반복 횟수(iteration)를 증가시켜 본다. 만약 반복 횟수를 증가시켰는데 잘 작용하지 않는다면, 모형에서 독립변수의 수를 줄이도록 노력해서, 모형에서 매우 적은 수의 결과가 발생한 하위집단이 없도록 해야 한다. 매우 skewed distribution을 가지고 있는 독립변수(특히 특정 category 안에 5% 미만인 경우)를 제거하면 대부분의 경우 모형은 converge하게 된다.

Chapter 10

분석결과의 해석

10.1 통계처리 후에 나오는 결과에서 어떤 정보를 얻을 수 있는가?

우리가 이 책에서 다루는 세 가지 회귀분석을 하면 결과는 크게 두 종류의 정보가 출력된다.

1) 모든 독립변수들(종합적인)의 결과변수에 대한 관계에 관한 정보
2) 각각의 독립변수들의 결과변수에 대한 관계에 대한 정보

10.2 연구자의 모형이 연구자의 결과변수를 얼마나 잘 설명하는지 어떻게 알 수 있을까?

연구자의 모형이 연구자의 결과변수를 얼마나 잘 설명하는지 알 수 있는 방법이 표 10.1에 정리되어 있다.

10.2.1 연구자의 모형(모든 독립변수를 포함해서)이 우연에 의해서라기보다는 적절한 모형의 설정으로 결과변수를 더 잘 설명하고 있다는 것을 어떻게 알 수 있을까?

여기서 설명하고 있는 세 가지 다변수분석은 연구자의 모형(모든 독립변수를 포함해서)이 우연에 의해서라기보다는 적절한 모형설정으로 결과를 더 잘 설명하고 있다는 것을 알 수 있는 검사를 제공하여 주고 있다. 연구자의 모형이 우

표 10.1 Methods for measuring how well a model accounts for the outcome

	Multiple linear regression	Multiple logistic regression	Proportional hazards analysis
Model accounts for outcome better than chance(section 10.2.1)	F test	Likelihood ratio test	Likelihood ratio test
Quantitative/qualitative assessment of how well model accounts for outcome(section 10.2.2)	R^2	R^2(rarely used), comparison of estimated to observed value, Hosmer-Lemeshow test	Comparison of estimated to observed value
Prediction of outcome (section 10.2.3)	Not applicable	Sensitivity, specificity, accuracy, c index	Not applicable

연에 의해서라기보다는 적절한 모형설정으로 결과를 더 잘 설명해 주고 있다는 것을 증명하기 위해서는 추론통계학에서와 같이 연구자는 귀무가설을 기각하는 방법을 찾고 있을 것이다. 현재 다변수분석에서 귀무가설은 "독립변수와 결과변수와는 상관이 없다"이다. 독립변수와 결과변수 사이에 유의한 상관이 있을 때 귀무가설을 기각할 수 있다.

다중 선형회귀분석에서는 F test로 연구자의 모형이 우연에 의해서라기보다는 적절한 모형설정으로 결과변수를 더 잘 설명하고 있는지를 알 수 있다. F란 회귀식으로 설명할 수 없는 오차의 수치(오차의 제곱평균)와 회귀식으로 설명할 수 있는 수치(회귀제곱평균)의 ratio를 말한다. 주어진 표본의 크기와 주어진 변수의 수에서 F값이 클수록 p-value는 작아지고 유의하게 된다. 즉, 독립변수와 결과변수 사이에 관계가 없다는 귀무가설을 기각할 수 있게 된다.

다중 로지스틱 회귀분석과 비례위험분석에서는 likelihood test(흔히 model Chi-square라고 한다)로 전체적인 연구자의 모형이 얼마나 유의한지 검정을 하게 된다. 이 방법은 F test와 비슷하나 Chi-square 분포를 한다는 것이 다르다.

로지스틱 회귀분석에서는 likelihood test로 독립변수가 결과를 얼마나 잘 설명하고 있는지를 검증한다. 로지스틱 회귀분석에서 결과변수는 이분형의 형태이므로 평균은 outcome을 경험한 연구대상자의 비율로 간단히 구할 수 있다. 독립변수의 값을 알게 되면 모형의 적합성이 좋아져서 Chi-square값은 커지게 된다. 반면 likelihood test는 비례위험분석에서는 조금 다른 것을 검정하는 데 사용된다. 비례위험분석에서는 연구대상자가 결과가 발생할 때까지의 시간이 baseline rate와 다르게 되면 Chi-square값은 커지게 된다.

다중 로지스틱 회귀분석과 비례위험분석 모두에서 Chi-square값이 커지게 되면 p-value는 작아지게 된다. 그러므로 귀무가설을 기각할 수 있다. Chi-square와 연관된 p-value는 표본의 크기가 '커야' 된다는 가정이 따라다니는데 여기서 큰 표본의 크기란 80－100 정도가 적당하다고 할 수 있다.

그러나 F test와 likelihood test의 사용에는 한계가 있다.

1) 이 두 방법으로는 연구자의 모형에 있는 어떤 변수가 그리고 얼마나 많은 변수가 유의한지는 알 수 없다. 연구자가 자기의 모형에 다섯 개의 변수를 가지고 있는데 4개는 결과변수에 의미가 없지만 아직도 전체적으로는 의미가 있을 수 있다. 각각의 변수가 어떻게 중요한지 알아보는 방법은 10.3에서 다룰 것이다.

2) 연구자의 독립변수가 결과변수를 얼마나 잘 설명하는지 양적인 숫자로 표시할 수 없다는 점이다.

이런 한계 때문에 연구자는 global F 또는 likelihood ratio test가 의미 없다고 나오면 연구자의 모형이 연구자의 자료를 대표하지 못한다는 것을 알아야 한다. 또 각각의 독립변수들이 결과변수에 의미 있게 관계가 있는데 전체적인 모형이 통계적으로는 의미가 없을 때는 결과변수와는 관계없는 모형 안에 많은 수의 변수가 포함되어 있다는 의미이다. 변수가 추가될 때마다 자유도는 증가하게 되고 통계적으로 의미 있는 결과를 얻기 위해서 Chi-square값은 커지게 된다. 즉, 결과변수와 관계없는 변수의 제거를 고려해야 한다.

10.2.2 연구자의 모형이 연구자의 결과를 얼마나 잘 설명하는지 알아보는 방법

다중 회귀분석에서 연구자의 모형이 연구자의 결과를 얼마나 잘 설명하는지 알 수 있는 양적인 측정값은 R square(R^2)이고 다른 말로 coefficient of variation 이라고 한다. R^2는 종속변수의 변동이 주어진 회귀식의 독립변수들의 변동으로 얼마나 설명이 되는지를 보여주는 척도이다. 달리 표현하면 모형으로부터 추정된 회귀선이 표본의 관측점들을 얼마나 잘 적합시키고 있는가를 나타내는 척도이다. R square는 0에서 1 사이의 값을 가지며, 0은 독립변수 모두가 평균이 같다고 가정했을 때 독립변수가 결과변수를 설명할 수 없다는 의미이고, 1은 결과변수를 완전히 설명할 수 있다는 의미이다. R^2에 100을 곱하면 독립변수에 의해서 설명되는 종속변수의 분산의 백분율을 의미한다. 즉, R^2가 0.915면 이것의 의미는 구해진 회귀선이 y축의 변동을 91.5% 정도 설명하고 있다고 해석된다.

R^2는 일반적으로 F 보다는 더 많은 정보를 제공하지만 또한 제한점이 있다. 즉, 독립변수의 개수가 추가될 때마다, 추가된 변수가 거의 정보를 제공해 주지 못하는 변수임에도 불구하고, 오차의 제곱의 합은 작아지므로 결정계수의 값은 증가한다. 예를 들면 10개의 독립변수를 가지고 있는 모형이 앞의 10개의 변수 중 5개의 변수를 가지고 있는 모형보다, 추가된 5개의 변수가 거의 정보를 가지고 있지 않은 변수임에도 불구하고, R^2가 크게 나온다. 이런 것을 보완하기 위해 adjusted R^2의 값을 사용한다. Adjusted R^2는 연구자에게 연구자의 모형에 있는 각각의 변수에 대해 값을 매기도록 한다.

로지스틱 회귀분석에서도 R^2는 측정하지만 선형회귀분석과 같이 잘 작용하는 것도 아니고 거의 사용되지도 않는다. 대신 결과변수의 모형에 의한 estimated probability와 결과변수의 original data의 observed probability를 비교하는 질적인 방법이 있다. Estimated probability는 각 대상자들의 독립변수의 pattern을 기초로 구해진다. 연구자의 모형에 3개의 변수 성별, 나이(25% quantile로 75%로 하면 3가지 경우가 발생), 고혈압 유무가 있다면 여기서 3개 변수의 다른 조합은 2 * 3 * 2 = 12가 된다. 즉, 대상자가 15명이거나 150만 명이라도 오직 12개의 distinct pattern만 있는 것이다. 이 중 각 pattern에 대해 관찰된 결과의 발생률(즉, 자료에 기초로 한 결과를 경험한 대상장의 비율)과 모형에 기초를 해서 추정된 결과의 발생률이 있는 것이다.

만약 연구자가 많은 확실한 covariate patterns을 가지고 있다면 대상자를 비슷한 결과가 발생할 수 있는 likelihood을 갖고 있는 집단으로 나누어서 위의 방법을 사용할 수 있다. 즉, 연구자는 estimated likelihood of outcome을 0−0.1, 1.1−0.2 이런 식으로 10개로 구분해서 연구대상자를 10개의 집단으로 나눌 수 있다. 그러나 어떤 대상자의 경우 very high 또는 very low estimated probabilities of outcome을 가지는 경우 여전히 적은 수를 갖는 집단이 계속 남아 있게 된다. 이런 경우 거의 같은 결과가 발생할 확률로 나누는 방법도 있는데 Gordon은 이 방법을 사용하였다(JAMA 1996; 276 : 639-1644). 즉, 인종에 따른 병원사망률을 연구하기 위해 로지스틱 회귀분석으로 병원 내 사망률을 추정하는 모형을 개발했다. Age, sex, race, type of health insurance, emergency department admission 그리고 입원 후 48시간 내의 자료로 사망률을 측정하였다. 그들은 estimated risk of death를 10개의 strata로 나누고 각 strata에 또한 같은 수의 outcome이 포함되도록 하였다. 여기서 10개의 strata로 나눈 것은 estimated risk of death를 가지고 나눈 것이라기보다는 number of outcome을 가지고 나눈 것이기 때문에 다른 strata는 사망의 추정된 위험도의 폭이 다양하다는 것이다(Stratum 1의 범위는 0.00에서 0.03인 반면 stratum 10은 0.81에서 1.0까지다). 다음 표에서 10개의 strata에서 관찰된 사망확률은 estimated probability of death와 비슷한 것을 알 수 있다(표 10.2).

표 10.2 Comparison of estimated to observed risk of death among hospitalized patients

Stratum	Estimated risk of death	Observed risk of death
1	0.00 − 0.03	0.01
2	0.03 − 0.06	0.05
3	0.06 − 0.10	0.09
4	0.10 − 0.17	0.14
5	0.17 − 0.24	0.24
6	0.24 − 0.34	0.32
8	0.34 − 0.47	0.38
8	0.47 − 0.63	0.52
9	0.63 − 0.81	0.66
10	0.81 − 1.00	0.87

JAMA 1996; 276 : 1639-1644.

비록 자료가 표의 형태로 저널에선 보여주었지만 그림 10.1을 보면 모형의 적합도에 대해서 조금 더 잘 파악할 수 있다. 그림 10.1은 병원에 입원한 환자 중 사망한 환자에 대한 자료로, 수평축은 사망의 추정치에 대한 확률이고 수직축은 사망의 관찰치에 대한 확률이다. 점선이 대각의 실선과 가까워질수록 완전한 측정을 의미한다.

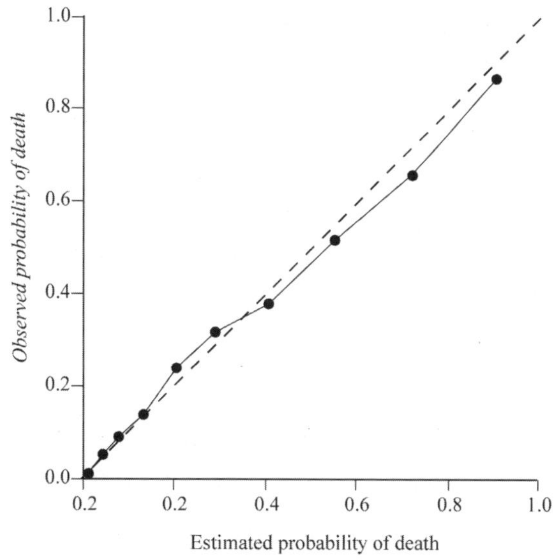

그림 10.1 Estimated versus observed value for risk of death among hospitalized patients

그림 10.1과 같이 점이 대각선에 가까워지면 연구자의 모형은 결과를 아주 훌륭하게 추정한 것이다. 만약 점이 대각선에서 흩어져 있다면 이 모형은 관찰된 결과변수를 정확하게 추정하지 않은 것이다. 이 방법의 장점은 질병의 어떤 확률에 대해 이 모형으로 잘 알 수 있다는 점이다.

비례위험모형에서도 observed time to outcome과 estimated time to outcome의 비교를 할 수 있으며, Kaplan Meier 생존곡선을 이용하여 연구자의 모형에 의해 정의된, 각각의 중요한 하위집단으로 비교할 수 있다. 예를 들면 Callford 등은 비례위험모형으로 CD4 수와 혈색소수치 두 개의 변수를 가지고 분석한 결과 이 두 변수는 cryptosporidiosis가 있는 HIV환자의 생존율과 밀접한 관계가 있다는 것을 밝혀냈다(Am. J. Epiodemiol.1996; 144 : 807-816). 그들의 모형이 생존율을 얼마나 잘 추정했는지 알아보기 위해 그들은 CD4 수와 혈색소수치에 따라 4군으로 나누었다. 표 10.3에서 보듯이 observed survival과 estimated survival은 거의 비슷하였다. 비례위험모형에서는 underlying survival function이 자동으로 계산되지 않기 때문에, estimated median survival을 계산하려면 추가로 estimator를 사용할 필요가 있다. 또한 이 방법은 결과가 발생한

표 10.3 Survival among subgroups of HIV-infected patients with cryptosporidium

Subgroup	Relative Hazard	95% C.I	Median survival(days)	
			Estimated	Observed
CD4≤53 cells/ml and Hct≤37%	15.9	6.0 – 42.2	213	204
CD4≤53 cells/ml and Hct > 37%	8.1	2.8 – 23.6	465	341
CD4 > 53 cells/ml and Hct≤37%	3.1	1.1 – 8.8	688	878
CD4 > 53 cells/ml and Hct > 37%	1.0(ref.)		1,119	1,119

Hct : Hematocrit

Am. J. Epiodemiol. 1996; 144 : 807-816.

대상자가 적은 경우에는 잘 작동하지 않는다. Estimated median survival을 계산하려면 각 covariate pattern에 대해 표본의 50%에서 결과가 발생해야 한다.

Estimated probability와 observed probability의 비교를 표 10.2와 같이 표로 하든지 그림 10.1과 같이 그림으로 하든지, 지금까지의 방법은 모두 모형이 결과변수를 얼마나 잘 설명하고 있는지에 대해서 질적으로 비교를 한 것이다. 로지스틱 회귀분석에는 결과변수의 추정된 확률이 결과변수의 관찰된 확률과 얼마나 비슷한지, 양적인 비교를 할 수 있는 통계치가 Hosmer-Lemeshow goodness of fit test이다. 이 통계량은 관찰된 대상집단에서 likelihood of outcome과 estimated 된 likelihood of outcome을 비교한다. 대상집단은 표본을 estimated probability of outcome의 간격을 기초로 하여 약 10개의 집단으로 나누어서 만들어진다. 처음 집단은 lowest estimated likelihood of outcome을 가진 10% 대상을 포함하고 두 번째 집단은 다음 lowest estimated likelihood of outcome를 가진 10%의 대상을 포함한다. 이런 식으로 10개의 집단으로 나눈다. 모형이 아주 잘 적합되었다면 추정된 likelihood와 관측된 likelihood는 거의 같을 것이고 Chi-square값은 작아지고 p-value는 의미 없다고 나올 것이다.

10.2.3 연구자의 모형이 연구대상자의 결과변수를 얼마나 잘 예측하는지 판정하기

Logistic linear regression에서 결과변수는 이분형의 형태이므로, 대상자의 결과에 대해서 연구자의 모형이 얼마나 잘 예측할 수 있는지 의문을 가질 수 있다. 모형이 결과를 얼마나 잘 예측하고 있는지 알아보려면, 먼저 estimated outcome을 이분화하여야 한다. 달리 말하면 결과를 예측할 수 있을 것이라고 고려하는 결과의 추정된 확률의 cut-off value를 선택해야 한다. 그 다음 민감도(sensitivity = proportion of persons who are predicted to have the outcome who really have it), 특이도(specificity = proportion of person who don't have the outcome who are predicted not to have it), 그리고 proportion of correctly identified person을 계산한다.

Probability of outcome의 기준 절단값을 선택하기가 항상 쉬운 것은 아니다. 각 기준 절단값은 다른 민감도, 특이도 그리고 proportion of correctly identified person을 가지고 있기 때문이다. 단순히 기준 절단값을 결과가 발생할 확률이 50%보다 큰 경우로 설정할 수는 있다. 그러나 이렇게 0.5를 cut-off value로 설정하게 되면 모형에서 예측도를 측정하기는 좋은 방법이 아니다. 특히 허혈성 심장질환같이 상대적으로 낮은 확률을 보이나 중증도가 높은 경우에는 문제가 된다. 예를 들면 가슴통증이 있을 때 허혈의 확률이 49%로 계산되었다면 50% 이하이므로 당신은 허혈이 아니므로 귀가하라고 할 수는 없다. 이런 이유로 급성허혈을 예측하는 모형에서는 좀더 낮은 기준 절단값(즉, 민감도와 특이도가 7% 정도)을 선택해야 한다.

Logistic regression모형에서 연구자의 모형이 결과의 발생을 얼마나 잘 예측하는지 알 수 있는 지표로 c index라는 것이 있다. 이것은 예측된 결과와 관찰된 결과와의 concordance(일치, 조화)를 측정한 것이다. 다음에서 c index가 얼마나 잘 작용하는지 알아보자. 어느 data set에서는 same observed outcome (심장발작이 모두에서 있었거나 모두에서 없었거나)과 different outcome(한 사람은 심장발작이 있었고 나머지 한 사람에선 없었던 경우)을 보이는 대상자가 pair로 있을 수 있다. 다른 outcome을 가지고 가능한 모든 대상자를 짝짓기 위해서는 먼저, 모형이 결과가 발생한 짝지은 대상자의 likelihood of outcome을 잘 예측할 수 있는지 혹은 결과가 발생하지 않은 대상자의 likelihood를 잘 예측할 수 있는지를 알아봐야 한다. 만약 결과에 대한 predicted likelihood가 큰 값을 가지고 있는 대상자가 실제적으로 결과가 발생했다면, 이 때 짝을 지은 대상자는 outcome과 concordant한 것이다. 만약 결과에 대한 predicted likelihood가 큰 값을 가지고 있는 대상자가 실제적으로 결과가 발생하지 않았다면, 이 때 짝을 지은 대상자는 결과의 발생과 discordant한 것이다. 만약 모형이 위의 2가지 경우에서 모두 같은 probability of outcome을 예측할 수 있다면, 짝짓기는 tied되었다고 한다. C index는 concordant case의 proportion에 half of ties를 더한 값과 같다. C index가 0.5면 모형이 우연(chance)보다 더 판별할 수 없다는 것을 의미한다. C index 값이 클수록(최대 1), 연구자의 모형이 결과를 예측할 수 있는 능력은 증가된다.

10.3 각 변수와 결과변수와의 관계를 나타내는 회귀계수로는 무엇을 알 수 있는가?

Linear regression, logistic regression 그리고 Cox proportional hazard 모형에서 회귀분석 결과 β라고 불리는 모형에 투입된 예측변수의 회귀계수(coefficient)가 계산되어 나온다. 회귀계수는 모형에서 다른 예측변수의 효과를 보정하고 예측변수가 변할 때 결과변수가 변하는 정도를 나타내는 수치이다. 회귀계수는 양수(+) 혹은 음수로(−) 나오며 세 가지 다변수모형에서 결과변수의 형태가 다르므로, 세 가지 모형에서 해석에 다소 차이가 있다(표 10.4).

표 10.4 Interpretation of regression coefficients

	Multiple linear regression	Multiple logistic regression	Proportional hazards analysis
Coefficient : positive	Average value of outcome increases as independent variable increase	The logit of the outcome increases in the independent variable	The logarithm of the relative hazards increases in the independent variable
Coefficient : negative	Average value of outcome decreases as independent variable increase	The logit of the outcome decreases in the independent variable	The logarithm of the relative hazards decreases in the independent variable

Multiple linear regression에서 종속변수는 등간변수이고 이런 경우 회귀계수는 조금 특별한 특성을 갖는데, 독립변수와 결과변수를 연결하는 선의 경사(slope)가 바로 회귀계수가 된다. 예를 들면 연(年) 단위로 측정된 '나이'라는 독립변수와 mg / dl로 측정된 cholesterol 수치라는 결과변수와의 관계에서 회귀계수가 0.2라면 이 때 변화의 단위는 mg / dl / year가 되고 year당 cholesterol 수

치가 0.2mg / dl 만큼씩 증가한다는 의미이다. 모든 가능한 종속변수의 수치를 가장 잘 추정해 주는 직선을 얻기 위해서 X의 값이 zero일 때 Y축의 값인, 즉 intercept(절편)의 값과 slope가 필요하다. Linear regression에서 회귀계수의 값이 양수이면 독립변수와 결과변수가 같은 방향으로 증가 혹은 감소한다는 의미이고, 음수이면 독립변수와 결과변수가 반대 방향으로 움직인다는 의미이다. 즉, 하나가 증가하면 다른 하나는 감소한다는 의미이다.

Logistic regression에서 회귀계수는 독립변수가 한 단위 변할 때 logit이 얼마나 변하는지를 말해준다. Logit은 결과변수의 odds ratio에 자연 log를 취한 값이다. 즉, 회귀계수가 양수이면 독립변수가 증가할 때 logit이 증가한다는 의미이고, 회귀계수가 음수이면 독립변수가 증가할 때 logit이 감소한다는 의미이다. Logistic regression에서 회귀계수의 의미를 해석하기 위해서는 logit을 추정한 결과변수의 값, 즉 reference group의 logit을 알아야 한다.

Proportional hazards모형에서 회귀계수는 독립변수가 한 단위 변할 때 relative hazards의 logarithm의 변화를 말한다. Relative hazards는 특정 위험인자가 있는 time to outcome과 위험인자가 없는 time to outcome의 'ratio'이다. Proportional hazards모형에서 회귀계수의 의미는 logistic regression에서와 거의 같다. 즉, 회귀계수가 양수이면 독립변수가 증가할 때 relative hazards의 logarithm이 증가한다는 의미이고, 회귀계수가 음수이면 독립변수가 증가할 때 relative hazards의 logarithm이 감소한다는 의미이다.

10.4 다변수분석에서 odds ratio와 relative hazards를 구하는 방법과 odds ratio와 relative risk가 의미하는 내용은 무엇인가?

Logistic regression과 Cox proportional hazards모형에서 구한 회귀계수는 특별한 의미를 가지고 있는 수치이다. 즉, 회귀계수에 antilogarithm(antilogarithm는 $\exp^{\beta}$를 의미한다)을 취하면 logistic regression에서는 odds ratio를, Cox proportional hazards모형에서는 relative hazards(= hazards ratio)를 구할 수 있다. Antilogarithm을 취하려면 상수 e(= 2.713)를 이용하여 다음과 같이 구할 수 있다.

$$\text{Odds ratio or relative hazards} = e^{\text{coefficient}}$$

Logistic regression에서 구한 odds ratio는 독립변수가 한 단위 변할 때마다 결과변수의 likelihood가 얼마나 변하는지를 알려준다. Cox proportional hazards 모형에서 구한 relative hazards는 독립변수가 한 단위 변할 때마다 결과변수의 'time to outcome'이 얼마나 변하는지를 알려준다. Hazards는 어떤 사람이 어떤 기간의 초기까지 생존했을 경우에 짧은 시간 기간에 결과발생을 경험할 확률이다. 그러므로 hazards ratio는 공변량의 유무나 위험인자의 유무에 따른 hazards의 ratio를 의미하며 hazards ratio는 시간이 지나도 항상 일정한 상수의 값을 가져야 한다는 가정이 Cox regression에서는 있다. Odds ratio와 relative hazards가 1이면 독립변수가 한 단위 변할 때마다 결과변수의 변화는 없다는 의미이고 1보다 크면 결과변수가 발생할 위험(risk of outcome)이 증가한다는 의미이며, 1보다 작으면 위험도가 감소한다는 의미이다.

여러 용어들이 혼동되어 사용되고 있는데 odds ratio하고 relative risk, risk, 그리고 risk ratio라는 용어가 같은 의미로 사용되고 있고, relative hazards와는 relative risk, risk, risk ratio뿐 아니라 hazards ratio 그리고 rate ratio하고 같은 뜻으로 혼동되어서 사용되고 있다. Relative risk = risk ratio = rate ratio이지만 relative risk가 정확하게 relative hazards와 같은 의미는 아니다.

정확하게는 logistic regression에서는 odds ratio란 용어를 Cox proportional hazards모형에서는 relative hazards(= hazards ratio)라는 용어를 사용하는 것이 두 종류의 분석방법과 결과를 구분할 수 있으므로 선호되어서 사용되고 있다. 결과의 발생이 적으면(즉, 전체의 < 15%) odds ratio와 relative hazards는 거의 relative risk와 같아진다.

다음과 같은(표 10.5) 결과가 나왔다고 가정하고 실제적인 수치로 설명을 하여 보자. 로지스틱 회귀분석에서 outcome은 3년이 됐을 때(at three year)의 사망을 나타내고, 비례위험모형에서 outcome은 time to death이다. 고혈압의 병력이 있는 경우 양쪽 분석에서 모두 회귀계수가 0.693으로 계산되었다. 여기서 logistic regression이나 proportional hazards에서 e에 0.693을 지수로 취하면 $e^{0.693} = 2$가 되고, 로지스틱 회귀분석에서 odds ratio는 2.0이 되고, proportional hazard analysis에서 relative hazards도 2.0이 된다. 그럼 여기서 2.0이 의미하는 것은 무엇일까.

Logistic regression에서 odds ratio가 2.0이라는 것은 고혈압이 있는 사람은 고혈압이 없는 사람에 비해 3년째(at 3 years)에 사망할 가능성(likely)이 2.0배

표 10.5 Computing odds ratio and relative hazards

	Multiple logistic regression coefficient	Odds Ratio	Proportional hazards analysis coefficient	Relative hazards
Hypertension (yes/no)	0.693	2.0	0.693	2.0
Female gender (yes/no)	−0.693	0.5	−0.693	0.5
Age(in year)	0.182	1.2	0.182	1.2

높다는 의미이다. Proportional hazards에서는 고혈압이 있는 사람은 고혈압이 없는 사람에 비해 3년 동안(during the 3 years period)에 사망할 가능성(likely)이 2배 높다는 의미이다.

Logistic regression과 proportional hazards분석에서 계산과 해석은 매우 비슷하고 단지 at what year인지 during what year period의 차이만 있다. 두 번째 여성의 경우는 회귀계수가 음의 수를 보이고 있다. 회귀계수가 음수면 odds ratio와 relative hazards는 1보다 작게 계산이 되고, 회귀계수가 양수로 나오면 relative hazards는 1보다 크게 계산이 된다. Odds ratio와 relative hazards가 0.5이므로 여성의 경우는 남성에 비해 at 3 year(logistic regression)이나 during 3 year period(proportional hazards모형)에 사망할 likely가 50%라는 것을 의미한다. 물론 여기서는 reference group이 남성이기 때문이다. 즉, 회귀계수가 음수이면 독립변수가 증가할 때 결과가 발생할 확률은 감소한다. 만약 남자와 여자를 의미하는 coding을 반대로 하거나, 기준집단을 반대로 지정하면 결과는 회귀계수가 음수였던 것은 양수로, 0.5는 2.0(1/0.5)으로 바뀌어서 계산될 것이다. 남자가 여자에 비해 사망의 가능성이 2.0배 높다고 하는 것이나, 여자가 남자에 비해 사망의 가능성이 1÷2=0.5라고 하는 것이나 같은 의미이다.

두 번째의 여성의 예에서 중요한 3가지를 강조하고 싶다. 첫째는 회귀계수의 부호이다. 부호가 양수이면 odds ratio는 증가하고(〉1), 음수이면 감소한다(〈1). 둘째는 coding의 중요성이다. Coding을 바꾸어도 결과는 같으나 해석을 반대로 할 수 있다는 점이다. 셋째는 연구자는 변수를 coding 할 때 어떻게 coding 했는지 잃어버리면 결과를 해석할 때 완전히 반대로 할 수 있다는 사실을 알아야 한다.

표 10.6 Coding of a dichotomous independent variable and outcome

Possible coding number 1	Possible coding number 2
Unemployed = 0; Employed = 1 No treatment = 0; Treatment = 1	Unemployed = 1; Employed = 0 No treatment = 0; Treatment = 1
Possible coding number 3	**Possible coding number 4**
Unemployed = 0; Employed = 1 No treatment = 1; Treatment = 0	Unemployed = 1; Employed = 0 No treatment = 1; Treatment = 0

표 10.6을 보면 이분형 독립변수와 이분형 결과변수가 있을 때 4가지의 가능한 coding 방법이 있다. 어떻게 coding하든지 coding한 것을 혼동하지 않는 한 통계적인 결과는 항상 같게 나온다. 흔히 연구자들은 보고서에 자료를 어떻게 coding했는지 보고를 안 하는데 연구자의 결과를 올바르게 보고 하는 것 역시 연구자의 책임이다.

여기서 연구자의 결과를 반대로 보고할 수도 있는 경우를 줄이는 전략에 대해서 간단히 살펴보면 ;

1) review your work carefully

2) 변수들의 이름을 만들 때 자신이 사용하고 있는 통계프로그램에서 허용하는 범위 내에서 변수들의 이름을 특정화시켜라. 예를 들면 성별에 해당하는 변수 이름을 gender라고 하지 말고 femgend라고 좀더 구체적으로 만드는 것이 좋다.

3) 자료를 coding할 때는 이해하기 쉽고 또한 분별력이 있는 방법으로 해야 한다. 즉, 위험인자가 없으면 0으로, 있으면 1로 혹은 employ면 1로, unemploy면 0으로 coding하는 식으로 하는 것이 좋다. 그래야 나중에 결과를 해석하는 데 혼동이 없다. 일반적으로 0은 없는 것을 의미하지 않는가?

4) 변수를 설명해 주는 label 기능을 잘 이용하라. 대부분의 통계 프로그램은 자료의 출력시 변수의 label을, 통계분석에 사용된 변수 이름 대신 출력을 하므로 레이블에 변수를 잘 설명하도록 지정하면 좋다.

10.5 다변수분석에서 독립변수가 등간변수인 경우 odds ratio와 relative hazards가 의미하는 내용은 무엇인가?

지금까지는 독립변수가 범주형 변수인 경우의 odds ratio와 relative hazards가 의미하는 경우에 대해 알아보았다. 그럼 독립변수가 등간변수의 형태로 되어 있는 경우에 odds ratio와 relative hazards가 의미하는 내용은 무엇일까? 다시 표 10.5를 보자. 세 번째 age는 years로 표시된 등간변수이다.

Age의 경우 $e^{0.182} = 1.2$로 계산된 odds ratio와 relative hazards의 의미는 범주형변수의 경우와 약간 의미가 다르다. 등간으로 측정된 '나이'의 경우는 나이가 한 살 증가할 때마다 사망의 likelihood가 1.2배 증가한다는 의미이다. 만약 나이를 coding할 때 5세 단위로(즉, 나이가 20−24, 25−29, 30−35 etc. 이런 식으로) 나누었다면 그리고 odds ratio와 relative hazards가 1.2라면 나이가 5세 증가할 때마다 사망의 likelihood가 1.2배 증가한다는 의미이다. 그러면 나이의 경우 나이가 한 살 증가할 때마다 사망의 likelihood가 1.2배 증가한다고 했는데 5세가 증가하면 6배($1.25 * 5 = 6$)가 증가한다는 의미인가? 아니다. 위험도는 지수함수의 형태로 증가하므로 5세가 증가하면 1.2의 5승 $= 1.2^5 = 2.5$배가 증가하게 된다. 혹은 $\exp^{0.182 * 5} = 2.178^{0.91} = 2.48$로 계산한다.

또한 등간변수의 경우에 측정한 단위를 모르면 등간변수의 odds ratio와 relative hazards의 중요성을 평가할 수 없다. 그러므로 연구자는 보고서를 작성할 때 등간변수의 측정 단위인 scale을 항상 명시해야 한다.

10.6 Odds ratio와 relative hazards의 confidence interval을 계산하는 방법은?

신뢰구간(confidence interval, CI)으로 odds ratio와 relative hazards의 값의 신뢰도와 정확도를 알 수 있다. CI가 크면 표본의 크기가 분석을 하기에 충분한 크기가 아니라는 의미이다. 대부분의 통계프로그램은 odds ratio와 relative hazards에 대해 95% CI를 자동으로 구해준다. 그러나 회귀계수 값을 알면 다음 공식으로 쉽게 구할 수 있다.

$$95\%\ \text{confidence interval for odds ratio / relative hazard} = e^{\text{coefficient} \pm 1.96(\text{standard error})}$$

위의 식에서 95% CI의 상한값을 구할 때는 +1.96을 사용해서 계산하고 하한값은 −1.96을 이용해서 계산한다. 또한 식에서 보면 표준오차를 곱해 주는 것으로 보아서, CI로 연구자의 자료의 추정값이 얼마나 정확한지도 알 수 있겠다고 추정할 수 있을 것이다. 즉, 표준오차가 크면 CI의 양쪽 폭은 더욱 커지고 그만큼 자료의 정확도(power)는 떨어진다. 즉, CI의 폭이 넓다는 의미는 표본의 수가 작았다는 것을 의미한다. 만약 90% 신뢰구간을 구하려면 1.96 대신 1.66을, 그리고 정확성이 매우 중요한 경우는 99% CI를 요구하는데 이때는 99% CI를 구하려면 1.96 대신 2.576을 사용한다.

10.7 Standardized coefficient는 무엇이고 이것을 꼭 사용해야 하는가?

회귀계수를 표준화한 standardized regression coefficient는 회귀계수에 독립변수의 standard deviation을 곱한 후 종속변수의 표준편차로 나눈 값이다.

$$\text{Standardized regression coefficient} = \text{Regression coefficient} * \frac{\text{s tan dard deviation of independent variable}}{\text{standard deviation of dependent variable}}$$

회귀계수를 standardized(표준화)해 주지 않으면 다른 척도로 측정된 독립변수의 회귀계수의 크고 작음을 비교할 수가 없다. 만약 독립변수를 10의 단위로 나누면(즉, 나이의 경우 21−30, 31−40 ……) 회귀계수는 10배가 증가하게 된다. 어떻든 독립변수를 나누면 독립변수가 결과변수에 미치는 관계는 변하게 되어 있다. 또한 만약 독립변수를 10으로 나누면 회귀계수도 10배 증가할 뿐 아니라 표준편차도 10배 증가하게 된다. 회귀계수에 두 변수의 표준편차의 ratio를 곱해 주면 회귀계수는 단위가 없어지게 된다. 그러므로 독립변수의 척도가 같아지므로 다른 독립변수 전체를 비교할 수 있게 된다. 물론 모든 독립변수가 이분형변수로 척도가 같다면 표준화는 필요 없다.

표준화의 단점은 실제로 측정된 단위가 없어지므로 각 변수가 결과변수에 가지는 실제적인 효과를 잃을 수 있다는 것이다. 위의 standardized regression coefficient을 구하는 공식은 다중 선형회귀분석과 로지스틱 회귀분석에서 모두 유효하다. 한 가지 차이는 로지스틱 회귀분석에서 종속변수의 표준편차는 계산할 수 있는 값이 아니고, 상수로 1.81이다. 또한 다중 선형회귀분석에서는 standardized regression coefficient을 제곱해 주면 변수에 의하여 설명되는 variance의 proportion을 알 수 있으나 로지스틱 회귀분석에서는 적용되지 않는다. Standardized coefficient는 비례위험모형에서는 거의 사용되지 않는다.

10.8 회귀계수의 통계학적 유의성은 어떻게 검정하나?

물론 통계분석 결과시 변수 옆에 출력되어 나온 p-value를 보면 알 수 있다. 그러면 여기서 p-value는 어디서 계산된 것인가?

항목 10.7에서 standardized regression coefficient와 un-standardized regression coefficient를 이해했으면 회귀계수의 크기로는 결과변수와 독립변수 사이의 상관의 세기(강한 정도)는 알 수 없다는 것을 알았을 것이다(왜냐하면 크기는 unit의 크기로 결정되는데 표준화하면 unit가 없어지므로). 그러나 un-standardized coefficient와 회귀계수의 표준오차를 잘 보면 회귀계수의 유의성의 정도를 알 수 있다. 어떻게 알 수 있을까?

통계적 모형이라는 것은 연구자료에 대한 모집단의 true parameter를 추정만 할 수 있다는 사실을 기억하고 있는가? 여기서 추정에는 반드시 error가 발생하는데 이것이 표준오차(standard error)이다. 표준오차의 크기가 회귀계수의 절대치(즉, error가 effect만큼 크다면)와 비슷하다면 effect는 의미가 없을 것이다. 그러나 회귀계수가 표준오차보다 크면 회귀계수는 통계적으로 의미가 있는 것이다. 표 10.7의 예를 보자.

다음의 예에서 회귀계수가 표준오차보다 절대값이 상당히 큰 것은 nonwhite ethnicity와 no insurance뿐이다. Gay men 변수의 경우는 회귀계수가 표준오차보다 크지만 상대적으로 크기의 차이가 작기 때문에 의미가 없는 것이다. 정확하게 얼마를 기준으로 하는지는 significance의 기준을 0.05로 할지 0.01로 할지에 따라 차이가 있다.

표 10.7 Coefficients and standard errors from study of factors associated with receipt of PCP prophylaxis (AIDS 1997; 11 : 1263-1268)

Variables	Coefficient	Standard error
Age > 35years	0.1696	0.2846
Nonwhite ethnicity	−0.7173	0.2922
Male gender	−0.2163	1.2910
Gay men	1.1592	0.7183
Infectious drug user	0.1068	0.4221
No insurance	−1.0356	0.3656

표 10.8는 표 10.7의 결과에 p-value, odds ratio, 신뢰구간을 포함해서 다시 보여주고 있다. 표 10.7에서 이 연구에 참여한 여성의 수가 적었기 때문에 gender 변수의 odds ratio와 신뢰구간이 매우 큰 것이다. 이러한 사실은 회귀계수가 작고 표준오차가 회귀계수의 약 6배 큰 것으로도 알 수 있다. Error가 effect보다 크면 effect는 타당한 추정을 할 수 없는 것이다. 표 10.8를 보면 또한 통계적으로 의미 있는 두 개의 변수, 즉 nonwhite ethnicity와 No insurance 변수에서 odds ratio의 신뢰구간에서는 1이라는 숫자는 나오지 않는다. 즉, 통계적으로 의미 있는 2개의 변수의 odds ratio의 신뢰구간 값은 1이 포함되지 않은 0.28−0.87 그리고 0.17−0.73의 수치로 나온다.

신뢰구간은 p-value와 비슷한 가정에 의해 구해진다. 선형회귀분석, 로지스틱 회귀분석 그리고 비례위험분석에서 p-value를 구하는 방법은 비슷하다. 다중선형회귀분석에서 p-value는 t-test에 의해 계산되며 $t = \frac{\text{coefficient}}{\text{standard error}}$ 이다.

표 10.8 Coefficients, standard errors, p value and confidence intervals for receipt of PCP prophylaxis (aids 1997; 11 : 1623-68)

Variables	Coefficient	Standard error	p-value	Odds Ratio	95% CI	
					Upper	Lower
Age > 35years	0.1696	0.2846	0.55	1.19	0.68	2.07
Nonwhite ethnicity	−0.7173	0.2922	0.01	0.49	0.28	0.87
Male gender	−0.2163	1.2910	0.84	0.81	0.06	10.12
Gay men	1.1592	0.7183	0.11	3.19	0.78	13.03
Infectious drug user	0.1068	0.4221	0.80	1.11	0.49	2.55
No insurance	−1.0356	0.3656	0.005	0.35	0.17	0.73

여기서 자유도를(sample size − the number of parameter, where the parameters are independent variables plus the intercept) 알면, t의 significance를 미리 계산된 표(대부분의 통계학 책의 부록에 다 있다)를 보고 결정할 수 있다. 여기서 흥미로운 사실은 t value가 2보다 크고(즉, 회귀계수가 standard error보다 2배 크면) 자유도가 최소 6 이상이면 전통적인 $p < 0.5$값에서 통계적으로 'significant'하다는 점이다.

로지스틱 회귀분석과 비례위험분석에서는 Wald test로 회귀계수의 중요성을 검정하고 Wald test는 Chi-square 혹은 distribution을 기초로 한다.

Chi-square distribution = $[\frac{\text{coefficient}}{\text{standard error}}]^2$ 혹은 Z distribution = $\frac{\text{coefficient}}{\text{standard error}}$ 이다.

이 공식에서 회귀계수가 standard error보다 2배 이상이면 $P < 0.05$에서 significant하다. Wald test는 표본의 크기가 클 때(즉, 80～100 또는 그 이상)를 가정하고 있다.

로지스틱 회귀분석과 비례위험분석에서는 특정 회귀계수의 통계적 유의성을 결정하는 데 사용되는 다른 2가지의 검정방법이 있는데 likelihood statistics와 score test이다. Likelihood test는 변수가 모형에 없을 때의 likelihood와 변수가 모형에 있을 때의 likelihood를 비교함으로써 계산된다. 많은 독립변수가 있는 모형에서 모형의 statistic을 계산하려면 각 독립변수들을 한 번씩 제외하고, 대신 제외한 나머지 변수들은 그대로 모형에 포함한 상태로, 전체 변수들을 이런 식으로 해서 계산을 하게 된다. 이때 통계량은 Chi-square 분포를 따르게 된다. Score test는 likelihood ratio의 derivatives를 근거로 계산되며 이때도 statistics는 Chi-square 분포를 따르게 된다. Likelihood ratio test가 더 잘 맞는 때도 있으나 대부분의 연구자들은 Wald Chi-square를 사용한다. 연구자의 연구결과가 robust하다면 지금 언급한 3가지 검정방법에서 모두 비슷한 결과가 나올 것이다.

10.9 Interaction terms의 결과는 어떻게 해석하는가?

제 9.3장에서 언급한 적이 있다. 두 개의 변수가 같이 결과변수에 미치는 영향이 두 개의 변수를 더해서 미치는 영향보다 큰 경우 회귀계수는 양수로 나오고 통계적으로 의미가 있는 것이다. 만약 두 개의 변수가 같이 결과변수에 미치는 영향이 두 개의 변수를 더해서 미치는 영향보다 작은 경우 회귀계수는 음수로 나오고 통계적으로 의미가 없는 것이다.

10.10 Multiple comparisons시 multiple regression coefficients를 보정해야 하는가?

두 개의 집단에서 20개의 다른 변수를 비교하는 경우와 같이 multiple bivariate comparisons을 하는 경우 어떤 통계학자는 보정(adjustment)을 하라고 권장하고 있다. 그 이유는 우연에 의해 20개의 변수 중 1개는 $p < 0.05$ 수준에서 통계적으로 의미가 있을 수 있기 때문이다($1 \div 20 = 0.05$이므로). 그러나 다변수분석에서 모형(F or likelihood ratio test)의 유의성을 검정할 때는 걱정을 안 해도 된다. 독립변수가 결과변수와 유의성이 있는지 검정하기 위해서 다변수분석에서는 group으로 오직 한 가지의 검정만을 수행하기 때문이다.

그러나 만약에 다변수모형에서 각각의 독립변수가 통계적으로 결과변수와 관계가 있을 것이라는 의문이 생길 때는 근본적으로는 다중비교를 해야 한다. ANOVA의 multiple comparison의 post hoc에서와 같이 어떤 통계학자는 p-value를 모형 안의 독립변수의 수로 보정을 하라고 한다. 가장 많이 사용되고 쉬운 방법은 Bonferroni correction이다. ANOVA의 Bonferroni에서는 비교집단의 개수로 보정을 했다. 여기서는 comparison이 통계적으로 의미가 있다는 결론을 내리기 전에, p-value를 모형 안의 독립변수의 개수로 나누어서 p-value의 값을 변화시켜 주는 것이다. 즉, Bonferroni correction을 하려면 일반적으로 사용되는 p-value인 0.05를 모형 안의 독립변수의 개수로 나누어 주면, 즉 독립변수가 10개라면 $0.05 \div 10 = 0.005$가 된다. 그러므로 significant한 p-value의 기준이 $p < 0.05$가 아니고 $p < 0.005$가 된다.

그러나 이렇게 보정을 하면 중요한 문제점이 발생하게 되는데 위의 방법으로 보정할 때 가정이 우연에 의해 두 개의 변수를 설명하는 것이 기본적인 가정인데, 우주가 자연의 법칙(즉, 물리적인 법칙)에 의해 지배된다는 근본적인 진리에는 이 가정이 큰 결점이 되기 때문이다. 우주라는 공간에서 대부분의 관계는 우연보다는 true connection(사실의 관계)을 가지고 있다. 여기서 사실의 관계가 원인의 관계(causal connection)가 아니라는 사실에 주목하라.

결론적으로 다변수분석에서 multiple comparisons시 multiple regression coefficients를 보정해야 할 필요는 없다. 다만 multiple comparison시 생길 수 있는 잠재적인 문제를 최소화하기 위하여 연구논문을 쓸 때 얼마나 많은 변수를 비교했는지를 기술하는 것이 좋다. 결과를 보고할 때 결과변수와 의미가 있는 독립변수만을 보고해서는 안 된다. 의미 없는 결과도 유익한 정보일 수가 있다. $P < 0.05$라는 값의 노예가 되어서는 안 된다. 단지 $p = 0.06$이라고 의미 없다고 가정해서도 안 되고, $p = 0.04$라고 이것은 무조건 의미가 있다고 가정해도 안 된다. 또한 가능하면 p-value 대신에 신뢰구간을 사용하는 것이 좋다. 물론 신뢰구간도 potential multiple comparison problem의 대상이 된다. 왜냐하면 신뢰구간도 true value가 신뢰구간에 포함될 95% probability를 근거해서 계산하기 때문이다. 가장 중요한 것은 연구결과를 과거의 업적과 생물학적인 plausibility에 비추어 평가하는 것이 좋다.

Chapter 11

분석의 가정에 대한 점검

11.1 연구자의 자료가 다변수모형의 가정에 맞는지 알아보는 방법

연구자의 자료가 설정한 모형의 가정에 적합한지 검증하는 것과, 설정한 모형이 결과를 얼마나 잘 설명하고 있는지를 여기서는 학문적인 이유로 나누어서 설명하고 있지만 사실 이 두 가지는 밀접하게 연관이 있다. 연구자의 독립변수가 결과변수를 밀접하게 설명하고 있는 경우, 연구자의 자료는 연구자가 설정한 모형에 잘 맞을 가능성이 높다. 반대로 연구자의 모형이 관찰된 결과를 잘 나타내지 못하고 있다면, 자료가 모형의 가정에 맞지 않을 가능성이 높다. 이런 경우 자료를 서로 합치거나, 일부 자료를 제외하거나 또는 변수를 변환해서 모형의 적합성을 향상시킬 수 있다.

흔히 연구자들은 자신들이 최종적으로 설정한 모형의 적합성을 검증하기도 전에, 통계처리를 하여 출력된 결과를 보고 해석하고 변수들을 추가하거나 제외해서 결과를 변형하는 경우가 많기 때문에, 이 책에서는 연구자의 자료가 설정한 모형의 가정에 합당한지 검증하는 것과, 설정한 모형이 결과를 얼마나 잘 설명하고 있는지를 나누어서 설명하고 있다.

Residual analysis(잔차분석)은 다변수모형의 가정에 자료가 잘 적합한지 알게 해주는 유용한 도구이다. 잔차(residuals)라는 것은 관찰값에서 추정된 값을 빼준 값이며, 추정치의 error라고 이해하면 된다. 좋은 모형은 잔차가 0에 가까워서 관찰값과 추정된 값이 서로 비슷하다는 것을 의미한다.

관찰값이 예상치보다 크면 잔차는 양수이고 예상치가 관찰치보다 크면 음수를 가지게 된다. 잔차분석은 다변수모형의 가정에 자료가 잘 적합한지 알게 해

줄 뿐 아니라 또한 개인의 측정된 수치가 다른 개인과 크게 차이가 나는, 즉 outliers(이상점)를 발견하는 데도 도움이 된다. 잔차분석은 사실 과학적인 면보다는 예술적인 면이 많다. 연구자의 자료가 가정에 잘 맞아도 잔차분석에서 alarming pattern을 보이기도 한다. 또한 residuals가 아주 좋아도 연구자의 자료가 연구자의 모형의 가정에 맞지 않을 수도 있다. 특히 표본의 크기가 작은 경우는 잔차값이 혼란스러운 값으로 나올 수 있다. 표본의 크기가 충분히 크면 다변수분석에서는 잔차분석에서 모형의 가정을 위반했다고 하여도 충분히 심각한 문제를 야기시키지 않게 할 수가 있다.

11.2 다중회귀분석에서 linearity, normal distribution 그리고 equal variance의 가정을 확인하는 방법은?

선형회귀분석에서의 기본적인 가정은 선형성(linearity), 정규성(normal distribution) 그리고 등분산성(equal variance)이다. 등간으로 측정된 독립변수가 다변수 모형에서 결과변수와 선형의 관계가 있는지를 검정하기 위해서는 residuals을 독립변수와 그리고 estimated outcome variable에 대해서 plot을 그려보는 것이다. 이러한 과정을 residual analysis라고 한다.

만약 관계가 선형의 관계라면 points는 직선의 위와 아래에서 대칭적이고 직선을 따라 대략 동등하게 퍼져 있게 될 것이다. 만약 residuals가 독립변수의 아주 high and / or low level에서 또는 estimated dependent variable의 아주 high and / or low level에서 높은 값을 보이면 선형의 가정을 위반한 것이다.

Residuals를 독립변수와 estimated outcome variable에 대해서 plot을 그려보는 것 또한 연구자의 모형이 정규분포의 가정 그리고 등분산의 가정을 만족하는지 알아보는 데 유용한 방법이다. 이 가정이 맞으면 residuals는 0에 가까워지고 값의 퍼진 정도는 0을 중심으로 위 아래로 같게 된다. Residuals가 0에서 멀어지고 값의 퍼진 정도가 0을 중심으로 위 아래로 같지 않으면 정규성과 등분산의 가정은 위배되는 것이다.

정규분포의 가정을 알아보는 또 하나의 방법은 standardized residuals와 normal probability와 plot을 보는 것이다. Residual이 정규분포와 등분상을 보이면 plot은 직선으로 보이게 될 것이다. S-shape같이 비선형의 양상을 보이는 경우 linearity of residuals는 위배되는 것이고 선에서 멀리 떨어져 있는 것은 이상점이 되는 것이다. 이런 경우 여러 가지 변수의 변환 방법을 이용해서 더 좋은 모형을 구하도록 노력해야 하며 또한 표본의 크기가 충분히 커서 100명 이상인 경우, 중심 극한의 정리에 의해 독립변수가 정규분포를 한다는 가정을 만족한다는 사실을 알아야 한다.

11.3 다중 로지스틱 회귀분석과 비례위험모형에서 선형(linearity)의 가정을 알아보는 방법은?

다중 회귀분석에서와 같이 residual analysis를 이용하면 interval scale로 측정된 독립변수와 결과변수가 선형의 관계가 있는지 알아보는 데 도움이 된다. 이렇게 하기 위해서는 residuals 혹은 standardized residuals를 독립변수에 대해서 plot을 그려보면 알 수 있다. 선형의 가정에 맞는다면 residual은 독립변수의 모든 값에 대해서 같은 값을 가지게 된다.

등간변수의 선형의 가정을 알아보는 다른 방법은 변수들을 일정한 간격으로 multiple binary variable을 만들어 다른 독립변수를 보정한 후 독립변수들이 선형의 가정을 만족하는지를 만든 multiple binary variable로 알아보는 것이다. 일정한 간격으로 나눈 집단에서 서로 연속적인 집단의 회귀계수의 numeric difference가 대략 비슷하다면 이러한 경우는 선형의 가정에 맞는 것이다.

마지막으로 어떤 연구자들은 변수 자체를 변수 변환한 자료로 대체해서 등간변수의 linear gradient를 평가하기도 한다. 흔히 logarithmic과 quadratic transformations이 test된다. 변수 변환한 자료에 대해 회귀계수가 증가하고 동시에 변수 변환으로 모형의 적합성이 향상되면 이것은 logarithmic과 quadratic gradient에 변수가 아주 적합하다고 할 수 있다.

로지스틱 회귀분석에서는 연구자의 모형의 적합성(goodness of fit)이 좋아 보이는데도 아주 혼란스럽게 보이는 residuals의 결과가 나오는 경우가 있다. 특히 등간변수보다 강한 이분형변수가 있을 때 더욱 그러하다.

11.4 이상점(outliers)이란 무엇이며 다중 선형회귀분석 모형에서 이상점을 찾는 방법은?

이상점이란 다른 points의 양상을 따르지 않는 point를 말한다. 예를 들면 그림 11.1에서 큰 수치의 독립변수와 큰 수치의 값을 가지는 결과변수와 선형의 관계를 볼 수 있다. 대부분의 point가 이런 선형의 관계에 잘 맞지만 A와 B의 두 개의 점은 이런 직선의 관계에 잘 맞지 않는다. A는 outcome이 예상보다 훨씬 높은 수치를 보이고 B는 예상보다 낮은 수치를 보이고 있다.

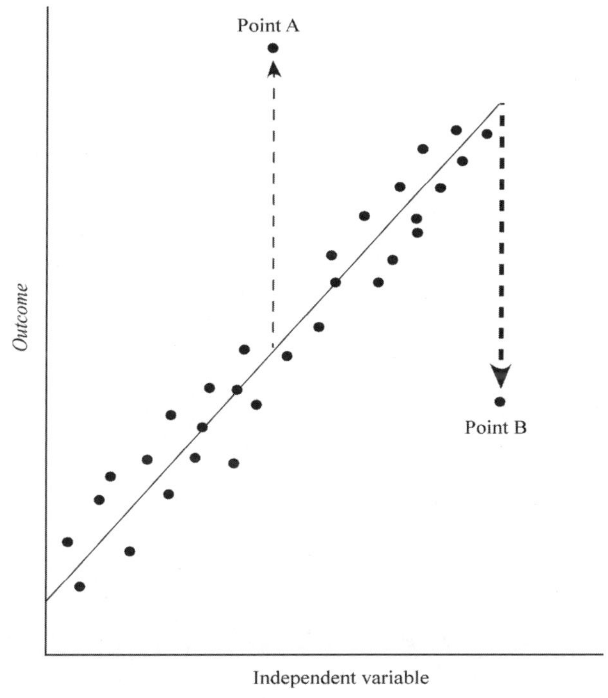

그림 11.1 Linear relationships between an independent variable and outcome with 2 outliers (point A and point B). The thicker dotted line pointing to B illustrates the greater influence of point B compared point a.

이렇게 그래프로 파악하는 것 이외도 outlier는 선형회귀분석에서는 residual을 측정하는 standardized residuals, studentized residuals, leverage 그리고

Cook's distance에 의해서도 발견할 수 있다. Standardized residual은 outlier를 정확하게 지정하는 데 도움이 된다. Standardized residual이 2보다 크면 값의 5% 밖에 있는 수치이고, 3보다 크면 값의 1% 밖에 해당되는 수치이다.

Studentized residuals는 각각의 수치가 line의 중앙에서 얼마나 멀리 떨어져 있는지를 보정하게 해준다. 직선으로부터 같은 거리에서 2개의 점이 있으면 다른 studentized residuals를 갖게 되는 것이다. Studentized residuals는 가운데에 위치해 있을 때의 값보다 직선에서 양쪽으로 떨어져 있을수록 큰 값을 갖게 된다. 양쪽으로 떨어져 있을수록 영향을 더 미치기 때문이다. Studentized residuals는 중앙에서 쉽게 기울어질 수 있다. 놀이터에서 볼 수 있는 시소를 생각해 보면 쉽게 이해가 된다. 중앙은 지렛대이고 양쪽은 extreme point이다. 한쪽 끝에서 압력을 가하면 전체의 기울기는 변한다. 압력을 주는 point를 leverage point라고 하며 분석에서 좀더 영향력이 있는 수치이다. Studentized residuals와 leverage point는 수치가 직선의 중앙에 가까이 있을 때는 outlier보다 더 큰 residual을 가지게 된다. 그래서 그림 11.1에서 점 B는 직선에서 같은 거리에 있음에도 불구하고 점 A보다 큰 studentized residuals를 가지게 되는 것이다. 그림에서 보면 점 B의 점선이 A보다 굵은 것도 이런 이유 때문이다.

Leverage를 측정하면 직선의 각 점에서 영향을 수량화할 수 있다. 이상적으로는 모든 관찰치가 예상치보다 leverage가 2배 작아야 한다. 예상치는 변수의 숫자에 1을 더한 후 표본의 크기로 나누어 준 것이다. Cook's distance는 각각의 point가 전체 모형에 미치는 영향을 설명해 주는 다른 수치이다.

11.5 다중 로지스틱 회귀분석 모형에서 outlier을 발견하는 방법은?

선형회귀분석에서 이상점을 발견하기 위해 사용되는 대부분의 통계량(raw residuals, standardized residuals, studentized residuals, leverage 그리고 Cook's distance)이 로지스틱 회귀분석에서도 그대로 사용된다. 추가로 Pearson and deviance residuals이 로지스틱 회귀분석에서 이상점을 평가하는 데 유용하다. 선형회귀에서와 같이 standardized residuals 혹은 studentized residuals이 2−3 보다 크면 이상점을 의미한다. Leverage value가 expected value(독립변수의 숫

자를 표본의 크기로 나누어 준 것)보다 2배가 넘으면 매우 영향력이 있다고 할 수 있다.

이상점을 평가하고 또한 전체적으로 모형이 적합한지를 알아보는 유용한 방법은 Pearson and deviance residuals을 outcome의 estimated probability에 대해 plot을 그려 보는 것이다. 그러면 모형이 특정한 확률에서 outcome을 추정하는 데 성공적이지 않는지를 알 수 있다.

11.6 비례위험분석에서 residuals에 관한 분석은?

Cox proportional hazards분석에서 residuals에 관한 분석은 잘 하지 않는다. 만약에 여기에 대해서 좀더 알고 싶으면 『생존자료의 분석』(송경일 저, 2007, 한나래 출판사) 책을 참고하라.

11.7 이상점(outlier)을 발견했을 때는 어떻게 처리하나?

잔차분석 결과 outlier가 있으면 첫째 먼저 기록된 자료에 이상이 없는지 확인을 해야 된다. 단변량분석에서 outlier에 대해 검토했으면 이 단계가 필요 없다고 생각할 수도 있지만, 다변수분석에서 이상점을 재검토하는 것은 단변량분석을 보완하는 것이다. 예를 들면 다변수분석의 잔차분석으로 "cholesterol 수치가 이상하게 140mg / dl로 낮은 비만한 당뇨병"이 있는 대상자를 찾아낼 수 있다. 이것은 data entry error에서 발견할 수 있다. 실제로 cholesterol 수치는 410mg / dl을 140으로 잘못 입력한 수치였다. 단변량분석에서 140mg / dl이라는 수치는 이상한 수치가 아니기 때문에 outlier로 발견이 안 될 수도 있지만, 다변수분석의 잔차분석에서는 이상점으로 발견될 수도 있는 것이다.

그런데 다시 검토를 했는데도 수치가 140mg / dl이 맞는 수치라면 어떻게 할까? Data sets에서 삭제를 해 버릴까? 아니다. 실험실에서 실험을 해본 경험이 있는 연구자라면 이런 경우 아마 실험을 다시 했을 것이다. 그러나 임상적인 연구에서는 그렇게 할 수 없는 경우가 대부분이다. 이런 경우 수치를 분석에서 제외하고 싶은 유혹이 있지만, 특히 이 수치가 연구자가 원하는 결과에 방해를 하고 있을 때는 더욱더 삭제하고 싶은 유혹을 느끼지만, 자료를 삭제하는 것이 정당화될 수는 없다. 단지 어떤 수치가 outlier라는 이유만으로는 잘못된 수치라고 할 수는 없다. 사실 몇 개의 극단적인 수치를 가지는 것은 정상적인 것이다.

그러나 잔차분석결과 leverage points가 분석에서 제외를 하는 것을 고려할 정도라고 나오면 분석을 다시 해서 발견한 것을 제외할 것인지를 참조해야 한다. 만약 2−3개의 관찰치를 제외했는데 전체적인 분석결과에 변화가 생긴다면 이 분석은 타당하지 않을 가능성이 높다. 일반적으로 data sets가 클수록 1개 혹은 2개의 관찰치를 제외해도 크게 분석결과에는 영향을 주지 않는다. 그러므로 data sets가 큰 경우는 모든 관점에서 residuals를 자세히 조사할 필요성은 덜 중요하게 되는 것이다.

11.8 Additive assumption이란 무엇이며 연구자의 많은 독립변수가 additive assumption에 맞는지 어떻게 알 수 있나?

다변수분석 모형 3가지 전부에서 "multiple independent variables은 결과변수에 대해 additive effect가 있다"라는 가정이 있다.

선형회귀에서는 결과변수의 평균치의 변화가 독립변수 각각의 합이 결과변수에 미치는 영향으로 모형을 세운다. 로지스틱 회귀분석과 비례모형에서도 같은 additive assumption이 있는데 여기서는 결과변수 자체로 모형을 세우는 것이 아니기 때문에 다소 복잡하다. 즉, 각각 outcome의 logit과 relative hazard의 logarithm으로 모형을 세운다.

로지스틱 회귀분석에서 결과변수의 logit과 각각의 독립변수의 합으로 모형을 세우며 비례모형에서는 relative hazard에 logarithm을 취한 값이 각각의 독립변수의 합으로($B_1X_1 + B_2X_2 \cdots\cdots B_pX_p$) 모형을 세우게 된다. 이 결과 결과변수에 대한 multiple variable의 영향인 odds ratio나 relative hazards의 값은 additive(덧셈의) 영향보다는 multiplicative(곱셈의) 영향이 있다. 통계학자들은 이런 것을 "additive on a multiplicative scale"라고 부르는데 일반인들에게 혼동을 줄 수 있는 표현이다.

교호작용에서도 additive assumption의 개념을 소개했는데 교호작용이란 변수가 additive한 것이 아니고 additive한 것보다는 greater 또는 less한 경우에 교호작용이 존재하는 것이다. 표 11.1을 다시 보자. Male gender의 odds ratio는 1.6이고 ST elevation의 odds ratio는 8.1이다. 이 모형은 "additive on a multiplicative scale"이므로 ST elevation이 있는 male gender의 ratio는 1.6 * 8.1 = 13.0이 된다. 그러나 ST elevation이 있는 남성의 heart attack의 risk는 ST elevation이 없는 여성의 heart attack risk가 13배가 된다는 것은 아니다. 어떻게 이런 사항을 알 수 있을까?

표 11.1 Association of independent variables with confirmed diagnosis of acute myocardial infarction based on multiple logistic regression models

Independent variables	Coefficients	Odds ratio
Male gender	**0.4852**	**1.6**
Age < 50	0.1432	1.2
Chest pain	0.8792	2.4
ST elevation	**2.0948**	**8.1**
ST depression	1.2632	3.5
Q waves	0.5311	1.7
History of angina	−0.2976	0.7
Interactions		
Male gender and congestive heart failure	−0.6899	0.5
Male gender and ST elevation	**−0.5157**	**0.6**
Male gender and white race	0.5206	1.7

표 11.1에서 굵게 표시된 항목은 통계적으로 의미 있는 변수들인데 male gender * ST elevation의 product는 통계적으로 의미 있는 교호작용이었다. ST elevation이 있는 남성의 true risk를 알기 위해서 interaction term을 포함시켜야 하는데 여기서 ST elevation이 있는 남성의 interaction term의 odds ratio는 0.6이었다. 즉, interaction term을 포함시켰을 때의 risk는 0.6으로 multiplicative인 13보다 훨씬 작다. 그래서 교호작용수치를 각각 male gender with ST elevation(1.6 * 8.1 * 0.6 = 7.8)과 female gender with ST elevation(1.0 * 8.1 * 1.0 = 8.1)에 대해 적용해 보면 7.8과 8.1로 큰 차이가 없다. Product term의

회귀계수가 negative로 나오면 overall risk는 낮아진다는 사실을 알 수 있을 것이다. 그러면 위에서 다룬 내용이 전체적으로 의미하는 내용은 무엇일까? 모형적으로 보면 gender and ST elevation에 대한 interaction term을 모형에 포함시키지 않았다면 당신의 연구모형은 additive assumption을 충분히 이행하지 못했기 때문에 잘못 기술되었다는 것을 의미한다.

"그러면 ST elevation이 있는 남성과 ST elevation이 있는 여성의 heart risk가 비슷하다면 ST elevation이 있는 남성이 ST elevation이 있는 여성보다 의미있게 heart attack의 risk가 높다는 것을 추정할 때 왜 모형은 interaction term 없이 추정할까?"라고 의문을 가질 수 있다. 그 이유는 gender나 ST elevation 각 변수는 오직 1개의 회귀계수만을 가지기 때문이다. 그러므로 전체적으로 sample에 대해 가장 좋은 회귀계수는 독립변수에 의해 정의된 대상자의 각 sub-group에 대한 회귀계수로는 좋지 않다.

변수가 additive assumption을 이행하는지 평가할 때 조합이 가능한 interaction term이 많을 경우가 흔히 있는데 이때 매우 혼란스러울 수 있다. 예를 들면 단지 10개의 변수가 있는데 가능한 two way interaction이 45개 있는 경우이다. 그리고 변수 3개의 product인 three way interaction도 가능한 경우에는 더욱더 어려워진다. 가능한 product term을 줄이려고 하면 자료가 중요한 교호작용을 포함하고 있는 경우 알 수 있는 방법은 없다.

Interaction term이 필요한지 알 수 있는 단서는 임상적으로 생각해서 자신이 생각하고 있는 변수가 outcome variable의 outcome에 중요한 영향을 미치는지 아닌지를 보는 것이다. 어떤 특수한 상태에서만 변수가 의미 있는 경우도 있지 않을까? 다른 단서로는 자신의 자료가 자신의 통계적 모형의 가정을 얼마나 잘 적합하고 있는지를 분석할 때 알 수 있다는 것이다. 예를 들면 standardized residual이 normal probability plot 위에서 직선이 아니든지 또는 logistic regression residuals가 특별히 큰 값을 가지는 경우 그 이유는 교호작용이 있기 때문일 것이다.

교호작용은 이렇게 발견하기도 어렵지만 또 다른 문제도 가지고 있는데 통계적으로 의미 있는 교호작용이 임상적으로 해석이 어려운 경우이다. 또한 많은 교호작용을 검정하면 적어도 그 중에 하나는 통계적으로 의미 있는 경우가 많다. 이런 경우 중요한 교호작용이라고 할 수 있을까? 여기서 보면 교호작용을 검정하는 것은 하위집단으로 나누어 분석(sub-group analysis)을 수행하는 것과 비슷하다고 볼 수 있다. 전체적으로 표본에서 새로운 약제는 placebo에 비해 효과가 없다고 연구결과가 나왔다고 하자. 그런데 연구자가 10개의 하위집단으로 다시 나누어서 분석했더니 전체적으로는 효과가 없었던 약제가 어느 한 집단(예를 들면 당뇨가 있고 고혈압이 있는 여성집단)에서는 약물이 효과가 있었다고 하자. 이런 경우 당뇨가 있고 고혈압이 있는 여성집단에서는 약물이 효과가 있다고 할 수 있을까?

일반적으로 이 약제가 당뇨가 있고 고혈압이 있는 여성에서만 약물이 효과가 있다는 증거가 없고 또한 연구자가 그래서 하위집단으로 나누어 분석을 계획하고 실험을 하지 않는 한 이것은 우연에 의해서 약제가 당뇨가 있고 고혈압이 있는 여성집단에서 약물이 효과가 있었다고 결론지을 수 있다. 즉, 어떤 하위집단에서는 약물이 위약보다 잘 들을 수 있고 다른 하위집단에서는 위약보다 안 들을 수도 있다는 의미이다. 그러나 전체적으로 효과는 없다는 의미이다. 이같이 10개의 product term을 검정할 때도 같은 이치이다. 주 효과는 없지만 9개의 product term은 의미가 없다고 나오고 1개는 의미가 있다고 나왔다고 전체적으로 약물이 특별한 경우에 효과가 있다고 결론을 내리면 안 된다.

이런 문제 때문에 많은 임상연구자들은 교호작용에 대해 검정을 전혀 하지 않는다. 반면에 역학적 논문에서 모든 가능한 2-way interaction을 평가하는 것은 매우 흔하다. 방법론적으로 정당한 것은 product term이 통계적으로 의미있다면 이것은 모형의 통계적인 질을 향상시킨다는 것이다. 그러나 이런 전략을 의학논문에서 항상 추구하기는 어렵다. 왜냐하면 product terms의 범위 밖에 있는 임상적인 의미를 만들기가 어렵기 때문이다.

여기서 권하는 사항은 이론적으로 중요한 교호작용에 대해서만 검정을 하라는 것이다. 즉, 위의 heart attack과 gender 그리고 ST elevation에서 추구한 전략처럼 말이다. 여기서 연구자는 gender 변수를 포함해서 모든 가능한 교호작용을 조사하였는데 그 이유는 heart attack과 관련된 변수는 남자와 여자는 다르다는 것이 알려진 사실이었고 또한 이것이 이 연구에서의 주된 관심사였기 때문이다. 그러나 data set에서 모든 가능한 교호작용(e.g., age * race)을 평가한 것은 아니었다.

교호작용을 평가하는 데 어떤 전략을 적용하든 간에 논문을 읽는 독자에게 어떤 교호작용을 어떻게 검정했는지 알려 주는 것은 중요한 일이다. 자신이 선택한 어떤 전략에 따라 다르지만 다음과 같은 사항을 독자에게 알려 주어야 한다.

- tested all primary(second-degree) interactions or,
- tested specific interactions(and detailed them), or
- chose not to test any interaction

11.9 등간변수에서 additive assumption은 무엇을 의미하는가?

Interval scaled로 측정된 독립변수에서 additive assumption이 의미하는 것은 multiple independent variable에서 의미하는 것과 비슷하다. 다중 선형회귀분석 모형에서 결과변수의 평균치의 변화가 등간으로 측정된 독립변수의 단위당 변화로 모형을 세우게 된다. 로지스틱 회귀분석과 비례모형에서는 더욱더 복잡하다. Multiple independent variable에서도 interval-independent variable의 변화는 on a multiplicative scale이다. 숫자로 표시하면 혈압이 140에서 149 mmHg로 10mmHg 증가할 때마다 odds ratio나 relative risk가 1.4배 증가한다고 하면 140에서 159로 20 증가하면 odds ratio나 relative risk는 1.4 * 1.4 = 1.96이 된다는 의미이다.

등간변수의 선형의 가정을 평가하는 하나의 방법으로 그 변수를 범주화하여 측정된 척도의 등간성은 유지하면서 여러 개의 범주형 변수로 만들면 된다고 하였다. 이렇게 만들면 연속적인 회귀계수 사이에 차이가 있는지를 알 수 있다. 이 방법을 확장하면 다른 독립변수들을 모형에 포함시킬 수 있고 그래서 다른 공변량을 통계적으로 보정하여 등간으로 측정된 독립변수가 additive assumption을 잘 적합하는지를 평가할 수 있다.

11.10 비례가정(proportionality assumption)이란 무엇인가?

비례가정이란 비례위험모형에만 관련된 사항으로 다른 양상의 공변량을 가지고 있는 사람의 hazards는 시간이 지나도 일정하다는 것이다. 달리 말하면 연구 기간 1년째에 당뇨병이 있는 대상자에서 심장발작의 relative hazards가 당뇨병이 없는 대상자의 3배라고 했으면, 연구기간 2년째에도 당뇨병이 있는 대상자에서 심장발작의 relative hazards가 당뇨병이 없는 대상자의 3배(꼭 3배가 아니고 약 3배라는 의미)이어야 한다는 의미이다. 사실은 심장발작의 hazard는 첫 해보다는 두 번째 해에 더 높을 가능성이 많다. 심장발작의 hazard는 첫 해와 두 번째 해에 틀려도 당뇨병이 있는 대상자와 당뇨병이 없는 대상자의 hazards의 차이는 연구기간 내내 일정하다는 것이다.

다중 선형회귀분석이나 로지스틱 회귀분석같이 비례위험분석에서도 각 변수에 대해 회귀계수, relative hazards 등을 도출해 준다. 만약에 특정한 변수와 관계있는 risk of outcome이 one point in time에서 높거나 다른 point time에서 낮으면 회귀계수는 연관성을 나타낼 수가 없다.

예를 들면 그림 11.2를 보면 백혈병 환자에서의 사망의 위험도는 시간이 지남에 따라 일정하지 않다.

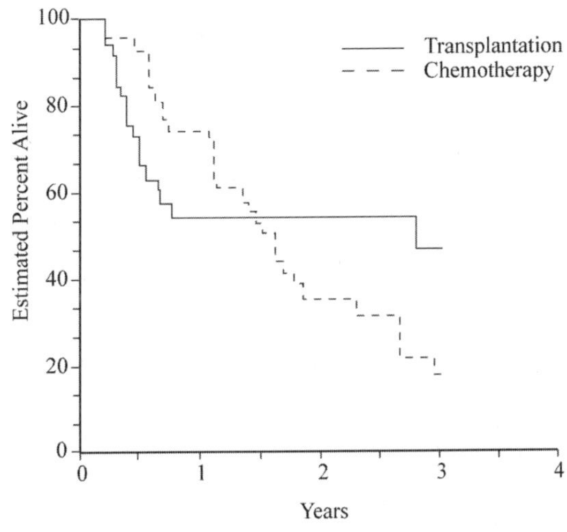

그림 11.2 Kaplan-Meier curve show the estimated probability of survival for the chemotherapy group and the transplantation group

즉, 골수이식을 받은 환자는 연구 전반기에서는 더 많이 사망했지만 그 이후로는 항암제 치료를 받은 환자보다 위험도는 더 낮아졌다. 만약 사망에 대한 골수이식의 효과를 분석하기 위해 비례위험모형을 이용한다면 relative hazards는 같지 않을 것이다. 처음 1년간에는 골수이식에서 위험도가 높고, 1년 반에서는 같고, 1년 반에서 3년 사이에서는 위험도가 낮아져서 결국 relative hazards는 평균치가 될 것이다. 이것을 보고 임상의사가 백혈병이 있는 환자에게 골수 이식이나 항암치료나 생존율에 차이가 없다고 말하고 싶지는 않을 것이다. 이 그림은 골수이식으로 많은 수의 환자가 초반에 사망한 것은 골수이식 치료의 합병증이 처음에 높아 감염 등으로 사망률이 높다는 정보를 제공하고 있는 그림이다. 그러나 초반에 합병증이 적게 생겼거나 골수이식이 성공적으로 이루어지면 나중에 갈수록 항암제 치료보다는 생존율이 의미 있게 높다는 것을 의미한다.

어떤 연구자는 비례가정을 자신의 연구에 중요한 영향을 주는 주효과(main effect)만을 검정할 수도 있다(즉, treatment versus no treatment). 그러나 잠재적인 혼란변수가 비례가정에 맞지 않으면 분석에서 잠재적인 혼란변수를 적당하게 보정할 수 없게 될 것이다. 이런 이유로 단지 주효과만 연구의 비례가정에 맞는지 검정하는 것이 아니고 모든 변수가 비례가정에 맞는지 검정을 해야 한다.

11.11 비례위험분석에서 비례가정(proportionality assumption)을 확인하는 방법은?

비례가정에 맞는지를 확인하는 첫 번째 방법은 하나의 특정 독립변수로 Kaplan-Meier 생존곡선을 그려서 생존율의 차이를 보는 것이다. 즉, 치료방법을 나타내는 변수를 factor로 지정해서 생존곡선을 그려서 두 개의 곡선 사이의 차이가 점차적으로 증가하면 비례가정이 맞는 것이다. 반대로 두 개의 곡선이 서로 교차하거나 만나면 비례가정에 위배된 것이다(그림 11.2). 그림 11.2의 Kaplan-Meier 곡선에서 관찰 1년 반 기간에서 두 개의 곡선이 서로 교차되어 있어 비례가정에 위배됨을 보여 주고 있다.

비례가정을 평가하는 좀더 정교하고 복잡한 두 번째 방법은 그래프로 log minus log survival plot(그림 11.3)을 그려서 평가하는 방법이다. Log minus log survival이란 survival function의 값에 log를 취한 후 다시 minus(−)를 취한 후 다시 log를 취해서 나온 값을 말한다.

그래프를 그리는 방법인 log minus log survival plot(LML plot)에서 두 곡선 사이에 일정하게 수직하게 차이가 있으면 어떤 특정한 예측변수에서 다른 수치를 가지는 대상자의 hazards가 시간이 지남에 따라 일정하다는 것을 의미한다.

즉, 비례가정을 만족한다고 할 수 있다. LML survival plot의 좋은 점은 이 plot은 비례위험분석이 절대위험도(absolute risks)에 대해서는 가정을 하지 않고 예시하고 있는 점이다. 즉, 곡선의 변하는 방향이나 곡선의 기울기에 대해서는 가정을 하지 않는다. 곡선은 증가할 수도 있고 다시 감소할 수도 있다. 곡선의 기울기도 마찬가지이다. 비례위험분석 모형은 hazards가 변함에 따라 두 곡선 사이의 거리가 거의 같아야 된다는 가정만 있다. 그러나 두 곡선의 거리가 완전히 똑같을 필요는 없다. 어느 정도만 거리가 같으면 비례가정에 맞는 것이다. 생존자료의 특성상 연구기간 후반으로 갈수록 보통 관찰 대상자의 수는 감소하게 되어 있고, 두 LML곡선은 좀더 합쳐지거나 혹은 반대로 좀더 벌어질 가능성이 높아진다.

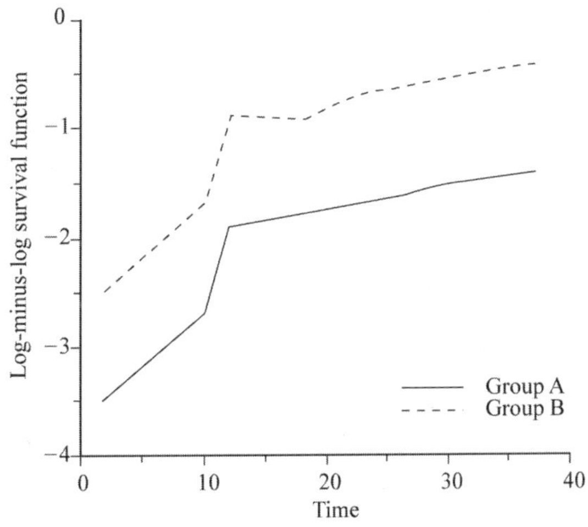

그림 11.3 Log minus log survival plot showing a constant difference between groups. (J. Gen. Intern. Med. 1993; 8 : 702-711)

LML survival plot의 단점은 Kaplan-Meier 방법으로 비례가정을 평가하는 곡선과 같이 오직 한 개의 독립변수에 대해서만 비례가정을 만족하는지 평가할 수 있다는 점이다. 두 개 이상의 독립변수를 동시에 투입하여 비례가정을 평가할 수는 없다. 이때는 time dependent covariate를 이용하면 된다.

비례가정을 평가할 수 있는 세 번째 방법은 time dependent covariate를 새로 만들어서 만든 공변량을 예측변수로 투입하여 Cox회귀를 하는 방법이다.

즉, time dependent covariate와 비례가정을 평가하고자 하는 예측변수와 interaction term을 만든 후 비례위험모형에 추가해서 relative hazards가 시간이 지남에 따라서 변하게 해주는 방법이 있다. Time-dependent covariates를 만들어서 log relative hazards가 시간과 선형(linearity)의 관계를 가지게 변화시키거나, 혹은 logarithm of time과 선형의 관계를 가지게 변화시키게 한다. 비례가정에 맞으면 interaction term의 hazards ratio는 거의 1.0에 가까운 값을 가지게 되고(즉, time dependent 하지 않다는 것을 의미) 통계적으로 의미가 없게 된다. 만약 odds ratio가 1.0과 의미 있게 차이가 있으면 독립변수의 효과가 시간이 지남에 따라 변하는 것이고 이것은 비례가정에 위배되는 것이다.

Time-dependent covariate의 장점은 연구자가 1개 이상의 term을 만들고 동시에 여러 개의(표본의 크기에 비해서 많은 변수가 있을 수도 있다) 독립변수가 비례 가정에 맞는지를 동시에 평가할 수 있다는 점이다. 그러나 표본의 크기가 작은 경우에는 표본의 수에 비해 많은 변수가 있으므로 동시에 모든 변수를 모형에 투입할 수가 없게 된다. 이런 경우 각각의 product term을 개별적으로 다른 변수에 추가하여 product term이 모형에서 다른 변수를 보정하고 의미 있는지를 판정할 수 있게 된다. Time-dependent covariate의 가장 문제가 되는 단점은 표본의 크기가 정말로 큰 경우에는, time interaction term이 너무 민감해져서 그래프로 검정한 그림에서는 비례가정에 위배되지도 않았는데도 time-dependent covariate로는 통계적으로 의미 있는 term으로 나와 비례가정에 위배된다고 나오는 점이다.

비례가정을 평가하는 네 번째 방법은 처음 X time unit에 하나의 값을 취하고 다음 Y time unit에 다른 값을 취해서(계속 이런 방법으로) 시간에 따라 relative hazards가 변하는 연구자의 자신의 모형을 구축하는 경우도 있다. 이 방법은 interval-dependent variable(이 경우는 시간)을 범주형 변수로 변환하는 것과 유사하다. 이런 식으로 접근하면, 어느 기간 사이에 relative hazard가 통계적으로 다른지를 검정할 수 있다.

예를 들면 AIDS환자에서 사회경제적 상태가 생존에 영향을 미치는지 알아보기 위하여(Am. J. Epidemiol. 1998; 148 : 282-291) 연구자들은 log minus log survival curve를 사용하여 proportionality의 가정을 검정하였다. 대부분의 곡선이 조건을 만족하는 것으로 보였으나, initial AIDS diagnosis of cryptosporidiosis 라는 하나의 공변량이 비례가정에 위배되는 것으로 의심되었다. 그러나 확실하지 않았기 때문에 이것을 검정하기 위해 한 개의 변수인 cryptosporidiosis(예 / 아니오) 대신에 두 개의 공변량을 새로 만들었다. 즉, cryptosporidiosis in the 1st of study time(예 / 아니오)라는 변수와 cryptosporidiosis in the 2nd of study time(예 / 아니오) 이렇게 2개의 변수를 새로 만들었으며, time period에 대한 기준절단값은 log-minus-log survival plot을 기초로(즉, plot에서 relative hazards가 변하는 것같이 보이는 시점) 선택하였다.

비례위험분석을 이용하면 우리는 두 개의 변수가 다른 하나와 의미 있게 다른지 검정할 수 있다. P-value는 0.07로 marginally significant하였고 이 값은 일반적으로 허용되는 $p < 0.05$보다는 컸지만, $p < 0.2$면 시간이 지남에 따라 위험도가 중요하게 변하고 있다는 것을 의미한다고 할 수 있다. 그러나 cryptosporidiosis(예 / 아니오)라는 변수는 우리가 보고자 하는 주요 변수가 아니었다. 우리는 사회경제학적 상태와 생존율에 관한 관계를 찾고 있었다. 우리의 목표는 사회경제학적 상태와 AIDS 생존율 사이를 confounding하는 'AIDS 진단'이라는 변수를 적당하게 보정하는 것이었다. 우리의 연구에서 이런 비례가정으로부터 위반되는 것이 얼마나 중요한지 알 수가 없었기 때문에, 하나의 공변량 대신 두 개의 time period 변수를 새로 만들어서 이것을 포함시켜 비례위험모형이 중요한 방법으로 다른 회귀계수를 변하게 하는지를 검정한 것이다. 결과는 변하게 하지 않았고 우리는 cryptosporidiosis(예 / 아니오)라는 변수만 보정하고 간단한 모형을 발표하기로 결정하였다. 물론 논문의 '방법' 항목에는 이런 사항을 전부 기술하였다. 우리 연구의 초점이 "어떻게 cryptosporidiosis가 AIDS 생존에 영향을 미치는가? and / or 2개의 공변량이 우리의 다른 변수들의 회귀계수를 변하게 하는가?"이었다면 우리는 time period variable을 마지막 모형에 포함해서 분석을 했을 것이다.

11.12 연구자의 자료가 비례가정에 맞지 않다고 생각될 때는 어떻게 할까?

이럴 경우 해볼 수 있는 방법이 있다. 첫째는 odds가 비례적인 어느 한 기간으로 자료의 관찰한 기간을 나누어서 분석하는 방법이다. 이렇게 하면 odds가 비례적인 구간의 수만큼 비례위험분석을 해야 한다. 결과변수와 관계있는

인자들의 odds가 비례적인 구간에서 다를 수 있다(즉, 관찰 처음 3개월에서 심장발작을 추정하는 모형에서는 당뇨병의 유무가 higher risk였고, 2번째 3개월에서는 심장발작을 추정하는 모형에서는 당뇨병의 유무가 lower risk였다는 식으로 결과가 나올 수 있다).

두 번째 전략은 층화비례모형분석(stratified proportional analysis)을 해보는 것이다. 즉, 비례가정에 맞지 않는 변수들로 연구대상자를 층화해서 분석하는 것이다. 각 stratum은 자기 자신의 baseline hazards를 가지고 있다. 그러므로 각 stratum은 다른 strata와 시간이 지남에 따라 변하는 요소(component)를 가지게 된다. 그러나 이 방법은 층화변수의 결과변수에 대한 효과는 평가할 수 없다. 또한 층화를 하면 비례가정에 맞지 않은 변수의 수가 많을 경우에는 복잡해지고 귀찮게 된다.

세 번째 전략은 비례위험분석을 로지스틱 회귀분석으로 바꾸어서 분석을 하는 것이다. 로지스틱 회귀분석 모형에서는 사건이 발생할 때까지 걸리는 시간(time to event)은 고려하지 않기 때문에, 위험도는 시간이 지남에 따라 비례할 필요가 없다. Section 9.5에서 언급했듯이 뉴욕시의 AIDS 환자의 생존율을 연구하는 경우에, 연구자는 자신들의 자료가 비례가정에 심각하게 위반을 했고, 층화분석을 이용하여 개선을 하려고 했으나 불가능하여 결국 비례위험분석에서 로지스틱 회귀분석으로 분석방법을 변경하였다. 연구자는 "15개월 혹은 15개월 이상 생존했는가(예/아니오)?"라는 이분형 결과변수를 새로 만들었다. 이 결과변수를 종속변수로 로지스틱 회귀분석을 한 결과 survival at 15th months에 영향을 주는 많은 변수들을 찾을 수 있었다. 이렇게 하면 비례가정을 위반하는 것을 피할 수는 있다. 그러나 문제점은 그들의 연구결과가 outcome을 선택한 cut-off value(즉, 15th months 생존 혹은 그 이상 생존을 하였는가로 cut-off value를 정함)에 따라 틀려진다는 것이다. Cut-off value를 6th months나 24th months로 더 길게 했으면 생존에 의미 있게 영향을 주는 독립변수는 달라질 수 있다. 이런 문제점은 연구의 주제가 "어떤 요인이 생존율에 영향을 미치는가?"라는 경우에는 이 방법으로는 문제를 해결하기 어렵고 "15^{th}개월에 생존율에 영향을 미치는 요인은 무엇인가?"라는 연구주제에서는 문제가 안 될 수도 있다. 또한 15^{th}개월이 되기 전에 추적조사에서 탈락한 대상자는 또한 분석에서 제외가 되어야 한다. 이런 문제점에도 불구하고 연구자들은 비례가정을 증명하고 분석을 통계적인 가정에 맞게 고치기 위해서 이 방법을 선택한 것은 칭찬할 만하다.

많은 저자들이 비례가정을 평가한 방법이나 가정을 만족했는지 안 했는지에 대한 보고를 하지 않고 있는데 위와 같이 꼭 보고를 해야 한다.

네 번째 방법은, 아마도 가장 좋은 방법으로 생각되는데, 비례위험모형에서 relative hazards가 시간에 따라 변한다는 점을 인정함으로써 비례가정이 결여된 것을 설명해 주는 전략이다. Section 11.11에서 설명한 바와 같이 relative hazard가 기간에 따라 변한다는 모형을 구축해서 완성시킬 수 있다. 또 독립변수를 polynomial transformation 같은 방법으로 자료를 변화시킨 후 비례모형에 맞도록 해보는 방법도 있으나 이 모형의 설정은 복잡하기 때문에 통계전문가의 도움이 필요할 것이다.

다섯 번째 전략은 non-proportional hazard models을 이용하는 것이다. 여기에는 competing risks model, recurrent event models, models for related observations 등이 있다. Non-proportional hazards 모형에 대한 설명은 이 책의 범위를 벗어나므로 생략하고 『생존자료의 분석(송경일 저)』 책을 참고하기 바란다.

결론적으로 위의 어떤 전략을 사용하든지 간에 비례모형이 가정에 대해서 연구자의 자료가 위반을 하였으면 이것을 어떻게 평가했고 어떤 방법으로 이 위반된 가정을 맞게 수정해서 비례위험모형을 이용하였는지 독자에게 꼭 알려 줘야 한다는 점이 중요하다.

Chapter 12

Propensity score

12.1 성향점수(propensity score)란?

성향점수의 개념은 1983년 Rosenbaum과 Rubin에 의해 처음 소개되었고 한 개체가 특별한 처치(treatment)를 한 집단에 속할 likelihood를 계산한 것으로 집단의 회원(group membership)이 되는데 영향을 주는 독립변수에 대한 개체의 조건부 확률이라고 할 수 있다.

성향점수는 서로 다른 처치를 받은 집단 사이가 무작위로 할당이 이루어지지 않은 경우, 즉 nonrandomized group 사이의 기저 특성의 차이(baseline characteristic difference)를 통계적으로 보정하기 위해 사용되는 방법이다.

성향점수를 계산하기 위해서는 인구학적, 질병의 심한 정도, 그리고 처치를 받는 시스템의 특성(즉, 의사의 전문과목, 병원 등)을 포함한 treatment membership에 영향을 주는 변수를 지정해야 한다. 이 변수들을 모형(주로 로지스틱 모형)에 투입하여 treatment group membership의 likelihood를 추정하게 된다. 이 모형으로 각 개인의 score를 산출한다.

12.2 성향점수의 이용

계산된 성향점수는 다음과 같이 이용될 수 있다. 즉, 다변수모형의 안에 각 개인의 성향점수를 독립변수로 투입을 할 수 있다. 또는 이 성향점수를 다른 treatment assignment를 갖는 대상을 개인적으로 짝짓기(individually matching)

위해 사용한다. 마지막으로 성향점수의 오분위수(quintiles) 범위 안에서 결과의 likelihood를 평가할 수 있다. 위의 세 가지는 모두 집단 간에 존재하는 기저 특성의 차이를 보정하는 방법에 해당되며 독립변수로 사용하는 것은 다변수모형, 개인적 짝짓기 방법은 짝짓기(match) 그리고 세 번째 방법은 층화에 해당되는 것이다.

짝짓기와 층화된 자료는 다변수분석을 이용해 분석하면 무작위로 할당되지 않은 집단 사이의 기저 특성의 차이를 보정할 수 있는데 왜 복잡한 성향점수가 필요할까? 성향점수를 계산하기 위해 사용된 변수를 단순하게 다변수분석 모형에 투입하지 않는 이유는 무엇일까?

성향점수는 잠재적인 혼란변수를 포함한 변수를 다변수분석 모형에 투입하는 것보다 기저 특성의 차이를 보정하는 데 좀더 좋은 방법이기 때문이다. 특히 결과 발생이 적어 처치집단(treatment groups)에 속하는 대상자가 상대적으로 같을 때는 더 기저 특성의 차이를 보정하는 데 좋은 방법이다. 결과의 발생이 적으면 흔히 분석과정에서 결과변수를 추정하는 데 모든 잠재적인 혼란변수를 포함시키기 위해 필요한 충분한 표본 수를 가지기 어렵게 된다. 중요한 변수를 빠뜨리면 모형을 올바로 특정화할 수 없다. 달리 말하면 다변수분석에 너무 많은 변수를 투입하면 신뢰할 수 없는 모형이 되기 쉽다. 그러나 집단 사이의 대상자의 수가 상대적으로 비슷하다고 가정을 하면, 연구자는 group assignment를 추정할 수 있는 모든 예후변수를 사용하기에 충분한 표본의 크기를 가지게 되는 것이다.

성향점수는 중환자실의 critically ill patient에서 right side heart catheterization이 유용성을 증명하는 데 중요한 역할을 하였다. 이 시술은 심장 오른쪽으로 Swan-Ganz catheter를 삽입하고 심장을 직접적으로 모니터링하는 방법이다. 이 시술은 이 방법의 효능을 입증해 주는 어떤 연구결과도 없이 1970년도에 널리 사용되었다. 많은 임상의사들이 자신의 환자를 치료하고 환자상태를 모니터하는데 이 시술은 많은 정보를 주었고 또한 치료에 있어서도 확실한 표준이 되었다. 그런데 어떤 연구결과에서 이 시술을 받았던 환자들에서 높은 사망률을 발견했다고 보고했을 때, 이 시술과 사망과의 관계에 대한 타당성이 의문시되었다. 왜냐하면 그 연구가 randomized한 것이 아니었기 때문이다. 특히 이 시술을 받은 환자들은 시술을 받지 않은 사람보다 더 안전했다. 이런 결과는 observation trial의 결과로 혼동되었다. 즉, 이 시술은 실제로는 환자가 가지고 있는 잠재적인 질병에 의해 더 사망의 확률이 높은 것이었는데, 시술에 의해 right side heart catheterization을 받은 환자가 더 많이 사망한 것같이 결과가 나타난 것이다. 즉, randomization을 하지 않았고 observation trial을 하면 실제로는 환자상태가 나빠서 환자의 사망률이 높은 것인데 시술 때문에 사망률이 높다고 해석할 수 있다는 것이다. 이러한 관계는 그림 12.1에서 설명될 수 있다.

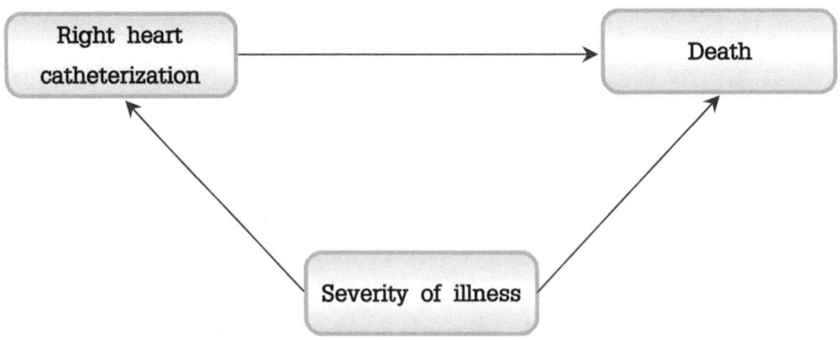

그림 12.1 Relationships among right catheterization, severity of illness, and death

이런 문제를 확실하게 규명하기 위해 randomized controlled trial이 시도되었지만 의사들이 자신의 환자를 randomized하기를 원치 않았기 때문에 연구는 종료되었다. 임상의사들은 right side heart catheterization이 유익하다고 믿고 있었다. 그러므로 의사들은 그들의 환자에게 이 시술을 어떻게 거부하겠는가?

Randomization을 할 수 없으므로, Connors는 5,735명의 critically ill patients를 대상으로 nonrandomized study를 수행한 후 다중 로지스틱 회귀분석을 이용하여 right side heart catheterization을 받은 환자의 성향점수를 개발했다 (Amm. Intern. Med.1997; 127 : 757-763). 이 중 38%인 2,184명이 right side heart catheterization을 받았고 62%인 3,551명은 시술을 받지 않았다. 이 시술을 받고 안 받고의 결정은 무작위로 결정된 것이 아니기 때문에, 연구자들은 각 환자가 right side heart catheterization을 받을 likelihood를 평가하기 위해서 성향점수를 계산하였다. 그러기 위해 7명의 전문가 집단에게 right side heart catheterization의 삽입 유무에 결정을 주리라고 예상되는 변수를 특정화하게 했다. 그래서 65개 이상의 변수를 추출했고 이 변수들을 로지스틱 회귀분석을 이용해서 입원 후 24시간 이내에 right side catheterization의 outcome을 추정하였다. 비례위험분석에서 right side heart catheterization의 성향점수를 보정했을 때 환자들은 right side heart catheterization로 치료를 받은 집단에서 입원 30일째 사망위험이 증가했다(OR = 1.21; 95% CI 1.09－1.25).

그들의 연구결과를 강화하기 위해 연구자들은 또한 성향점수를 matched analysis를 하는 데도 이용하였다. 질병의 종류와 성향점수에 의해 right side heart catheterization을 받은 집단과 받지 않은 집단을 match했다. 환자를 가장 성향점수와 밀접한(within 0.03 on a scale of 0 to 1) 환자와 match하였다. 이 결과 1,008pairs가 생겼다(2,184명 전부가 match된 것은 아니다). 30일째 생존할 가능성은 right side heart catheterization을 받지 않은 집단(67.2)이 받은 집단에(62.5) 비해 높았다(odds ratio = 1.24, 95% CI 1.03－1.49).

이들 연구의 하나의 ironic한 점은 right side heart catheterization의 사용에 대한 불확실성을 임상의사들에게 알게 해 주었고, 결국 2003년 randomized controlled trial에서 right side heart catheterization은 high risk surgical patient에도 이득이 없고 catheter group에서 pulmonary embolism의 위험도가 증가된다는 것이 발표되었다(N. Engl. J. Med 348 : 5-14, 2003).

성향점수의 한계점은 모든 형태의 다변수분석에서 보정하는 데 발생하는 한계점과 같다. 즉, 성향점수는 오직 측정된 혼란변수만 보정을 할 수 있다.

비록 모르는 혼란변수를 보정할 수는 없어도 얼마나 큰 그런 모르는 혼란변수가 분석결과에 영향을 주는지는 평가할 수 있다. Right-heart catheterization study에서 연구자들은 sensitivity analysis를 이용하여 모르거나 파악이 안 된 변수들이 결과에 미치는 영향을 추정하였다.

성향점수가 baseline difference를 효과적으로 보정하려면 group assignment를 추정하기 위해 사용하고 있는 독립변수에 대해 treatment groups 사이에 충분한 overlap이 있어야 한다. 성향점수를 보면 이 overlap을 평가할 수 있다. 위의 연구에서 이 시술을 받은 환자들의 평균 성향점수는 0.577(95% CI 0.108-0.943)인 반면 받지 않은 환자들의 평균 성향점수는 0.253(95% CI 0.011-0.779)이었다.

Overlap을 평가할 수 있는 다른 방법은 quintiles로 집단을 층화하는 것이다. 다음에 quintiles 안에서 score를 만들기 위해 사용된 독립변수를 비교하는 것이다. Overlap되어 있다면 독립변수의 분포가 비슷한 것을 발견할 수 있을 것이다(즉, 나이가 성향점수를 만들기 위해 사용된 하나의 변수라면 각 quintiles 안에서 대상자의 나이는 비슷할 것이다). 다변수분석에서도 혼란변수를 적절히 보정하기 위해서는 다른 집단 혹은 outcome에 충분한 혼란변수의 overlap이 있어야 한다. 예를 들면 모든 흡연자는 A집단에 속하게 하고 모든 비흡연자는 B집단에 속하게 한다면 흡연이라는 변수를 보정해도 흡연에 의해 발생되는 confounding은 제거할 수 없게 된다.

예를 들면 right-heart catheterization study에서 성향점수의 quintiles 안에서 이 시술을 받은 집단과 받지 않은 집단 사이에 병의 중증도, 평균혈압, 심장박동수, 호흡수, pH, PaO_2 / FIO_2, $PaCO_2$, 질병의 범주 혹은 예후 등에 대해 차이가 없었다.

이런 한계점이 있음에도 불구하고 처치(treatment) 혹은 중재(intervention)가 있는 nonrandomized study에서 성향점수는 대상자의 기저특성의 차이를 보정하는 데 좋은 방법으로 이용될 수 있는 방법이다.

Chapter 13

SPSS를 이용한 다변수 분석의 적용

13.1 Multiple linear regression(다중회귀분석)

실습에 사용될 예제는 가상적인 자료로 대상자의 나이(year), 성별(남자 = 0), 평균혈압(mmHg), 몸무게(Kg), 흡연의 유무(0 = No smoking) 그리고 인종(1 = Asian, 2 = White, 3 = Black)에 대한 자료(example3.sav)이다.

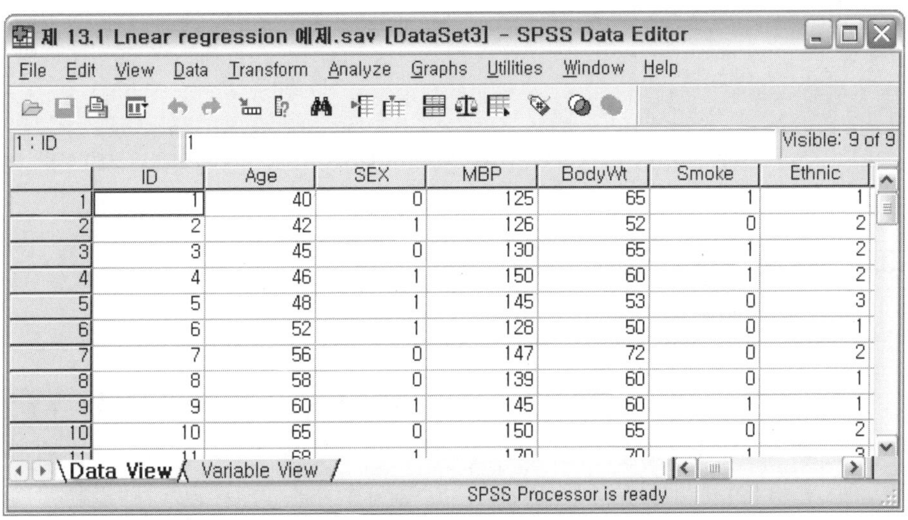

회귀분석(선형, 로지스틱, 비례위험 등등)의 목적은 1) Descriptive : 결과변수와 관심 있는 위험인자 사이의 관계의 정도를 형성하고, 2) Adjustment : 공변

량이나 confounder를 보정하고, 3) Predictors : 결과변수에 영향을 주는 중요한 위험인자를 결정하고, 4) Prediction : 새로운 대상자를 양적인 수치로 예측하는 데 있다.

본 예제의 관심은 "대상자의 나이로 연속형으로 측정된 '혈압'이라는 변수를 예측할 수 있는가?"이다. 먼저 linear regression을 하기 전에 두 변수와의 관계는 bivariate Pearson correlation = 0.582, p < 0.001이고 scatter plot을 보면 그림 13.1과 같이 양의 상관관계를 보이고 있다.

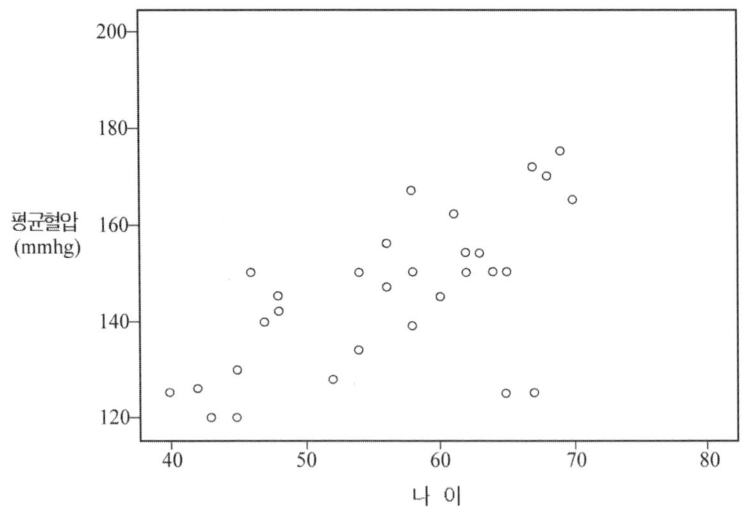

그림 13.1 Scatter plat of mean blood pressure versus age

13.1.1 Single linear Regression

먼저 예측변수가 한 개(age)인 simple linear regression은 1차 함수인 blood pressure = regression estimate(B) * age + constant(a) + error로 표현될 수 있다. 여기서 regression estimate인 B는 least square란 방법으로 추정되고, error는 나이가 똑같은 대상자가 같은 혈압수치를 가질 필요가 없는 상황에 대한 factor이다. 아무리 회귀식이 정확하다고 해서 완벽하게 만든 자료가 아닌 이상 추정된 회귀식은 예측변수로 결과변수를 정확하게 추정할 수 없는데 이것을 'error'라고 하는 것이다.

SPSS에서 multiple linear regression을 하려면 Analyze ▶ Regression ▶ Linear를 선택하고 나오는 plate에, Dependent : MBP, Independent : Age를 지정하고 OK를 클릭한다.

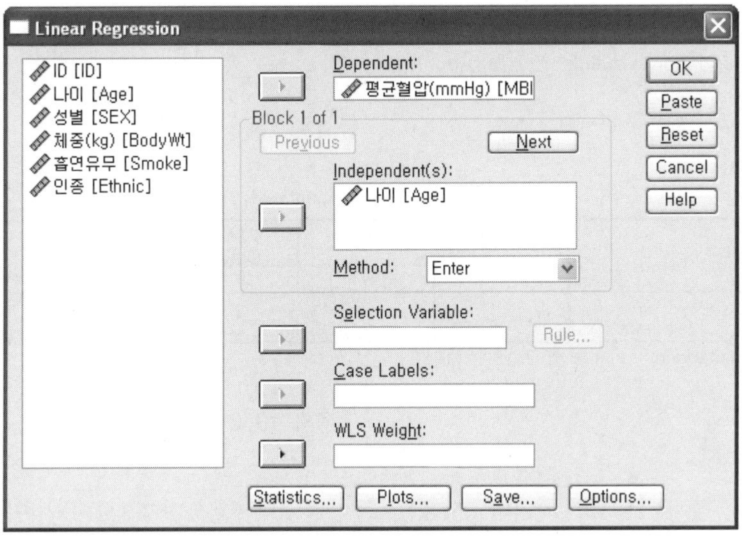

그림 13.2

Model Summary

Model	R	R Square	Adjusted R Square	Std. Error of the Estimate
1	.582[a]	.338	.317	12.972

a. Predictors: (Constant), 나이

결과 13.1

여기서 R은 Pearson correlation coefficient이고 R square = 0.582는 종속변수 평균혈압의 58.2%가 독립변수 age에 의해 설명된다는 것을 의미한다. 다음의 ANOVA표에서는 회귀분석 모형의 유용성을 보여주고 있다. 즉, 현재 모형에 투입한 독립변수의 회귀계수가 0이 아닌지(종속변수와 의미 있게 변하는지)를 검정하게 된다. 여기서 $p < 0.05$이므로 독립변수의 회귀계수는 0이라는 영가설을 기각한다. 만약 ANOVA table에서 $p > 0.05$의 결과가 나오면 독립변수와 종속변수는 서로 통계적으로 의미 있는 관계가 없는 것이다.

ANOVA [b]

Model		Sum of Squares	df	Mean Square	F	Sig.
1	Regression	2666.634	1	2666.634	15.847	.000[a]
	Residual	5216.335	31	168.269		
	Total	7882.970	32			

a. Predictors: (Constant), 나이

b. Dependent Variable: 평균혈압(mmHg)

결과 13.2

Coefficients [a]

Model		Unstandardized Coefficients		Standardized Coefficients	t	Sig.
		B	Std. Error	Beta		
1	(Constant)	86.350	14.980		5.764	.000
	나이	1.032	.259	.582	3.981	.000

a. Dependent Variable: 평균혈압(mmHg)

결과 13.3

결과 13.3의 coefficient표는 독립변수와 종속변수 사이의 양적인 관계를 보여준다. Blood pressure = regression estimate(B) * age + constant(a) + error식에서 나이 변수에 대한 B = 1.032, 그리고 a = constant = 86.35이다. 그러므로 Blood pressure = 1.032 * Age + 86.35의 1차 방정식으로 표현된다. 나이가 60세인 사람의 평균혈압은 = 1.032 * 60 + 86.35 = 148.27로 추정할 수 있다. 변수의 계수는 직선의 기울기이므로 위의 식에서 독립변수 나이가 1세 증가할 때마다 종속변수인 평균혈압은 1.032mmHg씩 증가한다고 할 수 있다($p < 0.001$). 상수 a는 age = 0일 때의 값이다. 만약 나이 50세를 기준으로 하고 싶으면 age 50 = age − 50으로 compute해서 age 50이라는 변수를 만들어서 회귀분석을 하면 된다. Age 50이라는 변수로 회귀분석을 해도 B값은 변하지 않는다. 독립변수가 1개일 때 Standardized coefficient beta는 Pearson correlation coefficient와 같은 값이다.

다음은 linear regression의 가정에 대한 것이다. 이 가정의 점검은 residual analysis로 한다. Linear regression 모형이 타당하려면 residual에 대한 3가지 중요한 가정인 1) outlier가 없어야 하고, 2) data point는 독립적이어야 하고, 3) residual의 분포는 평균 = 0인 정규분포를 하여야 하고 분산이 같아야 한다는 가정이 맞아야 한다.

13.1.1.1 Outlier의 점검

그림 13.2에서 Statistics……를 클릭하여 다음과 같이 Casewise diagnostics를 지정한다. 표준편차 3배(3 * SD)를 넘으면 outlier로 한다.

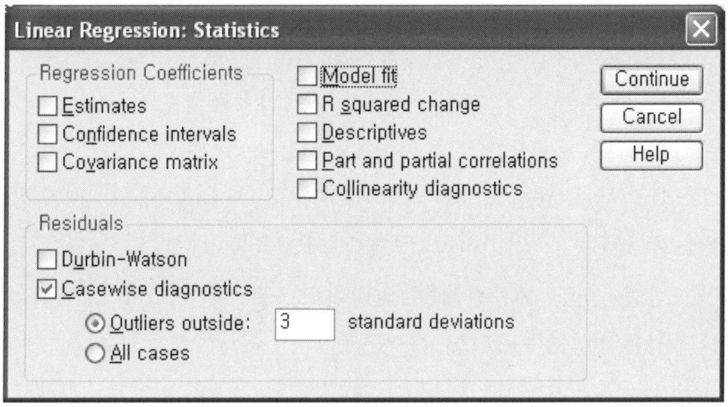

그림 13.3

Casewise diagnostics를 지정 후 추가로 나오는 결과는 다음과 같다.

Residuals Statistics [a]

	Minimum	Maximum	Mean	Std. Deviation	N
Predicted Value	127.63	158.59	145.30	9.129	33
Residual	-30.499	20.790	.000	12.768	33
Std. Predicted Value	-1.936	1.456	.000	1.000	33
Std. Residual	-2.351	1.603	.000	.984	33

a. Dependent Variable: 평균혈압(mmHg)

결과 13.4

결과 13.4에서 standard predicted value가 ±3을 넘지 않으면 outlier는 없다고 생각한다. 본 예에서 standard predicted value는 -1.9 – 1.45이므로 outlier는 없다고 할 수 있다.

13.1.1.2 Independence의 점검

그림 13.3에서 Durbin-Watson box를 클릭하여 회귀분석을 하면 다음의 결과가 도출된다. 맨 오른쪽에 Durbin-Watson 값이 나온다.

Model Summary [b]

Model	R	R Square	Adjusted R Square	Std. Error of the Estimate	Durbin-Watson
1	.582[a]	.338	.317	12.972	1.632

a. Predictors: (Constant), 나이

b. Dependent Variable: 평균혈압(mmHg)

결과 13.5

Durbin-Watson은 0−4의 범위이며 '2' 주위로 값이 나오면 data point가 독립적이라는 것을 의미하고, 0에 가까울수록 강한 양의 상관관계를, 4에 가까울수록 강한 음의 상관관계를 의미한다. 본 예의 Durbin-Watson = 1.632로 독립의 가정은 만족한다고 할 수 있다.

13.1.1.3 Residual의 normality의 점검

그림 13.2에서 Plot……을 선택하고 Histogram과 Normal probability plot을 선택하면 residual의 정규성을 검정할 수 있다.

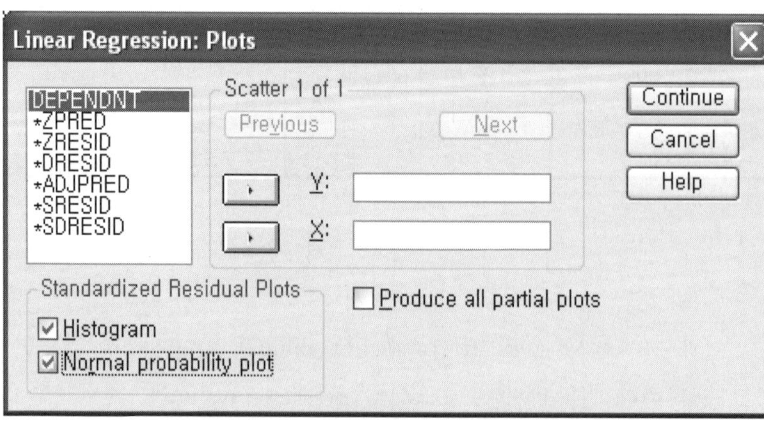

그림 13.4

다음은 결과이다.

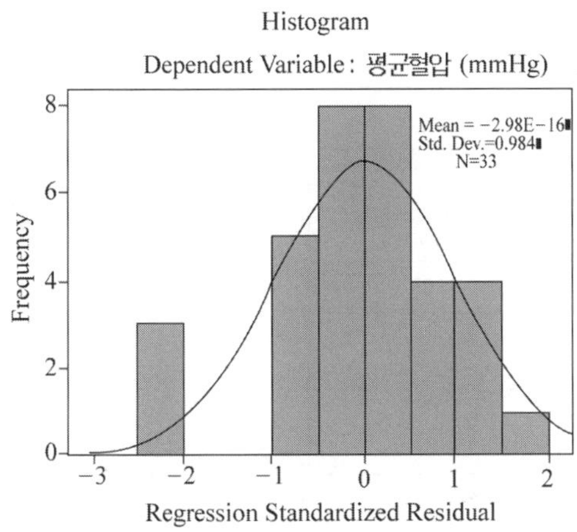

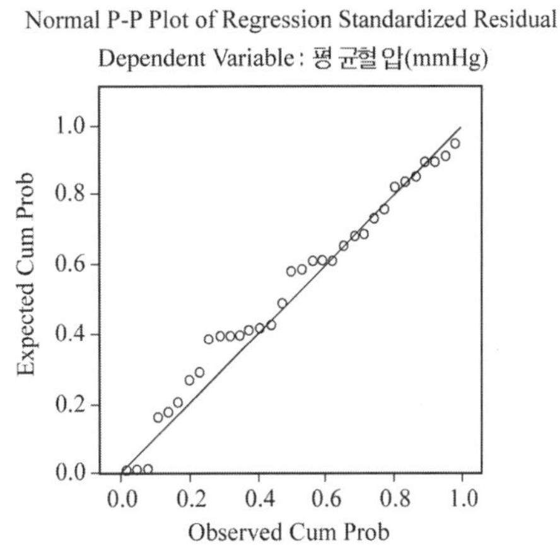

결과 13.6

결과 13.6을 보면 비교적 정규성의 가정을 만족하고 있다.

13.1.1.4 등분산의 가정에 대한 점검

그림 13.4에서 ZRESID(Regression standardized residual)을 Y : 에, ZPRED (Regression standardized predicted value)를 X : 에 지정하면 다음의 결과를 얻을 수 있다.

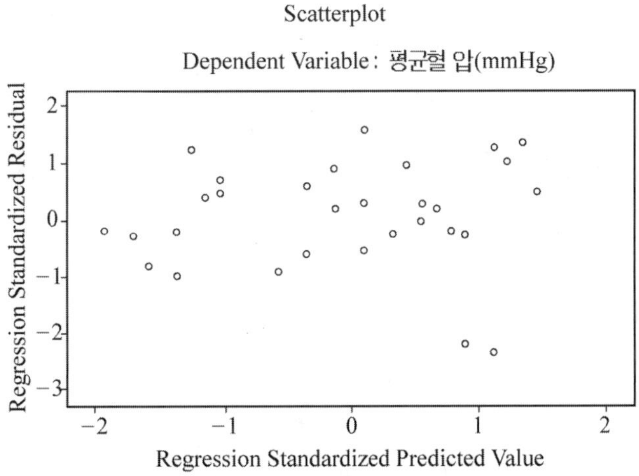

결과 13.7

Scatter plot에서 수평축과 수직축의 관계가 없이 무작위로 흩어져 있으면 등분산의 가정을 만족한다고 할 수 있다. 다음과 같은 경향을 보이면 등분산이 같다는 가정에 위반하는 것이다.

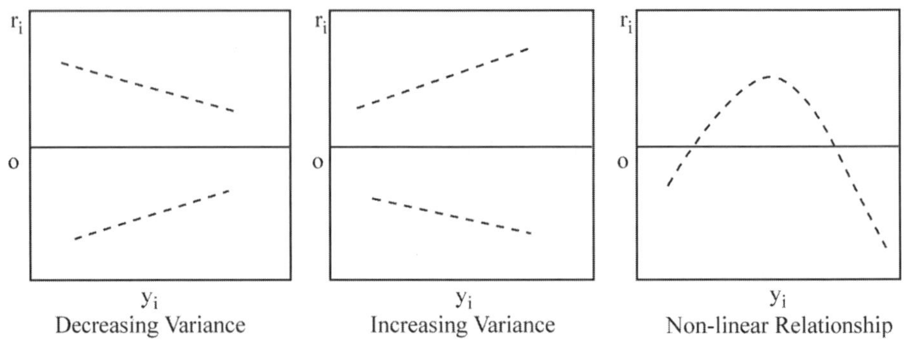

13.1.2 다중회귀분석(multiple linear regression)

독립변수를 두 개 이상 투입해서 회귀모형을 구축하는 것을 말한다. 본 예에서는 age 외에 smoke라는 이분형변수를 같이 투입해 보자. 그림 13.2에서 Independent : 에 smoke 변수를 지정하고 결과를 보면 다음과 같다.

Coefficients [a]

Model		Unstandardized Coefficients B	Unstandardized Coefficients Std. Error	Standardized Coefficients Beta	t	Sig.
1	(Constant)	90.523	13.002		6.962	.000
	나이	.836	.231	.471	3.611	.001
	흡연유무	13.688	4.032	.443	3.395	.002

a. Dependent Variable: 평균혈압(mmHg)

결과 13.8

회귀분석은 다른 공변량을 보정할 수 있다. 위의 결과 smoking 변수를 보정하고도 age는 혈압과 유의한 관계가 있음을 알 수 있다($p = 0.001$). 또한 smoking의 $p < 0.05$이므로 age, smoking 모두 혈압과 유의한 위험인자라고 할 수 있다. Smoker(= 1)는, age가 같을 때, non-smoker(= 0)에 비해 평균 13.6

mmHg(B) 혈압이 높다고 말할 수 있다(∵ B = 양수). 그럼 두 위험인자 중 어떤 것이 혈압에 더 영향을 주는 위험인자일까? Standardized coefficient beta의 값이 더 큰 age(= 0.471)가 smoking(= 0.443)보다 더 중요한 위험인자라고 할 수 있다.

Model Summary [b]

Model	R	R Square	Adjusted R Square	Std. Error of the Estimate
1	.722[a]	.522	.490	11.208

a. Predictors: (Constant), 흡연유무, 나이

b. Dependent Variable: 평균혈압(mmHg)

결과 13.9

표본에서 추정된 R square는 모집단의 모수를 overestimation하는 경향이 있어 이를 극복하기 위해 adjusted R square를 이용한다. Age 하나만 모형에 투입했을 때의 R square = 0.582이었지만 smoking을 같이 투입하고 R square = 0.522로 약간 감소하였다.

다음은 3개 이상의 범주로 이루어진 ethnic 변수를 모형에 투입하려면? Smoking 변수는 2개의 범주였기 때문에 reference category가 필요하지 않았으나 ethnic 변수는 3개로 구성되었으므로 reference category가 필요하다. 만약 1로 coding한 Asian을 기준으로 하고 싶다면 recode 기능을 이용하여 다음과 같이 dummy 변수를 만든다. 앞의 5명만 예로 설명하면 Asian을 기준으로 하면 Ethnic = 1로 coding한 사람은 새로 만든 2개의 dummy variable인 White, Black이 모두 0, 0으로 coding하고, Ethnic = 2로 coding한 사람은 White = 1, Black = 0으로 ethnic = 3으로 coding한 사람은 White = 0, Black = 1로 coding을 한 후 ethnic 변수를 모형에 투입하는 것이 아니고 White, Black 변수를 모형에

ID	Ethnic	White	Black
1	1	0	0
2	2	1	0
3	2	1	0
4	2	1	0
5	3	0	1

투입한다. 기준이 되는 집단을 바꿀 때마다 다시 coding을 해야 한다.

SPSS에서 Recode하려면 SPSS 주화면에서 Transform ▶ Recode Into Different variable……에서 Ethnic 변수를 Output으로 옮기고, Output Variable의 Name : 에 새로 만들 변수이름 White라고 입력 후 Change를 클릭한다.

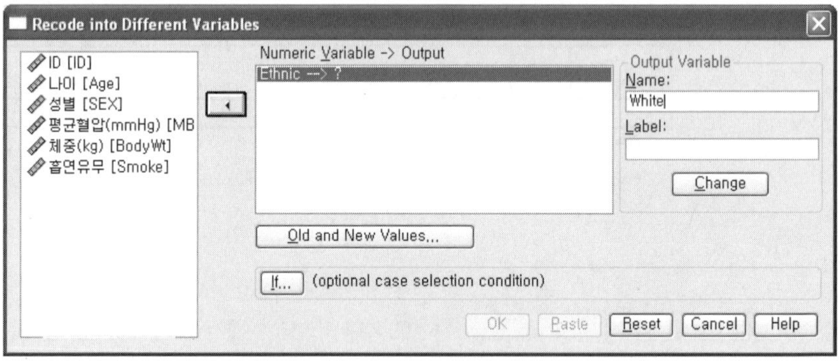

그림 13.5

그림 13.5에서 Old and New Values……을 click하면 그림 13.6과 같은 화면이 나온다. Old Value의 Value : 1은 New Value의 Value : 0으로 바꾸어주겠다는 의미이다. 다음 Add를 클릭한다. 같은 방법으로 Old value 2는 New value 1로 지정하고 Add를 클릭, Old value 3은 New value 0으로 지정하고 Add를 클릭한다.

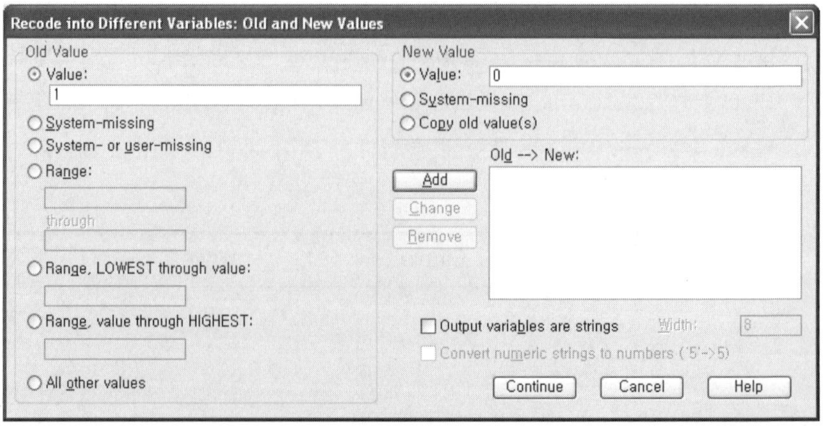

그림 13.6

위와 같이 지정하면 그림 13.6은 그림 13.7과 같이 3개의 Old → New : 가 생긴다. Output variables are strings를 check하고 Width : 1로 하면 string 변수로 만들어지며 나중에 변수를 numeric으로 다시 바꾸어 주어야 한다. 이것을 check하지 않으면 소수점 2자리의 수로 변수가 만들어진다(0 = 0.00으로).

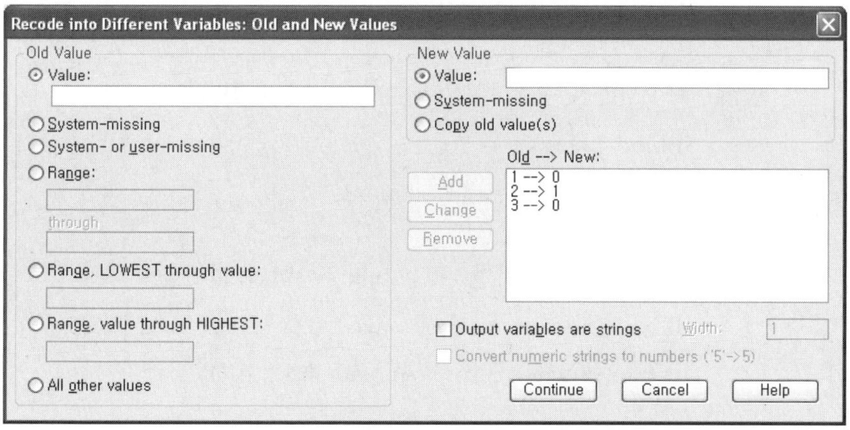

그림 13.7

Continue를 클릭한다. 그림 13.5에서 OK를 클릭하면 자료입력화면 맨 오른쪽에 새로 만든 White 변수가 만들어져 있다. 다음 Black 변수를 만들기 위해 그림 13.5에서 같은 방법으로 만든다.

다음은 Age, smoking에 새로 만든 White, Black 변수를 포함하여 regression을 하면 다음의 결과를 얻을 수 있다.

Coefficients [a]

Model		Unstandardized Coefficients		Standardized Coefficients	t	Sig.	95% Confidence Interval for B	
		B	Std. Error	Beta			Lower Bound	Upper Bound
1	(Constant)	76.289	13.113		5.818	.000	49.429	103.149
	나이	.956	.220	.538	4.339	.000	.504	1.407
	흡연유무	12.883	3.796	.417	3.393	.002	5.106	20.659
	White	12.672	4.359	.394	2.907	.007	3.743	21.600
	Black	10.522	4.559	.313	2.308	.029	1.184	19.860

a. Dependent Variable: 평균혈압(mmHg)

결과 13.10

위의 결과로 회귀방정식을 세우면 다음과 같다.

Blood pressure = 76.3 + age * 0.96 + smoking * 12.9 + White * 12.7 + black * 10.5

여기서 White = 0, Black = 0이면, 즉 Ethnic = 1이면 회귀방정식은

Blood pressure = 76.3 + age * 0.96 + smoking * 12.9 〈식 13.1〉

White = 1, Black = 0이면, 즉 Ethnic = 2면 회귀방정식은

Blood pressure = 76.3 + age * 0.96 + smoking * 12.9 + 1 * 12.7

= 89 + age * 0.96 + smoking * 12.9 〈식 13.2〉

White = 0, Black = 1이면, 즉 Ethnic = 3이면 회귀방정식은

Blood pressure = 76.3 + age * 0.96 + smoking * 12.9 + 1 * 10.5

= 86.8 + age * 0.96 + smoking * 12.9 〈식 13.3〉

위의 식 13.1−13.3으로 보면 나이와 성별이 같을 때 ethnic = 1 = Asian(식 13.1)은 ethnic = 2 = White(식 13.2)에 비해 평균혈압이 76.3 − 89 = −12.7 mmHg(= 식 13.1 − 식 13.2) 높고(minus 값이므로 12.7mmHg 낮고), Black에 비해서는 76.3 − 86.9 = − 10.5mmHg 높다고(즉, 10.5mmHg 낮다고) 해석한다.

다음은 multicollinearity의 점검에 대한 내용이다.

Coefficients [a]

Model		Unstandardized Coefficients		Standardized Coefficients	t	Sig.	Collinearity Statistics	
		B	Std. Error	Beta			Tolerance	VIF
1	(Constant)	76.289	13.113		5.818	.000		
	나이	.956	.220	.538	4.339	.000	.816	1.225
	흡연유무	12.883	3.796	.417	3.393	.002	.834	1.199
	White	12.672	4.359	.394	2.907	.007	.683	1.464
	Black	10.522	4.559	.313	2.308	.029	.684	1.461

a. Dependent Variable: 평균혈압(mmHg)

결과 13.11

변수 사이에 상관성이 높은 변수를 같이 독립변수로 투입하면 변수 사이의 관계도 dubious(이상하게, 애매모호하게)하게 나오고 p-value도 비뚤어져 나오게 된다. Multicollinearity를 점검하려면 그림 13.3에서 collinearity diagnostics를 선택한다.

Tolerance값은 0 −1 사이에 있다. VIF = 1 / tolerance이다. Tolerance 값이 0에 가까우면 변수가 다른 독립변수와 거의 linear로 결합되었다는 것을 의미한다. Tolerance > 0.6이면 권장사항이고, dummy 변수인 경우 > 0.4이면 acceptable 하다. 결과 13.11에서 multicollinearity를 보이는 변수는 없다고 볼 수 있다. 이곳에서는 설명의 편의상 multicollinearity를 나중에 설명했지만 선형회귀분석에서는 multicollinearity를 맨 처음 점검해야 하고 다음 residual assumption에 대한 점검을 한 후 모형을 세워야 한다.

13.2 Multiple logistic regression과 propensity score

임상자료 중에는 환자에게 어떤 처치(treatment)를 하고 처치의 효과를 비교하는 경우가 흔히 있다. 그러나 어떤 처치를 하고 처치의 효과를 비교하려면 효과를 비교하려는 두 군을 무작위로 할당하거나 또는 비슷한 조건을 가지는 집단으로 짝짓기를 해야 되는데 임상의학의 특성상 matching이 불가능한 경우가 대부분이다. 무작위할당이나 짝짓기가 안 되면 혼란변수의 영향, 즉 대상자의 기저특성의 차이 때문에 두 집단의 정확한 비교가 어렵다. 이런 경우 성향점수를 이용해서 두 집단의 기저특성의 차이를 보정할 수 있다. 다음의 예를 가지고 SPSS로 multiple logistic regression을 실제로 해보고, propensity score를 구하는 방법을 알아보자.

여러 원인에 의한 급성신부전으로 중환자실에 입원하는 환자의 경우 신대치요법의 치료로 혈액투석(HD)이나 Continuous Renal Replacement Therapy (CRRT)라는 처치를 받게 된다. 흔히 상태가 더 안 좋은 환자는 CRRT를 받게 되는 경우가 많은데, 두 치료집단의 결과를 비교하면 HD집단에서 더 좋게 나오는 경우가 많다. 왜냐하면 CRRT집단은 환자의 상태가 안 좋은 경우 더 선택되는 치료이기 때문이다. 그럼 두 치료의 차이를 비교하기 위해서는 무작위나 짝짓기를 해야 기저특성의 차이를 보정할 수 있으나 임상적으로 무작위 할당이나 짝짓기가 불가능하기 때문에 성향점수를 계산하여 baseline characteristics를 보정한 후 비교를 하는 것이 error를 줄일 수 있는 방법이다.

다음은 HD와 CRRT를 받은 집단의 자료를 후향적으로 조사하여 작성된 가상의 자료(Example4.sav)이다. AGE 변수는 대상자의 나이를, DM 변수는 대상자의 당뇨병의 유(1), 무(0)를, Severity 변수는 환자의 심한 정도를 보기 위해서 몇 가지 점수를 합한 것으로 높을수록 초기 환자상태가 심한 것을 의미하고, Modal 변수는 HD(0)로 치료했는지 CRRT(1)로 치료했는지, Status는 마지막 환자의 상태로 사망(0), 생존(1)을 나타낸다.

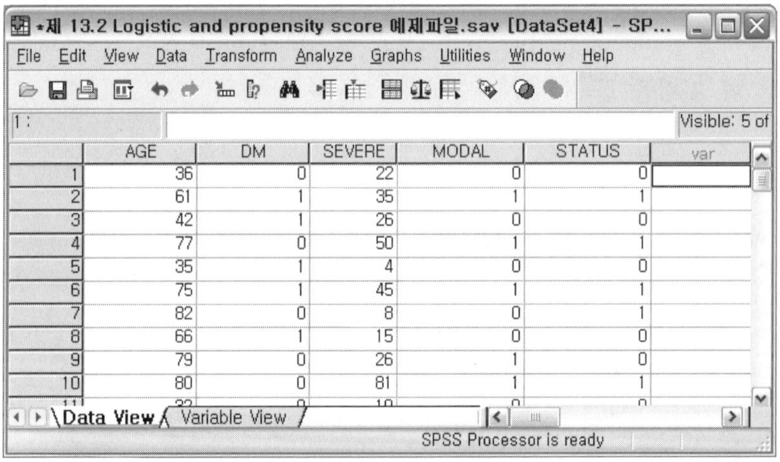

위의 자료로 연구자가 알고자 하는 것이 대상자의 사망을 예측할 수 있는 예측인자에 대한 모형을 세우는 것이라면 로지스틱 회귀분석을 이용한다. 또한 어떤 대상자가 CRRT처치를 받게 하는 예측인자에 대한 모형을 세우려면 또한 로지스틱회귀 분석을 이용한다. 연구가설이 사망을 예측하는 모형이므로 대상자의 사망을 나타내는 'death' 변수를 coding할 때 사망을 지정하는 숫자를 꼭 크게 coding해야 한다. 즉, 생존을 0으로 coding했으면 사망은 0보다 큰 수인 1로 coding해야 하며, CRRT처치를 받게 하는 예측인자도 CRRT를 지정하는 coding을 HD(0)보다 높게 coding(1)해야 하며 반대, 즉 사망, HD의 예측인자의 모형은 반대로 coding해야 한다. 이유는 SPSS에서는 항상 크게 coding한 수치가 기준치가 되기 때문이다. 반면 SAS는 낮게 coding한 수치가 기준치가 된다.

SPSS에서 예측변수로 투입되는 독립변수의 기준치는 메뉴항목에서 조건을 주어 기준을 바꿀 수 있지만 종속변수의 기준치는 바꿀 수 없다. 이것은 굉장히 중요한 사항이다. Coding을 잘못하면 결과는 완전히 반대로 나올 수도 있기 때문이다.

Logistic regression을 수행하려면 프로그램 주화면에서 Analyze ▶ Regression ▶ Binary logistic을 선택하면 그림 13.8과 같은 창이 보인다. 그림 13.8과 같이 변수를 종속변수는 status를 Covariate : 에 독립변수 혹은 예측변수를 지정해 준다. Method : 는 변수선택법을 지정해 주는 항목이다. 여기서는 편의상 모든 변수를 강제로 전부 투입하는 Enter를 선택하였다. 항목 〉a * b〉는 interaction을 지정하는 것이다. Selection Variables : 은 어떤 gender라는 변수가 남자, 여자를 표시하는 경우 남자만 혹은 여자만 선택해서 분석할 때 이용한다.

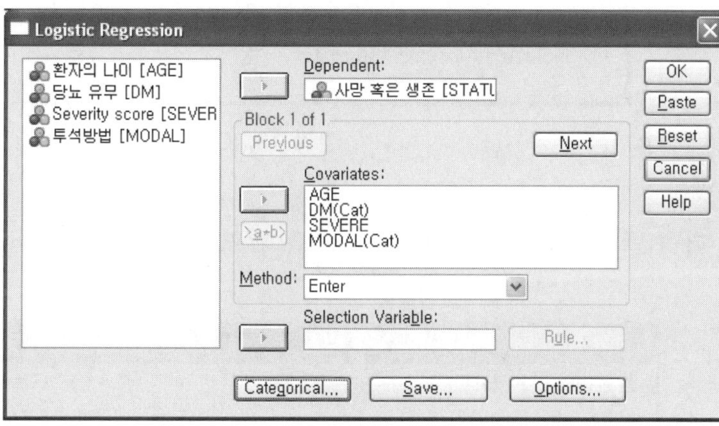

그림 13.8

Categorical……에서 다음 그림 13.9와 같이 지정한다. 예측변수의 기준치를 First로 변경하였다.

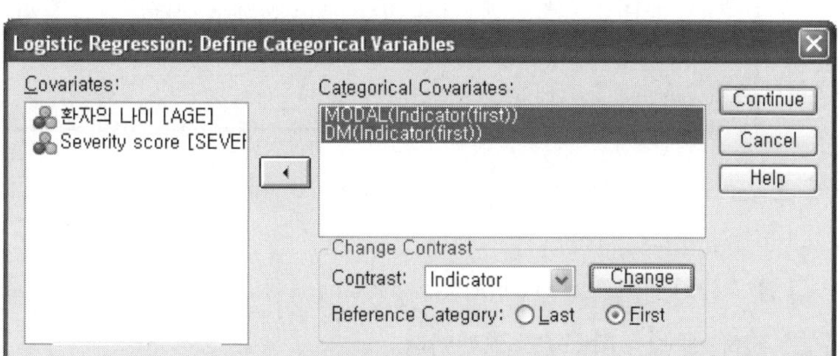

그림 13.9

다음은 SAVE……를 클릭하여 그림 13.10과 같이 예측치와 영향력 수치 그리고 Residuals(잔차)분석에 사용될 조건을 지정해 준다.

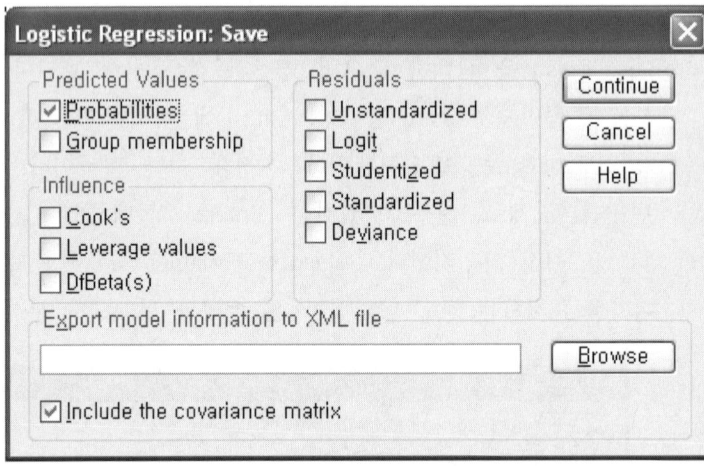

그림 13.10

다음은 그림 13.8에서 Options……을 클릭하면 그림 13.11이 보인다.

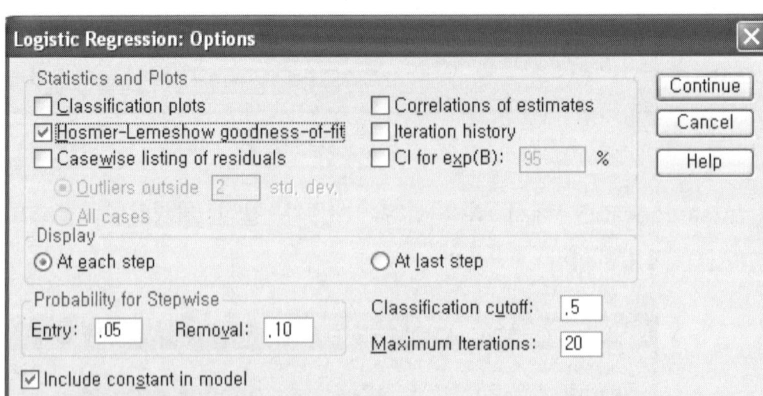

그림 13.11

그림 13.11에서 probabilities, goodness of fit 그리고 기준절단값, 반복의 횟수를 정해 준다. 다음은 결과이다.

Variables in the Equation

		B	S.E.	Wald	df	Sig.	Exp(B)
Step 1[a]	AGE	.123	.047	6.733	1	.009	1.131
	DM(1)	1.551	1.617	.920	1	.337	4.718
	SEVERE	.144	.062	5.415	1	.020	1.155
	MODAL(1)	.830	1.550	.287	1	.592	2.293
	Constant	-12.685	4.118	9.487	1	.002	.000

a. Variable(s) entered on step 1: AGE, DM, SEVERE, MODAL.

결과 13.12

종속변수의 기준은 높게 coding한(1) 사망이다. 위의 결과로 사망을 예측하는 인자로 나이, 당뇨병 유무, severity score 그리고 치료의 방법(HD vs. CRRT)을 가지고 모형을 세워보자.

The logistic regression model

이 black box 안에 들어갈 방정식은 다음과 같다.

$$\text{Probability (death)} = \frac{1}{1+\exp^{-z}}$$

여기서 Z = −12.68 + 0.123 * AGE + 2.55 * DM(1) + 0.14 * SEVERE + 0.83 * MODAL.

위의 결과로 나이가 증가할수록, 당뇨가 있을수록, severity score가 증가할수록, 그리고 치료방법이 CRRT일수록 사망의 relative hazard는 증가한다. 그러나 통계적인 유의성은 나이와 severity score만 있었다.

다음은 어떤 대상자가 특별한 처치(treatment)를 한 집단에 속할 조건확률, 즉 propensity score를 계산해 보자. 여기서는 CRRT치료를 받는 집단에 속할 조건

확률을 계산해 보자. 반대로 HD치료를 받게 될 조건확률은 1 − CRRT치료를 받을 조건확률이 된다. 그림 13.8의 화면에서 Dependent : Modal, Covariate : Age, DM, SEVERE를 지정하고 Categorical……에서 DM을 범주형변수로 지정을 해준다. 다음은 SAVE……를 클릭하여 다음과 같이 Probabilities를 선택한다. 지금까지 지정한 조건이 의미하는 것은 각각의 대상자가 3개의 예측변수가 있을 때, modal 변수에서 높은 수치인 1로 coding한 CRRT를 받게 될 예측치가 얼마나 되느냐를 구한다는 의미이다. 다음은 그림 13.7에서 SAVE……를 클릭하여 그림 13.12와 같이 지정한다.

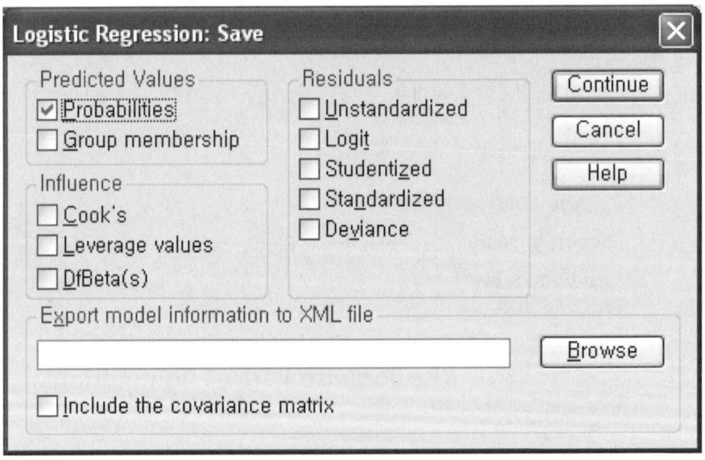

그림 13.12

다음 결과를 보자. 맨 오른쪽에 PRE_1이라는 변수가 생성되었으며 이것은 그림 13.12에서 probabilities를 선택해서 계산된 것이고 이것이 propensity score이다.

처음 대상자가 CRRT를 받게 될 조건적 확률은 0.54인데 실제로는 HD 처치를 받았고, 두 번째 대상자의 pre_1은 0.65인데 실제로 CRRT를 받았다. 열다섯째 대상자는 pre_1가 0.74이지만 실제는 HD를 받았다.

계산된 성향점수를 이용하는 방법은 다변수모형의 안에 각 개인의 성향점수를 독립변수로 투입하거나, 다른 treatment assignment를 갖는 대상을 개인적으로 짝짓기(individually matching)하거나 성향점수의 오분위수(quintiles) 범위 안에서 결과의 likelihood를 평가한다.

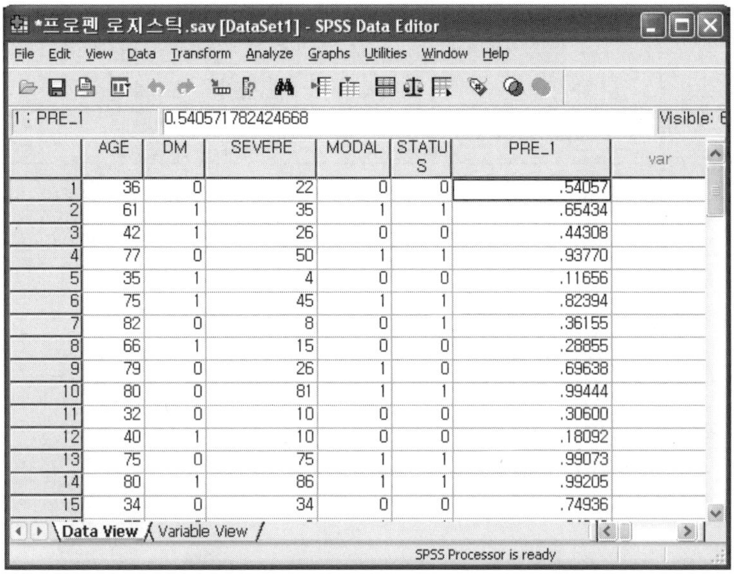

	AGE	DM	SEVERE	MODAL	STATUS	PRE_1	var
1	36	0	22	0	0	.54057	
2	61	1	35	1	1	.65434	
3	42	1	26	0	0	.44308	
4	77	0	50	1	1	.93770	
5	35	1	4	0	0	.11656	
6	75	1	45	1	1	.82394	
7	82	0	8	0	1	.36155	
8	66	1	15	0	0	.28855	
9	79	0	26	1	0	.69638	
10	80	0	81	1	1	.99444	
11	32	0	10	0	0	.30600	
12	40	1	10	0	0	.18092	
13	75	0	75	1	1	.99073	
14	80	1	86	1	1	.99205	
15	34	0	34	0	0	.74936	

결과 13.13

즉, pre_1 변수를 예측변수로 투입하여 다시 사망을 예측하는 logistic regression을 할 수 있고, 두 번째는 pre_1을 전부 정수로 바꾸어서(즉, 0.54는 5로, 0.65는 6으로…… 하면 모든 대상자는 1에서 10까지의 수치가 부여된다) 수치가 비슷한 대상자를 match해서 conditional logistic regression으로 분석을 다시 할 수도 있고, 마지막으로 정수로 바꾸어준 값으로 quintile로 나누어서 층화분석을 할 수도 있다.

13.3 Kaplan-Meier방법, Cox proportional hazards model 그리고 time dependent covariate

다음의 자료(Example5.sav)를 가지고 SPSS를 이용하여 Kaplan-Meier방법, Cox proportional hazards model 그리고 time dependent covariate에 대해 알아보자. 예제 자료는 급성백혈병 환자의(n = 23) 생존시간(time, months로 측정)의 자료로 치료방법(0 = no treatment, 1 = chemotherapy)에 따라 생존율에 차이가 있는지 알아보고자 한다. 여기서 Status(0 = censored, 1 = event)는 대상자의 마지막 상태를 나타내며, 연속형 변수인 나이(age)를 공변량으로 투입한다.

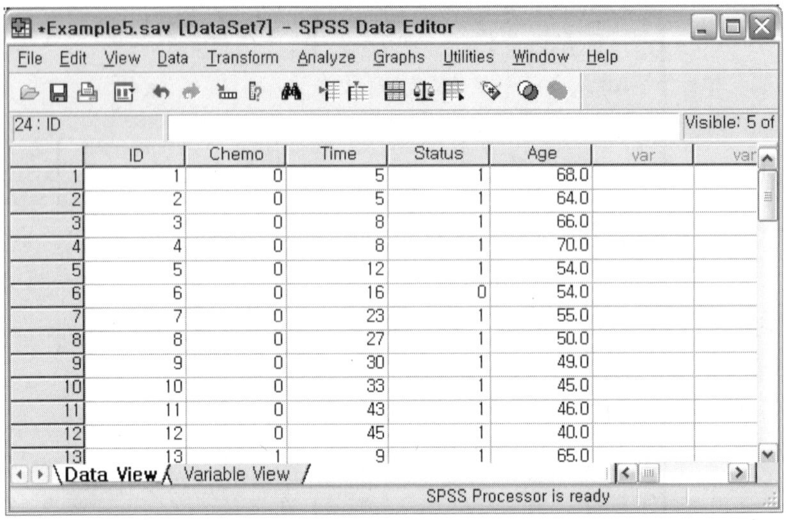

13.3.1 Kaplan-Meier Methods

Kaplan-Meier방법을 이용하기 위해서는 ▶ Statistics ▶ Survival ▶ Kaplan-Meier……를 선택하면 그림 13.13을 볼 수 있다. Time : 에 생존시간을 나타내는 변수 time을, Status : 에 censored인지 event가 발생했는지를 나타내는 변수 status를, Factor : 에 비교하고자 하는 범주형 변수를 지정한다(그림 13.13).

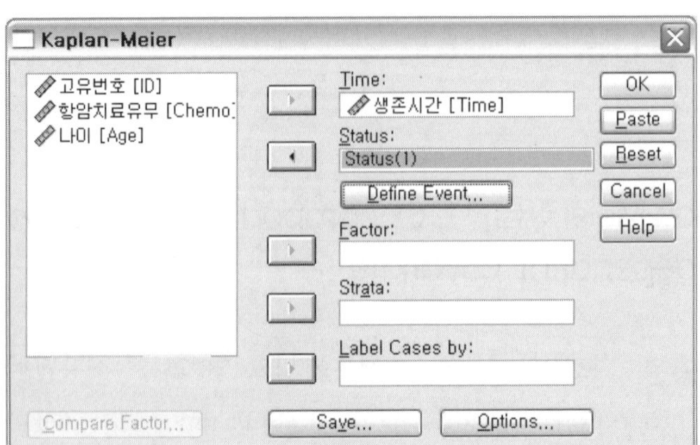

그림 13.13

다음 그림 13.13에서 Define Event……을 click한 후 그림 13.14와 같이 event가 발생한 대상자는 1로 coding하였으므로 Single value : 1을 지정해준다.

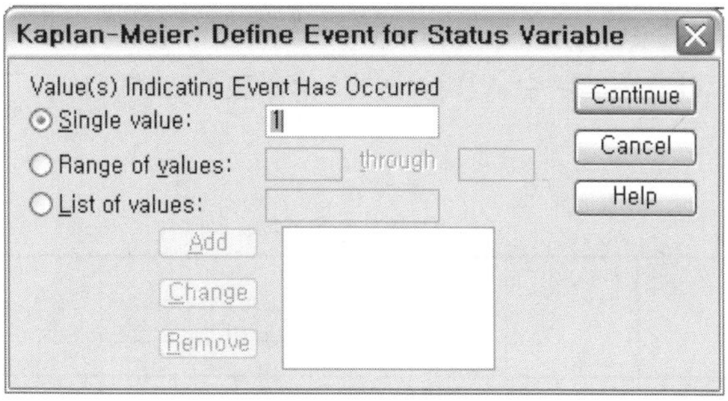

그림 13.14

다음 그림 13.13에서 SAVE……를 click하면 그림 13.15가 보인다. 각 대상자의 survival function, survival function의 표준오차, hazard function이 계산되며 계산된 각각은 새로운 변수로 저장할 수 있다.

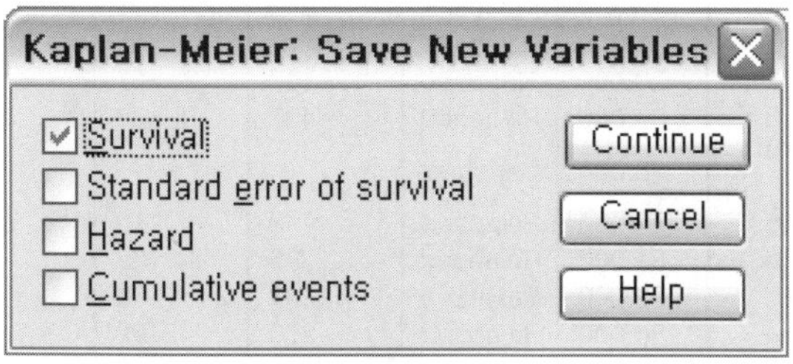

그림 13.15

다음은 그림 13.13에서 Option……을 click하면 그림 13.16을 볼 수 있다. 여기서 생명표 및 median survival 그리고 생존곡선에 대한 항목을 지정한다.

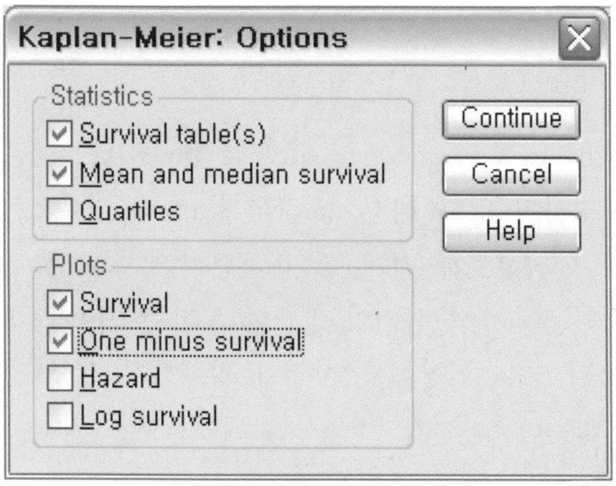

그림 13.16

조건을 지정해 주었으므로 이제 그림 13.13에서 OK button을 click하면 다음과 같은 결과를 볼 수 있다. 먼저 생명표가 보인다.

Survival Table

	Time	Status	Cumulative Proportion Surviving at the Time		N of Cumulative Events	N of Remaining Cases
			Estimate	Std. Error		
1	5.000	Relapsed	.	.	1	22
2	5.000	Relapsed	.913	.059	2	21
3	8.000	Relapsed	.	.	3	20
4	8.000	Relapsed	.826	.079	4	19
5	9.000	Relapsed	.783	.086	5	18
6	12.000	Relapsed	.739	.092	6	17
7	13.000	Relapsed	.696	.096	7	16
8	13.000	Censored	.	.	7	15
9	16.000	Censored	.	.	7	14
10	18.000	Relapsed	.646	.101	8	13
11	23.000	Relapsed	.	.	9	12
12	23.000	Relapsed	.547	.107	10	11
13	27.000	Relapsed	.497	.108	11	10
14	28.000	Censored	.	.	11	9
15	30.000	Relapsed	.442	.110	12	8
16	31.000	Relapsed	.386	.109	13	7
17	33.000	Relapsed	.331	.106	14	6
18	34.000	Relapsed	.276	.102	15	5
19	43.000	Relapsed	.221	.095	16	4
20	45.000	Relapsed	.166	.086	17	3
21	45.000	Censored	.	.	17	2
22	48.000	Relapsed	.083	.073	18	1
23	161.000	Censored	.	.	18	0

결과 13.14

다음은 mean and median survival time이다. 생존분석에서 mean survival time은 보고하지 않고 대신 median survival time을 보고한다. 생존시간에 대한 분포는 정규분포를 하지 않기 때문이다. Median survival = 27개월이고 전체 대상자의 50%에서 사건이 발생한 시점이 median survival time이다. 그러므로 대상자의 50% 이상에서 사건이 발생하지 않으면 median survival time은 계산되지 않는다.

Means and Medians for Survival Time

Mean[a]				Median			
		95% Confidence Interval				95% Confidence Interval	
Estimate	Std. Error	Lower Bound	Upper Bound	Estimate	Std. Error	Lower Bound	Upper Bound
36.364	9.854	17.050	55.678	27.000	6.368	14.519	39.481

a. Estimation is limited to the largest survival time if it is censored.

결과 13.15

다음은 생존곡선이다. 왼쪽이 survival curve이고 오른쪽이 1− survival function curve이다.

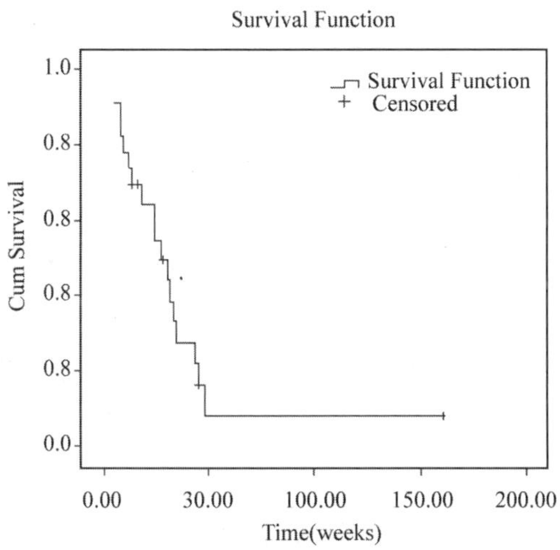

결과 13.16

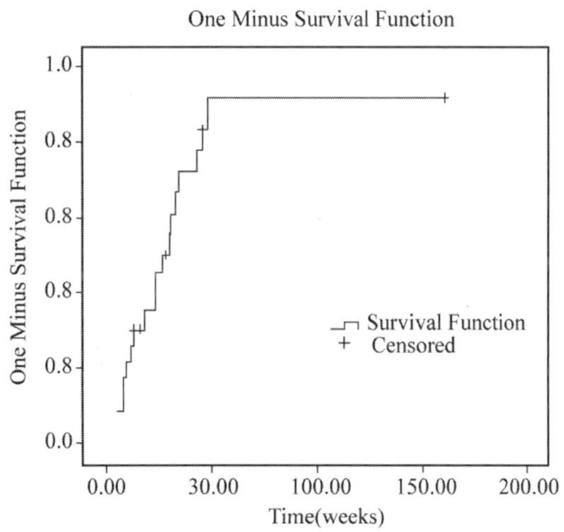

결과 13.17

다음은 항암치료의 치료 유무에 의한 factor로 나누어서 생존율을 비교해 보자. 그림 13.13에서 Factor : chemo를 지정하고, Compare Factor : 에서 그림 13.7과 같이 지정한다.

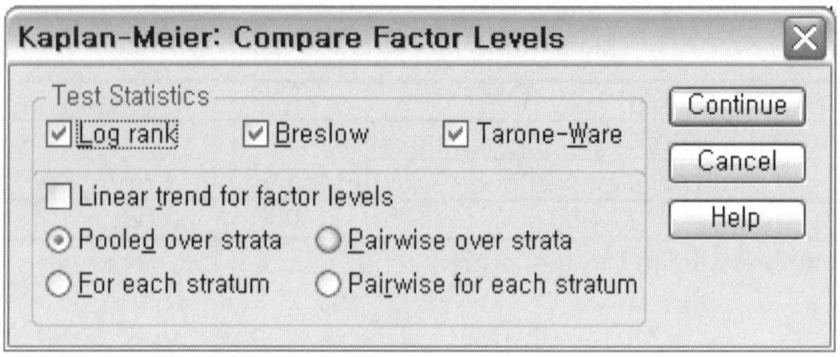

그림 13.17

결과는 처음 생명표가 factor로 지정한 chemo 변수의 범주로 나누어져서 출력이 된다(생략). 다음은 mean and median survival time이다. 항암치료집단의 median survival = 31, 항암치료를 받지 않은 집단의 median survival = 23개월이다.

Means and Medians for Survival Time

Chemotherapy	Mean[a]				Median			
	Estimate	Std. Error	95% Confidence Interval Lower Bound	95% Confidence Interval Upper Bound	Estimate	Std. Error	95% Confidence Interval Lower Bound	95% Confidence Interval Upper Bound
No	22.708	4.385	14.114	31.303	23.000	11.427	.603	45.397
Yes	52.645	19.829	13.781	91.510	31.000	7.358	16.578	45.422
Overall	36.364	9.854	17.050	55.678	27.000	6.368	14.519	39.481

a. Estimation is limited to the largest survival time if it is censored.

결과 13.18

그럼 chemo 변수의 범주에 따른 survival function은 통계학적인 차이가 있을까? 결과 13.19에 두 집단의 생존율의 비교 결과를 보여주고 있다.

Overall Comparisons

	Chi-Square	df	Sig.
Log Rank (Mantel-Cox)	3.396	1	.065
Breslow (Generalized Wilcoxon)	2.723	1	.099
Tarone-Ware	2.982	1	.084

Test of equality of survival distributions for the different levels of Chemotherapy.

결과 13.19

Log rank, Breslow test, 그리고 Tarone-Ware 검정에서 두 집단 간의 통계학적인 유의한 생존율의 차이는 없었다($p > 0.05$). 생존곡선도 factor의 수준에 따라 plot이 된다.

결과 13.20은 factor에 따른 survival function curve이다. Curve 위의 +기호는 censored된 대상자를 표시하고 있는 것이다. Chemotherapy를 받은 집단에서 survival rate가 좋아 보인다. 그러나 통계학적인 차이는 없었다. 두 집단의 survival function은 시간이 지나도 서로 비례적으로 감소하고 있으며 서로 cross하지 않고 있다. 즉, 비례가정을 만족하고 있다. 만약 두 집단의 곡선이 cross하면 Kaplan-Meier로 두 집단의 survival function을 비교할 때 Log Rank test는 사용할 수 없고 이때는 Tarone-Ware test의 결과를 이용해야한다. 결과 13.21은 one minus survival function 곡선이고 역시 두 집단의 곡선은 서로 cross하지 않고 있다.

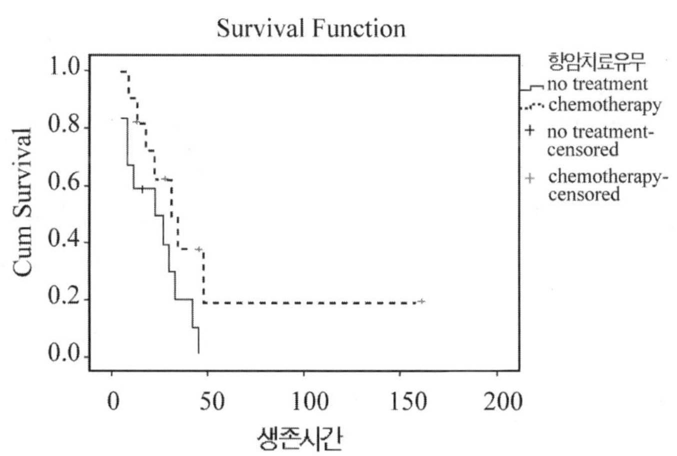

결과 13.20

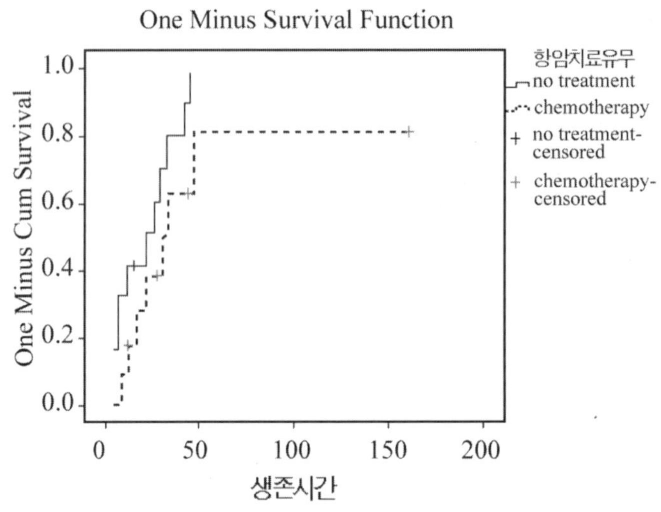

결과 13.21

13.3.2 Cox proportional hazards model

Kaplan-Meier 방법으로 factor로 나누어서 생존율을 비교하였다. 그러나 여러 공변량이 존재할 때 각 공변량이 time to event에 미치는 영향은 Kaplan-Meier로는 알 수 없다. 다음은 연속형으로 측정된 공변량 age를 모형에 투입하여 생존율에 미치는 영향을 Cox proportional hazards 모형을 이용하여 분석하여 보자.

분석에 사용될 file은 Kaplan-Meier방법에서 사용되었던 example5.sav를 이용한다. SPSS에서 Cox regression을 하려면 Analyze ▶ Survival ▶ Cox Regression……을 선택한다(그림 13.18). Time : 생존시간 변수를, Status : 에 censoring인지 event를 나타내는 변수를 지정하고, Define Event……에서 event를 나타내는 1을 지정해준다. Covariate에 독립변수를 지정한다. 보통 연속형 변수는 covariate, 범주형 변수는 factor라고 하지만 SPSS의 Cox regression에서는 모든 예측변수는 일단 covariate로 모형에 투입을 하고 다음 범주형 변수는 따로 범주형 변수로 지정을 하여 dummy 변수화한다. Method : 는 공변량을 투입하는 방법을 지정하는 곳이다. 여기서는 편의상 모든 변수를 동시에 강제로 한 번에 투입하는 enter방법으로 지정하였다.

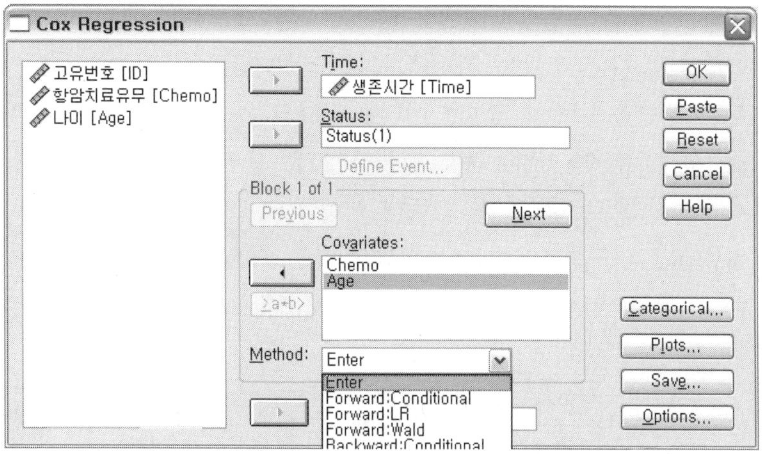

그림 13.18

다음 그림 13.18에서 Categorical……에서 그림 13.19와 같이 Covariate : 의 범주형 독립변수인 chemo를 Categorical Covariates : 로 옮겨서 범주형으로 지정해준다. 이 과정을 통해 dummy 변수를 SPSS가 자동으로 만들어준다. 그리고 Reference Category를 First로 지정하고 꼭 Change를 누른다. 즉, chemo = 0인 집단을 기준집단으로 하겠다는 의미이다. Change를 누르지 않으면 바뀌지 않는다(그림 13.19).

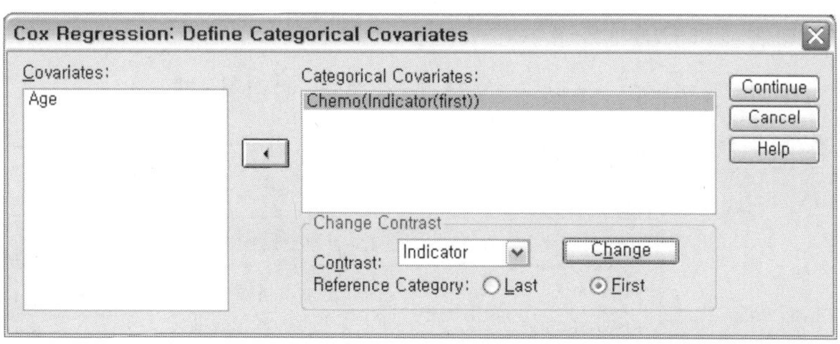

그림 13.19

Contrast는 categorical covariate의 비교하는 방법을 지정하는 것이다. 어떤 contrast를 선택해도 결과변수에 의미 있게 영향을 주는 변수의 p-value는 똑같이 나온다. 다만 회귀계수만 다르게 계산이 되므로 어떻게 비교하는지 따라 relative hazards의 값만 다르게 나온다. 우리가 흔히 사용하는 방법이 indicator

이다. 다음은 그림 13.18에서 Plots……을 클릭하면 그림 13.20이 보인다. 생존곡선을 그리는 조건을 지정해 주는 곳이다. Separate Line for : 에 비교하고자 하는 집단을 지정해 준다. 이 때 투입되는 공변량의 값에 따라서 각각 4가지 plot을 그릴 수 있다. 즉, 그림 13.20을 보면 Covariate values Plotted at : 에 Age(Mean)으로 지정되어 있는데 이는 age 공변량의 평균값으로 치료집단과 비-치료집단을 구분해서 plot을 그리겠다는 의미이다. Age와 같은 공변량은 일정한 값, 예를 들면 age = 35세의 survival function도 그릴 수 있다.

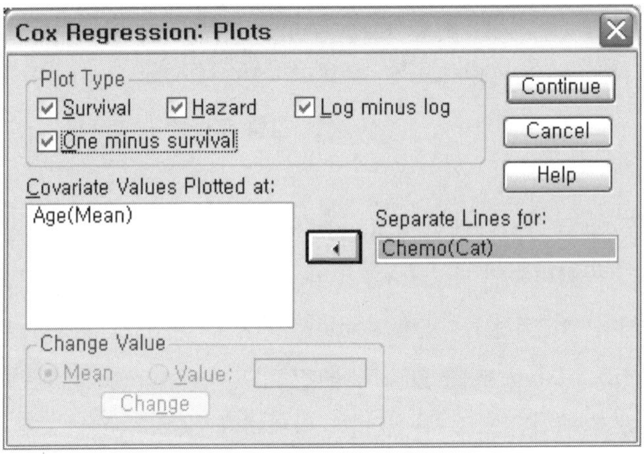

그림 13.20

다음은 13.18에서 SAVE……를 선택하여(그림 13.21) 생존함수, 생존함수의 표준오차, X * beta 그리고 선형의 가정을 점검할 때 사용되는 hazard function, partial residuals 그리고 Dfbeta를 새로운 변수로 저장할 수 있다.

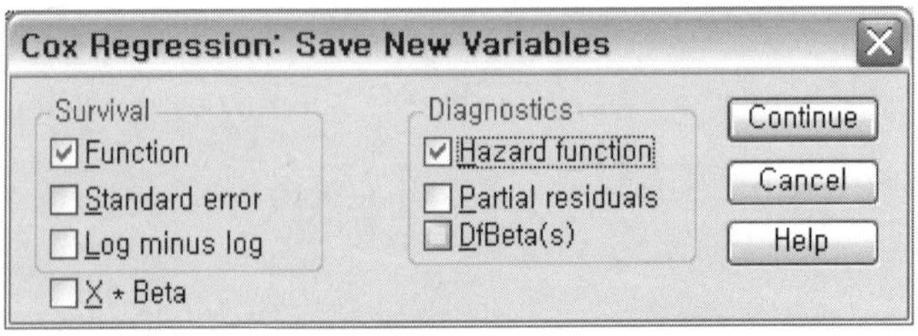

그림 13.21

다음 그림 13.18에서 Options……을 선택하여 exp B의 CI. 그리고 변수선택과 제거의 기준을 지정한다(그림 13.22).

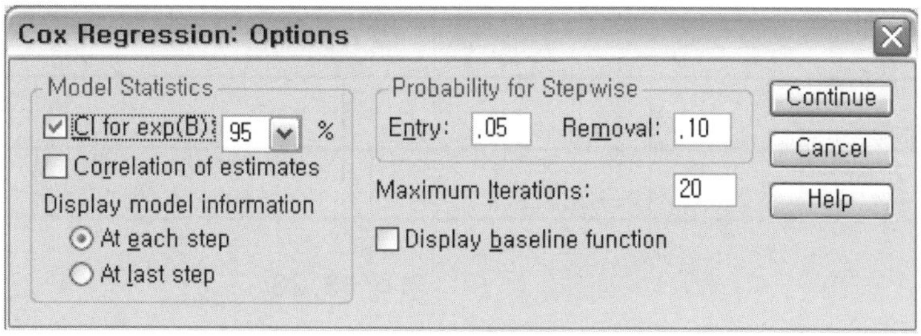

그림 13.22

다음 그림 13.18에서 OK를 click하면 다음과 같은 결과를 볼 수 있다. 먼저 모형의 적합성에 대한 결과로 공변량의 회귀계수가 0이라는 귀무가설을 기각($p < 0.05$)할 수 있다.

Omnibus Tests of Model Coefficients [a,b]

-2 Log Likelihood	Overall (score)			Change From Previous Step			Change From Previous Block		
	Chi-square	df	Sig.	Chi-square	df	Sig.	Chi-square	df	Sig.
55.104	27.636	2	.000	30.693	2	.000	30.693	2	.000

a. Beginning Block Number 0, initial Log Likelihood function: -2 Log likelihood: 85.796

b. Beginning Block Number 1. Method = Enter

결과 13.22

다음은 투입된 covariate의 모수 추정값이다. 치료를 받지 않은(즉, 기준집단 = 0) 집단에 비해서, chemotherapy를 받은 집단의 time to event(= death)의 relative hazards인 Exp(B)는 $e^{-1.86} = 0.15$배 높다(즉, 1보다 작으니 낮다는 의미). 또한 나이가 1살 증가할 때마다 time to event의 relative hazard는 $e^{0.244} = 1.27$배씩 증가한다. 모수 추정값 B가 양수이면 Exp(B)는 1보다 크고, 음수이면 1보다 작게 나온다. 공변량의 B의 값이 양수이면 공변량의 값이 커질수록 time to event의 relative hazards는 증가하고 음수이면 감소한다.

그러므로 age의 B는 양수이므로 age의 값이 증가할수록 time to death의 relative hazards는 증가한다. 반면 chemo 변수의 B는 음수이므로 chemo 변수를 높게 coding한 집단일수록(여기서는 비-치료 = 0, 치료 = 1이므로), 즉 치료받은 집단은 낮게 coding한 비-치료집단에 비해 time to death의 relative hazards는 감소한다.

Variables in the Equation

	B	SE	Wald	df	Sig.	Exp(B)	95.0% CI for Exp(B)	
							Lower	Upper
chemo	-1.863	.643	8.397	1	.004	.155	.044	.547
age	.244	.060	16.375	1	.000	1.276	1.134	1.436

결과 13.23

다음은 plot이다. Factor의 수준에 따라 cumulative survival function, one minus survival function, hazards function 그리고 LML(log minus log)을 보여주고 있다. Cox regression에서 비례가정을 점검할 수 있는 LML function을 보면 치료집단과 비-치료집단의 곡선은 서로 cross하지 않아서 chemo 변수는 비례가정을 만족하고 있다고 할 수 있다.

비례가정을 점검할 수 있는 다른 방법은 time dependent covariate를 이용하는 방법이 있다.

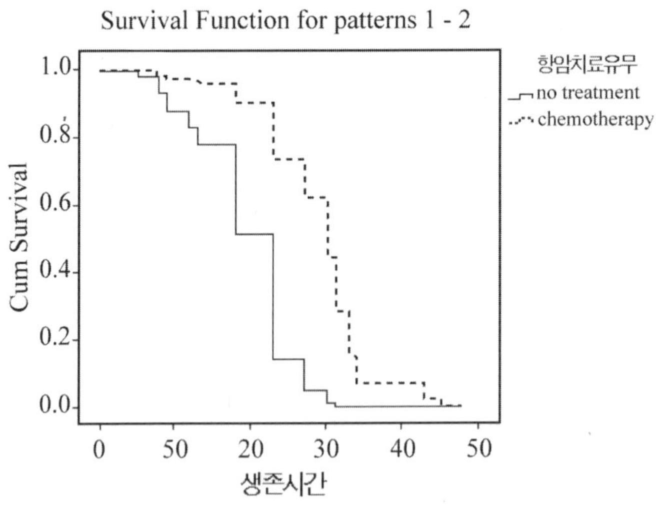

결과 13.24

결과 13.25

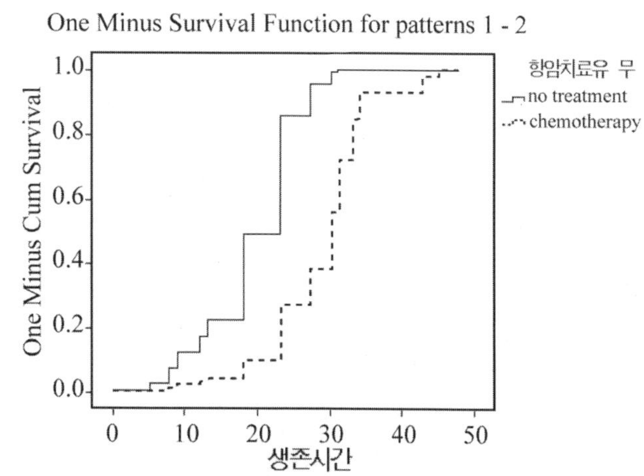

결과 13.26

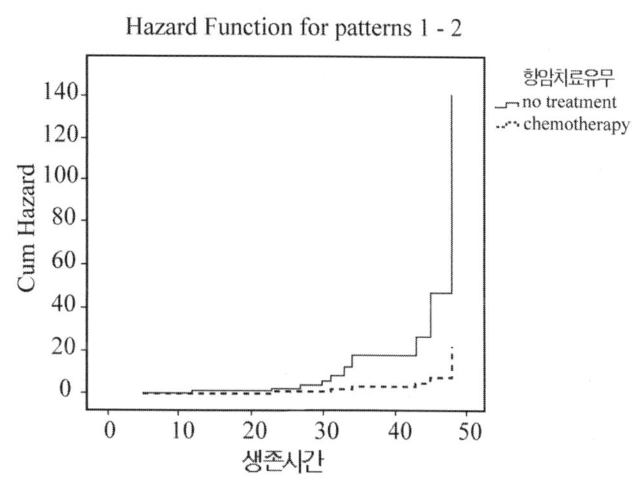

결과 13.27

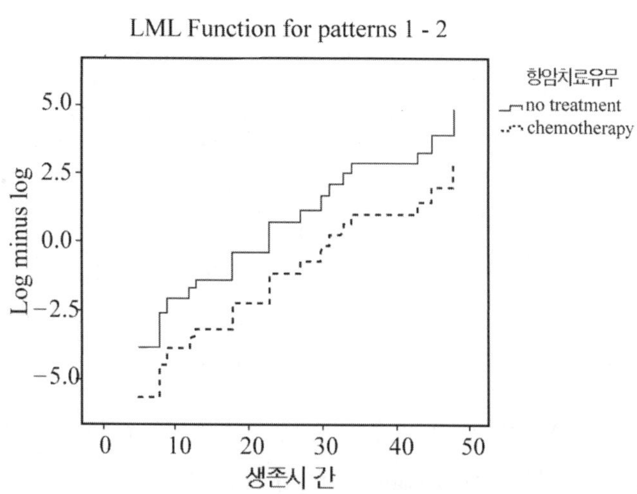

13.3.3 Time dependent covariate

다음은 time dependent covariate를 이용해서 factor인 항암치료(chemo)의 유무가 proportional assumption에 만족하는지 알아보자. 결과 13.24 13.27 그래프를 이용한 방법에서 두 곡선이 서로 cross하지 않으므로 비례가정에 합당하다고 생각된다. SPSS에서 time dependent covariate를 이용하려면 Analyze ▶ Survival ▶ Cox w/Time-Dep Cov……를 선택한다(그림 13.23). 다음 왼쪽의 T_ 을 Expression for T_COV_ : 로 옮긴다.

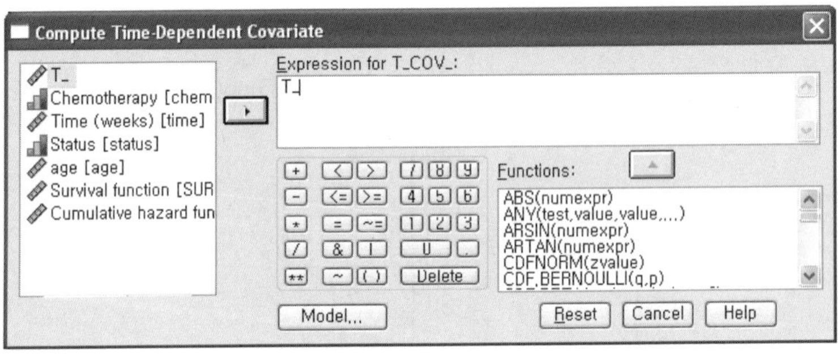

그림 13.23

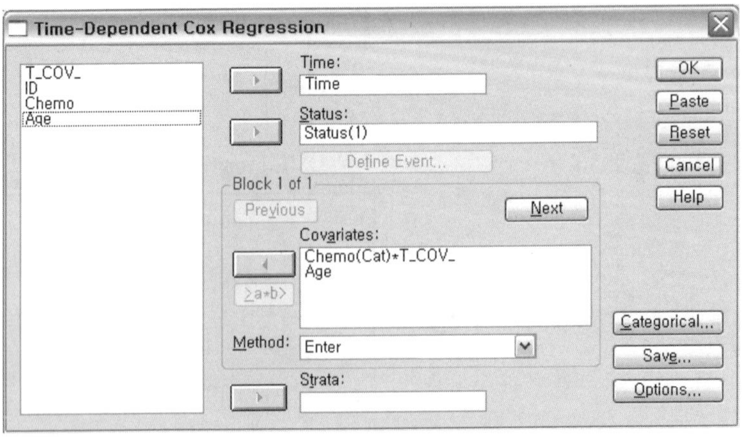

그림 13.24

그림 13.23에서 Model……을 click하면 그림 13.24가 보이고 그림 왼쪽에 보면 time dependent covariate인 T_COV_ 가 만들어졌다. Time : 과 Status : 그

리고 Covariate : 에 변수를 지정하고 T_COV_ 와 Chemo 변수를 동시에 클릭한 후, ≥a * b > 를 클릭하여 interaction 형식으로 지정한다. Interaction으로 지정하는 변수는 꼭(여기서는 chemo변수) 따로 모형에 동시에 투입해야 한다(그림 13.24). 그리고 Categorical……에서 chemo 변수는 Categorical Covariate : 에 지정을 하고 기준변수는 first로 바꾸어 주고 Continue를 click하면 그림 13.24가 보인다.

그림 13.24에서 OK를 click하면 다음의 결과를 볼 수 있다.

Variables in the Equation

	B	SE	Wald	df	Sig.	Exp(B)	95.0% CI for Exp(B)	
							Lower	Upper
age	.246	.061	15.988	1	.000	1.279	1.134	1.442
chemo	-2.062	1.339	2.371	1	.124	.127	.009	1.755
T_COV_*chemo	.008	.047	.029	1	.864	1.008	.919	1.106

결과 13.28

Time dependent covariate의 p = 0.864로 significant하지 않다. 즉, chemo변수는 time dependent하지 않고 proportional hazards의 가정에 맞는다고 볼 수 있다.

Chapter

14 Correlated observations

14.1 Correlated observation은 어떻게 분석할까?

다변수분석 모형에서의 가정은 각 관찰은 독립적이어야 한다는 것이다. 즉, 다른 대상자와 결과의 발생은 서로 연관(correlated)되어 있으면 안 되며, 관찰은 무작위라는 의미이다. 그러나 실제적으로 관찰이 다른 대상자와 서로 연관이 있는 경우가 흔히 있다. 동일 대상에서 결과가 반복적으로 발생 또는 발생하지 않은 것은 독립적이지 않다. 일반적으로 결과가 한 번 발생한 경우는 같은 결과가 다시 발생할 가능성이 더 높다. 반대로 연구기간 동안 결과가 발생하지 않은 경우 향후 그 결과가 발생할 가능성은 낮다.

장기적인 연구에서는 흔히 연관된, 반복적으로 시행된 관찰을 볼 수 있다. 즉, 처음 baseline으로 관찰을 한 후 몇 개월 간격으로 반복적인 관찰을 하는 경우이다. 이것은 한 사람에 대해서 여러 번 관찰하는 것이므로, 즉 같은 대상자는 다른 대상자에 비해 비슷한 반응을 나타낼 가능성이 높으므로, 반응(response)은 correlated되어 있다고 할 수 있다(그림 14.1). 그러나 이외도 표 14.1에서 보듯이 연관되어 반응을 보이는 경우의 예는 더 있다.

표 14.1에서 연구계획이 본질적으로 다른 것 같지만 모두 공통적으로 가지고 있는 점은 관찰이 clustered되어 있다는 것이다. 장기적인 연구의 경우 cluster는 객체(즉, subject를 말하며 임상연구의 경우 환자이고 subjects는 여러 번에 걸쳐 관찰을 한다)이다. 객체가 다른 처치(treatment)를 받았거나 신체의 다른 부분에서 관찰을 했다면 이때도 cluster는 subjects가 된다. 확립된 집단(established groups, 즉 가족, 의사의 술기)에 의해 객체가 randomized 혹은 recruited되었다

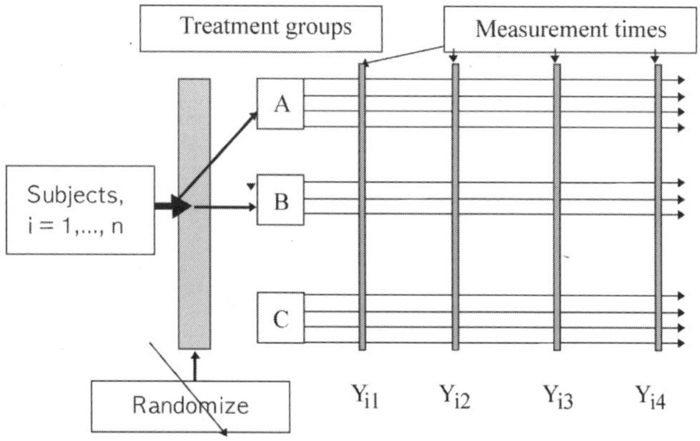

그림 14.1 Related measures : same subjects, same measure, and successive times-expect successive measurements to be correlated

표 14.1 Circumstances leading to correlated observations

1. **Multiple observations** of the same subjects at **different times** (e.g., a longitudinal study that assesses subjects every six months).
2. **Multiple observations** of the same subjects after receiving **different treatments** (e.g. **Cross-over study**).
3. **Multiple observations** of **different body parts** of the same subjects.
4. Study designs where subjects have been randomized by or recruited from established groups (**cluster**) of **related individuals** (e.g., families, doctors; practices or hospitals).
5. Matched study designs where cases and controls have been **individual matched.**

면 이때는 cluster가 established groups이 된다. Matched design에서는 match된 case와 control이 cluster가 된다.

관찰이 cluster되어 있으면 outcome은 clusters 사이(between)에서보다는 cluster 안(within)에서 좀더 비슷한 양상을 보이게 되어 있다(그림 14.2). 같은 사람에서는 다른 사람보다 다른 상황에 대해 같은 방법으로 좀더 반응을 하게 되어 있다. 같은 사람에서 몸의 다른 부분(즉, 양쪽 눈과 같이)은 다른 사람의 그것 보다는 좀더 비슷하게 반응을 보인다.

또한 확립된 집단(즉, 가족, 병원, 도시)에 의해 객체가 randomized되었거나

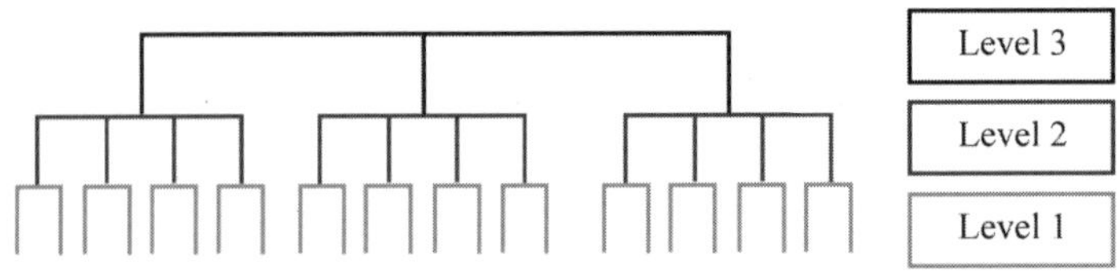

E.g., Level 3 : populations
Level 2 : age - sex groups
Level 1 : blood pressure measurements in sample of people in each age - sex group

그림 14.2 Clustered / multilevel studies

관찰된 경우 같은 집단에 속한 객체는 다른 집단에 속한 객체보다 좀더 비슷한 방법으로 반응을 함으로써 correlated outcome이 발생하게 된다. 마지막으로 환자군과 대조군을 개인으로 짝지은 경우 환자군은 다른 대조군보다는 개인으로 짝지은 환자군에서 반응이 좀더 비슷한 방법으로 나타난다.

Correlated observation을 분석하는 방법은 관찰이 독립적이었을 때 분석하는 것보다 within-cluster correlation을 고려해야 하기 때문에 복잡하다. Cluster가 있는 자료를 수집하는 데는 다음과 같은 중요한 이유가 있다.

첫째는 같은 대상자에서 반복된 관찰의 결과로 측정된 자료를 모으면 대상자의 수를 늘리지 않고, 즉 표본의 수를 늘리지 않고, 연구의 검정력을 늘릴 수 있다. 임상연구는 실험실 연구와는 달리 연구대상자를 늘리기가 연구자 마음대로 되지 않기 때문에 cluster되어 있는 자료를 모으는 것은 중요한 장점일 수 있다.

우리 몸의 어떤 장기는 중복되어 있고(눈은 2개, 관절은 더 많다) 치아는 더 많이 있다. 이런 경우에 생기는 결과를 연구할 때는 대상자의 수를 늘리지 않고 모든 신체의 부분을 사용하면 표본의 크기를 늘릴 수 있다. 예를 들면 비타민 D와 슬관절의 관절염 발생의 관계에 대한 연구에서(Ann.Intern.Med.1996;125 : 353-359) 연구참여자의 무릎이 2개라는 것이 강점으로 작용했다. 5,000명 이상의 연구대상으로 구성된 연구에서 556명만이 슬관절 X-ray 촬영과 비타민 D 섭취 및 혈중 수치를 측정하였다. 따라서, 연구자들은 통계적 검정력을 최대화시킬 필요가 있어 양쪽 슬관절을 관찰하였다. 그 결과 비타민 D는 관절염의 진행과 연관되어 있음을 발견하였다.

Repeated observation의 자료를 모으는 중요한 두 번째 이유는 이렇게 함으로써 시간의 경향(time trend)을 알 수 있다는 점이다. 예를 들면 Conter 등은 임신중 산모의 흡연의 영향을 조사하였다(BMJ 310 : 768-771, 1995). 그 결과 임신중 흡연한 여성은 의미 있게 저체중아의 출산율이 높았다. 그러나 출산 후 0−6개월 사이의 성장률은, 임신중 흡연한 여성에서 출산된 아기가 그렇지 않은 아이에 비해 더 높았다. 흡연이라는 독성 물질에 대해 이기려는 자연의 능력에 경의를 표해야 할 것이다.

개인 수준에서보다는 community 수준에서 적용된 intervention에 흥미 있을 때는 개인보다는 특별한 clinic이나 town 같이 어떤 집단에 의해 randomized된 집단을 선택해야 한다. Intervention을 하면 전체 집단에 영향이 있으므로 집단 안에서 각 개인을 randomized하기는 불가능할 때가 있다. 예를 들면 Jensen 등은 낙상을 줄이려고 다양한 프로그램을 사용할 것인지 표준화된 프로그램을 사용할 것인지 알아보기 위해 9개의 residential care center를 randomized하였다(Ann. Intern. Med. 136 : 733-741, 2002). 많은 센터에서 위험성이 있는 환경의 개선, staff의 교육, 환자 이송수단의 개선 등의 intervention을 포함하였기 때문에 센터에 있는 모든 사람은 변화에 대해 이득이 있는 것이었다. 센터에 의한 cluster를 보정하고 intervention을 받은 센터에 있는 거주자는 intervention을 받지 않은 거주자에 비해 낙상의 위험이 의미 있게 낮았다(OR = 0.49, 95% CI 0.37−0.65).

독립된 자료보다 cluster된 자료를 분석하기가 더 복잡하지만 가끔 established clusters로부터 자료를 모으는 것이 쉬울 때가 있다. 예를 들면 Gandhi 등은 24명의 의사에 의해 관찰된 661명의 환자들에서 약물의 부작용을 조사하였다(N. Engl. J. Med. 348 : 1556-1564, 2003). 의사의 진료형태가 약물처방에 영향이 있을 것이라 예측되었기 때문에 연구자들은 의사들에 의해 cluster한 후 보정을 하였다. 661명의 의사들에 의해 작성된 661개의 의무기록을 보는 것은 매우 힘든 일이다. 그냥 한 의사에 의해 처방된 661개의 기록을 조사해보는 것이 나을 것이라고 생각이 드는 독자도 있을 것이다. 이렇게 하면 의사에 의해 cluster된 것을 보정할 필요도 없을 것이고, 자료를 모으는 것도 쉬울 것이다. 그러나 한 의사에 의해 작성된 자료는 나중에 일반화할 수 없다는 점이 중요하다.

마지막으로 개인적으로 짝지은 연구(individually matched studies)를 수행하는 이유는 confounding을 줄이기 위해서이다. 전통적으로 역학은 짝지은 환자-대조군 연구(matched case-control study)에 기초를 두고 있다. 환자군(case with disease)과 대조군(control without disease)은 결정적인 변수에 대해 개별적으로(individually) 짝지어진다. 여기서 중요한 핵심은 개별적으로 짝지어진다는 점이다. 전체적으로 대조군을 선택해서 환자군과 비교하는 것은 짝지은 matched design이 아니다. 잠재적인 confounding variable에 대해 환자군과 짝짓기한 대조군이 있다면 짝짓기하지 않았을 때보다 작은 표본수로도 동일한 연구 가설에 대한 답을 구할 수 있다. 그 이유는 짝짓기를 한 잠재적인 confounding variables에 대해 환자군과 대조군 사이의 차이를 보정할 필요가 없기 때문이다.

짝짓기가 왜 다변수분석에서 confounding variable의 영향을 제거하는데 필요한지 의문이 들 수 있다. 사실 오직 한 개의 독립변수가 결과변수에 미치는 영향을 평가하고자 하는 데 관심이 있고, 관련된 모든 혼란변수에 대해 짝짓기를 하였다면 다변수분석을 할 필요는 없다. 대신 등간변수에 대해 paired t test를 또는 이분형변수에 대해서는 McNemar's test를 사용하면 된다. 그러나 짝짓기를 하면 짝지어진 변수에 대해서는 confounding을 제거할 수 있지만, 짝지어지지 않은 환자군과 대조군에 다른 잠재적인 혼란변수가 존재할 수도 있다. 또한 특정변수에 대해 짝짓기를 했다면 이 특정변수의 결과 변수에 대한 영향은 평가할 수 없다는 사실을 알아야 한다. 개별적으로 짝지어진 자료를 분석할 때 사용할 수 있는 다변수모형은 다음과 같다(표 14.2).

표 14.2 Multivariate models for incorporating individually matched data

Interval outcome	Dichotomous outcome	Time to dichotomous outcome
Repeated measures analysis of variance	Conditional logistic regression	Marginal approach (for proportional hazards analysis)

왜 cluster된 자료가 발생했든지 간에 cluster 안에서 correlation을 보정하는 다변수분석 방법을 알아야 한다(표 14.3). 이렇게 보정을 해주지 않으면 자료분석시에 각 관찰을 하나의 객체로 처리하기 때문에 결과의 통계적 의미가 과장되게 된다. 그러나 비록 100명에서 두 번 관찰한 자료가 100명에서의 한 번 관찰한 자료보다 모집단에서 연구자의 결과가 '진실'에 대해 확신을 더 가지게 하더라도, 200명의 대상자를 관찰하는 것만큼 충분한 확신을 주는 것은 아니라는 사실을 알아야 한다.

표 14.3 Methods for studying correlated observations

Method	Features
Transform in a single measures Change score Slope	May be used with repeated observations of the same subjects on an interval outcome. Change scores are useful when there are only two time points. Slop can accommodate multiple observations, an unequal number of observations per cluster, and unequal time intervals between observations, but can only be used for linear trends.
Generalized estimating equations (= marginal models = population- averaged model)	Can model a variety of different relationships between risk factors and outcomes; adjustment widens confidence interval but doesn't change point estimate. Can accommodate unequal number of observations and unequal time intervals between observations.
Mixed-effects models(also called multilevel models, random effects regression models, random coefficient models, and hierarchical models)	Can model a variety of different relationships between risk factors and outcomes; adjustment affects both the point estimate and the confidence interval. Can accommodate unequal number of observations and unequal time intervals between observations.
Repeated measures ANOVA	Can only be used with interval outcomes, an equal number of observations per subjects and fixed periods between observations.
Conditional logistic regression	May only be used with dichotomous outcomes, an equal number of observations per subjects, and fixed periods between observations.
Anderson-Gill counting process for proportional hazards analysis	Adaptation of proportional hazards analysis for repeated outcomes of a time to outcomes variables.
Marginal approach for proportional hazards analysis	Adaptation of proportional hazards analysis for repeated outcomes of a time to outcomes variables.

Cluster 안에서 correlation을 보정하는 방법에 따라 중요한 차이가 있다. 그러나 하나의 공통점은 각 cluster를 결정하는 하나의 변수는 꼭 필요하다. 각 cluster를 결정하는 변수가 없으면 통계 프로그램은 어떤 관찰이 반복되었고 어떤 것이 cluster되었는지 알 수가 없다. 같은 대상자를 반복해서 관찰한 경우에

는 대상자의 identification number(ID)가 cluster를 지정해 주는 변수로 사용된다. 집단(group)에 의해 cluster된 경우 각 case가 수집된 집단의 identification (즉, medical practices 혹은 병원)이 cluster를 지정해 주는 변수가 된다.

14.1.1. Transform repeated observations into a single measure

반복적인 관찰로 이루어진 자료를 분석하는 한 가지 직접적인 방법은 반복적인 관찰로 이루어진 자료를 하나의 측정값으로 바꾸어주는 것이다. 이 과정은 change score를 이용해서 할 수 있다. Change score는 연구기간에 걸쳐 결과변수의 절대적 혹은 상대적인 변화를 말한다.

혈압을 6개월 간격으로 2번 측정하였다면 절대적 변화는 6개월 혈압에서 초기 혈압의 값을 빼주면 된다. 이 값을 새로운 결과변수로 사용할 수 있다. 이러한 방식으로 독립변수가 결과에 어떻게 영향을 미치는지를 동일 대상에 대해서 반복적인 관찰을 분석하는 방법을 사용하지 않고서도 파악할 수 있다.

Change score는 또한 절대적인 변화보다는 상대적인 변화에 가중치를 부여하여 적용할 수도 있다. 이는 baseline score로 change score를 나누어주면 된다. 예를 들어 AIDS환자에서 CD4 lymphocyte의 수를 계산시, 6개월 후 100－cell 수의 변화는 질환의 진행과 관련되어 있다. 만약 200개에서 100개로 감소한 경우와 1,200개에서 1,100개로 감소한 경우에 절대적 변화는 100개로 같다. 하지만 전자의 상대적 변화(100 ÷ 200 = 0.5)가 후자의 상대적 변화(100÷1,200 = 0.08)보다는 더 크다.

Change score는 2개 이상 관찰한 경우에는 사용할 수 없다. 관찰을 2번 이상 한 것에 사용할 수 없다는 의미가 아니고, 2가지 이상의 관찰항목에 대해서 사용할 수 없다는 의미이다. 그러나 연구기간 동안 변화양상을 측정할 수는 있다. 즉, 시간의 경과에 따라 각 대상자의 관찰값을 그래프로 그려본 후, 각 대상자에 대해 기울기(slope)를 결정한다. 이 기울기의 값을 continuous outcome variable로 사용할 수 있다. 이런 방법은 시간에 따라 직선형으로 증가 혹은 감소하는 변수에 사용하기에 적합한 방법이다. 위의 CD4의 예에서 CD4 count의 기울기는 치료를 하지 않을 때 시간 경과에 따라 CD4의 수가 linear하게 감소하기 때문에 흔히 연구자에 의해 시간 경과에 따른 질환의 진행률을 측정하는데 사용된다.

Baseline score로 change score를 나누는 것과 유사하게 절편(intercept)으로 기울기를 나누어줄 수 있다. 이렇게 함으로써 큰 절편값을 갖는 대상자의 변화는 가중치를 가지므로 낮은 절편값을 갖는 대상자의 변화보다 작게 된다. 이 방법은 Riggs 등이 골다공증의 치료로 fluoride가 뼈의 mineral density에 미치는 영향을 조사하는 데 사용되었다(N. Engl. J. Med 322 : 802-809, 1990).

기울기를 사용하는 방법의 장점은 clusters(즉, 한 사람은 4번 특정했고, 다른 사람은 6번 측정한 경우) 사이의 측정의 횟수가 서로 다를 때도 사용할 수 있고 observations 사이에 서로 측정간격이 다를 때도 사용할 수 있다는 점이다.

기울기를 구하기 위해서는 어떠한 시점에서든 2개의 값만 있으면 된다. 그러나, 연구자들은 보통 타당한 기울기를 구하기 위해 필요한 최소한의 횟수를 정할 필요가 있다. 예를 들면 위의 AIDS 연구에서는 최소한 5번의 CD4 count가 된 대상자만을 연구에 포함시켰다. 최소한의 측정횟수에 미치지 못하는 경우는 연구에서 제외한다.

비록 change score나 기울기를 사용하는 것이 단순해 보일지라도, 이것은 반복적으로 관찰된 자료를 처리하는 데는 강력한 방법이라고 할 수 있다. 예를 들면 D'Amico는 전립선암 환자의 혈청 PSA수치 변화(PSA velocity)를 특정화하기 위해 기울기를 사용하였다. 천 명 이상의 환자를 5년 이상 추적조사하였고, 혈청 PSA검사는 6개월 간격으로 검사하였다. 그 결과 PSA velocity가 2.0ng / ml / year 이상인 환자는 유의하게 PSA level의 변화가 작은 환자에 비해 전립선암으로 사망할 가능성이 높았다.

기울기를 사용하는 것의 단점은 이 방법은 outcome이 시간의 경과에 따라 직선적으로 변할 때만 사용할 수 있다는 것이다. 직선적으로(linear) 변하는 것 이외의 경향(trend)을 이 방법으로 분석하면 부정확한 결과가 도출된다. 두 측정 사이의 어떤 변화도 통계적으로 linear한 경향이 있어야 한다.

14.1.2. Generalized estimating equations

Generalized estimating equations(GEE)은 clustered observation을 보정하는 데 아주 탄력적인 분석방법이다. 또한 위험인자와 결과변수 사이의 linear, logistic, 혹은 logarithmic관계를 포함하는 다양한 분석방법을 제공하고 있다. GEE는 interval, dichotomous, ordinal과 categorical outcome을 모두 이용해서

분석을 할 수 있다. 또한 시간에 따라 변하지 않는(fixed variable) 성별 같은 독립변수뿐 아니라 각 혈압의 측정값이 관찰마다 값이 변하는 독립변수도 분석에 포함시킬 수 있다.

GEE는 popular-average models이며 또한 marginal models이라고도 한다. 왜냐하면 종속변수인 관찰에 대한 평균 반응(average response for observations)과 독립변수인 같은 숫자의 covariate의 set로 모형을 세우기 때문이다. 이 때 분산은 평균의 알려진 함수라고 가정한다. 관찰값의 correlation을 허용하므로 반응변수에 대해 특별한 분포의 가정을 하지는 않지만 분산과 평균 사이에는 미리 알려진 관계가 있어야 한다(link function).

GEE는 다른 clusters로 구성된 다른 수의 관찰이 있을 때도 분석에 포함시킬 수 있다. 즉, 한 객체에서 두 번 관찰을 했고 다른 객체에서 네 번 관찰을 했을 때라든지, 한 병원에서 20명을 관찰하고 다른 병원에서 40명을 관찰했을 때 모두 분석이 가능하다. 이것이 GEE의 중요한 장점이다. 이를 통해 연구대상자 수는 적지만 관찰 횟수가 많은 연구에서 발견되는 효과에 대한 검정력을 높여준다.

다른 수의 관찰에서 결측자료가 있을 때는 결측자료가 무작위로(random) 발생된, 즉 무시할 수 있는 결측자료(ignorable missing data)인지 무작위로 발생하지 않은 무시할 수 없는(non-ignorable) 혹은 정보를 가지고 있는 결측자료(informative missing data)인지를 먼저 구분해야 한다. 다음과 같은 경우는 non-ignorable missing data라고 할 수 있다. 1) 결측치의 발생이 outcome의 과거의 수치에 의해 예측될 수 있을 때(즉, AIDS 환자의 CD4 숫자는 마지막으로 와서 측정한 CD4의 숫자보다 더 낮을 가능성이 많다), 2) 어떤 환자의 집단은 결과에 대해 결측값을 가질 가능성이 많을 때(즉, Caucasian 여성은 다른 종족의 여성보다 bone density에 대해 결측값을 가질 가능성이 높다).

결측이 무작위로 이루어졌는지 검사하려면 각 대상자에게 outcome의 결측치가 없으면 0을, 한 개 이상 결과변수에 결측치가 있으면 1을 할당한 후 multivariable logistic regression으로 0,1로 coding한 변수, 독립변수 그리고 prior value of outcome 사이의 관계를 검정하면 된다. 만약 결측이 무작위로 되었다면 대상자의 결측치가 있든지 없든지 간에, 독립변수와 prior value of the outcome 사이에 유의한 상관이 없게 된다.

GEE는 결측이 무작위로 발생했을 때 수용되는 방법이다. 결과변수가 연속변수일 때(그러나 이분형 결과변수는 안 된다), GEE는 또한 결측자료가 무작위로 발생하지 않았을 때도 수용할 수 있는 방법이다. 많은 결측자료가 있거나 결측자료가 non-random하게 발생했을 때는 분석결과에 bias로 작용할 가능성이 높다. 달리 말하면 자료의 양이 적거나 경험적으로 보여주는 자료가 무시할 수 있는 적은 자료라면, GEE를 이용해서 분석을 할 때 bias가 생길 가능성은 무시할 수 있다.

GEE의 다른 장점은 관찰 사이의 간격이 다를 때도 사용할 수 있다는 점이다. GEE의 효과는 cluster observations의 상관관계를 반영하므로 points estimate의 표준오차를 증가시킨다. 그러므로 신뢰구간도 커진다. 그러나 GEE는 point estimate(즉, 회귀계수, odds ratio)를 변화시키지는 않는다. 단지 point estimates의 신뢰구간과 표준오차만을 변화시킨다.

예를 들면 처음 예로 들었던 대학 풋볼 선수들의 반복되는 concussion이 신경학적 기능에 미치는 영향을 조사하는 연구에서도 연구자들은 GEE를 이용하였다(JAMA 290 : 2556-2563, 2003). 손상받은 선수와 손상이 없는 대조군을 조사했고 모두 반복적인 관찰이 있었다. GEE로 같은 선수에서 반복되는 correlation을 보정하였고, baseline neuropsychiatric function, academic year, number of the previous concussions, history of learning disability 그리고 collegiate institution 등의 잠재적인 혼란변수를 분석에 포함하였다. 결과 concussion이 있었던 선수는 대조군에 비해 손상 후 2일과 7일에 cognitive processing speed와 fluency에 약한 장애가 있다는 것을 밝혔다.

Generalized estimating equations을 시행하려면 다음 세 가지 사항을 지정해 주어야 한다.

1) link function
2) working correlation matrix
3) method for estimating the variance-covariance matrix

연결함수(link function)는 연구자가 자신의 자료를 적합시키기 위해 사용하는 모형의 형태를 말한다. 흔히 사용되는 모형으로는 linear, logit, 혹은 log 모형이 있다. Linear 모형은 정규분포를, logit 혹은 log모형은 이항분포 혹은 포아송분포를 취하게 된다.

Working correlation matrix는 각 cluster가 서로 어떻게 연관성이 있는지를 나타내는 것이다. 여기에는 다섯 가지의 선택 방법이 있다(표 14.4).

Exchangeable working correlation matrix는 가장 흔히 사용되는 방법이며 compound symmetric working correlation이라고도 한다. 이 모형의 가정은 두 개의 correlated observations은 동등하게 correlated되어 있다는 것이다(즉, 특정 대상자의 첫 번째와 세 번째 관찰이 같이 correlation을 갖는다면 첫 번째와 두 번째의 관찰도 같은 correlation을 갖지만 아마도 다른 대상자의 관찰의 correlation과는 다른 correlation을 갖는다. 다른 예로 한 가족에서 첫째와 셋째 아이는 첫째와 둘째 아이와 같은 correlation을 갖지만 다른 가족의 아이 두 명과는 다른 correlation을 갖는다).

어떤 경우 cluster 안에서 correlation이 같다는 가정이 사실이 아닐 수 있다. 어떤 관찰은 다른 관찰과 아주 높게 correlated되어 있을 수 있다. 즉, 같은 때를 맞춘 대상자에서 관찰은 때를 맞추지 못한 대상자의(관찰시점에서 떨어져 있으면) correlation보다는 높게 correlation되어 있고 나이가 비슷한 형제자매끼리는 나이의 차이가 많이 나는 형제자매보다는 좀더 높게 correlated되어 있을 가능성이 높다. Correlation matrix는 대상자의 다른 집단에서는 다르다. 즉, 규모가 작은 병원에서 환자를 관찰한 것은 규모가 큰 병원에서 관찰한 것보다 좀더 높게 correlated되어 있다는 의미이다.

M-dependent structure에서의 가정은 cluster 안에서 같은 거리로 떨어져서 측정된 관찰의 correlation은 같다는 것이다. 달리 말하면 3개월 떨어져서 어떤 두 개의 측정을 했을 때의 correlation은 같다. 혹은 1년 떨어져서 어떤 두 개의 측정을 했을 때의 correlation은 같다는 것이다. M-dependent structure를 이용하려면 또한 제 시간에서 떨어진 측정의 correlation(time equals M)은 0이라는 사항을 규정해야 한다.

First-order autoregressive working correlation matrix(= the exponential correlation model)에서의 가정은 cluster 안에서 repeated / related observations 사이에서의 correlations은 관찰이 더 멀어짐에 따라 지수함수적으로(exponentially) 감소한다는 것이다. 이런 것은 longitudinal studies에서 흔히 관찰된다.

Independent correlation matrix에서의 가정은 cluster 안에서 반복적으로 관찰하여 측정한 값은 독립적이라는 것이다. 반복적으로 관찰한 값이 독립적이라면 왜 correlated outcome을 처리하는 항목에서 다루는 것일까? 그 이유는

표 14.4 Types of working correlation matrices for generalized estimating equations

Type	Description	When to use
Exchangeable working correlation matrix (= compound symmetric working correlation.	Assumes that any two observations within a cluster have the same correlation.	Most common choice for analyzing data for non-independent observations.
M-dependent structure	Assume that the correlations of any 2 measurements an equal distance apart within a cluster are the same.	May use when correlations between repeated observations are known to decrease as the distance between them increase.
First-order autoregressive correlation model(= the exponential correlation model)	Assume that the correlation within a cluster decreases (in an exponential fashion) as the distance between observations increase.	May use when correlations between repeated observations are known to decrease over time (e.g., longitudinal studies).
Independent correlation model	Assume that the repeated observations within a cluster are independent (are not correlated).	May be used for studies where the number of observations per cluster is small relative to the number of clusters.
Unstructured correlation model	Makes no assumption about the correlation of observations within a cluster	May use when the number of observations within a cluster is small and balanced. Otherwise computationally difficulty.

cluster의 수가 상대적으로 cluster당 관찰의 수보다 많을 때는 correlation의 영향은 무시할 수 있을 정도로 작게 되기 때문이다. 즉, 정규분포를 하는 interval outcome과 independent correlation matrix로 GEE를 하게 되면 linear regression model과 같게 된다.

이름에서 알 수 있듯이 unstructured working correlation matrix는 cluster 안에서 자료가 어떻게 correlated되어 있는지에 대한 가정이 없다. Correlation matrix의 참값을 모르므로 이 방법은 중요한 장점같이 보인다. 그러나 많은 관찰 그리고/혹은 다양한 횟수의 관찰이 있을 때는 unstructured working correlation matrix는 정확하게 추정하기가 어려워진다.

자신의 자료에 맞는 working correlation structure를 선택하는 것이 목표라고 하더라도, generalized estimating equations은 true correlation structure의 대략적인 추정값만 있으면 분석을 시작할 수 있다. 최종적으로 추정된 parameters는 일반적으로 얼마나 정확하게 어떤 working correlation matrix를 이용했는지와는 상관이 없다. 그러므로 working correlation matrix의 여러 방법을 수학적인 계산의 어려움에 대해 고려해 볼 필요가 있다. 이런 이유로 exchangeable working correlation matrix는 M-dependent structure, first-order autoregressive correlation model, unstructured correlation model보다는 수학적인 계산이 쉽기 때문에 가장 흔히 이용되고 있다.

Variance-covariance structure는 working correlation과 link function의 함수이다. Variance-covariance structure를 추정하기 위해 흔히 사용되는 방법으로 Huber-White sandwich estimator와 model-based estimate가 있다. 일반적으로 variance mode에 대한 가정이 없는 Huber-White sandwich estimator가 선호되어 사용되고 있다. 불행하게도 cluster의 수가 작으면(즉, < 40), Huber-White sandwich estimator는 표준오차가 정확하게 커지지 않고 결과의 유의성을 과대평가하여 bias가 생길 수 있다. 그러므로 cluster의 수가 작을 때(특히 < 20)는 model-based estimate가 선호된다.

일단 link function, a working correlation matrix 그리고 method for estimating the variance-covariance matrix를 결정했으면 generalized estimating equations을 할 수 있다. 결과는 linear regression, 로지스틱 회귀분석 또는 Poisson regression과 비슷하게 각 위험인자에 대한 회귀계수, 표준오차, p-value가 계산되어 나오지만 표준오차는 cluster 안에서 correlation을 보정한 값이다.

〈SPSS에서 generalized estimating equations의 이용〉

SPSS에서 generalized estimating equations을 사용하려면 같은 변수의 각 측정에서 다른 측정으로 바꾸어주어야 한다. 먼저 반복적으로 측정된 자료가 어떻게 입력되었고 이 자료를 어떻게 GEE형식으로 바꾸는지 알아보자. 다음의 자료는 각 대상자(ID)에 대해 치료약제(Treatment)로 A(active)와 P(placebo)를 처방후 5주(A5), 9주(A9), 그리고 13주(A13)에 증상이 호전(=1)되었는지 호전되지 않았는지(=0)와 객관적인 수치로도 호전(=1)되었는지 호전되지 않았는지를 측정한 자료로 3명의 자료만 보여주고 있다.

ID	Sex	Age	Treatment	A5	A9	A13	B5	B9	B13
1	M	48	A	1	1	1	1	1	1
2	M	29	A	1	0	1	1	0	1
3	F	60	P	0	1	1	0	1	1

각각 1명에 대해서 3번씩 측정을 했으므로 1명당 3개의 record로 다시 배열을 해야 한다. 지금은 대상자가 3명이고 반복 측정된 변수가 2개이므로 수기로 가능하지만 만약 대상자가 수백 명 되고 반복 측정된 변수의 개수도 많을 때는 어떻게 변환을 할까? SPSS는 주 화면의 Data ▶ Restructure……에서 간단히 바꾸어 줄 수 있다. 자료를 SPSS에 입력한 후 위와 같이 선택하면 그림 14.3이 보인다.

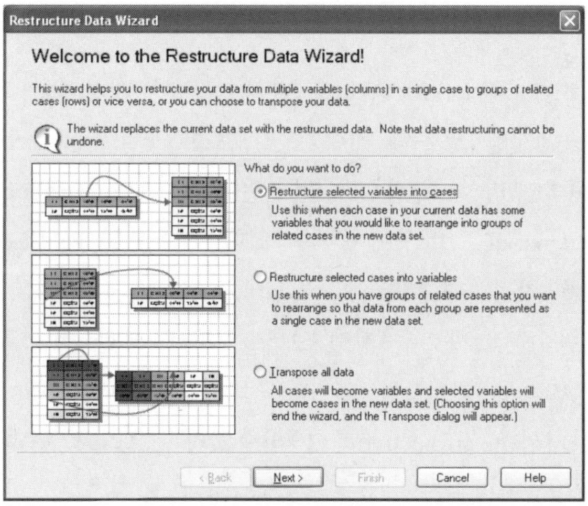

그림 14.3

그림 14.3에서 3가지 항목 중 맨 위의 Restructure selected variables into case를 선택한다. 즉, 변수를 case로 바꾸는 항목이다. 두 번째는 반대로 cases를 변수로 바꿀 때 선택하고, 세 번째는 모든 자료의 row와 column을 서로 바꾸는 transpose이다. Next를 click하면 그림 14.4가 보인다. 그림 14.4에서는 반복 측정된 변수가 몇 개인지를 선택한다. 본 예제에서는 A5, A9, A13과 B5, B9, B13의 두 개가 반복측정 되었다(6개가 아니고). 그래서 밑의 항목을 선택하고 2로 입력하였다. Next를 click한다.

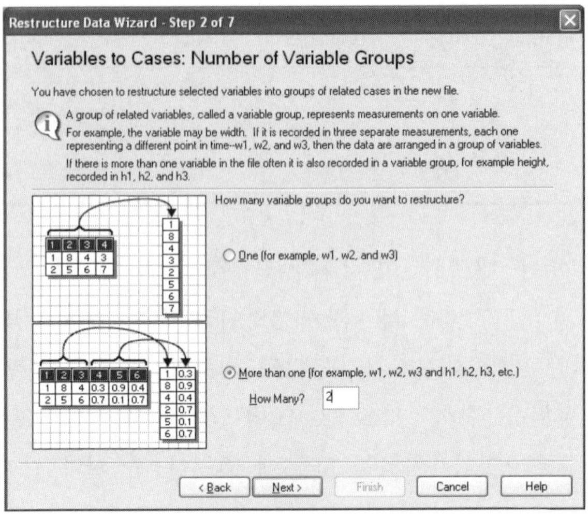

그림 14.4

Case Group Identification은 반복 측정한 대상자를 지정하라는 것이다. 우리는 ID라는 개인 고유의 변수가 있으므로 Use selected variable에서 ID변수를 지정해 준다. 만약 ID변수가 없으면 Use case number를 선택하면 Name : id1이 생기고 label을 바꾸어 줄 수 있다. Variable to be transposed에 반복 측정된 변수를 지정한다. Target Variable : 을 보면 trans1과 trans2가 있다. 우리가 변환할 변수를 2개로 지정했으므로 2개가 생긴 것이다. 먼저 trans1을 선택한 후 A5, A9, A13를 그림 14.5와 같이 지정한다. Trans1은 이름을 바꾸어줘도 된다. 여기서는 subjective라고 바꾸었다. 그리고 변하지 않고 고정되는 sex, age, treatment변수는 Fixed Variables에 지정한다. 다음 trans2를 선택한 후 B5, B9 그리고 B13을 선택하고 고정변수도 trans1과 같이 지정을 한다. Trans2는 objective라고 바꾸었다. Next를 click하면 그림 14.6이 보인다. Case Group Identification은 반복 측정한 대상자를 지정하라는 것이다.

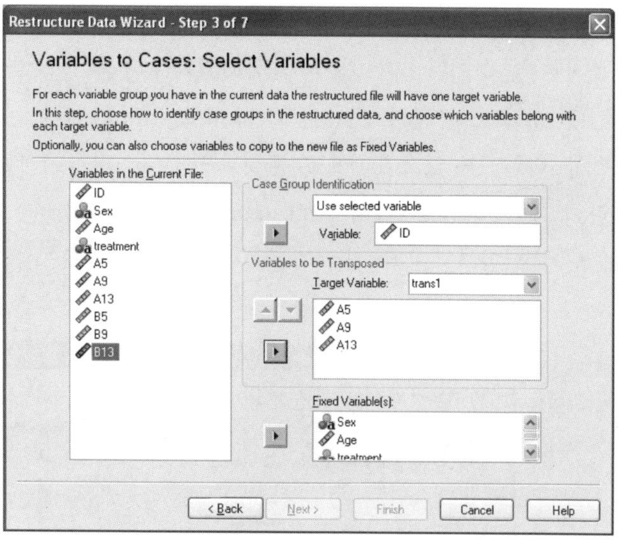
Restructure Data Wizard - Step 3 of 7
Variables to Cases: Select Variables
For each variable group you have in the current data the restructured file will have one target variable.
In this step, choose how to identify case groups in the restructured data, and choose which variables belong with each target variable.
Optionally, you can also choose variables to copy to the new file as Fixed Variables.
Variables in the Current File:
ID
Sex
Age
treatment
A5
A9
A13
B5
B9
B13
Case Group Identification
Use selected variable
Variable:
ID
Variables to be Transposed
Target Variable:
trans1
A5
A9
A13
Fixed Variable(s):
Sex
Age
< Back
Next >
Finish
Cancel
Help

그림 14.5

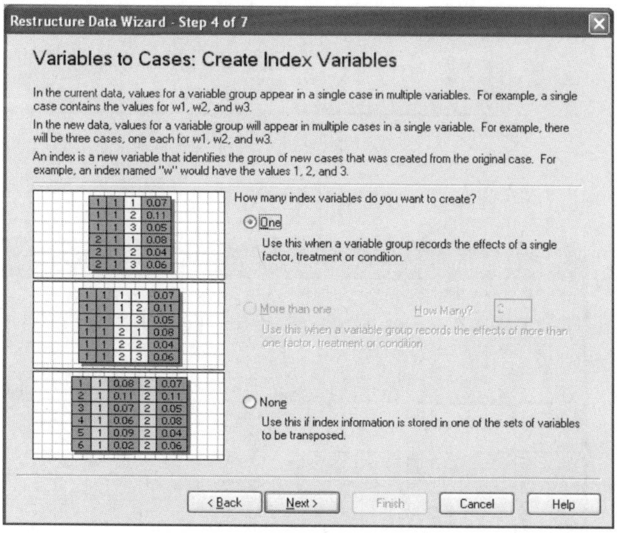
Restructure Data Wizard - Step 4 of 7
Variables to Cases: Create Index Variables
In the current data, values for a variable group appear in a single case in multiple variables. For example, a single case contains the values for w1, w2, and w3.
In the new data, values for a variable group will appear in multiple cases in a single variable. For example, there will be three cases, one each for w1, w2, and w3.
An index is a new variable that identifies the group of new cases that was created from the original case. For example, an index named "w" would have the values 1, 2, and 3.
How many index variables do you want to create?
One
Use this when a variable group records the effects of a single factor, treatment or condition.
More than one
How Many?
Use this when a variable group records the effects of more than one factor, treatment or condition.
None
Use this if index information is stored in one of the sets of variables to be transposed.
< Back
Next >
Finish
Cancel
Help

그림 14.6

그림 14.6에는 index(색인) 변수에 관한 것이다. Index는 새로운 case의 집단을 구분하는 변수이다. 한 개가 선택되었다. 다음 Next를 click하면 그림 14.7이 보인다. Index 파일의 이름은 default로 index1이나 본인이 원하는 대로 변수 이름을 바꿀 수 있고 label도 붙일 수 있다. 다음은 finish를 click하면 SPSS 자료 입력 창에 다음과 같이 restructure된 자료를 볼 수 있고 9명으로 9 cases의 record가 되었다.

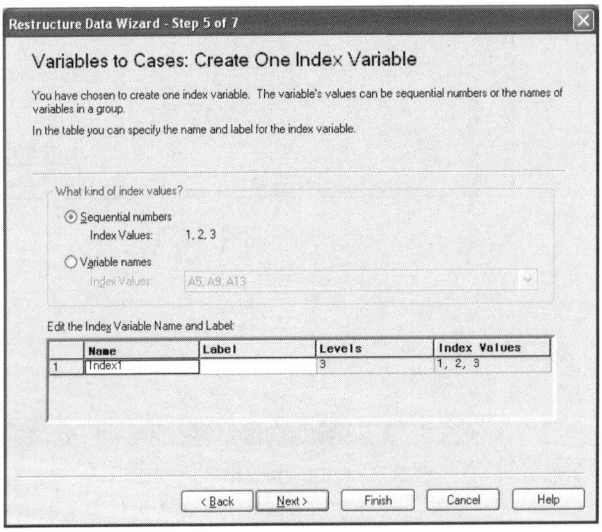

그림 14.7

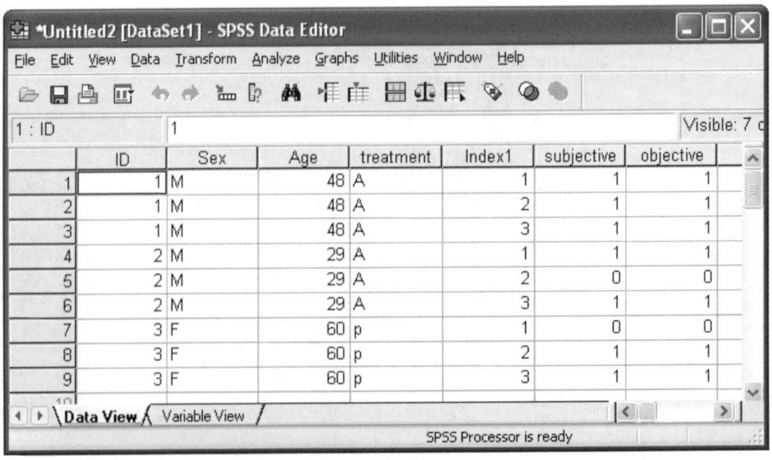

다음은 예제 파일로 실제로 GEE를 해보자. 우선 example6.sav파일을 연다. 예제 파일은 치료방법(Active vs. Placebo)에 따른 arthritis rating을 비교하기 위해 5주, 9주 그리고 13주 3회에 걸쳐서 치료방법에 따라 반복 측정한 arthritis rating(0 = poor, 1 = good)이 차이가 있는지를 알아보기 위한 연구이다. 실제 자료는 한 사람당 3회 반복 측정된 자료이었으나 위에서 자료를 restructure하는 방법으로 다시 recoding한 자료이다. 그러므로 대상자는 51명이나 3번 반복 측정으로 자료의 record가 1명당 3회가 되므로 3 * 51 = 153명이 된다.

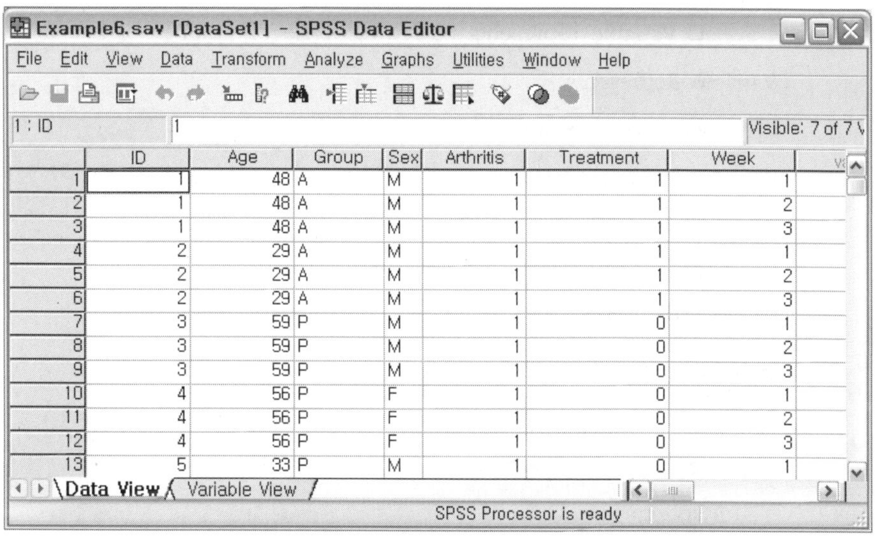

	ID	Age	Group	Sex	Arthritis	Treatment	Week
1	1	48	A	M	1	1	1
2	1	48	A	M	1	1	2
3	1	48	A	M	1	1	3
4	2	29	A	M	1	1	1
5	2	29	A	M	1	1	2
6	2	29	A	M	1	1	3
7	3	59	P	M	1	0	1
8	3	59	P	M	1	0	2
9	3	59	P	M	1	0	3
10	4	56	P	F	1	0	1
11	4	56	P	F	1	0	2
12	4	56	P	F	1	0	3
13	5	33	P	M	1	0	1

여기서 종속변수는 binary rating of arthritis가 되고 예측변수는 age, sex, 그리고 treatment(1 = Active, 0 = Placebo)이다. 그러므로 이런 경우는 logistic regression이 가장 적합할 것 같다. 그럼 GEE모형을 이용하여 logistic regression을 적합시켜 보자. 여기서 cluster되어 있는 것은 'ID'라는 subject이다. 또한 within-subject variables은 week이고 within subject variable은 같은 subject / cluster에 대한 반복관찰 측정된 순서를 정의한다. 이제 다음과 같이 지정을 한다.

Analyze

Generalized Linear Models ▶

Generalized Estimating Equation……

Repeated……

▶ Subjected Variables : ID

▶ Within-subject Variables : Week

▶ Covariance Matrix : Robust estimator

Working Correlation Matrix

Unstructured

Response……

▶ Dependent Variable : Arthritis

□ Variable represents binary response or number of events : **선택**

Variable Represents

◉ Binary response

Reference Category……

◉ First (lowest value)

Distribution and Link Function

Distribution : Binomial

Link function : Logit

Predictors……

▶ Factors : Treatment Sex

Option……

◉ Descending order

▶ Covariate : Age

Model……

▶ Model : Treatment Sex Age

Statistics……

Analysis Type : Type I and Type III

Repeated……에서 covariance matrix는 variance-covariance structure를 말하는 것이고, Robust estimator(= Huber-White sandwich estimator)를 이용한다.

Response……에서 종속변수가 이분형이므로 Binary response를 선택하고 모수의 추정값을 구하기 위하여 꼭 reference category를 지정해야 하며 default 값은 last value이다. 우리는 First로 바꾸었으므로 기준이 0 = poor가 된다. 그러므로 1 = good의 발생을 결정하는 logistic 모형이다. 종속변수의 분포와 연결 함수인 link function의 결합의 가능한 방법은 여러 가지가 있기 때문에 주어진 자료에 적당한 방법은 과거의 이론적인 고찰로 가장 적합한 방법을 찾는 것이 중요하다. SPSS에서 종속변수의 분포에 대한 지정은 다음과 같은 것이 있다.

이항분포(binomial)는 종속변수가 이분형이거나 number of events인 경우 적당한 분포이다. Gamma분포는 큰 양수로(+) skewed된 positive를 가지는 변수에 적당하다. Gamma분포로 지정하면 만약 자료의 값이 ≤0 혹은 결측값(missing)을 갖는 대상자는 분석에서 제외된다. Inverse Gaussian 분포도 큰 양수로(+) skewed된 양수의(+) 척도를 가지는 변수에 적당하다. Inverse Gaussian분포로 지정하면 만약 자료의 값이 ≤ 0 혹은 결측값을 갖는 대상자는 분석에서 제외된다. Negative Binomial 분포는 non-negative integer values인 경우에 적당하다. 만약 자료의 값이 non-integer, less than 0, 혹은 결측값을 가지면 분석에서 제외된다. 정규분포(normal)를 지정하려면 종속변수는 numeric이어야 하며, central mean값에 대해 대칭적이고 종 모양의 분포를 하여야 한다. Poisson분포는 고정된 시간에서 사건의 발생횟수에 관심이 있는 경우와 종속변수의 값이 non-negative integer 값인 경우 적당한 방법이다. 만약 종속변수의 자료의 값이 정수가 아니거나, 0보다 작거나 또는 결측값이 있으면 분석에서 제외된다.

Link Function은 종속변수가 모형에서 추정값을 갖도록 변환시켜주며 다음과 같은 연결함수가 있다. Identity는 $f(x) = x$의 형태이다. 종속변수는 변환되지 않으며 이 연결함수는 어떤 분포를 지정해도 사용할 수 있다. Complementary log-log의 연결함수는 $f(x) = \log(-\log(1-x))$의 형태이고 종속변수가 이분형인 경우로 종속변수가 이항분포를 하는 경우에만 이용할 수 있다. Log 연결함수는 $f(x) = \log(x)$의 형태이다. 이 연결함수는 종속변수가 어떤 분포를 하든지 관계없이 사용할 수 있다. Log complement 연결함수는 $f(x) = \log(1-x)$의 형태이다. 종속변수가 이항분포를 할 때만 유용하다. Logit 연결함수는 $f(x) = \log(x/(1-x))$ 형태이다. 종속변수가 이항분포를 할 때만 유용하다. Negative Binomial 연결함수는 $f(x) = \log(x/(x + k^{-1}))$의 형태이다. 여기서 k는 negative binomial distribution의 ancillary parameter이다. 종속변수가 negative binomial distribution을 하는 경우에만 적당한 방법이다. Negative log-log 연결함수는 $f(x) = -\log(-\log(x))$의 형태이며 역시 종속변수가 이항분포를 할 때만 유용하다. Odds power 연결함수는 $\alpha \neq 0$면 $f(x) = [(x/(1-x))^{\alpha} - 1] / \alpha$의 형태이며, $\alpha = 0$면

f(x) = log(x)가 된다. 여기서 α는 required number specification이고 real number여야 한다. 역시 종속변수가 이항분포를 할 때만 유용하다. Probit 연결함수는 $f(x) = \Phi^{-1}(x)$이고 여기서 Φ^{-1}는 inverse standard normal cumulative distribution function이다. 종속변수가 이항분포를 할 때만 유용하다. Power 연결함수는 $\alpha \neq 0$면 $f(x) = x^{\alpha}$, $\alpha = 0$면 f(x) = log(x)이다. 여기서 α는 required number specification이고 real number여야 한다. 종속변수가 어떤 분포를 하든지 상관없이 사용될 수 있다. 여기서 종속변수는 arthritis rating(poor / good)의 이분형이므로 Distribution : 은 binomial을 Link Function : 은 logit를 선택한다.

Predictor……에서 Factors : 에는 변주형 변수를 Covariates : 에는 연속형 변수를 지정을 해준다.

Models……에서 factor와 covariate의 main effect 혹은 interaction term을 지정해 준다.

Estimations……에는 모수추정방법, iteration 횟수를 지정한다. 모수추정방법은 Newton-Raphson, Fisher scoring 혹은 hybrid method의 세 가지가 있다. 여기서는 hybrid를 지정하였다. Scale Parameter Method에서는 scale parameter estimation method를 지정해 준다. Default값은 fixed value이다.

다음은 결과이다.

Model Information

Dependent Variable		Arthritis [a]
Probability Distribution		Binomial
Link Function		Logit
Subject Effect	1	ID
Within-Subject Effect	1	Week
Working Correlation Matrix Structure		Unstructured

a. The procedure models Good as the response, treating Poor as the reference category.

전체 모형에 관한 요약이다. 결과 밑의 footnote를 꼭 확인해야 한다. 결과변수의 기준은 poor이다. 그러므로 good를 결정하는 예측변수를 찾는 logistic 모형이다.

전체 153명 중 missing value가 있어(ID = 7과 같이) 18명이 제외되었고 실제 분석에 포함된 대상자는 135명이다.

Case Processing Summary

	N	Percent
Included	135	88.2%
Excluded	18	11.8%
Total	153	100.0%

Correlated Data Summary

Number of Levels	Subject Effect	ID	50
	Within-Subject Effect	Week	3
Number of Subjects			50
Number of Measurements per Subject	Minimum		1
	Maximum		3
Correlation Matrix Dimension			3

Subjects를 구분하는 변수(ID)가 하나이므로 대상자의 수는 subject effect의 수와 같은 50명이다. Within Subject Effect는 week 변수이다. 각 subject마다 최대 3번, 최소 1번 반복측정 했다는 것을 알 수 있다.

다음은 범주형 변수에 대한 정보이다. 종속변수와 각 factor별로 나누어서 반응을 보인 대상자들의 수와 %를 보여주고 있다.

Categorical Variable Information

			N	Percent
Dependent Variable	Arthritis	Poor	36	26.7%
		Good	99	73.3%
		Total	135	100.0%
Factor	Treatment	Active	67	49.6%
		Placebo	68	50.4%
		Total	135	100.0%
	Sex	M	102	75.6%
		F	33	24.4%
		Total	135	100.0%

Continuous Variable Information

		N	Minimum	Maximum	Mean	Std. Deviation
Covariate	Age	135	28	65	50.94	10.557

다음은 모형의 효과에 대한 검정이다. Type I test는 sequential effect entry를 기초로 검정하며 type III test는 변수의 투입 순서와는 관계없다. 그러므로 변수의 투입효과에 대해 특별히 관심이 없는 한 type III를 사용한다. 모형의 효과에 대한 검정은 Treatment변수가 통계적으로 의미가 있다.

Tests of Model Effects

	Type I			Type III		
Source	Wald Chi-Square	df	Sig.	Wald Chi-Square	df	Sig.
(Intercept)	18.434	1	.000	.957	1	.328
Treatment	10.937	1	.001	11.018	1	.001
Sex	1.987	1	.159	1.851	1	.174
Age	.099	1	.753	.099	1	.753

Dependent Variable: Arthritis
Model: (Intercept), Treatment, Sex, Age

다음은 모수 추정값이다. 이 결과는 constant에 대한 검정을 제외하고 model effect의 type III test의 결과와 항상 같게 나온다. 즉, Treatment effect만 significant하다.

Treatment 변수를 1로 coding한 Active 치료집단은 0으로 coding한 Placebo 집단에 비해 Rating이 1, 즉 good을 경험할 odds ratio = 5.6배이다.

Parameter Estimates

			95% Wald Confidence Interval		Hypothesis Test				95% Wald Confidence Interval for Exp(B)	
Parameter	B	Std. Error	Lower	Upper	Wald Chi-Square	df	Sig.	Exp(B)	Lower	Upper
(Intercept)	.171	1.4694	-2.709	3.051	.014	1	.907	1.187	.067	21.135
[Treatment=1]	1.735	.5225	.710	2.759	11.018	1	.001	5.666	2.035	15.779
[Treatment=0]	0[a]	.	.	.	.	.	.	1	.	.
[Sex=M]	.702	.5160	-.309	1.713	1.851	1	.174	2.018	.734	5.548
[Sex=F]	0[a]	.	.	.	.	.	.	1	.	.
Age	-.009	.0275	-.062	.045	.099	1	.753	.991	.939	1.046
(Scale)	1.578									

Dependent Variable: Arthritis
Model: (Intercept), Treatment, Sex, Age

a. Set to zero because this parameter is redundant.

Working Correlation Matrix

Measurement	Measurement [Week = 1]	[Week = 2]	[Week = 3]
[Week = 1]	1.000	-.021	.286
[Week = 2]	-.021	1.000	.488
[Week = 3]	.286	.488	1.000

Dependent Variable: Arthritis
Model: (Intercept), Treatment, Sex, Age

Working correlation matrix표는 within-subject measurement에 대한 estimated correlations을 나타내고 있다. 위의 결과는 각 측정 사이에는 r의 값이 작아서 충분한 correlation이 존재한다고 할 수 없다. 첫 번째와 세 번째 측정 사이에는 0.286, 두 번째와 세 번째 측정 사이에는 0.488의 상관관계가 있다. 즉, correlation matrix를 unstructured를 선택했을 때 이 모형에는 잘 안 맞는 것 같으므로 working correlation matrix를 Exchangeable로 바꾸어서 다시 GEE를 하면 다음과 같은 결과를 얻을 수 있다.

Working Correlation Matrix

Measurement	Measurement [Week = 1]	[Week = 2]	[Week = 3]
[Week = 1]	1.000	.233	.233
[Week = 2]	.233	1.000	.233
[Week = 3]	.233	.233	1.000

Dependent Variable: Arthritis
Model: (Intercept), Treatment, Sex, Age

즉, 모든 within-subject measurement에 대한 estimated correlations coefficient는 모든 반복측정 수준에서 같은 값 0.233으로 변했고, 다음의 결과에서 보듯이 모수의 추정값에 대한 결과는 통계적 유의성이 있는 변수는 변하지 않았고 결과는 같다. 단지 계수의 값만 변했다.

Parameter Estimates

Parameter	B	Std. Error	95% Wald Confidence Interval Lower	95% Wald Confidence Interval Upper	Hypothesis Test Wald Chi-Square	Hypothesis Test df	Hypothesis Test Sig.	Exp(B)	95% Wald Confidence Interval for Exp(B) Lower	95% Wald Confidence Interval for Exp(B) Upper
(Intercept)	-.189	1.6056	-3.336	2.958	.014	1	.906	.828	.036	19.259
[Treatment=1]	-1.583	.5419	-2.645	-.521	8.535	1	.003	.205	.071	.594
[Treatment=0]	0[a]	.	.	.	.	.	.	1	.	.
[Sex=M]	-.893	.5363	-1.944	.158	2.774	1	.096	.409	.143	1.171
[Sex=F]	0[a]	.	.	.	.	.	.	1	.	.
Age	.010	.0296	-.048	.068	.106	1	.744	1.010	.953	1.070
(Scale)	1									

Dependent Variable: Arthritis
Model: (Intercept), Treatment, Sex, Age
a. Set to zero because this parameter is redundant.

그럼 우리는 working correlation matrix를 5가지 중에 어떤 것을 선택해야 하는가? Quasi-likelihood under Independence Model Criterion(QIC)를 이용하고 SPSS의 결과에는 goodness of fit test로 나와 있다.

일반적인 likelihood function의 개념은 GEE에는 적용할 수 없어 goodness of fit에 대한 통계량은 계산할 수 없다. 대신 likelihood를 일반화한 것을 기초로 information criteria가 계산된 QIC로 어떤 working correlation matrix를 선택할지 결정을 한다. 즉, 작은 QIC 값이 나온 working correlation matrix의 type의 structure가 좋은 것이다.

다음의 결과는 working correlation matrix를 unstructured와 exchangeable을 선택했을 때의 값이다. Unstructured의 QIC 값이 아주 조금 작다. 예측변수가 3개이고, 상관계수가 3개이므로 unstructured correlation model을 이용하는 것이 적당할 것 같다.

Goodness of Fit [a]

	Value
Quasi Likelihood under Independence Model Criterion (QIC)	147.955
Corrected Quasi Likelihood under Independence Model Criterion (QICC)	144.985

Dependent Variable: Arthritis
Model: (Intercept), Treatment, Sex, Age
a. Information criteria are in small-is-better form.

〈Unstructured〉

Goodness of Fit [a]

	Value
Quasi Likelihood under Independence Model Criterion (QIC)	148.738
Corrected Quasi Likelihood under Independence Model Criterion (QICC)	144.681

Dependent Variable: Arthritis
Model: (Intercept), Treatment, Sex, Age

a. Information criteria are in small-is-better form.

〈Exchangeable〉

일단 correlation matrix를 정했으면 다음으로 관심을 가져야 할 사항은 다른 effect를 가지고 있는 모형의 비교이다. 예를 들면 intercept와 treatment변수만을 가진 모형과 age, sex 변수를 포함하는 모형을 비교하고 싶을 수 있다. 이럴 때 이용하는 goodness of fit test가 Corrected Quasi-likelihood under Independence Model Criterion(QICC)이다. QICC를 가지는 것이 structure가 좋은 것이다. 다음의 결과는 treatment변수 1개만 있을 때의 결과로 QICC = 145.2로 treatment, sex, age를 포함했을 때의 QICC = 144.9보다 크다. 즉, 변수 3개를 다 포함하는 것이 모형에 더 적합하다.

Goodness of Fit [a]

	Value
Quasi Likelihood under Independence Model Criterion (QIC)	146.994
Corrected Quasi Likelihood under Independence Model Criterion (QICC)	145.245

Dependent Variable: Arthritis
Model: (Intercept), Treatment

a. Information criteria are in small-is-better form.

이상으로 GEE를 이용하여 longitudinal binary data를 repeated measures logistic regression으로 적합시켜 보았다.

14.1.3. Mixed-effects model

Mixed-effect model은 mixed models, random effect regression models, random coefficients models, random regression models, multilevel models 그리고 hierarchical models로 불리는 다양한 이름이 있다. 어떤 사람은 여기다 linear를 붙여 linear mixed-effect models 혹은 hierarchical linear models이라고도 한다. Nonlinear mixed-effect models와 구분하기 위해서 linear라는 용어를 사용하는 것이다.

Mixed effect model은 이름도 다양하듯이 또한 다양한 특징을 가지고 있다. Mixed란 이름은 fixed와 random effect를 모두 포함하기 때문에 붙여진 이름으로 이 모형에서의 가정은 개인들은(individuals) average (fixed) response에서 random하게 벗어나(deviate) 있다는 것이다. Fixed factor는 기술적으로 미리 정해진 수준이 사용된다. 예를 들면 온도, 압력같이 실제로 조업조건에서 연구자 또는 실험자가 제어할 수 있는 변수를 의미한다. Random factor는 인자의 수준이 정해지는 것이 아니라 random하게 이루어지며, 각 수준이 기술적인 의미를 가지고 있지 않은 변수 혹은 실제로 실험이나 연구시에 연구자가 제어할 수 없는 변수이다. 예를 들면 실험의 날짜와 같이 실험을 하는데, 하루에 다 할 수 없는 상황이 발생된 경우 3일간 나누어서 실험을 하게 된다. 이때 날짜라는 변수는 기술적인 의미(통계적인 의미)를 가지고 있지 않은 변수에 해당되며, 결과 분석시에도 변수의 인자에 따라서는 유의한 차이가 생기면 안 되는 변수이다.

연구나 실험시 보통 fixed factor 효과에 관심이 있다. 흔히 random effect는 표본을 추출할 때 발생한다. 예를 들면 특정 수술 후에 퇴원하는 데까지 걸리는 시간에 대해 연구를 할 때 환자는 'hospital'에서 cluster되어 있다. 비록 환자의 나이, 질환의 중증도, 경제적인 요인에 대해 흥미가 있어도 병원이라는 hospital effect를 무시할 수 없다. 어떤 병원은 분명히 다른 병원에 비해 효율적으로 환자를 퇴원시킨다. 여기서 hospital effect가 random effect이다.

Mixed-effects model의 근본인 fixed model은 linear, logistic 혹은 Poisson 모형이다. Random effect 때문에 각 individual subject의 slope와 intercept는 다를 수 있다. Mixed-effects model은 multilevel 혹은 hierarchical이라고도 불린다. 한 수준(one level)이 다른 수준보다 높은 곳에서 'random' variation의 2

개 이상의 '수준(level)'을 포함할 수 있다. 예를 들면 10개의 병원 중 1개의 병원에서(level 3) 일하는 100명의 의사(level 2) 중 1명의 의사가 1,000명의 환자(level 1)를 돌보는 경우이다. 여기서 각 level에서 관찰은 correlated되어 있는 것이다.

Mixed-effects model은 같은 대상자에서 반복적인 관찰을 했을 때도 사용될 수 있다. 반복된 관찰들은(level 1) 개체(subjects)의 'higher' level에서(level 2) correlated되어 있는 것이다. 같은 맥락으로 동일인의 신체의 두 부분에서의(level 1) 관찰은 대상자의 level(level 2)에서 또한 cluster되어 있는 것이다(그림 14.2).

Hierarchical 모형에 맞지 않는 clustered 자료의 예로 여러 다른 병원에서 일하고 있는 의사의 surgical complication rate를 예로 들 수 있다. 여기서 의사들은 독점으로 한 병원에서만 일을 하는 것이 아니므로 의사들은 higher level 안에서 모두 fitted될 수 없다. 비록 multi-level hierarchical mixed-effects model이 가능해도 수학적 계산상 어렵기 때문에 이들의 사용은 논쟁의 여지가 있다.

Generalized estimating equations와 마찬가지로 mixed-effects model에서도 interval, dichotomous, ordinal, 그리고 categorical outcome을 포함시킬 수 있다. 뿐만 아니라 각 관찰마다 변하는 독립변수와, 변하지 않는 fixed 독립변수도 모형에 포함시킬 수 있다. 그러나 generalized estimating equations와는 달리 generalized estimating equations에서는 correlation structure를 지정을 했지만, mixed-effects model에서는 cluster 안에서의 correlation은 cluster의 공통된 random effect로부터 왔다는 가정이 있다. 또한 variance와 correlation structure를 조건으로 지정할 수 있다.

Generalized estimating equations와 마찬가지로 mixed-effects model은 관찰값의 측정의 간격이 다를 때, cluster당 관찰의 횟수가 다를 때, 그리고 무작위로 결측자료가 발생했을 때도 사용될 수 있다. 또한 generalized estimating equations와 마찬가지로 결과변수가 연속변수일 때도(그러나 이분형변수는 안 된다), 결측자료가 무작위로 발생하지 않았으면 사용할 수 있는 방법이다. 그러나 결측자료가 많은 경우(결측자료가 무작위로 발생했다는 확신이 없으므로)나 결측이 무작위로 발생되지 않은 것을 알고 있을 때는 mixed-effect model의 사용은 주의해야 한다.

결과변수가 이분형인 경우, generalized estimating equations와 mixed-effect 모형에서의 회귀계수가 의미하는 바가 틀리다. Generalized estimating equations의 회귀계수는 마치 intervention이 두 명에게 분리해서 수행된 것처럼, intervention을 받은 사람과 받지 않은 사람의 영향을 비교하는 outcome의 log odds의 개인 사이의 차이이다(혹은 다른 집단에 대해 한 집단에 속할 효과). 반면 mixed-effect model의 회귀계수는 마치 intervention이 같은 개인에게 수행된 것처럼, intervention을 받은 사람과 받지 않은 사람의 영향을 비교하는 outcome의 log odds의 개인 안에서의 차이이다.

Mixed-effect model이 generalized estimating equations model에 비해 좋은 점은 특정 집단에서 최소한의 표본의 크기에 대한 가정이 없다는 점이다. 또한 연구의 초점이 population의 평균을 예측하는 것보다는 각 개인에 대한 값을 예측하는 것이라면 mixed-effect model이 generalized estimating equations model보다 좋다. 예를 들면 흡연과 알코올의 섭취의 과거력이 있는 65세 이상 caucasian 여성의 bone mineral density를 예측하는 경우 mixed-effect model을 사용하는 것이 좋고, 지역사회 노인들의 표본에서 평균 bone mineral density에 나이, 흡연, 알코올 섭취가 미치는 영향을 추정할 때는 generalized estimating equations model을 이용하는 것이 좋다.

집단의 수가 작거나 특정 개인의 반응을 예측하는 경우에는 mixed-effect model을 사용하는 것이 이점이 있지만 observations 사이의 correlation을 보정하기 위해 generalized estimating equations model보다 mixed-effect model을 사용해야 할 강력한 이유는 없다.

General linear model(GLM)은 선형으로 결합된 독립변수로부터 정규분포를 하는 종속변수를 예측하는 모형으로 t-test, ANOVA, ANCOVA 그리고 linear regression은 모두 general linear model의 특수한 형태이다. GLM에서의 중요 가정은 관찰의 독립성, 선형의 가정, 그리고 등분산의 가정이다. 이 가정에 분석하는 자료가 맞지 않는 경우에 generalized linear model을 이용한다. 즉, generalized linear mode은 GLM을 확장한 것으로 정규성, 선형성, 등분산의 가정에 대해 절박하지 않다. Logistic regression, probit analysis 그리고 Loglinear model은 모두 generalized linear model의 특수한 형태이다. Linear mixed model은 general linear mode을 확장한 것이다.

SPSS에서 linear mixed model을 이용하려면 Analyze ▶ Mixed Models ▶

linear……을 선택한다. 분석에 사용될 예제파일은 example7.sav파일이다. 이 예제는 160개의 학교(90개는 공립학교, 70개는 가톨릭학교)에서 전체 7,185명에 대한 자료로 여기서의 관심은 모든 학교에서의 교육의 효과는 모두 효과적인가를 알아보는 데 있다.

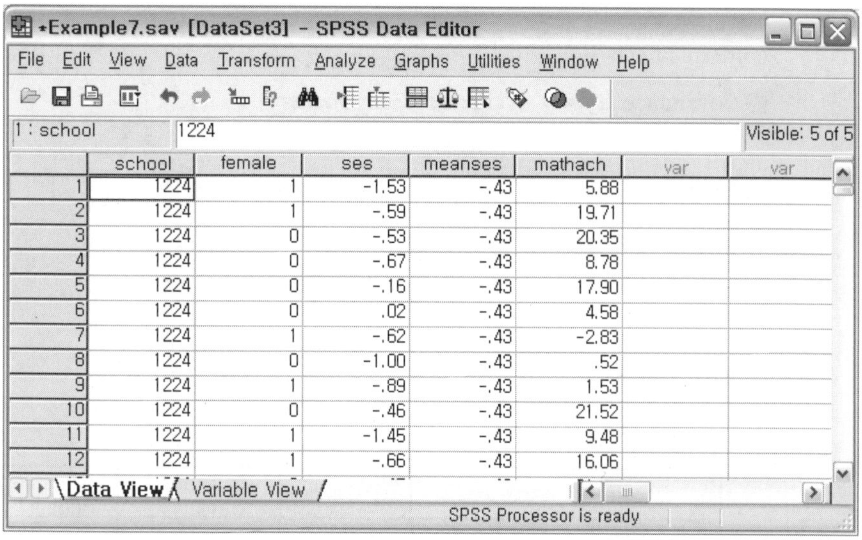
*Example7.sav [DataSet3] - SPSS Data Editor

File Edit View Data Transform Analyze Graphs Utilities Window Help

1 : school 1224 Visible: 5 of 5

	school	female	ses	meanses	mathach	var	var
1	1224	1	-1.53	-.43	5.88		
2	1224	1	-.59	-.43	19.71		
3	1224	0	-.53	-.43	20.35		
4	1224	0	-.67	-.43	8.78		
5	1224	0	-.16	-.43	17.90		
6	1224	0	.02	-.43	4.58		
7	1224	1	-.62	-.43	-2.83		
8	1224	0	-1.00	-.43	.52		
9	1224	1	-.89	-.43	1.53		
10	1224	0	-.46	-.43	21.52		
11	1224	1	-1.45	-.43	9.48		
12	1224	1	-.66	-.43	16.06		

Data View / Variable View

SPSS Processor is ready

School은 학교를 구분하는 변수이고, female은 성별(0 = 소년, 1 = 소녀)을, ses는 socioeconomic status를 average SES score를 그리고 mathach는 math achievement score를 나타낸다. 먼저 mathach(수학성취점수)는 학교에 따라 차이가 있는지 알아보자(unconditional random-effect model). 여기서 school이 random factor가 된다. 다음과 같이 변수를 지정한다.

Analyze

　　Mixed Model ▶

　　　　Linear……

Specify Subjects and Repeated

　　아무 것도 지정하지 않고 continue를 click한다.

Linear Mixed Models

▶ Dependent Variable : mathach

▶ factor(s) : school

Fixed Effects……

□ Include intercept : **선택**

Random Effects……

▼ Covariance Type : Variance Components

Statistics……

□ Parameter estimates : **선택**

□ Tests for covariance parameters : **선택**

다음은 결과이다.

Model Dimension [b]

		Number of Levels	Covariance Structure	Number of Parameters
Fixed Effects	Intercept	1		1
Random Effects	school [a]	160	Variance Components	1
Residual				1
Total		161		3

a. As of version 11.5, the syntax rules for the RANDOM subcommand have changed. Your command syntax may yield results that differ from those produced by prior versions. If you are using SPSS 11 syntax, please consult the current syntax reference guide for more information.

b. Dependent Variable: mathach.

이 예제에서 intercept는 single fixed effect이고 school은 single random effect이다. Intercept의 수준은 1개이고 school은 160개의 수준, 즉 160개의 학교에서 수집된 자료이다. Random effect에 대한 covariance structure는 variance Components로 나타난다. 그리고 3개의 모수가 계산되었다.

Information Criteria [a]

-2 Restricted Log Likelihood	47116.793
Akaike's Information Criterion (AIC)	47120.793
Hurvich and Tsai's Criterion (AICC)	47120.795
Bozdogan's Criterion (CAIC)	47136.553
Schwarz's Bayesian Criterion (BIC)	47134.553

The information criteria are displayed in smaller-is-better forms.

a. Dependent Variable: mathach.

Information criteria는 mixed model의 goodness of fit을 보는 것이다. 통계량이 작을수록 더 모형의 적합성이 좋은 것이다. 다음은 fixed effect에 대한 검정결과이다.

Type III Tests of Fixed Effects [a]

Source	Numerator df	Denominator df	F	Sig.
Intercept	1	156.647	2673.663	.000

a. Dependent Variable: mathach.

F-test는 모든 학교의 mathach의 평균이 같다는 귀무가설을 검정한다. Sig = 0.000이므로 귀무가설을 기각한다. 즉, 모든 학교에서 mathach의 평균점수는 다르다.

Estimates of Fixed Effects [a]

Parameter	Estimate	Std. Error	df	t	Sig.	95% Confidence Interval	
						Lower Bound	Upper Bound
Intercept	12.636974	.244394	156.647	51.707	.000	12.154242	13.119706

a. Dependent Variable: mathach.

Mathach의 overall mean은 12.64이다. 다음은 random effect에 관한 검정결과이다.

Estimates of Covariance Parameters [a]

Parameter		Estimate	Std. Error	Wald Z	Sig.	95% Confidence Interval	
						Lower Bound	Upper Bound
Residual		39.148322	.660645	59.258	.000	37.874662	40.464813
school	Variance	8.614025	1.078804	7.985	.000	6.739122	11.010548

a. Dependent Variable: mathach.

학교에 대한 mathach의 variance estimate는 8.61이고, 이 수치는 전체 학교 모집단에서 mathach 점수가 얼마나 변하는지를 말해준다. Residual variance는 school 안(within)에서 mathach 점수가 얼마나 변하는지를 말해준다. P = 0.000으로 학교 사이와 학교 안에서 학생들 사이에 mathach score가 같다는 귀무가설을 기각할 수 있다.

다음은 성별 간에 mathach 점수의 차이가 있는지 알아보기 위해 female(0 = boy, 1 = girl) 변수를 추가로 factor에 투입한다(Adding gender fixed model). 다음과 같이 지정을 해준다.

Analyze

Mixed Model ▶

Linear…

Specify Subjects and Repeated

아무것도 지정하지 않고 continue를 click한다.

Linear Mixed Models

▶ Dependent Variable : mathach

▶ Factor(s) : female school

Fixed Effects……

□ Include intercept : **선택**

Model : female

Random Effects……

▼ Covariance Type : Variance Components

Model : school, school * female

Statistics……

□ Parameter estimates : **선택**

□ Tests for covariance parameters : **선택**

다음은 결과이다.

Estimates of Fixed Effects [b]

Parameter	Estimate	Std. Error	df	t	Sig.	95% Confidence Interval	
						Lower Bound	Upper Bound
Intercept	11.972955	.254472	196.750	47.050	.000	11.471111	12.474799
[female=.00]	1.371896	.185856	121.118	7.381	.000	1.003948	1.739845
[female=1.00]	0[a]	0	.	.	.	.	.

a. This parameter is set to zero because it is redundant.
b. Dependent Variable: mathach.

위의 결과로 남녀 간에 mathach가 같다는 귀무가설을 기각할 수 있다(p = 0.000). 즉, female = 0, 즉 boy의 parameter가 양수이므로 남학생의 mathach score는 여학생보다 높다고 추측할 수 있다. 여기서 school을 random effect로 처리했기 때문에 gender effect는 모든 학교의 모집단에 적용할 수가 있다. 만약 school effect를 fixed effect로 했다면 위의 결과는 연구에 포함된 학교에만 국한된다.

Estimates of Covariance Parameters [a]

Parameter		Estimate	Std. Error	Wald Z	Sig.	95% Confidence Interval	
						Lower Bound	Upper Bound
Residual		38.737171	.658949	58.786	.000	37.466947	40.050459
school	Variance	7.941329	1.044037	7.606	.000	6.137433	10.275422
school * female	Variance	.320840	.277074	1.158	.247	.059047	1.743316

a. Dependent Variable: mathach.

Estimate of covariance parameter의 parameter를 conditional estimates라고 한다. Residual은 gender, school 그리고 gender by school effect를 적합시킨 후 설명되지 않은 분산의 추정값이다. Female변수를 포함하기 전의 값인 39.15와 거의 변화가 없다. School 변수는 8.61에서 7.9로 변했다. School * female interaction의 값은 0.32로 매우 작다. 이것의 의미는 성별과 mathach 점수의 관계는 모든 학교의 모집단에서 거의 비슷하다는 의미이고, $p > 0.05$이므로 school by gender effect는 모형에서 제외하는 것이 좋다.

다음은 hierarchical model의 적용이다. Hierarchical model은 대상자가 큰 (larger) unit 안에 cluster되어 있고 자료를 대상자와 큰 unit 모두에서 기록할 때 사용된다. 예를 들면 위의 예에서 개인의 학생과 school이라는 큰 unit 모두에서 자료를 수집했다. 성별이나 minority status 그리고 math achievement score는 개인 단위인 student level에서 측정된 것이고 학교의 형태(공립인지 가

톨릭학교인지)와 size of school은 큰 unit인 학교 수준에서 특정된 것이다. 본 예에서 student는 level one units이고 school은 level two units이 된다. 다음과 같이 변수를 지정을 한다.

Analyze

Mixed Model ▶

Linear……

Specify Subjects and Repeated

▶ Subjects : school

Linear Mixed Models

▶ Dependent Variable : mathach

▶ Covariate(s) : meanses

Fixed Effects……

□ Include intercept : **선택**

Model : meanses

Random Effects……

▼ Covariance Type : Variance Components

Subject Groupings

▶ Combinations : school

Statistics……

□ Parameter estimates : **선택**

□ Tests for covariance parameters : **선택**

다음은 결과이다.

Estimates of Fixed Effects [a]

Parameter	Estimate	Std. Error	df	t	Sig.	95% Confidence Interval	
						Lower Bound	Upper Bound
Intercept	12.712760	.076215	7183.000	166.801	.000	12.563356	12.862164
meanses	5.716800	.184286	7183	31.021	.000	5.355546	6.078054

a. Dependent Variable: math achievement score.

추정된 fixed effect의 intercept 값은 12.7이고 slope = 5.7이다. Meanses 변수가 1단위 변할 때마다 math achievement score는 5.7배 증가함을 예측할 수 있다.

14.1.4. Repeated measure analysis of variance / repeated measures

Repeated measures analysis of variance는 ANOVA를 확장한 것이다. ANOVA는 두 개 이상의 집단의 등간으로 측정된 결과변수의 평균을 비교하는 데 사용된다. 또한 추가적으로 categorical independent variable을 ANOVA분석에 포함시킬 수 있다.

Generalized estimating equations이나 mixed-effects 모형의 장점과 대비되는 repeated measure of ANOVA의 단점은 '고정'된, 즉 연구기간 동안 변하지 않는 독립변수와 등간으로 측정된 결과변수만을 포함할 수 있다는 것이다. 그리고 Generalized estimating equations이나 mixed-effects는 다변량분석 방법이지만 ANOVA는 이변량분석 방법이다. 또한 각 대상자에 대해서 같은 수의 관찰이 있어야 하며(한 명의 대상자라도 결측치가 있으면 안 된다), 관찰은 같은 시간에서 동시에 이루어져야 하며, 다른 시간간격으로 관찰된 측정값은 이용할 수 없다. 그래서 repeated measure of ANOVA는 대규모의 관찰연구보다는 소규모의 실험실에서 시험관에서 이루어지는 실험이나 동물, 식물에 대한 실험자료의 분석에 사용되고 있다. 관찰연구에서 흔히 발생되는 결측자료가 있는 경우 repeated measure of ANOVA를 이용하려면 impute를 하거나, 마지막에 관찰된 수치를 결측자료로 사용하거나 또는 아예 분석에서 제외해야 한다. 이런 결측자료를 처리하는 방법, 특히 마지막에 관찰된 수치를 사용하거나 또는 분석에서 제외하는 방법은 연구에서 bias로 작용하기 때문에 repeated measure of ANOVA는 결측자료가 있을 때는 사용을 하지 않아야 한다.

그러나 ANOVA는 대상자에서 결측치가 있으면 사용할 수 없다고 했지만 unbalanced design을 이용하면 관찰 숫자가 다른 경우에도 repeated measure of ANOVA를 이용할 수 있다. 그러나 이 방법은 매우 복잡하여 대부분 통계전문가의 도움이 있어야 한다. 그러므로 관찰한 대상자의 숫자가 다르고 clustered 되어 있다면 일반적으로 generalized estimating equations이나 mixed-effects model을 이용하는 것이 추천된다. 그러나 이러한 한계에도 불구하고 repeated measure of ANOVA는 각 cluster에서 같은 시간 간격으로 관찰이 이루어진 같은 수의 관찰을 할 수 있는 작은 규모의 실험실 연구를 분석하는 데 완벽한 모형이라고 할 수 있다.

만약 등간변수의 분포가 정규분포를 하지 않거나 ordinal 변수인 경우에는 repeated measure of ANOVA의 non-parametric method인 Friedman statistics를 이용한다. Friedman statistics는 Wilcoxon signed rank test같이 rank를 기초로 하고 있다(표 14.5).

표 14.5 Comparison of bivariate tests for independent observations and repeated observations of the same subjects

	Independent observations (2 groups)	Paired observations (2 observations)	Independent observations (>= groups)	Repeated observations (>= 3 observations)
Binary V	Chi-square Fisher's exact	McNemar's	Chi-square	Cochran's Q
Normally distributed interval V	t - test	Paired t-test	ANOVA	Repeated measures of ANOVA
Non-normally distributed interval V	Mann-Whitney	Wilcoxon signed Rank test	Kruskal-Wallis test	Friedman statistics
Ordinal V	Mann-Whitney	Wilcoxon signed Rank test	Kruskal-Wallis test	Friedman statistics

V : Variables

Repeated measure analysis of covariance는 repeated measure of ANOVA와 비슷하지만 연속형으로 측정된 독립변수, 즉 공변량을 동시에 모형에 투입할 수 있다. 그리고 ANOVA의 일반적인 가정 이외에도 repeated measure analysis of covariance와 repeated measure of ANOVA에서는 추가로 sphericity의 가정이라는 것이 있다. 장기적인 연구에서 sphericity의 가정은 다른 time point에서 어떤 두 개의 측정 사이의 correlation은 같고 within subject에서 측정의 분산은 같다는 것을 의미한다. Sphericity의 가정은 오직 두 번 측정을 했을 때는 항상 따라 다닌다. 그러나 세 번 이상 측정을 했다면 이 가정은 무시해도 된다.

Sphericity의 가정을 알아보는 검정법은 Mauchly test이며 $p > 0.05$면 sphericity의 가정에 맞는다고 할 수 있다. Mauchly test의 단점은 너무 표본의 크기에 민감하다는 것이다. 즉, 표본의 크기가 크면 sphericity의 가정을 조금만 위반해도 Mauchly test에서는 의미 있게 결과가 나온다.

만약 자신의 자료가 sphericity의 가정을 위반했다고 생각이 되면, Greenhouse-Geisser correction을 이용할 수 있다. 이 방법은 분자에서 자유도를 줄여 p-value를 올리게 된다. 이 방법은 민감한 보정방법이며 그래서 두 집단 간에 차이를 발견하기 어렵게 될 수 있다. 그러므로 보정을 했음에도 두 집단 간에 차이가 있다면 자신의 자료는 sphericity의 가정을 위반한 것에 대해 robust 하다고 확신을 할 수 있다.

한 개 이상의 결과변수가 있는 경우 다변량분석 모형인 repeated measure of MANOVA나 repeated measure of MANCOVA를 사용할 수 있다. 다변량분석 모형의 장점은 sphericity의 가정을 고려하지 않아도 된다는 점이다. 그러나 각 결과변수에서 위험인자의 영향을 기어이 얻어내고 싶다면 sphericity의 가정을 검사해야 되고, 가정에 위반이 되면 보정을 하여야 한다. 다변량분석 모형의 단점은 각 결과변수에 대해 자유도를 한 개씩 잃어버리므로 분석의 강도가 감소한다는 점이다.

일반적으로 표 14.6에서 보듯이 repeated measure of ANOVA는 generalized estimating equations이나 mixed-effects model보다는 탄력적이지 못하다. 그러므로 repeated measure of ANOVA의 사용은 점차 감소되고 있는 실정이다.

표 14.6 Comparison of generalized estimating equations, mixed-effects model and repeated measure analysis of variance

Characteristics	GEE	MEF	RMA
Types of outcome variables accommodated	Interval, ordinal, dichotomous, categorical	Interval, ordinal, dichotomous, categorical	Interval only
Accommodate covariates that change value during study	Yes	Yes	No
Accommodate unequal number of observations?	Yes	Yes	No
Accommodate missing observations?	Yes, when data are missing randomly	Yes, when data are missing randomly	No
Accommodate unequally spaced observations?	Yes	Yes	No

GEE : Generalized estimating equations, MEF : Mixed-effects model.
RMA : Repeated Measure analysis of variance.

14.1.4.1 SPSS에서 Repeated measure of ANOVA의 이용

먼저 example8.sav파일을 연다. 자료는 anxiety가 낮은(anxiety = 1) 5명과 높은(anxiety = 2) 5명 전체 10명 대상자에게 같은 업무를 반복해서 4회(trial1, trial2, trial3, trial4)시킨 후에 각각의 업무에 대해서 실수한 횟수(number of error)를 기록한 자료이다.

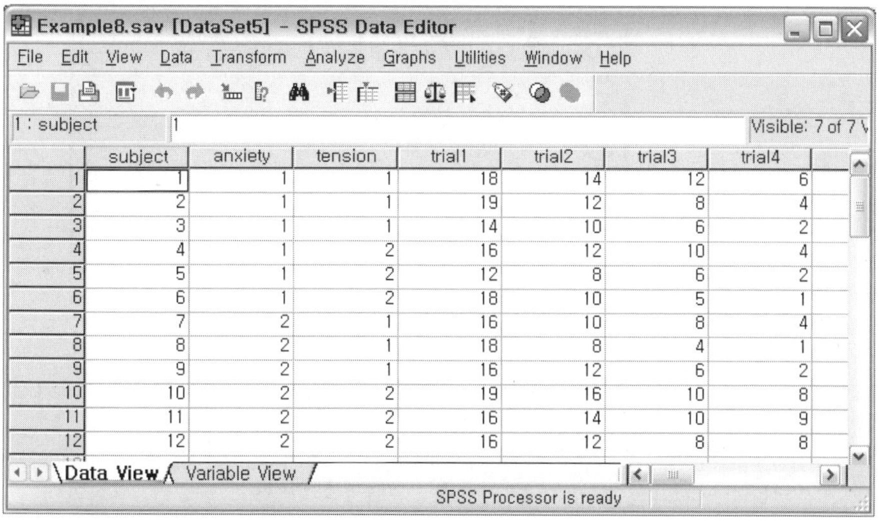

	subject	anxiety	tension	trial1	trial2	trial3	trial4
1	1	1	1	18	14	12	6
2	2	1	1	19	12	8	4
3	3	1	1	14	10	6	2
4	4	1	2	16	12	10	4
5	5	1	2	12	8	6	2
6	6	1	2	18	10	5	1
7	7	2	1	16	10	8	4
8	8	2	1	18	8	4	1
9	9	2	1	16	12	6	2
10	10	2	2	19	16	10	8
11	11	2	2	16	14	10	9
12	12	2	2	16	12	8	8

이런 연구의 경우 연구자는 다음과 같은 3가지 의문이 들 수 있다.

1) Low anxiety와 high anxiety 집단 사이에 number of error는 차이가 있을까? 이것을 between subject factor라고 한다. Between subject factor는 대상자를 다른 집단으로 확연히 구분하게 하는 요소(factor)를 말한다.

2) 시간이 지남에 따라 trial을 반복할 때마다 number of error는 감소할까? 즉, time trend가 있는 것인가? 이것을 within subject factor라고 한다. Within subject factor는 같은 대상자에서 반복적으로 측정된 distinct measurement를 말한다.

3) Group time interaction이 있는가? 즉, time trend가 있다면 이 trend가 모든 집단에서 있는 것인가 아니면 특정 집단에만 있는 것인가?

Repeated measure of ANOVA를 하려면 SPSS의 주화면에서 Analyze ▶ General linear model ▶ Repeated measure를 선택한다.

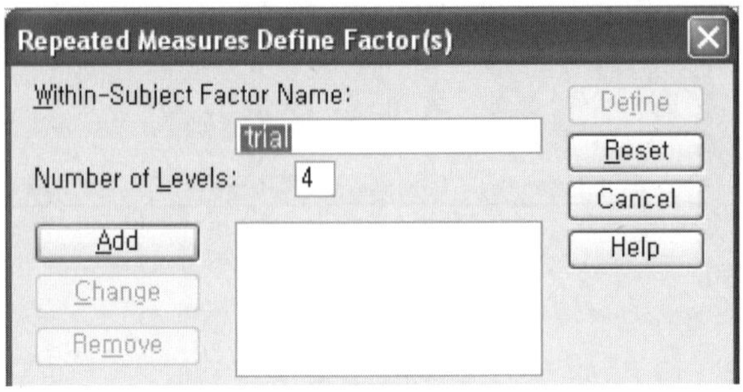

Within-Subject Factor Name : 에 임의로 이름을 만든다. 여기서는 편의상 trial로 하였다. 그리고 Number of Levels : 에는 4회 반복 측정했으므로 4를 입력하고 Add하고 Define을 누른다. 다음 화면같이 변수를 지정한다.

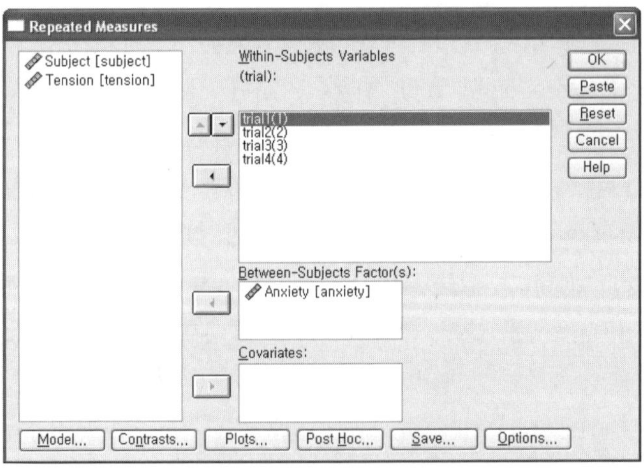

Within-Subject Variables에 trail1, trial2, trial3, trial4를 순서대로 지정하고 Between-Subject Factor(s) : 에 anxiety변수를 지정한다. 만약 대상자의 나이 같이 연속형으로 측정된 공변량이 있으면 Covariates : 에 지정을 하고 범주형으로 측정된 변수가 있으면 Between-Subject factors(s) : 에 지정을 하면 된다. 이것이 repeated measure analysis of covariance이다.

다음은 Model……을 선택한다. Model에는 모든 변수를 전부 포함하는 full factorial model과 연구자가 분석에 포함시키고자 하는 변수만을 포함할 수 있는 custom model이 있다. 여기서는 custom model을 선택하였다. 다음은

Options……에서 다음과 같이 지정한다.

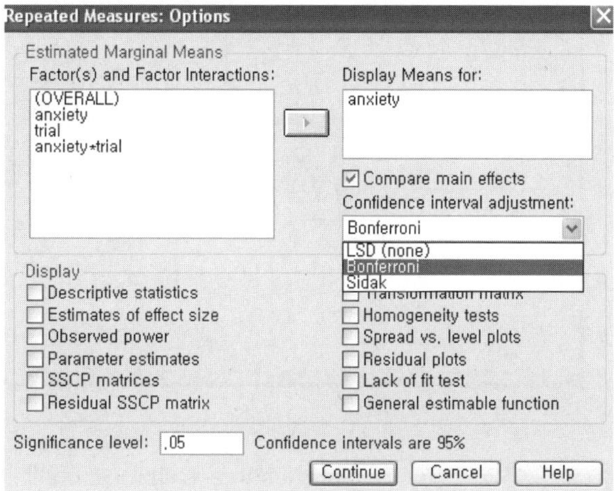

Between subject 사이의 평균을 비교하여야 하므로 anxiety변수를 Display Means for : 에 옮기고 Compare main effects로 가장 많이 사용되는 Bonferroni를 선택한다. 본 예제에서는 anxiety가 2개의 수준이므로 어떤 방법을 선택해도 결과가 같지만 수준이 세 개 이상인 경우 꼭 Bonferroni를 선택한다. 다시 주화면에서 Post Hoc……에서 다음과 같이 지정한다.

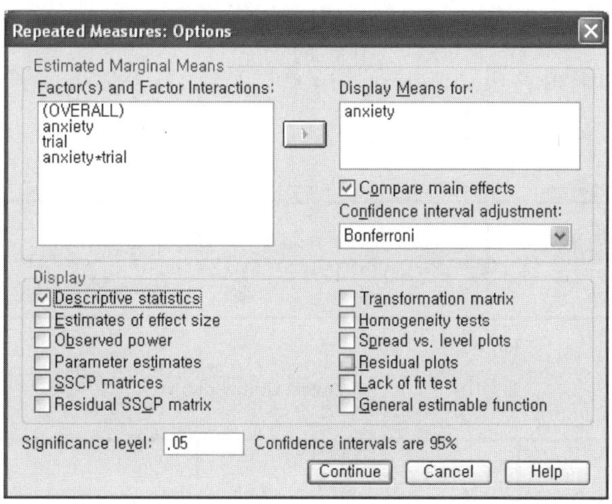

다시 주화면에서 Plot… 에서 다음과 같이 Horizontal Axis : trial지정하고 Add를 클릭한다. 다른 항목은 default로 지정한다.

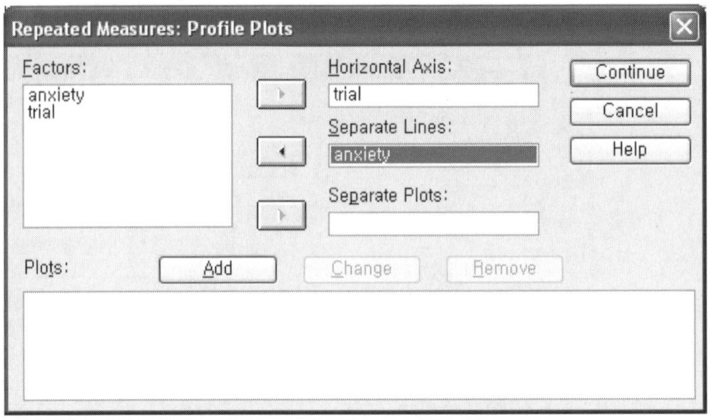

다음은 결과이고 먼저 Between subject difference에 대한 내용이다.

Tests of Between-Subjects Effects

Measure: MEASURE_1
Transformed Variable: Average

Source	Type III Sum of Squares	df	Mean Square	F	Sig.
Intercept	4800.000	1	4800.000	280.839	.000
anxiety	10.083	1	10.083	.590	.460
Error	170.917	10	17.092		

Between subject effect의 sig인 $p = 0.460(p < 0.05)$으로 anxiety의 높고 낮음과 시간의 경과에 따른 number of error와는 유의한 관련성이 없다. Anxiety의 정도에 따른 number of error의 평균, 표준오차, 95% 신뢰구간이다.

Estimates

Measure: MEASURE_1

Anxiety	Mean	Std. Error	95% Confidence Interval	
			Lower Bound	Upper Bound
1	9.542	.844	7.661	11.422
2	10.458	.844	8.578	12.339

Pairwise Comparisons

Measure: MEASURE_1

(I) Anxiety	(J) Anxiety	Mean Difference (I-J)	Std. Error	Sig. [a]	95% Confidence Interval for Difference [a]	
					Lower Bound	Upper Bound
1	2	-.917	1.193	.460	-3.576	1.742
2	1	.917	1.193	.460	-1.742	3.576

Based on estimated marginal means

a. Adjustment for multiple comparisons: Bonferroni.

Pairwise comparisons에서 p = 0.460이다.

Estimated Marginal Means of MEASURE_1

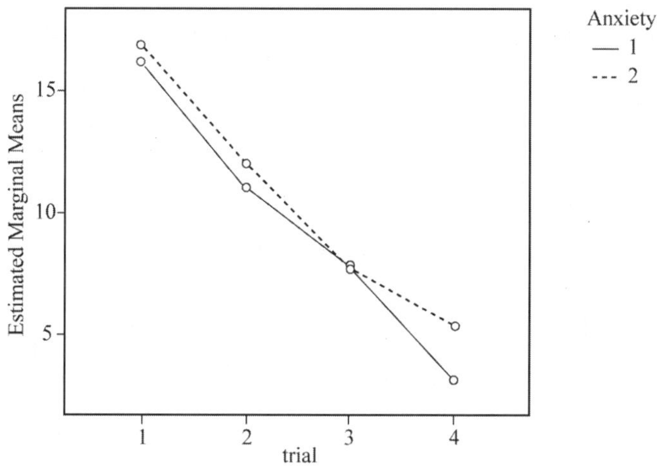

Anxiety 정도에 따라 반복측정값의 추정된 marginal means에 대한 plot이다. Anxiety의 정도에 따라 차이는 없지만 두 집단에서 반복을 할수록 number of error는 작아지는 경향을 보이고 있다. 그럼 이렇게 number of error가 감소하는 reduction trend가 두 집단 모두에서 significant한 것인지 아니면 한 집단에서 significant한 것인가? 다음은 Within subject difference에 대한 내용이다. Repeated measure of ANOVA에서 within subject effect를 접근하는 방법은 univariate와 multivariate 방법이 있다. 모두 같은 결과를 나타내게 된다.

Descriptive Statistics

	Anxiety	Mean	Std. Deviation	N
Trial 1	1	16.17	2.714	6
	2	16.83	1.329	6
	Total	16.50	2.067	12
Trial 2	1	11.00	2.098	6
	2	12.00	2.828	6
	Total	11.50	2.431	12
Trial 3	1	7.83	2.714	6
	2	7.67	2.338	6
	Total	7.75	2.417	12
Trial 4	1	3.17	1.835	6
	2	5.33	3.445	6
	Total	4.25	2.864	12

Univariate 접근방법에서 Within subjects variance-covariance가 type H structure나 circular form을 가져야 한다. 이는 within subject factor의 어떤 두 개의 수준(level) 사이에서 correlation은 같은 상수(constant)의 값을 갖는다는 의미이다. 이 sphericity의 가정을 보는 것이 다음의 결과이다.

Sphericity test에서 p = 0.053으로 p > 0.05이므로 sphericity의 가정에 맞는다고 할 수 있다. 만약 p < 0.05이면 Greenhouse-Geisser, Huynh-Feldt or Lower-bound 에 의한 adjust p-value를 사용할 수 있다.

Mauchly's Test of Sphericity [b]

Measure: MEASURE_1

Within Subjects Effect	Mauchly's W	Approx. Chi-Square	df	Sig.	Epsilon[a]		
					Greenhouse-Geisser	Huynh-Feldt	Lower-bound
trial	.283	11.011	5	.053	.544	.701	.333

Tests the null hypothesis that the error covariance matrix of the orthonormalized transformed dependent variables is proportional to an identity matrix.

a. May be used to adjust the degrees of freedom for the averaged tests of significance. Corrected tests are displayed in the Tests of Within-Subjects Effects table.

b.
Design: Intercept+anxiety
Within Subjects Design: trial

Tests of Within-Subjects Effects

Measure: MEASURE_1

Source		Type III Sum of Squares	df	Mean Square	F	Sig.
trial	Sphericity Assumed	991.500	3	330.500	128.627	.000
	Greenhouse-Geisser	991.500	1.632	607.468	128.627	.000
	Huynh-Feldt	991.500	2.102	471.773	128.627	.000
	Lower-bound	991.500	1.000	991.500	128.627	.000
trial * anxiety	Sphericity Assumed	8.417	3	2.806	1.092	.368
	Greenhouse-Geisser	8.417	1.632	5.157	1.092	.346
	Huynh-Feldt	8.417	2.102	4.005	1.092	.357
	Lower-bound	8.417	1.000	8.417	1.092	.321
Error(trial)	Sphericity Assumed	77.083	30	2.569		
	Greenhouse-Geisser	77.083	16.322	4.723		
	Huynh-Feldt	77.083	21.016	3.668		
	Lower-bound	77.083	10.000	7.708		

위의 결과 sphericity가 가정을 만족하면 trial을 반복하면 error의 수는 감소한다는 것이 통계적으로 의미가 있다는 것을 알 수 있다(p = 0.000). 또한 trial * anxiety의 p = 0.368로 p > 0.05이므로 두 변수 간에 interaction은 없다고 할 수 있다. 즉, anxiety가 높거나 낮은 집단 모두 trial을 반복할수록 number of error는 감소한다고 할 수 있다.

다음은 multivariate 접근방법이다. 여기서의 가정은 종속변수의 vector는 multivariate normal distribution을 따르고 variance-covariance matrices는

between subjects effects에 의해 만들어진 cell에 걸쳐 같다는 것이다. 이 가정은 Box's M test로 검정한다.

Box's Test of Equality of Covariance Matrices [a]

Box's M	21.146
F	1.161
df1	10
df2	478.088
Sig.	.315

Tests the null hypothesis that the observed covariance matrices of the dependent variables are equal across groups.

a.

Design: Intercept+anxiety
Within Subjects Design: trial

Sig = 0.315로 observed variance-covariance matrices가 anxiety effect의 두 개의 수준에 across로 같다는 영가설을 기각할 수 없다. 즉, 가정을 만족한다고 할 수 있다.

Multivariate Tests [b]

Effect		Value	F	Hypothesis df	Error df	Sig.
trial	Pillai's Trace	.961	64.854[a]	3.000	8.000	.000
	Wilks' Lambda	.039	64.854[a]	3.000	8.000	.000
	Hotelling's Trace	24.320	64.854[a]	3.000	8.000	.000
	Roy's Largest Root	24.320	64.854[a]	3.000	8.000	.000
trial * anxiety	Pillai's Trace	.479	2.451[a]	3.000	8.000	.138
	Wilks' Lambda	.521	2.451[a]	3.000	8.000	.138
	Hotelling's Trace	.919	2.451[a]	3.000	8.000	.138
	Roy's Largest Root	.919	2.451[a]	3.000	8.000	.138

a. Exact statistic

b.

Design: Intercept+anxiety
Within Subjects Design: trial

Trial effect의 $p = 0.000$으로 통계적으로 의미가 있다. 즉, time trend가 있어 trial을 반복할수록 number of error count는 감소한다. 그러나 trial * anxiety effect의 $p = 0.138$로 significant하지 않다. 즉, anxiety가 높은 집단과 낮은 집단 사이의 trial의 effect는 significant하지 않다. Multivariable tests에서는 4가지 통계량이 계산되는데 보통 4가지가 같은 값으로 나온다. 다른 값으로 나오면 Wilks's Lambda를 선택한다.

지금까지 결과로 univariate나 multivariate approach 모두 같은 결과를 보였다. 그러면 어떤 approach를 선택할 것인가?

Repeated Measurement Analysis

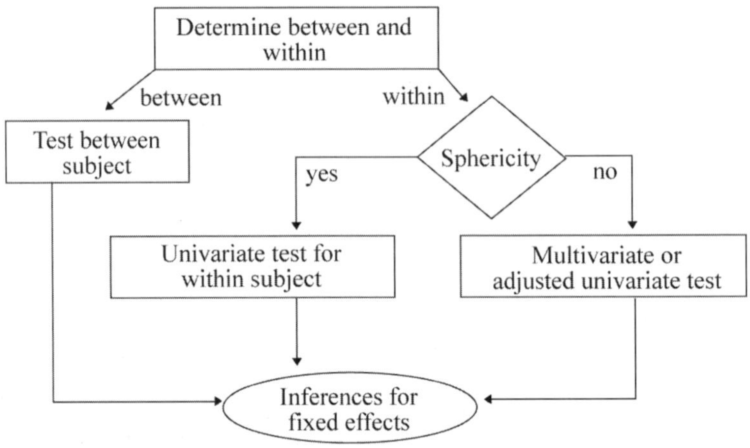

위의 흐름도를 보면 먼저 sphericity의 가정을 먼저 검정해서 맞으면 within subject effect의 univariate test를 하고 sphericity의 가정이 맞지 않으면 multivariate나 adjusted univariate test를 한다.

다음은 trial의 반복에 따라서 effect에 차이가 있다고 하였는데, 즉 within subject effect가 있다고 하였는데, 구체적으로 어떤 trial과 어떤 trial 사이에 차이가 있는지를 검정하는 것이다. 이런 경우 within-subject variable에 contrast를 지정하면 된다. Repeated measure 주화면에서 Contrast……에서 다음과 같이 Repeated로 Change 해준다. Contrast를 바꾸어 주어도 univariate 그리고 multivariate분석의 결과에는 영향이 없다. 단지 비교하는 것에만 이용된다.

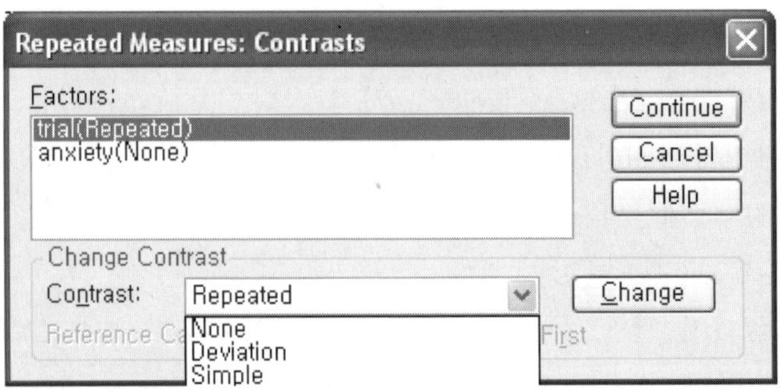

그러면 다음과 같은 결과가 출력된다.

Tests of Within-Subjects Contrasts

Measure: MEASURE_1

Source	trial	Type III Sum of Squares	df	Mean Square	F	Sig.
trial	Level 1 vs. Level 2	300.000	1	300.000	52.023	.000
	Level 2 vs. Level 3	168.750	1	168.750	83.678	.000
	Level 3 vs. Level 4	147.000	1	147.000	78.750	.000
trial * anxiety	Level 1 vs. Level 2	.333	1	.333	.058	.815
	Level 2 vs. Level 3	4.083	1	4.083	2.025	.185
	Level 3 vs. Level 4	16.333	1	16.333	8.750	.014
Error(trial)	Level 1 vs. Level 2	57.667	10	5.767		
	Level 2 vs. Level 3	20.167	10	2.017		
	Level 3 vs. Level 4	18.667	10	1.867		

Trial 변수의 경우 level1은 trial1을, level2는 trial2를, level3은 trial3을 그리고 level4는 trial4를 나타낸다. Trial1과 trial2, trial2와 trial3, trial3과 trial4 사이에 모두 의미 있게 차이가 있었다. Trial * anxiety의 경우 level3과 level4 사이를 제외하곤 유의한 차이가 없었다. 이 차이는 그래프를 보면 level3과 level4 사이의 slope를 봐도 알 수 있다. 이렇게 contrast를 바꾸어서 비교하고자 하는 집단과 비교를 할 수 있게 된다.

또한 연속형으로 측정된 공변량과 다른 범주형으로 측정된 변수를 모형에 포함시킬 수도 있다.

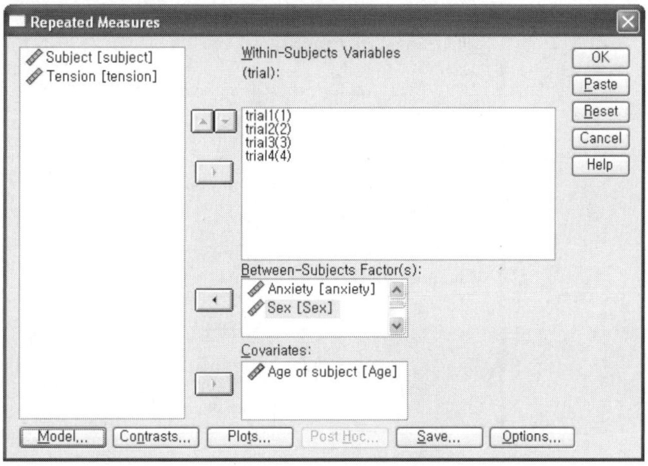

다음은 연속으로 측정된 항목이 두 개 있는 경우로 doubly multivariate repeated measures analysis of variance의 예이다(Example10.sav). 새로운 약물이 호흡수와 맥박수에 미치는 영향을 보기 위해서 연속적으로 3번 반복해서 측

정한 수치가 다음과 같다.

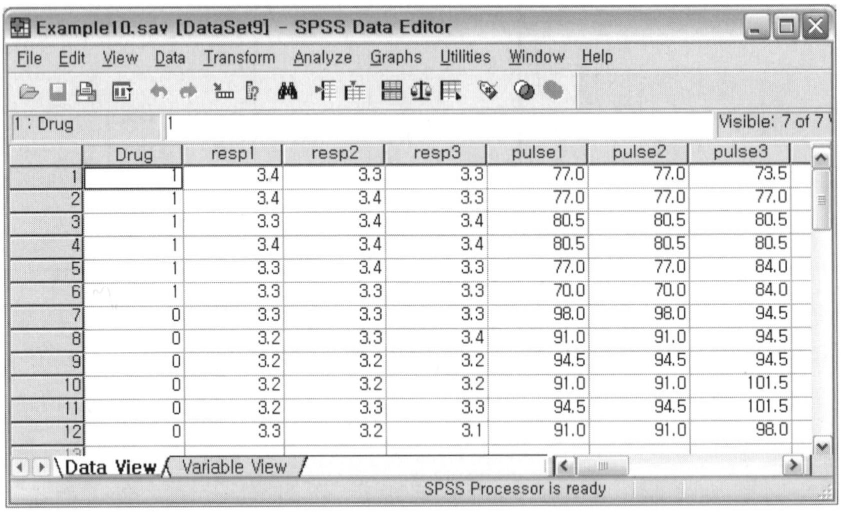

	Drug	resp1	resp2	resp3	pulse1	pulse2	pulse3
1	1	3.4	3.3	3.3	77.0	77.0	73.5
2	1	3.4	3.4	3.3	77.0	77.0	77.0
3	1	3.3	3.4	3.4	80.5	80.5	80.5
4	1	3.4	3.4	3.4	80.5	80.5	80.5
5	1	3.3	3.4	3.3	77.0	77.0	84.0
6	1	3.3	3.3	3.3	70.0	70.0	84.0
7	0	3.3	3.3	3.3	98.0	98.0	94.5
8	0	3.2	3.3	3.4	91.0	91.0	94.5
9	0	3.2	3.2	3.2	94.5	94.5	94.5
10	0	3.2	3.2	3.2	91.0	91.0	101.5
11	0	3.2	3.3	3.3	94.5	94.5	101.5
12	0	3.3	3.2	3.1	91.0	91.0	98.0

다음 Analyze ▶ General Linear Model ▶Repeated measures…… 화면에서 다음과 같이 입력한다. Define을 클릭한다.

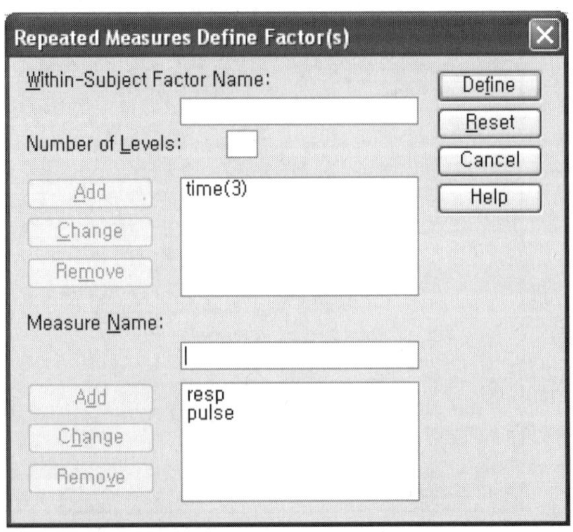

Within-Subjects variable(resp, pulse)을 각각 지정하고 Between-subject Factor(s) : drug를 지정한다. 다음은 결과이다.

Multivariate Tests [b]

Effect			Value	F	Hypothesis df	Error df	Sig.
Between Subjects	Intercept	Pillai's Trace	1.000	31522.179[a]	2.000	9.000	.000
		Wilks' Lambda	.000	31522.179[a]	2.000	9.000	.000
		Hotelling's Trace	7004.929	31522.179[a]	2.000	9.000	.000
		Roy's Largest Root	7004.929	31522.179[a]	2.000	9.000	.000
	Drug	Pillai's Trace	.968	137.064[a]	2.000	9.000	.000
		Wilks' Lambda	.032	137.064[a]	2.000	9.000	.000
		Hotelling's Trace	30.459	137.064[a]	2.000	9.000	.000
		Roy's Largest Root	30.459	137.064[a]	2.000	9.000	.000
Within Subjects	time	Pillai's Trace	.350	1.434[a]	3.000	8.000	.303
		Wilks' Lambda	.650	1.434[a]	3.000	8.000	.303
		Hotelling's Trace	.538	1.434[a]	3.000	8.000	.303
		Roy's Largest Root	.538	1.434[a]	3.000	8.000	.303
	time * Drug	Pillai's Trace	.125	.382[a]	3.000	8.000	.769
		Wilks' Lambda	.875	.382[a]	3.000	8.000	.769
		Hotelling's Trace	.143	.382[a]	3.000	8.000	.769
		Roy's Largest Root	.143	.382[a]	3.000	8.000	.769

a. Exact statistic

b.
Design: Intercept+Drug
Within Subjects Design: time

Tests of Between-Subjects Effects

Transformed Variable: Average

Source	Measure	Type III Sum of Squares	df	Mean Square	F	Sig.
Intercept	resp	391.380	1	391.380	69750.941	.000
	pulse	268324.000	1	268324.000	18423.925	.000
Drug	resp	.100	1	.100	17.871	.002
	pulse	2516.694	1	2516.694	172.804	.000
Error	resp	.056	10	.006		
	pulse	145.639	10	14.564		

결과를 보면 time effect와 time * drug effect의 p > 0.05로 유의성이 없었으나, drug effect의 p < 0.0005로 새로운 약제가 respiratory와 pulse score에 유의한 영향이 있다는 것을 알 수 있다.

14.1.4.2 SPSS에서 Friedman statistics의 이용

Repeated measure of ANOVA의 non-parametric test에 해당되는 통계검정 방법이 Friedman test이다. 만약 같은 대상자에게 이분형변수의 형태로 반복적인 관찰을 하였다면 혹은 proportional로 측정하였다면 Cochran's Q를, ordinal 변수나 정규분포를 하지 않는 interval variable에 대해 반복적인 관찰을 하였다면 Friedman test를 이용한다.

다음은 9명의 대상자에게 baseline과 placebo를 포함한 3가지 약제를 투여한 후의 맥박수에 관한 자료이다(Example11.sav). 즉, baseline의 맥박수를 측정 후 같은 대상자에게 propranolol을 투영한 후의 맥박수와 일정한 기간이 지난 후 다시 placebo, 다시 일정 기간 후에 acebutolol을 투여한 후 맥박수를 측정한 것이다.

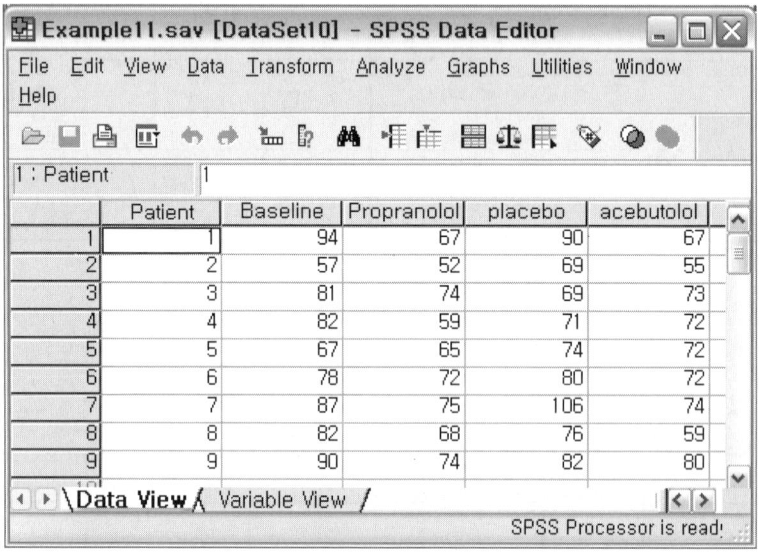

SPSS에서 Friedman test를 하려면 Analyze ▶ Nonparametric Tests ▶ K Related Samples…… 다음과 같이 지정하고 OK를 클릭한다.

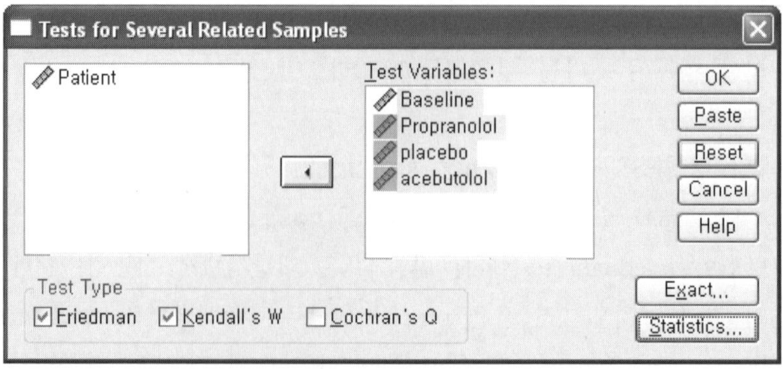

결과는 다음과 같다.

Ranks

	Mean Rank
Baseline	3.44
Propranolol	1.56
placebo	3.11
acebutolol	1.89

Test Statistics [a]

N	9
Chi-Square	13.977
df	3
Asymp. Sig.	.003

a. Friedman Test

Acebutolol과 propranolol의 mean rank의 값이 작은 것으로 보아 baseline과 placebo에 비해 Acebutolol과 propranolol은 맥박수를 더 감소시킨다는 것을 알 수 있다. Chi-square test 결과 p = 0.003로 4가지에 따라 맥박수는 차이가 있다고 할 수 있다.

Kendall's W(Kendall's coefficient of concordance)는 각 대상자에서 할당된 변수의 rank의 agreement를 측정한다. Kendall's W가 1이면 4가지(baseline, placebo……) 모두에 의해 같은 순서로 약물이 rank되었다는 의미이고, 0이면 대상자에 의해 약물 사이의 ranking은 complete disagreement되었다는 것을 의미한다.

Test Statistics

N	9
Kendall's W[a]	.518
Chi-Square	13.977
df	3
Asymp. Sig.	.003

a. Kendall's Coefficient of Concordance

Kendall's coefficient of concordance = 0.518이고 p = 0.003이므로 Kendall's W가 0이라는 귀무가설을 기각할 수 있다. 항상 Friedman test의 p-value와 똑같게 나온다.

14.1.5. Conditional logistic regression

이분형의 형태로 되어 있는 결과변수가 있는 clustered data는 conditional logistic regression을 이용해서 분석할 수 있다. 이 방법은 표준적인 로지스틱 회귀분석과 매우 비슷하다. 결과도 비슷하게 회귀계수, 표준오차, odds ratio를 계산해 준다. 또한 모형의 진단도 표준적인 방법과 같은 방법으로 할 수 있다. 그래서 사실 표준적인 로지스틱 회귀분석을 unconditional logistic regression이라고 한다. 두 방법의 차이는 conditional logistic regression에서는 관찰 사이의 상관을 고려한다는 점이다.

표준적인 로지스틱 회귀분석과 마찬가지로 conditional logistic regression에서도 연구기간 중 변하는 변수에 대한 효과는 분석을 할 수 없다. Generalized estimating equations이나 mixed-effects model과 달리 conditional logistic regression은 한 개 이상의 원인에 의한 correlated outcome(즉, matching and clustering by sites)을 보정할 수 없다. 그러나 이분형 결과변수와 observations이 한 개의 원인으로 correlated되어 있다면, conditional logistic regression이 generalized estimating equations이나 mixed-effects model보다는 설명하기도 쉽고 수행하기도 쉽다.

Correlated observation이 있을 때 여러 다른 방법을 이용하여도 비슷한 결과가 나오는지 궁금할 수 있다. 예를 들면 Sethi 등은 새로운 종류의 세균 동정과 chronic obstructive pulmonary disease(COPD)의 관계를 보는데 conditional logistic regression과 generalized estimating equations를 같이 이용하여 분석하였다(N. Engl. J .Med. 347 : 465-471, 2002). 환자는 81명이었고 환자가 총 1975회 병원을 방문한 자료이기 때문에 환자 cluster 안에서 correlation을 보정할 필요가 있었다. 또한 outcome은 COPD의 악화인지 아닌지의 이분형변수 이었기 때문에 conditional logistic regression과 generalized estimating equations를 같이 이용하여 비슷한 결과를 얻었다.

14.1.6. Anderson-Gill counting process for proportional hazards models

시간이 지남에 따라 개인에게 한번 이상 발생하는 결과변수와 함께 중도절단된 자료를 분석하는 방법으로 Anderson-Gill counting process라는 방법이 있다. 이 모형은 비례위험모형을 응용한 방법이다. 이 모형에서 대상자는 연구시작 당시 randomization할 때부터 처음 사건이 발생할 때까지 처음 사건의 발생에 대해 risk가 있다고 생각한다. 처음 사건의 발생부터 두 번째 사건이 발생할 때까지 대상자는 두 번째 사건의 발생에 대해 risk가 있다고 생각한다. 이런 식으로 계속 생각해서 모든 결과변수의 발생과 모든 person-time을 연구에 포함시킬 수 있게 되고 또한 같은 대상자 사이에서 발생한 같은 사건에 대해 correlation을 계속 고려할 수 있게 해준다. 그리고 한 명의 대상자에서 여러 사건에 대한 risk의 correlation의 가능성을 평가하기 위해 robust variation estimate를 이용한다.

Conditional logistic regression과 Anderson-Gill counting process for proportional hazards models을 SPSS에서 이용하는 방법은 『생존자료의 분석』(송경일 저, 한나래 출판사)을 참조하라.

14.2 Correlated observations에서 표본의 크기를 결정하는 방법은?

자료가 cluster되어 있고 다변수분석 모형의 경우에는 표본의 크기를 결정하기 위해 특별한 방법이 필요하다. 방법은 복잡해도 다음 두 가지 사항은 꼭 알고 있어야 한다.

1. Non-independent observations를 분석할 때는 각 관찰이 각 대상자를 나타낸다고 가정하고 추정한 size보다 더 많은 표본의 크기를 필요로 한다는 사실을 알아야 한다. 왜냐하면 correlated observations를 보정한 효과는 표준오차를 증가시키고 신뢰구간을 넓히기 때문이다.

2. 한 cluster 안에서 non-independent observations의 correlation이 많을수록 필요한 표본의 크기는 더 커지게 된다. 표준오차의 팽창은 correlation의 size에 달려 있기 때문이다.

Chapter 15

연구자 모형의 타당성 (Validation of models)

15.1 연구자의 모형이 타당한지 알아보는 방법

타당한 모형이란 이 모형으로부터 이끌어낸 추론이 사실인 경우를 말한다. A valid model is one where the inferences drawn from it are true. 정밀하지 않거나(imprecise) 정확하지 않은(inaccurate) 측정, 연구계획의 bias, 표본추출의 문제 그리고 모형 자체를 잘못 설계하는 등의 많은 요인들이 모형의 타당성에 위협이 되는 요인이다.

모형의 전개는 최초 outcome data의 수치를 얻으려는 확률을 최대화하기 때문에, 모형은 새로운 자료를 가지고 다시 분석을 하면 최초의 자료를 가지고 한 것만큼 잘 수행되기가 어렵다. 이것은 특히 진단 혹은 예후를 예측하고 확실성의 정도가 높은 것을 필요로 하는 경우 문제가 된다.

예측(prediction)이란 최초의 자료를 기초로 해서 하는 것이므로 새로운 자료에 대해서는 최초의 자료만큼 정확하기가 어려울 수밖에는 없는데, 여기서 중요한 의문이 새로운 자료로 다시 분석을 수행할 때 얼마나 많은 예측비율의 감소가 생기느냐는 것이다. 감소가 적으면 그 모형은 validated되었다고 말할 수 있는 것이다. 모형의 타당성을 검토하는 것을 다른 과정이라고 생각하지 말고 연구자의 모형에 대한 질을 평가하기 위해 수행하는 검증의 연속이라고 생각하는 것이 좋다. 그림 15.1을 보면 연속적인 과정이라는 것을 알 수 있다.

Verification(오류 검증)이란 모형이 의도한 대로 동작하는지를 검증하는 것이고, validation(타당성 검증)은 모형이 실제 모집단을 얼마나 정확하게 설명하는지 또는 모형으로부터의 추론이 얼마나 정확히 맞아 모집단에 적용가능한지를 조사하는 과정이다(Validation allows you to assess how well your tree structure generalizes to a larger population).

Validation을 하는 방법은 다음과 같다.

1. 새로운 자료를 모으는 방법
2. 기존의 data sets를 나누는 방법
3. Split-group (split sample)
4. Jackknife method (=cross validation)
5. Bootstrap

새로 자료를 모아 보거나 기존의 자료를 나누어서 위의 세 가지 방법으로 validation을 한다.

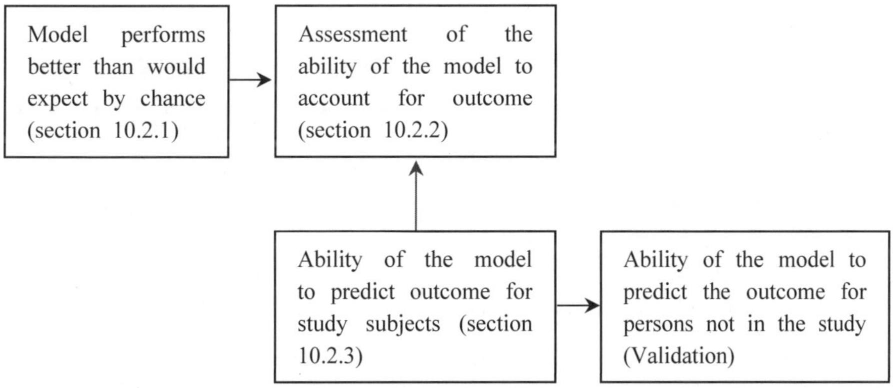

그림 15.1 Continuum for assessing the quality of your model

새로운 자료의 수집 : 의심할 여지없이 경험적인 모형에서 validation을 하는 가장 좋은 방법은 새로 자료를 추가로 수집해서 새로운 자료로 처음의 모형이 얼마나 잘 수행되는지를 검사하는 방법이다. 항목 3.2.4에서 예로 설명한 primary melanoma 환자의 생존율을 설명하는 예후모형에서 validation을 하기 위해 이 방법을 이용하였다. 연구자들은 환자의 74%에서 생존 혹은 사망을 올바르게 분류할 수 있는 4개의 인자를 발견하였다. 그들의 모형을 validation하기 위해, 같은 센터에서 2년 동안 primary melanoma로 진단된 142명의 환자에서 4개의 변수를 포함하는 모형이, outcome을 얼마나 성공적으로 예측할 수 있는지를 연구하였다. 새로운 자료로 조사한 결과 환자의 69%에서 정확하게 outcome을 분류할 수 있었고, 상대적으로 처음 모형에 비해 예측비율의 감소가 적었다.

그러나 이렇게 새로운 자료로 validation을 하는 것은 같은 센터에서 볼 때는 좋은 방법이지만, 다른 센터에서 validation을 하기에는 좋은 방법이 아닐 수 있다. 다른 센터의 자료는 병의 유병률, 환자 의뢰양상, 임상적인 practice 등 여러 가지 상황이 다르기 때문이다.

Split-group validation은 split sample validation이라고도 하며 이 방법은 연구자의 data sets를 임의로 2가지의 data sets, 즉 derivation set(=training set)와 validation set(=confirmatory set)로 나누는 것이다. Data sets를 나눌 때는 2개의 data sets를 똑같은 크기로 나누거나, 혹은 derivation set의 크기를 좀더 크게 만들게 된다. 그래서 derivation set에서 연구자의 모형을 만든 후, confirmatory set에서 만든 모형을 검증하는 것이다. Split-group validation을 이용하여 모형의 타당성을 검증한 연구로는 간질의 재발을 연구하는 논문에서 볼 수 있다(Br. Med. J.1993; 306 : 1374-1378). 적어도 2년 동안 항경련제를 복용하여 경련이 없는 1,013명의 환자를 대상으로 연구자들은 예후모형을 개발하기 위해 기존의 data sets를 이용하였다. 추가로 자료를 수집하지는 않았고, 대신에 연구자들은 기존의 data sets를 6 : 4의 비율로 derivation set와 validation sample로 나누었다. Derivation set를 이용하여 8개의 prognostic factors로 비례위험모형을 개발하였고, 모형을 validation하기 위해 이것을 이용해서 validation data set에 있는 각 환자들의 간질의 재발에 대한 확률을 추정하였다. 그래서 validation group에 있는 환자들의 경련의 확률을 recurrence of seizure의 확률이 증가하는 순으로 8개의 집단으로 분류하였다.

그림 15.2는 8개의 집단에서 실제로 경련이 재발한 비율과 모형에 의해 예측된 값을 비교하였다. 수직 bar는 예측값의 신뢰구간을 의미하며, 수직 bar 가운데 dash는 예측값의 평균이다. 만약 validation이 완전했다면, 예측값의 평균인 가운데 dash는 대각선 위에 모두 떨어졌을 것이다. 그림 15.2는 비교적 예측값의 평균값인 가운데 dash는 대각선과 밀접한 반면, 신뢰구간의 폭은 비교적 크고, 특히 괄호 안에 표시된 대상자의 수가 적은 경우의 신뢰구간은 더욱더 폭이 넓다는 것을 알 수 있다.

사실 그림 15.2와 그림 10.1은 근본적으로 같은 방법을 사용한 것이다. 그림 10.1도 근본적으로는 예측확률과 관찰된 확률을 비교한 것이다. 단지 그림 10.1에선 예측확률과 관찰된 확률을 같은 대상에서 비교한 것이고 그림 15.2에선 예측확률이 different group of subject에서 유래된 모형에서 구한 것이 차이점이다.

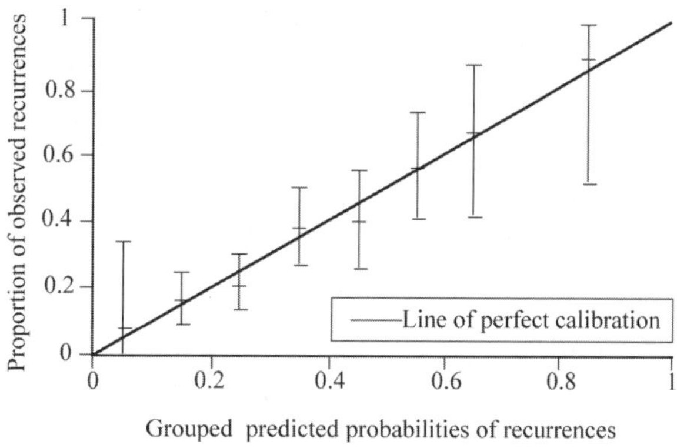

그림 15.2 Comparison of the probability of predicted recurrence (probabilities are based on the model generated by the derivation set) to the observed probability of recurrences of seizure in the validation set

또 한 가지 second sample이나 split sample을 사용해서 validation을 할 때는 일단 모형을 validation하였으면, 연구자는 여러 개의 표본 혹은 split sample을 재결합한 표본을 최종적인 모형에 자주 결합해 볼 수 있다는 것이다. 이렇게 해보면 표본의 크기가 크면 최종적인 모형이 빈틈이 없는 확실한 모형인지를 알 수 있다.

새로운 자료를 모을 수 없거나 자료를 2개로 나누기 어려운 경우 jackknife procedure(흔히 cross validation이라고 한다)을 이용할 수 있다. Cross validation method는 data sets에서 연속적으로 대상자를 한 번에 하나씩 차례대로 삭제한 후, 전에 결측이 있었던 각 대상자를 가지고 연구자의 모형을 다시 계산하는 것이다. 그렇게 함으로써 두 가지를 평가할 수 있다. 첫째는 연구결과에 어떤 하나의 대상자가 얼마나 중요한지를 평가할 수 있다. 하나의 대상자를 제외했다고 순차적으로 모형이 변하는 것은, 하나의 대상자에 따라 결과가 정해지므로 valid하다고 할 수 없다. 두 번째는 일단 대상을 연구에서 제외했으면, 제외하지 않고 남아 있는 대상자로부터 제외한 대상자의 outcome을 예측할 수 있다는 것이다. 이것은 순차적으로 예측이 되어서 연구자는 남아 있는 대상자를 이용해서 각 대상자의 수치를 예측하게 된다. 이렇게 보면 cross validation이나 split-group validation이 비슷하다고 생각할 수 있다. Split은 전체 표본에서 derivation set에서 하나의 대상자를 minus해 준 것 혹은 전체 표본에서 confirmatory set의 하나의 대상자를 minus해 준 것이다. 상대적으로 표본의 크기가 적은 경우 cross validation method가 split-group method보다 유효하다. Cross validation method는 다중 선형회귀분석에서는 적용하기가 쉬우나 로지스틱 회귀분석이나 비례위험모형에서는 computer 작업에 상당히 많은 시간이 필요하다는 사실을 알고 있어야 한다.

Bootstrap procedure는 모형의 validation을 하는 데는 제한점이 있다. 이 방법은 data sets에서 임의로 표본을 여러 번 취한 후 이들의 표본으로부터 얻어진 평균값으로 대치하는 것이다. 이것은 대상자가 한번 선택되면 다시 선택될 수 있는 자격이 있다는 것을 의미한다. 그러므로 임의로 추출된 표본은 저번에 보다는 동일한 대상자를 포함할 수 있고, 반면에 어느 대상자는 전혀 포함될 수 없을 수도 있다. 일단 표본을 선택했으면 random sample이 연구자의 주 모형에서 어느 정도의 상관의 강도가 있는지를 검증해야 한다. 이 표본의 결과로 맨 끝의 2.5%와 97.5%를 제외하고 95% 신뢰구간을 구할 수 있다.

Bootstrap procedure는 신뢰구간뿐 아니라 임의로 추출된 표본에 대해 mean coefficient와 mean standard error도 계산해준다. 신뢰구간과 표준오차는 하나의 simple model에서 계산된 신뢰구간이나 표준오차 보다는 좀더 타당한 결과를 준다.

Bootstrap procedure는 split-group이나 jackknife method보다는 모형의 validity를 검정하는 데는 검정력이 약하다는 단점이 있다. 왜냐 하면 위의 예에서 303명의 대상자에서 1,000개의 bootstrap sample을 만들면 거의 모든 대상자가 포함되기 때문이다. 반면에 split sample과 jackknife method에서는 또 선택되는 경우는 없다. 그러므로 엄격한 의미에서 bootstrap은 validation의 정의에 꼭 맞는 것은 아니다.

Validation의 중요성은 연구자의 연구목적에 따라 달라질 수 있다. Validation은 혼란변수를 보정하는 데는 흔히 사용하는 반면, 특정한 결과변수와 관계있는 예후인자를 확인하기 위한 연구에서는 거의 사용하지 않는다. 연구결과는 근본적으로 연구자의 모형의 강점, 연구결과의 생물학적인 가능성 그리고 이 분야의 과거의 연구결과를 토대로 판단해야 한다. 어떤 연구자들은 당신의 연구결과를 복제하려고 할 것이고 반박하기도 할 것이다. 이와는 대조적으로, 질병의 예후를 예측하거나 진단하는 모형은 validation을 하지 않으면 중요 잡지에 거의 실리지 않는다.

특정한 결과와 관계있는 요인을 규명하기 위해 사용된 모형은 아주 정확할 필요는 없다. 예를 들면 운동은 사망률과 유의하게 밀접한 관계가 있는 반면 운동에 의해 사망률이 감소하는 경우는 상대적으로 작다. 사람들이 얼마나 운동을 하는지를 가지고 환자의 수명을 예측하려고 노력하지는 않을 것이다. 이것이 요점이 아니고 요점은 모집단에서 운동은 전체적으로 사람의 생명을 연장시킨다는 점이다. 위험인자를 개선하면 개인에 대해서 절대적인 효과는 적을지 몰라도 대규모의 모집단에서는 질병발생에 대해 상당한 영향을 줄 수 있다. 질병과 위험인자가 흔한 경우에는 더욱 그렇다.

이와는 대조적으로 진단 혹은 예후를 예측하기 위해 계획된 연구에서는, 각 환자에 대해서 예측하는 모형을 사용해야 하므로, 고도의 가능성을 요구한다. 임상의사들은 모형이 validation되지 않았으면 그 모형을 신뢰하지 않는다.

Chapter

16 Special Topics

16.1 Classification and regression tree(CART)란 무엇이고 이것을 사용해야 하는가?

Classification and regression tree는 recursive partitioning이라고도 한다. 이 방법은 결과변수를 기초로 연구대상자를 확연한 하위집단으로 나누는 방법이다.

CART가 다른 다변수분석에 비해 장점은 CART는 로지스틱 회귀분석에서 결과변수에 영향이 강한 위험인자를 순차적으로 선택하는 forward stepwise와 비슷하다는 것이다. 그러나 CART와 forward multiple logistic regression과의 중요한 차이점이 있다. CART에서 하나의 가지는 다른 가지에 비해서 결과에 대한 다른 위험인자를 가질 수 있다는 점이다. 다중 로지스틱 회귀분석에서 연구자의 위험인자는 연구자의 전체 표본에 대한 것이지 위험인자가 전체 표본의 한 가지는 아니다. 이런 이유로 CART는 교호작용이 있는 경우 좀더 적당한 방법이다. 왜냐하면 교호작용이 있으면 변수가 표본의 한 부분에만 중요할 수 있기 때문이다.

또 다른 CART의 장점은 다중 로지스틱 회귀분석과 비교해서, 임상의사가 결정을 어떻게 하는지 좀더 밀접하게 반영할 수 있다는 점이다. 어떤 정보의 조각은 연구자로 하여금 특별한 진단적인 길로 들어가게 할 수도 있다. 연구자는 자신이 똑바른 진단적인 길에 있는지 인정 혹은 인정하지 않으려고 좀더 많은 정보를 원할 것이다. 대부분의 임상의사들은 정보를 모두 통합하지 않고 확실한 정보와 불확실한 정보로 나누어서 의사결정을 한다.

하지만 임상의사들은 이 CART결정 규칙을 잘 이용하지 않는다. 연구자들이 이 예측가지를 환자의 자료가 있는 용지의 뒤에 붙여 놓고 관찰한 결과 의사들은 전체 환자 중 46%에서만 이 예측가지를 보았다고 한다. 그리고 이 중 한 명에서만 분류결정이 변경되었다고 한다. 더욱이 진료경험이 많은 상급자 의사들은 더욱더 이 예측가지를 이용하지 않았고, 수련의일수록 더 많이 사용하였다고 한다.

CART를 이용해 개발한 모형 중 가장 많이 사용되는 알고리즘으로 세 개의 변수를 가지고 발목 골절이 있는지 없는지 알아보는 모형이 있다(JAMA 1994; 271 : 827-832). Ottawa ankle rule이라고 불리는 이 모형은 골절을 예측하는데 100%의 sensitivity가 있다. 그러므로 이 법칙의 결정에 의해 음성인 경우 확진을 위하여 추가로 x-ray를 찍지 않아도 되어서 불필요한 시간과 돈을 절약하게 해주고 있다. 이 Ottawa ankle rule의 특이도(specificity)는 50%로 낮지만, 처음 발목 손상이 있는 모든 환자는 x-ray를 촬영하기 때문에 문제가 되지 않는다.

SPSS를 이용해서 CART를 하려면 Analyze ▶ classify ▶ Tree……를 선택한다. 여기서의 가정은 "모든 변수는 적당한 측정수준(measurement level)에 의해 할당되었다"와 "분석에 포함된 종속변수의 수치(value)는 value label을 정의해야 한다"이다. SPSS는 numeric으로 변수를 지정하면 scale로 처리하고 string 변수는 nominal로 처리하기 때문에 첫 번째 적당한 측정수준에 의해 할당되어야 한다는 가정에 맞지 않으므로 변수의 지정을 바꾸어 주어야 한다.

분석에 사용될 파일은 example12.sav 파일이다. 이는 고객의 신용정보를 나이, 교육수준, 수입, 신용카드의 개수를 이용해서 분류하려고 하는 것이다. CART를 하기 위해서 Analyze ▶ classify ▶ Tree…… 다음 창이 나타난다.

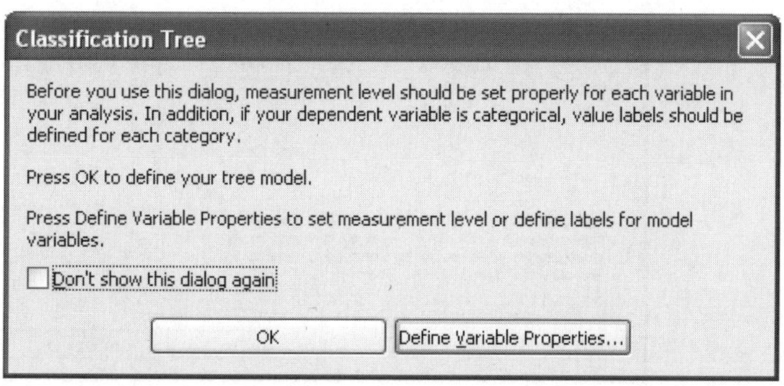

OK를 누른다. Variables : 에 변수가 보인다. 변수의 왼쪽에 그림으로 변수가 어떤 종류에 속하는지 알 수가 있다. 풍선 세 개가 있는 모양은 nominal 변수를, 막대 세 개가 있는 변수는 ordinal 변수를 그리고 막대 한 개가 있는 것은 scale 변수, 즉 연속변수를 나타낸다. 종속변수는 꼭 지정을 nominal로 해야 된다(만약 변수형태에 대한 지정이 다른 것으로 되어 있으면 마우스 오른쪽 버튼을 변수 이름에 대고 클릭해서 바꾸어 준다).

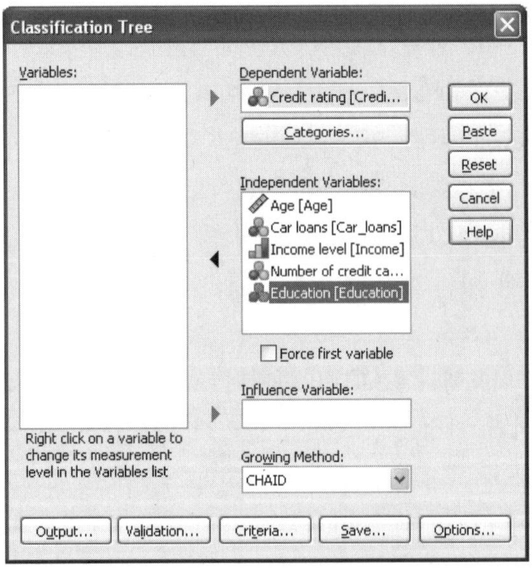

Categories……에서 종속변수의 범주를 지정한다. 여기서는 신용이 나쁜 경우를 지정하였다. Continue를 누른다.

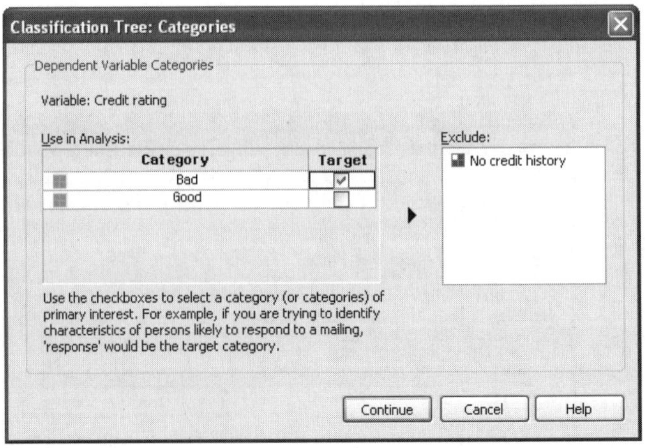

OK를 누르면 다음의 결과가 출력된다.

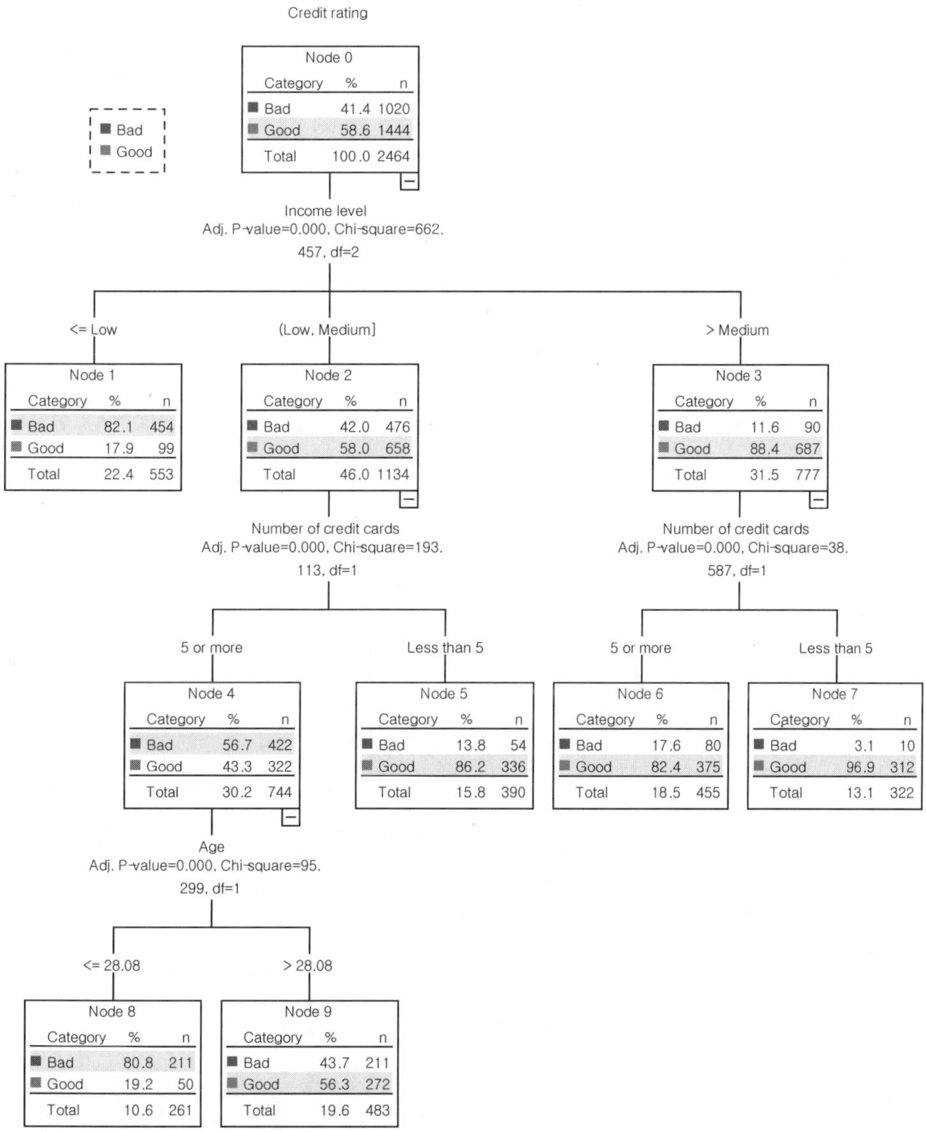

의사결정나무의 맨 위쪽에 위치하는 마디를 뿌리마디(root node)라고 하고 분류대상이 되는 모든 개체집단을 의미한다. 하나의 마디가 하부 마디로 분화가 될 때, 특정 마디 위쪽에 존재하는 마디를 부모마디(parent node)라고 부르고, 특정 마디 아래쪽에 존재하는 마디를 자식마디(child node)라 부르며, 더 이상 마디가 분화되지 않는 최종 마디를 끝마디(terminal node)라고 부른다. 이와 같

은 각 마디들이 분화되어 있는 모습이 나무의 모양을 닮았다고 하여 이를 의사결정 나무라 부른다.

16.2 ROC(Receiver Operating Characteristic) curve analysis란 무엇인가?

제3.1장의 표 3.1에서 predictive studies에서 사용되는 통계량으로 sensitivity, specificity, positive predictive value, likelihood ratio가 있으며 이는 Bayes' theorem을 기초로 한다고 하였다. 즉, 질병을 예측하고 진단하기 위해 검사를 시행하였을 때 그 검사가 얼마나 정확한지 평가하는 데 이용되는 척도이다. 어떤 검사로 두 집단을 양성(+ : 질병이 존재)과 음성(− : 질병이 없음)으로 나눌 때 완전히 나눌 수 있는 검사가 있을까? 실제로 보면 서로 겹치는 부분(overlap)이 존재한다(그림 16.1).

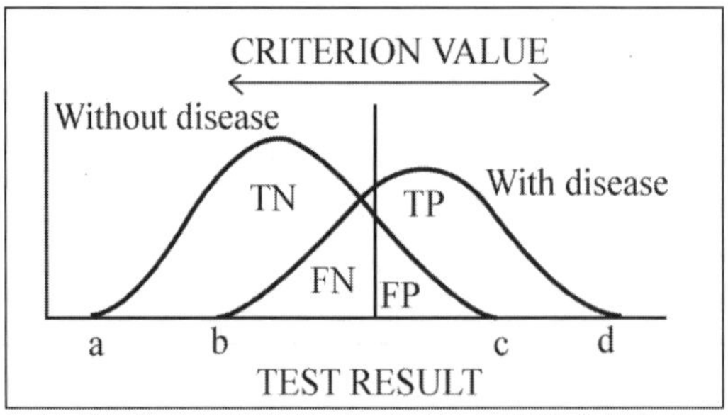

TN : True Negative　　TP : True Positive
FN : False Negative　　FP : False Positive

그림 16.1

TP와 TN은 올바르게 진단이 된 것이고, FP와 FN는 잘못 진단이 된 경우이다. 이것을 표로 나타내면 다음과 같다.

표 16.1 Two by two table for calculating sensitivity and specificity

	질 병 (+)	질 병 (−)	합 계
검사상 양성(+)	true positive(TP)	False positive(FP)	TP+FP
검사상 음성(−)	False negative(FN)	True negative(TN)	FN+TN
합 계	TP+FN	FP+TN	TP+FN+FP+TN

민감도(sensitivity)란 질병이 존재할 때 검사방법으로 양성이 나올 확률로 $\frac{TP}{TP+FN}*100(\%)$로 계산하며 질병이 있는 환자를 질병이 있다고 진단할 수 있는 능력이다. Sensitivity는 질병을 놓치면 안 되는 경우, 진단적 검사의 초기 단계, 그리고 검사의 목적이 질병을 발견하는 것일 때 이용된다. Sensitive test에서 음성으로 나오면 질병을 ruling out하는 데 유용하다. 특이도(specificity)는 질병이 없을 때 검사방법으로 음성이 나올 확률로 $\frac{TN}{FP+TN}*100(\%)$로 계산되며 질병이 없는 환자를 질병이 없다고 진단할 수 있는 능력이다. Specificity의 용도는 진단을 확인하고자 할 때 쓰이고 specific test에서 양성으로 나왔을 때 질병을 ruling in 하는 데 유용하다.

Sensitivity도 specificity도 positive test가 true positive일 likelihood를 알려주지는 않는다. 그러므로 양성예측도, 음성예측도를 알아야 한다. 양성예측도(positive predictive value)는 검사방법으로 양성으로 나왔을 때 병이 존재할 확률로 $\frac{TP}{TP+FP}*100(\%)$이다. 즉, 양성예측도가 90%라는 의미는 이 검사로 양성으로 나오면 정밀검사 결과, 그 질병으로 나올 확률이 90%라는 의미이다. 그러므로 양성예측도는 질병의 screening test의 능력을 평가하는 데 유용하다(예로 stool occult blood). 음성예측도(negative predictive value)는 검사방법으로 음성으로 나왔을 때 병이 존재하지 않을 확률로 $\frac{TN}{TN+FN}*100(\%)$이다. 즉, 음성예측도가 90%라는 의미는 이 검사로 음성으로 나오면 정밀하게 검사를 했을 때 그 질병이 존재하지 않을 확률이 90%라는 의미이다. 그러므로 음성예측도는 모집단에서 유병률이 높은 질환을 평가할 때 중요한 metric이 된다.

그럼 검사의 정확도(accuracy)는 어떻게 결정할까? 표 16.1에서 accuracy는 다음과 같이 계산된다.

$$\text{Accuracy} = \frac{\text{true positive} + \text{true negative}}{\text{total sample size}}$$

검사의 유용성을 측정하는 데 있어 accuracy위 제한점은 true positive와 true negative의 benefit에 동등하게 가중을 준다는 것이다. 즉, false negative와 false positive의 문제가 있다는 것이다. 그러나 임상에서 false negative와 false positive가 동등하지 않은 경우가 있다.

지금까지 계산한 sensitivity, specificity, positive predictive value, 그리고

negative predictive value는 전부 이분형변수인 경우에 계산한 것이다. 그럼 interval variable인 경우에는 어떻게 될까? Interval variable은 각 cut-off point를 어디로 하느냐에 따라 sensitivity, specificity, positive predictive value, 그리고 negative predictive value의 값이 달라지므로 복잡하게 된다. 다음의 예는 prostate-specific antigen(PSA) 검사치와 전립선암과의 관계에 대한 표이다.

표 16.2 PSA의 여러 cut-point value에서 sensitivity, specificity, positive predictive value, 그리고 negative predictive value의 값

PSA cut-off (ng / ml)	Sensitivity (%)	Specificity (%)	PPV (%)	NPV (%)
1	98	9	37	91
2	95	20	39	88
3	91	26	40	84
4	86	33	41	81
5	75	44	42	76
6	63	57	45	74
7	56	66	48	73
8	49	74	51	72
9	42	80	53	71
10	38	84	56	71
15	23	93	67	69
20	17	97	78	68

PPV (Positive predictive value), NPV (Negative predictive value)

표 16.2에서 가장 좋은 sensitivity, specificity, positive predictive value, 그리고 negative predictive value를 보이는 PSA의 cut-off는 어디일까? 사실 best cut-off는 없다. 모든 sensitivity, specificity, positive predictive value, 그리고 negative predictive value를 최대화할 수 있는 모수가 없기 때문이다. Sensitivity가 증가하면 specificity는 감소하고 positive predictive value가 증가하면 negative predictive value는 감소한다. 이런 dilemma를 풀기 위한 방법이 receiver operating curve(ROC)이다(16.2.1).

Bayes' theorem은 무엇인가? Bayes' theorem은 검사 전에 사건이 발생할 확률(pretest probability of the event)과 검사에 의해 정보를 추가한 후 얻어진 정

보(the information added by a test)를 기초로 사건의 발생확률을 결정하는 방법이다. 이 말이 어려울지 모르나 임상의사들은 매일 병원에서 의사결정에 Bayes' theorem을 사용하고 있다. 예를 들어 응급실에 34세 여자(A)가 chest pain으로 내원했을 때와 고혈압, 당뇨병, 흡연력이 있는 55세 여자(B)가 chest pain으로 내원했을 때, 응급실에서 심전도(EKG)를 찍고 의사에게 심전도를 보여줬을 때 myocardial infarction(MI)이 있을 가능성을 생각해 보자.

먼저 EKG를 보기 전에 A에게서 MI가 있을 가능성은 매우 작다고 생각할 것이다. Bayers' term에 의하면 이런 경우 MI가 있을 가능성은 낮다(low probability of MI)라고 한다. 즉, pretest probability는 new evidence(즉, EKG)를 고려하기 전에 condition(즉, MI)의 likelihood이다. 반면 B의 경우는 과거력, 나이 등으로 보아 MI의 가능성이 높다고 생각할 것이다. 정확하게 A, B의 true pretest probability를 알려면 이런 경우와 비슷한 대상자들에서 MI로 진단된 proportion을 보여주는 study를 수행해야 하나 수행하지 않고도 B가 MI의 가능성이 높은 것을 알 수 있을 것이다. 다음 EKG검사의 결과를 보고 난 후 MI의 확률은 posttest probability가 된다.

Pretest probability + information from test ⟶ posttest probability

Posttest probability가 pretest probability와 얼마나 다른지는 그 검사법(EKG)의 likelihood ratio에 달려 있다. 검사결과가 이분형으로 나오는 검사법에 대한 likelihood ratio는 positive test result의 용어인 the likelihood ratio of positive test 혹은 negative test result인 the likelihood ratio of negative test로 표현된다.

Likelihood ratio of a positive test = (질병이 있는 어떤 사람에서 검사결과가 양성으로 나올 확률 ÷ 질병이 없는 어떤 사람에서 검사결과가 양성으로 나올 확률)이 된다. 분자인 질병이 있는 어떤 사람에서 검사결과가 양성으로 나올 확률은 결국 검사법의 sensitivity이고, 분모인 질병이 없는 어떤 사람에서 검사결과가 양성으로 나올 확률은 결국 1 − specificity이므로 다음과 같이 된다.

$$\text{Likelihood ratio of a positive test} = \frac{\text{true positive rate}}{\text{false positive rate}} = \frac{\text{sensitivity}}{\text{1-specificity}}$$

Likelihood ratio of a positive test > 1이면 검사결과 양성이면 질병이 있을 확률이 의미 있게 증가하는 것이고, < 1이면 검사결과 양성이면 질병이 있을 확률이 의미 있게 감소하는 것이다. 같은 방법으로 likelihood ratio of a negative test는 다음과 같이 표현할 수 있다.

$$\text{Likelihood ratio of a negative test} = \frac{\text{true negative rate}}{\text{false negative rate}} = \frac{\text{1 - sensitivity}}{\text{specificity}}$$

Likelihood ratio of a negative test > 1이면 검사결과 음성이면 질병이 있을 확률이 의미 있게 증가하는 것이고, < 1이면 검사결과 음성이면 질병이 있을 확률이 의미 있게 감소하는 것이다.

만약 검사결과가 이분형이 아니고 interval scale로 측정되었다면 likelihood ratio는 검사방법의 특정 cut-off의 term으로 표현된다(즉, positive likelihood ratio of a cholesterol of 240mg / dl, or more). Sensitivity 그리고 specificity같이 interval variable의 각각의 다른 cutoff에 대해 positive likelihood ratio를 결정할 수 있다. Likelihood ratio를 질병의 posterior probability(검사 후에 질병이 있을 확률)를 결정하는 데 이용하려면 pretest probability를 pretest odds로 변환해야 한다.

$$\text{Pretest odds} = \text{pretest probability} / (1 - \text{pretest probability})$$

다음 pretest odds에 likelihood를 곱해 주면 posttest odds가 된다.

$$\text{Pretest odds} * \text{likelihood ratio} = \text{posttest odds}$$

다음 odds를 probability로 거꾸로 전환하면 다음과 같다.

$$\text{Posttest probability} = \text{posttest odds} / (1 + \text{posttest odds})$$

예를 들면 4세 어린이가 귀가 아프다고 병원에 왔을 때 의사는 다른 연구결과로 이 나이에 급성 중이염의 유병률은 20% 정도가 된다고 알고 있다고 하

자. 그리고 고막 검사를 해보니 eardrum이 cloudy했다. 이 경우 이 어린이가 급성 중이염이 있을 likelihood는?

먼저 prior odds = 0.2 / (1−0.2) = 0.2 / 0.8 = 0.25이고 cloudy ear drum이 있을 때 급성중이염이 있을 likelihood ratio는 기존 연구결과 34라는 것을 알고 있기 때문에 posttest odds = 0.25 * 34 = 8.5가 되고 이것을 posttest probability로 전환하면, posttest probability = 8.5 / 9.5 = 0.89가 된다.

Likelihood ratio의 중요한 점은 likelihood ratio는 likelihood ratio를 서로 곱한 결과인 multiple diagnostic test를 기초로 질병의 posterior probability를 계산하는 데 사용될 수 있다는 점이다.

> Pretest odds * likelihood ratio test 1 * likelihood ratio test 2 * likelihood ratio test 3 = posttests odds

이것은 대부분 적절한 검사결과가 1개 이상이고 정보의 각 piece를 사용하여 환자의 진단과 예후를 결정하는 임상적인 상황에서 매우 잠재력이 많은 유용한 점이다. 그러나 한 개 이상의 likelihood ratio를 합병하기 위해서는 likelihood ratio는 서로 독립적인 검사 결과로부터 계산되어야 한다. 불행하게도 많은 검사결과는 서로 독립적인지 아직 증명이 되어 있지 않다.

다음은 실제로 이분형변수의 결과방법에 따른 자료로 sensitivity, specificity, positive predictive value, negative predictive value를 계산해 보자.

	질 병 (+)	질 병 (−)	합 계
검사상 양성(+)	A=90	B=10	A+B=100
검사상 음성(−)	C=10	D=190	C+D=200
합 계	A+C=100	B+D=200	A+B+C+D=300

위의 검사방법으로는 sensitivity = A / (A+C) = 90÷100 = 90%이고, specificity는 D / (B+D) = 190÷200 = 95%이고, prevalence rate는 (A+C) / (A+B+C+D) = 100÷300 = 33%이다. 그리고 sensitivity와 specificity는 대상자의 prevalence rate에 따라서 값이 달라지지 않는다. 즉, prevalence rate가 낮다는 것은 질병이 없는 B+D에 비해서 질병이 있는 A+C가 아주 적다는 의미이지 A : C 비나 C : D의 비가 달라지는 것은 아니다. 다만 질병의 진단기준에 따라서는 달라질 수는 있다. 혈당을 측정하는 검사기준으로 120 이상을 양성인 당뇨환자로 잡았을 때는, 200 이상을 당뇨환자로 잡는 것에 비해 false negative가 적게 된다. False negative인 C가 적다면 상대적으로 A가 높아지는 것이므로 sensitivity가 높아지게 된다. 그러므로 sensitivity가 높은 검사법은 screening test에 사용하면 좋은 이유가 여기에 있다.

위의 표에서 positive predictive value는 A / A+B = 90 / 100 = 90%이고 negative predictive value는 D / C+D 190 / 200 = 95%이다. 그런데 positive predictive value나 negative predictive value는 sensitivity나 specificity와는 다르게 prevalence rate에 따라서 아주 다르게 계산이 된다. 예를 들어 prevalence rate가 아주 낮다면 B + D에 비해서 A + C가 아주 낮다는 의미이다. 즉, 여기에 비례해서 B에 비해 A가 낮아지게 된다. 그러므로 positive predictive value는 낮아지게 된다. 또한 반대의 경우도 있다. 이렇게 prevalence rate가 낮을 때는 positive predictive value가 작아져서 screening test의 성과가 떨어지므로 screening test는 prevalence rate가 높은 집단을 대상으로 하는 것이 원칙이다. 다음은 prevalence rate가 낮은 예이다.

	질 병 (+)	질 병 (−)	합 계
검사상 양성(+)	A = 90	B = 4,995	A+B = 5,085
검사상 음성(−)	C = 10	D = 94,905	C+D = 94,915
합 계	A+C = 100	B+D = 99,900	A+B+C+D = 100,000

위의 표에서도 검사의 sensitivity는 90 ÷ 100 = 90%, specificity는 94,905 ÷ 99,990 = 95%이고, prevalence rate = 100 ÷ 100,000 = 0.1%이다. Sensitivity와 specificity는 변함이 없다. 그러나 positive predictive value = 90 ÷ 5,085 = 1.8%, negative predictive value = 94,905/94,915 = 99.98%이다. 즉, 이 검사에서 양성으로 나오면 정밀 검사상 그 질병이 맞을 가능성이 1.8%이고, 이 검사에서 음성으로 나오면 정밀 검사상 질병이 없을 가능성이 99.99%라는 것이다.

처음의 예는 prevalence rate가 약 33%가 질병을 가지고 있는 예이고 다음의 예는 prevalence rate가 0.1%인 경우이다. 검사법의 sensitivity와 specificity는 prevalence rate에 따라 큰 차이는 없지만, positive predictive rate는 prevalence rate가 낮은 경우에는 급격히 감소한다. 그러므로 "sensitivity가 83.5%인 암을 검사하는 검사법에서 양성이 나왔으니 암일 확률이 83.5%"라는 말은 오류가 있고, 이런 경우에는 positive predictive value를 사용해야 한다. 또한 prevalence rate가 낮은 경우에는 positive predictive value도 별 의미가 없다. 그러므로 positive predictive value는 prevalence rate에 따라서 다르기 때문에 임상연구에서 잘 사용하지 않는다.

16.2.1 Receiver Operating Characteristic(ROC)란?

질병이 있는 경우와 질병이 없는 경우를 판별하는 검사의 능력을 측정하는 방법이며, 2개 혹은 그 이상의 진단적 검사의 diagnostic performance를 비교하는 데도 사용된다. ROC curve는 different cut-off points에서 false positive rate와 true positive rate의 관계를 plot한 그래프이다.

16.2.2 SPSS에서 ROC curve 그리기

다음 표는 자궁경부암 검사를 위해 시행한 Pap smear의 정확도를 보기 위한 것이다. 여기서 자궁경부암의 확진은 자궁 경부의 조직검사 결과에 의한 판단이다. 아래 결과에서 각 세포진의 분류에 따라 cut-off value를 정한 뒤 검사 양성을 정의하고, sensitivity와 specificity를 계산하고 결과에 따라 ROC curve를 그려보자.

Pap smear 분류	검사한 환자수	확진된 환자수
I	305	0
II	203	12
III	119	57
IV	78	68
V	64	64

먼저 위의 자료를 다음과 같이 coding 한다(Example13.sav).

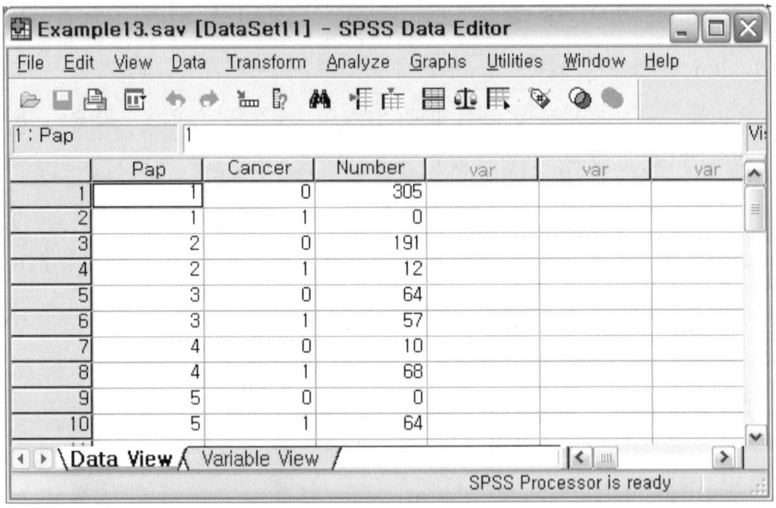

그리고 ROC를 하기 전에 aggregated 자료이므로 Data ▶ Weight Cases…… 에서 Number 변수를 Weight cases by ▶ Frequency Variables에서 가중치를 부여한다. 다음 SPSS 주화면에서 Analyze ▶ ROC Curve……를 선택한 후 그림의 왼쪽과 같이 그리고 Option……에서 그림의 오른쪽과 같이 지정한다.

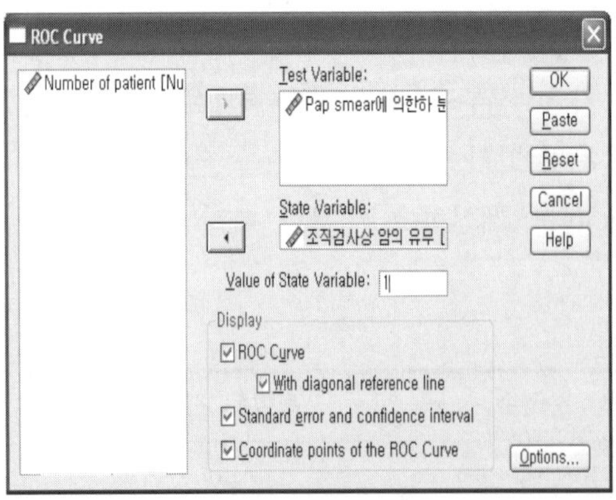

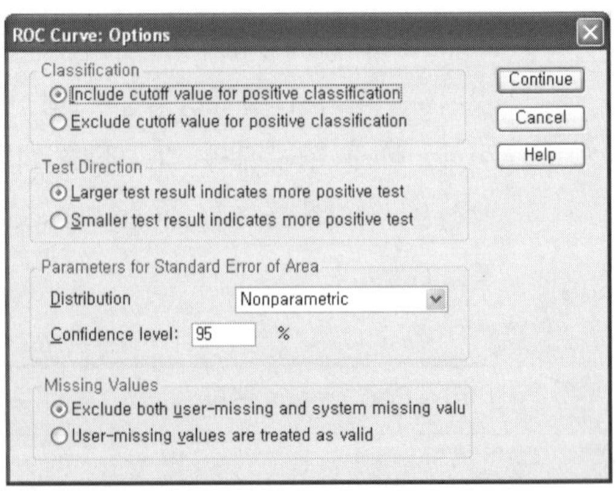

여기서 Test variables은 양적으로 측정된 것이어야 하며, 판별분석이나 로지스틱 회귀분석에서 계산된 확률을 이용할 수도 있다. Value of State Variable : 에는 1이 조직검사상 암으로 확인된 경우이므로 1을 지정한다.

ROC curve를 그리는데 기본 가정은 later scale로 표현된 숫자가 증가할수록 one subject가 one category에 속할 가능성이 높다는 것이다. 반면 숫자가 감소할수록 another category에 속할 가능성이 높다는 것이다. Option……에서 classification은 positive classification을 선택하고 Test direction은 larger test result indicates more positive test를 선택한다. Test direction에서 smaller test result indicates more positive test를 선택하면 그림이 정반대로 출력된다. 다음은 결과이다.

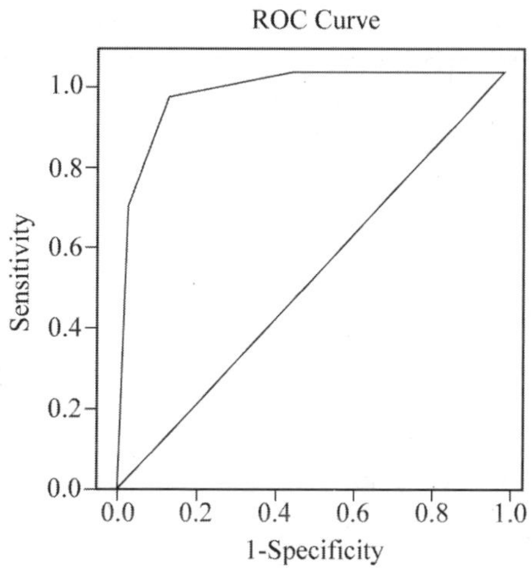

Diagonal segments are produced by ties.

처음 보이는 그래프가 ROC 곡선이다. ROC 곡선은 수평축은 1 − specificity로 수직축은 sensitivity로 하여 그래프를 그린 것이고 다음과 같은 정보를 얻을 수 있다.

1. Sensitivity와 specificity 사이의 trade off를 보여 준다.

2. 곡선이 왼쪽으로 가까워질수록 그리고 ROC 경계의 위쪽으로 갈수록 검사방법이 더 정확한 것이라고 할 수 있다.

3. 곡선이 45도, 즉 대각선으로 접근할수록 검사방법은 덜 정확한 것이다.

4. 검사방법의 정확성은 곡선 아래의 면적을 계산하면 알 수 있다. 즉, 면적이 1이면 완전한 검사방법이고 0.5면 검사방법으로는 가치가 없는 검사이다. 다음은 면적을 계산했을 때 나온 수치에 대한 대략적인 지침이다. 즉, ROC curve의 면적이 0.9 − 1 = excellent, 0.8 − 0.9 = good, 0.7 − 0.8 = fair, 0.6 − 0.7 = poor, 0.5 − 0.6 = fail.

위의 ROC곡선을 보면 수평축의 여러 지점에서 보아도 곡선이 left axis나 곡선의 정상에 매우 가깝다. 그래프 영역을 벗어난 경우는 출력되지 않으며 이 경우는 coordinate of the curve table로 알 수 있다.

Area Under the Curve

Test Result Variable(s): Pap smear에 의한하 분류

Area	Std. Error [a]	Asymptotic Sig. [b]	Asymptotic 95% Confidence Interval	
			Lower Bound	Upper Bound
.959	.007	.000	.946	.972

The test result variable(s): Pap smear에 의한하 분류 has at least one tie between the positive actual state group and the negative actual state group. Statistics may be biased.

a. Under the nonparametric assumption

b. Null hypothesis: true area = 0.5

곡선 아래의 면적은 0.959로 excellent한 검사방법이라고 할 수 있다. Sig는 0.000으로 통계적으로 의미 있다고 할 수 있다. 즉, 이 검사법을 이용하는 것이 추측하는 것보다 좋은 방법이다.

다음은 곡선의 coordinates에 대한 결과이다. 첫째 column은 test variable인 pap을 선택하는 cutoff value를 나타낸다. Pap 변수는 5까지의 ordinal변수이기 때문에 관찰된 값의 평균으로 표시되었다. 그래서 coding을 한 수치인 1, 2, 3, 4, 5로 나오지 않고 1.5, 2.5, 3.5, 4.5로 나왔다. 만약 pap변수가 continuous variable이었다면 ROC graph는 더욱 혼잡해지고 cut-off point를 충분히 정확하

Coordinates of the Curve

Test Result Variable(s): Pap smear에 의한하 분류

Positive if Greater Than or Equal To [a]	Sensitivity	1 - Specificity
.00	1.000	1.000
1.50	1.000	.463
2.50	.940	.127
3.50	.657	.018
4.50	.318	.000
6.00	.000	.000

The test result variable(s): Pap smear에 의한하 분류 has at least one tie between the positive actual state group and the negative actual state group.

a. The smallest cutoff value is the minimum observed test value minus 1, and the largest cutoff value is the maximum observed test value plus 1. All the other cutoff values are the averages of two consecutive ordered test values.

게 구분하기 위해 graph 위의 coordinates를 pip point하기가 더욱 힘들어질 것이다. 그러므로 1.5는 1과 2로 coding한 것의 평균이다. 두 번째 column은 sensitivity이고 3번째 column은 1－specificity로 false positive rate를 나타낸다.

ROC주 화면에서 Coordinate points of the ROC curve를 선택해서 나온 위의 표에서 보면 pap이 낮을수록(즉, class가 낮을수록) sensitivity와 false positive rate가 높아지고, pap의 class가 높아질수록 sensitivity와 false positive rate는 낮아진다. 즉, pap smear의 class의 cut-off를 낮게 잡을수록 암을 많이 발견할 수 있지만(sensitivity 증가), 반면에 암이 아닌데 암으로 오진할 확률(false positive)도 높아진다는 의미이다. 반면에 class의 cut-off를 높게 잡을수록 암을 발견하는 비율은 낮아지고, 암이 아닌데 암으로 진단되는 false positive rate도 낮아진다.

Pap이 0이면(본 예제에서는 0인 경우는 정상인 경우가 없었다) sensitivity와 1－specificity 모두 1이다. 또한 pap이 6이라면(본 예제에서 6인 경우는 없었다) sensitivity와 false positive rate 모두 0이 된다. Pap이 1.5나 1.5 이상으로 나온 경우(즉, pap을 2 이상으로 coding한 집단)를 모두 암으로 분류한다면 sensitivity가 1이므로 모든 암환자를 발견할 수 있으나 0.46(46%) 정도는 암이 아닌데 암으로 잘못 진단을 하게 된다. 만약 pap 변수의 cut off value를 2.5로 잡는다면(즉, 3이나 그 이상으로 coding한 집단) sensitivity는 0.94가 되나 false positive rate는 0.127로 떨어진다. 만약 pap 변수에서 cut off value를 3.5로 잡는다면(즉, 4나 그 이상으로 coding한 집단) sensitivity는 0.657이 되나 false positive rate는 0.018로 떨어지게 된다. Sensitivity가 0.657이므로 1 － sensitivity = 1 － 0.657 = 0.35, 즉 35% 정도에서는 진짜 암환자임에도 불구하고 암환자로 진단을 못할 수 있게 된다. 그러므로 very high or perfect specificity를 얻고 false positive rate를 낮추기 위해서는 pap의 변수의 cut-off value를 1.5나 2.5로 하는 것이 가장 좋을 것 같다. 가장 이상적인 검사법은 sensitivity = 100%, specificity = 100%인 검사법이나 실제적으로 그런 검사법은 없다.

16.3 학술지에 발표된 연구결과(clinical trial)를 각 개인의 환자에게 적용하려면?

학술지에 발표된 이 article과 환자는 얼마나 관계가 있는 것입니까? 우리는 각 journal을 읽고 연구결과를 자신의 환자에게 적용할 때 알아야 되는 중요한 의문에 대해 알아보자.

16.3.1 연구결과가 타당한 것인가? Are the study results valid?

모든 clinical trial의 타당성은 다음과 같은 요소에 달려 있다. 첫째 대상자가 randomized하게 할당되었는가? Randomization이 진실로 타당하려면 blind해야 하고 또한 double blind(연구자도 대상자도 모르는)여야 한다. 둘째로 intention-to-analysis 결과라야 한다. 약의 부작용으로 약의 복용을 중지해도 전부 count를 해야 하고, active drug와 control drug로 clinical trial을 할 때 무작위로 대조군에 속한 대상자에게 증상이 발생하여 active drug로 치료가 필요할 경우에도 원래 있던 집단에 속해 있는 것으로 간주해야 한다. 셋째는 거의 대부분의 환자가 연구에 참여했는가 하는 문제이다. 많은 수의 drop-out이 있으면 진실로 치료효과를 반영할 수 없다.

16.3.2 연구결과가 얼마나 확실한가? How convincing are the results of a study?

일반적으로 모든 대상자가 무작위 할당되었을 경우 분석의 결과가 통계학적으로 의미 있을수록(일반적으로 $p < 0.05$) convincing하다고 할 수 있다. 그러나 $p < 0.05$인 연구결과도 exact experiment로 다시 해도 $p < 0.05$로 나올 가능성은 50% 정도라고 한다. $P < 0.01$은 90% 정도라고 한다. 그러므로 중요한 치료의 결정에는 좀더 extreme levels of proof이 요구된다.

16.3.3 연구결과가 임상적으로 의미가 있는가? Are the results clinically significant?

연구결과가 타당하고 치료방법에 따라 진실로 차이가 있는지를 확인한 후의 관심은 차이는 가치가 있는 것인가이다. 이것은 복잡한 결정이고 다음과 같은 많은 요인을 고려해야 한다. 첫째 effect size가 충분했는가? 보통 치료효과를 측정하는 방법은 relative risk reduction(RRR)을 측정하는 것이다. 예를 들어 어떤 처치가 control 집단의 사망률은 20%, active treatment 집단에서 10% 감소시켰다면 RRR은 50%가 된다. RRR은 많은 다른 위험 categories를 가지고 있는 대상자 모두에게 일반화할 수 있는 treatment work의 정도를 말한다. 이 50%의 risk reduction 수치를 발생빈도가 1%도 안 되는 질환의 환자에게는 intervention이 매우 비싼 경우 임상적으로 중요하지 않을 수도 있다. 그러나 intervention이 예방접종 같은 간단한 것이라면 polio같은 질환의 발생빈도를 1%에서 0.5%로 낮추는 것도 중요한 사항이다. 또한 RRR의 신뢰구간을 꼭 살펴보아야 한다.

16.4 만약 전체 모집단 자료를 가지고 있어도 통계적 분석(추론)이 필요한가?

지금까지 이용한 모든 통계분석에서의 통계적인 유의성(p-value)과 신뢰구간의 값은 통계적인 추론에 의해 계산된 값으로 표본을 가지고 모집단의 특성을 추론한 것으로 표본에서 발견된 값이 모집단을 얼마나 반영하고 있는지를 나타낸다. 그러나 가상적으로 whole population을 가지고 있을 때도 추론 통계학을 사용해야 할까? 간단히 대답하면 '아니다.'

16.5 언제 통계적인 연관성은 인과관계(causality)를 확립할 수 있나?

두 변수 사이에 통계적인 연관성(association)이 있다면 언제 두 변수 중에 한 변수가 다른 변수의 원인이라고 말할 수 있을까? 정답은 결코 통계적인 연관성이 있어도 한 변수가 다른 변수의 원인, 즉 인과관계가 있다고 할 수는 없다. 인과관계를 확립하기는 매우 어렵다. 왜냐하면 변수 사이의 관계를 설명할 때 우연에 의해 관계가 있다는 것을 통계학적으로 제거했다고 하더라도 confounding, bias 그리고 effect-cause 등은 아직도 남아 있기 때문이다.

비록 association이 causality와 동등한 것은 아니지만, 자료를 수집하기 전과 수집하고 난 후 association이 causal이라는 가능성이 높다는 것을 주장할 수 있는 많은 방법이 있다(표 16.3). 이런 전략은 특히 non-randomized study에서 특히 중요하다. 왜냐하면 non-randomized study design은 randomized controlled trial design보다 potential한 confounding과 bias를 원래부터 포함하고 있기 때문이다.

과거의 연구에서 association의 관계가 증명되었던 경우 완전히 새로운 관계에 있는 것보다는 진실로 관계가 있을 가능성이 높다. Bayesian terms에 의하면 과거의 연구에서 association이 있었다면 발견된 사항이 진실일 pre-study (pre-test) probability가 높다고 한다.

표 16.3 Test for assessing the likelihood that statistical association is causal

기준(criteria)	Methods for assessing or strengthening causal inference
과거의 연구와 일치하는가?	Literature search
생물학적으로 타당한가?	Understanding the pathophysiology
Dose-response 관계가 있는가?	Trend-test
영향력(effect)이 강한가?	Magnitude of risk ratio, rate ratio, odds ratio, hazard ratio
Have you excluded?	
Confounding?	Randomization, matching, stratification, multivariable analysis
Effect-cause?	Longitudinal design, long interval between ascertainment of risk factors and disease, rigorous screening for outcome at baseline examination
Bias	Randomization, blinding

또한 association은 생물학적으로 타당할 때 causality일 가능성이 높다. 반면에 생물학적으로 설명하기가 어려우면 단순히 우리의 집합적인 무지(collective ignorance)를 반영하는 것이다.

Dose-response relationship[용량-반응(효과) 관계]이 있으면 casual inference를 강화시킨다. Dose-response relationship이란 약리학에서 많이 사용되는 용어로 용량을 늘리면 반응도 비례적으로 증가하는 것을 말한다. 여기서 말하는 dose-response relationship은 trend test에서 통계적인 유의성이 있느냐는 것이다. 예를 들면 작업장에서 담배에 노출된 시간과 호흡기 증상의 발생의 odds ratio를 남녀에 따라서 다음의 결과를 보인 경우 담배에 노출된 시간이 길수록 호흡기 증상이 나타난 odds ratio가 높아지면서 trend test에서 $p < 0.05$인 경우 dose-response relationship이 있다고 할 수 있다.

Dose-response relationship between respiratory symptoms and workplace smoked exposure

	Odds ratio (95% Confidence interval)				
Hours	< 4	> 4－16	> 16－48	> 48	p for trend
Men	1.7 (1.4－2.1)	2.3 (1.8－2.8)	2.7 (2.2－3.4)	3.2 (2.5－4.0)	< 0.001
Women	1.0 (0.6－1.7)	1.6 (0.9－2.8)	2.7 (1.5－4.9)	2.0 (1.1－3.4)	< 0.001

영향이 강할수록(strength of effect) '부분적으로' causal 관계가 있을 가능성이 높다. 왜냐하면 confounder가 간접적으로 작용하기 때문에 강한 영향을 나타낼 가능성이 작아지기 때문이다. 어떤 학자는 relative risk(즉, risk ratio, rate ratio, relative hazards)가 3－4 이상이면(protective effect인 경우는 < 0.33), confounding이 risk를 증가시키는 한정된 설명일 가능성이 적다고 말하기도 한다. 즉, relative risk가 > 3－4로 나온다면 confounding만으로 risk가 증가될 가능성은 적다는 뜻이다.

Association이 confounding에 의한 것이지, 아닌 것인지를 평가할 때 unknown(or unmeasured) confounder와 known confounder를 같이 평가해야 한다. Randomization만이 unknown confounder의 영향을 제거할 수 있다. 또한

known confounder라고 하더라도 통계적인 보정은 confounder를 제거하기에는 불완전한 방법이다. Potential한 confounder를 전부 multivariable analysis에 투입했다고 해서 그 변수에 의한 confounding을 제거한 것은 아니다.

Reverse causality(effect-cause)는 역 인과관계로 두 변수가 서로 상관이 있지만 명확하게 어떤 변수가 원인이 되는지에 대한 확실성을 가질 수 없는 상황에서, 원인변수라고 생각되었던 변수가 실제로는 결과변수, 또는 결과변수라고 생각되었던 변수가 원인변수인 경우를 의미한다. Reverse causality는 결과변수와 위험인자를 동시에 측정하는 cross-sectional study에서 문제가 된다. 이런 경우는 longitudinal study로 전환해야 하지만 longitudinal study에서도 연구하는 질환이 sub-clinical form(무증상)일 경우에는 여전히 문제가 될 수 있다.

Causality의 잠재적인 위험성 중에서 가장 평가하기 어려운 것이 bias이다. 왜냐하면 너무 많은 potential bias의 source가 있기 때문이다. Bias는 연구계획 혹은 연구수행 중에 발생되는 systemic error이다. Selection bias는 연구대상이 모집단을 대표하지 못하거나, 연구목적에 적합하지 않은 대상을 선정함으로써 타당한 결론을 내리지 못하는 경우이다. Information bias는 연구자료를 수집하는 과정에 발생할 수 있는 bias이다. 예를 들면 새로운 진통제의 효과를 위약과 비교하여 평가할 때 연구대상자들이 자신에게 투여되는 약이 신약인지 위약인지 알고 있어 효과에 영향을 미칠 때이다. Bias를 제거할 수 있는 가장 좋은 방법은 careful study design이다. 그러나 비록 randomized placebo-controlled trial의 연구에서도 아직까지도 bias의 potential source가 있다는 것을 알아야 한다.

Chapter 17

연구결과의 출판

17.1 연구결과를 저널에 투고하거나 해당 기관에 보고할 때 연구방법 항목에는 어느 정도의 정보를 기술해야 하는가?

대부분 중요한 저널의 편집자들은 어느 정도 자세하게 연구자가 자신의 원고에 통계적 분석방법을 기술해야 하는지에 대해 지침을 제시하고 있다. 그 지침은 일반적이면서도 다음과 같이 분명하게 연구자에게 연구방법을 기술하라고 하고 있다.

> "Describe statistical methods with enough detail to enable a knowledgeable reader with access to the original data to verify the reported result."
> "식견이 많은 독자가 원래의 자료를 가지고 연구결과를 증명할 수 있을 정도로 충분하고 자세한 통계적 방법을 기술하라."

물론 위와 같이 원래의 자료로 연구결과를 증명할 수 있을 정도로 충분하고 자세한 통계적 방법을 기술하는 것이 중요하다는 것을 연구자는 알고 있다. 그러나 통계분석을 해본 사람은 자신의 원고에 자신이 분석한 방법을 전부 기술하는 것은 불가능하다는 것을 대부분 다 잘 알고 있다. 그러나 연구자가 만든, 특히 결과에 중요한 영향을 미치는 중요한 사항을 보고하는 것은 연구자의 책임이라는 것을 알아야 한다.

Published article과 journal은 '연구방법, method' 항목을 어떻게 구성했는지에 따라 다르다. 연구논문의 '연구방법' 항목을 나누어서 다음과 같이 기술해

주는 것이 좋다. 어떻게 대상자를 등록시켰는지(Subjects), 어떤 intervention을 사용했고 어떻게 자료를 얻었는지(Procedures), 변수는 어떻게 coding했는지(Measures) 그리고 어떻게 자료를 분석했는지(Statistical analysis) 등으로 나누어서 기술하는 것이다. 어떤 경우에는 위의 모든 항목을 한번에 '연구방법'이라는 항목에 일괄적으로 기술하는 경우도 있다. 본인이 제출하려는 각 학회의 잡지 뒤에 보면 논문 투고란에 지침서가 나와 있으니 지침서를 따르는 것이 좋은 방법이나, 보통 연구논문의 'Method' 항목에는 적어도 다음과 같은 내용이 포함되는 것이 좋다.

1. 자신의 연구대상자를 선정한 모집단과 모집단에서 표본추출을 한 방법(즉, probability sample of households in low income census tracts, consecutive sample of patients presenting to a specialty clinic with sinusitis).
2. 표본의 크기, 즉 어떤 대상자를 연구에서 제외했을 때는 그 이유(즉, '혈액 채취 양이 부족한 세 명을 연구에서 제외하였다').
3. 자신의 연구에 참여한 사람과 참여하지 않은 사람의 차이를 포함한 응답반응의 비율(어떤 저널은 이 사항을 결과 항목에 기술하도록 하고 있다).
4. Nature of intervention(즉, "대상환자는 약물치료의 효과를 보기 위해 3개의 집단 중 한 개의 집단에 무작위로 할당하였다").
5. 자료를 얻은 방법(즉, 면접으로 혹은 matches with registries).
6. 독립변수와 종속변수를 선택한 방법과 측정한 방법.
7. 통계분석시 독립변수와 종속변수를 분류한 방법(즉, nominal, multiple dichotomous variables).
8. 어떤 이변량분석 통계방법을 사용했는지(즉, Chi-square for categorical variables, t-test for interval variable).
9. 어떤 종류의 다변수분석을 사용했는지(즉, 다중 선형회귀분석, conditional logistic regression……).
10. 결측자료는 어떻게 처리했는지.
11. 어떤 독립변수가 모형에 포함하기 위해 적합한지(즉, 모든 변수를 표 1개에 모두 나열했는지, $p < 0.15$ 범위 내에서 결과변수와 유의한 독립변수만 선택했는지).
12. 변수선택방법을 사용했으면 어떤 방법을 사용했는지(즉, forward, backward), 그리고 inclusion / exclusion criteria의 p-value의 값은(즉, $P < 0.10$).

13. 중도절단 된 관찰이 있었을 때는 언제(즉, alternative outcome이 있었을 때 혹은 연구 종료시점에) 중도절단을 시켰는지.
14. 선형의 가정은 어떻게 검정했는지.
15. Cox 비례위험모형에서는 비례가정을 어떻게 검정했는지.
16. 교호작용은 조사했는지, 했다면 어떻게 했는지.
17. 어떤 통계 프로그램을 이용했는지(가끔 어떤 통계량을 계산할 때 프로그램에 따라서 약간 다른 경우가 있으므로).
18. p-values는 one or two-tailed로 했는지.

위의 항목 중 1－3을 Method section 바로 밑에, 4－5는 Procedures section에, 6－7은 Measure section에, 그리고 8－18은 Statistical analysis subsection에 기술하는 것이 좋다.

17.2 다변수모형을 선택한 statistical reference에 대해 인용이 필요한가?

만약 연구자가 표준적인 선형 또는 로지스틱 회귀분석을 이용했다면, 인용한 내용에 대한 통계적 참고목록은 필요 없다. 어떤 연구자는 비례위험모형을 인용할 때 참고목록을 꼭 달아주는 데 항상 다음과 같은 인용이다.

"Cox, D.R. Regression models and life tables. J.R.Stat.Soc.1972; 34 : 187-220"

1990년 전만 해도 위와 같이 참고목록을 달아야 했다. 하지만 지금은 Cox비례모형은 충분히 검증되었고 표준적인 방법이므로 굳이 참고목록을 달아야 할 필요는 없다. 그러나 비례위험모형을 인용할 때도 특별한 경우에는, 예를 들면 같은 대상자에게서 여러 번의 결과가 발생하여 보정한 경우 같이 비례가정을 위반한 경우, 참고목록을 인용하는 것이 좋다.

17.3 다변수분석을 수행하고 통계 프로그램의 결과에 출력된 내용 중 어떤 내용을 결과 항목에 기술해야 하나?

위의 '연구방법' 항목에 어떤 것을 포함해야 하는가에 대한 절대적인 방법이 없는 것처럼 어떤 내용을 '결과' 항목에 기술하는가에 대해서도 절대적인 규칙은 없다. 다음은 일반적인 내용이다.

결측자료가 있으면 각 분석마다 분석에 사용된 대상자의 수(N)를 표시해 주어야 한다. 다중 선형회귀분석 모형에서는 대부분 회귀계수(standardized와 unstandardized 중 한 가지를 기술한다. 두 가지 모두 보고하지는 않는다), 회귀계수의 표준오차 그리고 회귀계수의 통계학적인 유의수준을 기술한다. 모형이 결과변수를 얼마나 잘 설명하고 있는지를 검정하는 보정된 R square도 대부분 기술한다.

로지스틱 회귀분석과 비례위험모형에서는 회귀계수가 두 모형에서 서로 비슷한 의미가 있지만, 보통 회귀계수를 기술하지 않고 대신에 95% 신뢰구간(CI)에서의 odds ration나 relative hazards를 기술한다. 여기에는 p-value와 표준오차에 대한 정보가 포함되어 있으므로 p-value와 표준오차를 같이 기술할 필요는 없다. 모형이 결과변수를 얼마나 잘 설명하고 있는지를 보고하는 방법은 다양하다. 어떤 연구자는 likelihood test 또는 Hosmer-Lemeshow test를 이용하거나 또는 결과변수의 observed probability를 그래프나 표의 형태로 비교하기도 한다(항목 10.2.1와 10.2.2). 진단적인 혹은 예후모형을 연구하는 경우에 prediction을 측정하는 sensitivity나 c index를 보고한다(항목 10.2.3).

임상연구자들은 흥미가 있는 중요한 변수로부터 나온 결과만을 보여 주는 경향이 있다. 표 17.1은 여성에 있어서 심혈관질환과 중풍의 위험성에 관한 연구로 Cox 비례위험모형으로 분석시 estrogen / progestin 사용과 관상동맥질환과 중풍과는 관련이 있다고 보고하고 있다.

NEJM에 발표한 표에서 연구자는 person-year, 분석에 사용된 대상자의 수, relative risk, 그리고 95% CI를 보고하였다. 여기서 person-year란 역학조사에서 자주 사용되는 단위로서 조사대상자를 1년 동안 관찰한 수치로 조사대상자가 estrogen / progestin을 복용한 것을 1년 기준으로 환산한 값으로 estrogen / progestin을 3개월 복용한 사람이 15명, 6개월 복용한 사람이 5명, 1년 복용한 사람이 10명이었다면 person year = 15 * (3 / 12) + 5 * (6 / 12) + 10 * (12 / 12) = 16.25 person-year가 된다. 처음 relative risk를 나이변수에 대해서 보정했고 다음에 관상동맥질환과 중풍의 likelihood에 영향이 있는 11개의 다른 변수를 보정했다. 11개의 변수에 대해서도 relative risk와 95% CI가 계산됐지만 이 표에는 제시하지 않았다. 그런데 다른 연구에서 보면 밑에 제시한 변수 중 몇 개는(환자의 나이, 흡연) 결과변수와 밀접한 관계가 있다고 보고되었다.

표 17.1 Relative risk of cardiovascular disease among current users of conjugated estrogen alone or with progestin as compared non-users, 1978 to 1992

Hormone use	Pearson-years	Major coronary disease			Stroke (all type)		
		# of case	Relative risk (95% CI)		# of case	Relative risk (95% CI)	
			Age adjusted	Multivariate adjusted		Age adjusted	Multivariate adjusted *
Never used	304,744	431	1.0(ref)	1.0(ref)	270	1.0(ref)	1.0(ref)
Currently used							
Estrogen alone	82,626	47	0.45 (0.34 − 0.60)	0.60 (0.43 − 0.83)	74	1.13 (0.88 − 1.46)	1.27 (0.95 − 1.69)
Estrogen with	27,161	8	0.22 (0.12 − 0.41)	0.39 (0.19 − 0.78)	17	0.74 (0.45 − 1.20)	1.09 (0.66 − 1.80)
progestin							

* The analysis was adjusted for age(in 5 year categories), time(in 2 year categories), age at menopause(in 2 year categories), BMI(in quantiles), diabetes(yes or no), high blood pressure(yes or no), high cholesterol level(yes or no), cigarette smoking(never, formerly, or currently[1 to 14, 15 to 24, or more cigarette per day]), past oral-contraceptive use (yes or no), parental history of myocardial infarction before the age of 60 years(yes or no), and type of menopause(natural or surgical). N. Engl. J. Med 335 : 453-461, 1996.

결과가 한 페이지 전체에 다 기술할 수 없는 상태인 경우에 의미 없다고 생각되는 변수를 보여주지 않으면 조금 이익도 될 수 있다. 또한 이 연구는 estrogen / progestin이 관상동맥질환이나 중풍에 미치는 영향을 조사하는 것이 주목적으로 계획되었고, 나이나 흡연이 관상동맥질환이나 중풍에 미치는 영향을 조사하는 것이 아니었다. 결국 다른 연구결과에서 나이나 흡연이 관상동맥질환과 중풍에 미치는 영향을 조사하였다.

그러나 이렇게 의미 있는 변수만을 결과에 보여주면 다음과 같은 단점이 있다. 첫째 이 표를 보는 사람은 estrogen / progestin의 사용이 흡연 같은 다른 위험인자에 비해 관상동맥질환이나 중풍에 미치는 영향이 얼마나 강한지 비교할 수가 없다. 두 번째는 당신의 연구가 미래의 다른 연구자에게 도움이 별로 안 될 수 있다. 예를 들면 어떤 연구자가 과거에 estrogen / progestin을 사용한 것이 관상동맥질환이나 중풍에 미치는 영향을 보는 meta analysis를 했을 때 표 17.1에서는 얻을 수 있는 정보가 없다. 마지막으로 독립변수가 과거의 연구를 기초로 예측할 수 있는 방법으로 작용한다면, 어떤 사람은 표 17.1을 보고 큰 확신을 느낄 수 있다는 것이다. 예를 들면 만약 연구자가 흡연이 관상동맥질환이나 중풍에 중요한 위험인자라고 보고했다면 이 모형이 옳다는 확신을 당신에게 주었을 것이다. 역으로 말하면 흡연이 관상동맥질환이나 중풍에 관계가 없었다면 당신은 그들의 모형의 타당성에 대해서 걱정했을 것이다.

논문을 쓸 때 공간의 한계로 연구자의 모형의 규모가 커서 전체 변수들의 결과변수에 대한 결과를 보여 주기 어려울 때도 있다. 이런 경우 해결 방법으로 연구자는 독자가 전체 분석의 결과를 볼 수 있는 방법을 알려 주는 것이다. 요즘은 인터넷에 개인 homepage를 가지고 있는 경우가 많으므로 homepage를 이용하면 좋다.

Chapter 18

다변수모형을 구축하는 단계에 대한 요약

- **단계 1**: 표 4.1을 기초로 결과변수에 따라 어떤 다변수모형을 수행할지를 결정한다. 결과변수에 대해서 반복적인 관찰을 했다며 표 14.1를 참조한다.
- **단계 2**: 독립변수와 결과변수의 분포를 이해하기 위해 단변량분석을 수행한다. 그래서 이상한 값을 가지고 있는 자료나, 등간변수 중 의미 있게 정규분포를 하지 않은 자료, 수치의 간격이 큰 자료 그리고 이상점(outlier) 등을 평가한다(항목 6.7).
- **단계 3**: 결과변수와 독립변수를 가지고 이변량분석을 수행한다.
- **단계 4**: 만약 명목척도로 측정된 독립변수가 있으면 여러 개의 이분형변수, 즉 dummy variable로 변환을 한다(항목 5.2).
- **단계 5**: 자신의 자료가 다변수분석의 가정(선형의 가정, 정규분포의 가정, 등분산의 가정)에 맞는지를 평가한다(6장). 이변량분석에서 자신의 모형의 가정에서 의미 있게 벗어난 변수는 다르게 log 변환 등의 방법으로 변환하거나 집단으로 나눈다(항목 6.4, 6.5, 6.7 그리고 6.8).
- **단계 6**: Correlation matrix를 수행한다. 그 결과 독립변수의 pair가 다중공선성을 보이면($r > 0.90$) 어떤 변수를 분석에서 제외하고 어떤 변수는 분석에서 포함시킬지를 결정하라. 만약 변수의 어떤 pair가 0.8 – 0.9 정도에서 correlation하면 하나는 분석에서 제외할 것을 고려한다(7장).
- **단계 7**: 다변수분석시 자신의 자료에 결측자료가 얼마나 있는지 평가한다. 표 8.4의 방법에 따라 결측치를 갖는 대상자를 처리한다.
- **단계 8**: 다변수분석을 수행한다(9장).

- 단계 9 : 다중공선성을 파악하기 위해 다시 multivariable correlation matrix를 재검토한다. 만약 심각한 다중공선성이 있으면 다시 다중공선성이 있는 변수를 제거한다(7장).
- 단계 10 : F test나 likelihood test 등으로 자신의 모형이 우연에 의해 예상된 것보다 outcome을 얼마나 잘 설명하고 있는지를 평가한다(항목 10.2.1).
- 단계 11 : 모형의 적합성에 대해 평가를 하거나(즉, adjusted R^2, Hosmer-Lemeshow test) (항목 10.2.2) 모형이 연구대상자들에 관한 결과를 예측할 수 있는 능력을 평가한다(즉, sensitivity, c index) (항목 10.2.3).
- 단계 12 : 각각의 공변량이 결과변수를 추정하는 강도를 평가한다(항목 10.3).
- 단계 13 : 연구자의 자료가 다변수분석의 가정에 맞는지를 평가한다(11장). 자신이 설정한 모형에 다변수 수준에 따라 자료가 얼마나 잘 적합하는지를 알아보기 위해 회귀진단을 이용하라. 비례위험모형에서는 비례가정이 맞아야 한다는 것을 잊어서는 안 된다(항목 10.11－11.12).
- 단계 14 : 자신의 모형에 어떤 interaction terms를 포함시킬 것인가를 결정한다(항목 2.4, 9.3, 10.9 그리고 11.8).
- 단계 15 : 자신의 모형의 타당성을 평가한다(15장).
- 단계 16 : 자신의 연구결과를 보고할 잡지에 투고한다.

참고목록

- Multivariable Analysis, A practical Guide for Clinicians. 2nd Edition, Mitchell H. Katz, Cambridge University Press, 2006.
- Study Design and Statistical Analysis, A practical Guide for Clinicians. Mitchell H. Katz, Cambridge University Press, 2006.
- SPSS 15.0 Advanced Statistical Procedures Companion, Marija J. Norušis.
- SPSS 15.0 Statistical Procedures Companion, Marija J. Norušis.
- SPSS 15.0 Guide to Data Analysis, Marija J. Norušis.

찾아보기

ㄱ

가변수 134
가변수화 134
가외변수 175
검정력 22
결과변수 24
공변량 24
교호작용 90
귀무가설 21
기술통계학 25

ㄷ

다변량분석 23
다변수분석 17
다중공선성 168
다중비교 49
단변량 17
대체가설 22
독립변수 24
등분산 152

ㄹ

로지스틱 회귀분석 107

ㅁ

명목 25
모수 26
모집단 26

ㅂ

반응변수 24
범주형 자료 25
변수 23
변이 31
분산팽창계수 170
비례가정 254

ㅅ

사후검정 49
산포도 141
상관계수 169
상관계수 교차표 169
상관분석 71
상태지수 170
설명변수 24
순위자료 25
신뢰구간 34

ㅇ

억제변수 88
연구가설 21
영가설 21
요인분석 185
위험인자 24
이변량 17

이변량분석 23
이상점 245
일변량분석 23

ㅈ

자료 24
잔차 242
잔차분석 242
종속변수 24
중도절단 110

ㅊ

최빈수 27
추론통계학 26
층화분석법 82

ㅌ

통계량 26

ㅍ

평균 26
표본 26
표적변수 24
표준편차 32

ㅎ

혼란변수 83

INDEX

A

Accuracy 363
Additive assumption 248
Adjusted R2 225
Alternative hypothesis 21
Alternative outcome 159
ANCOVA(Analysis of Covariance) 104
ANOVA 48, 104

B

Backward selection method 215
Bayes' theorem 364
Best subset regression 216
Bivariate 17
Bivariate analysis 23
Bonferroni 방법 50
Bootstrap procedure 356

C

CART 358
Categorical 25
Causality 376
Censoring 110
Chi-square for trend 117
Child node 361
Chi-Square 검정 55
C index 229
Classification and regression tree 358
Classified 25
Clustered 298
Coefficient 230
Coefficient lambda 60
Coefficient of determination 73
Coefficient of variation 32
Cohen's kappa 60
Competing risk 160
Complete observation 111
Conditional logistic regression 349
Confidence interval 34
Confirmatory set 354
Confounder 83
Confounding 83
Contingency coefficient 60
Continuous numeric(al) 25
Converge 219
Correlated observation 298
Correlation analysis 71
Correlation coefficient 169
Correlation coefficient matrix 169
Covariate 24
Cox proportional hazards 107
Cramer's V 60
Cross validation 355
Current event rate 156
Curve analysis 362

D

Data 24

Data sets 24
Dependent variable 24
Derivation set 354
Descriptive statistics 25
Deviance 129
Discrete numerical 25
Discriminant analysis 106
Dummy variable 134
Dummying 134

E

EM imputation 193
Estimated probability 228
Eta coefficient 60
Explanatory variable 24
Extraneous variables 175

F

F test 223
Factor analysis 185
Forward selection method 214
Friedman statistics 347

G

Gamma 60
Goodman 60

H

Hazards ratio 231
Hierarchical linear models 324
Hierarchical models 324

I

Incomplete observation 111
Independent variable 23
Inferential statistics 25
Intention-to-treat analysis 162
Interactions 90
Interval estimate 34
Intervening variable 176, 177
Iteration 219

J

Jackknife procedure 355

K

Kendall's tau-b 60
Kendall's tau-c 60
Kendall's W 349
Kolmogorov Smirnov one sample test 30
Kruskal Wallis test 48
Kruskal's tau 60
Kurtosis 29

L

Likelihood test 224
Linear mixed-effect models 324
Log minus log survival plot 254
Log-linear model 118

Logit 231

M

MANCOVA(Multivariate Analysis of Covariate) 104
Mann-Whitney rank sum test 41
Mann-Whitney test 41
Mann-Whitney U test 41
MANOVA(Multivariate Analysis of Variance) 104
Mantel Haenszel trend test 117
McNemar test 66
Measure of central tendency 26
Median 27
Missing at random(MAR) 186
Missing completely at random(MCAR) 186
Mixed models 324
Mixed-effect model 324
Mode 27
Model Chi-square 223
Multicollinearity 168
Multilevel models 324
Multiple comparison 49
Multiple imputation 193
Multivariable analysis 17
Multivariate analysis 23
Multivariate F 105
Multi-item scale 184

N

Negative predictive value 363
Nominal 25
Non parametric 39
Non-ignorable(NI) 186
Null hypothesis 21
Numerical data 25

O

Observed probability 228
Odds ratio 60, 231
One SampleT-est 40
Ordinal 25
Outcom 24
Outcome variable 24
Over-dispersed Poisson model 114
Overdispersed 129
Overdispersion 114
Over-adjustment 177

P

P value 20
Paired t-test 42
Parameter 26
Parametric 39
Parent node 361
Pearson Chi-square 129
Person correlation 169
Pearson's 상관계수 72
Phi coefficient 60
Point estimation 34
Poisson regression 111
Polytomous logistic regression 106
Population 26

Positive predictive value 363
Post hoc test 49
Power 22
Power calculation 178
Prediction 352
Probability 20
Probability of outcome 229
Proportionality assumption 254

Q

Qualitative 25
Quantile-Quantile plot 28
Quantitative 25

R

Random coefficients models 324
Random effect 324
Random effect regression models 324
Random regression models 324
Range 31
Ranked 25
Rate ratio 61
Ratio scale data 25
Reference category 203
Relative hazards 231
Relative risk 60
Repeated measures analysis of variance 333
Residual analysis 242
Residuals 242
Response variable 24
Result 24
Risk factor 24
Risk ratios 61
Robust ANOVA 51
ROC(Receiver Operating Characteristic) 362
Root Node 361
R square 225

S

Sample 26
Sample mean 26
Scheffe 50
Score 184
Sensitivity 363
Shapiro Wilk test 30
Sign Test 40, 42
Simple liner regression 23
Skewness 29
Somers'd 60
Spearman correlation 60
Spearman's 상관계수 72
Specificity 363
Sphericity 335
Spline 147
Split sample validation 354
Split-group validation 354
SPSS 199
Standard deviation 32
Standard error 33
Standardized coefficient 236
Statistics 26
Stratified analysis 82
Suppressor variable 88

T

Target variable 24
Terminal node 361
Time dependent covariate 255
Tolerance 170
Training set 354
Turkey 50
Two sample t-test 44
T-test 238

U

Uncensored case 111
Underdispersed 129
Univariate 17
Univariate analysis 23

V

Validation 352
Validation set 354
Variability 31
Variable 24
Variance inflation factor(VIF) 170
Variation 31
Verification 352

W

Wald test 239
Wilcoxon rank sum test 41
Wilcoxon Signed Rank Test 40, 42
Wilcoxon Sum Rank test 44
Wilk's lambda 105